Stendhal

ROSSINI

Aus dem Französischen von
Barbara Brumm

Piper München · Schott Mainz

SERIE MUSIK
PIPER · SCHOTT

Titel der 1824 erschienenen Originalausgabe: »Vie de Rossini«.
Der Übersetzung liegt die historisch-kritische Ausgabe zugrunde:
»Oevres de Stendhal«, Bd. 6, hg. von Henri Martinenau, Paris 1929.

»Spinn nie in ein Problem dich endlos ein!
Gib deinem Geist die Flügel frei: Er fliege,
Am Bein ein Fädchen nur, wie Maienkäfer!«
Aristophanes

ISBN 3-492-18255-0 (Piper)
ISBN 3-7957-8255-4 (Schott)
September 1992
R. Piper GmbH & Co. KG., München
Lizenzausgabe mit Genehmigung des Athenäum Verlags,
Frankfurt am Main

Umschlag: Federico Luci,
unter Verwendung des Gemäldes »Gioacchino Rossini«
(um 1820) von Vincenzo Camaccini
(© Archiv für Kunst und Geschichte, Berlin)
Stendhal-Porträt nach einem Gemälde von Södermark
(© Bilderdienst Süddeutscher Verlag)
Satz: Computersatz Bonn GmbH, Bonn
Druck und Bindung: Clausen & Bosse, Leck
Printed in Germany

Inhalt

Vorrede 9

Einleitung 11

ERSTER TEIL

1. Kapitel
Seine frühen Jahre 43

2. Kapitel
Tancredi 51

3. Kapitel
L'Italiana in Algeri 67

4. Kapitel
La pietra del paragone 81

5. Kapitel
Die Konskription und die Neider 90

6. Kapitel
Der Impresario und sein Theater 93

7. Kapitel
Krieg der Harmonie gegen die Melodie 102

8. Kapitel
Invasion der gefühllosen Herzen –
Ideologie der Musik 109

9. Kapitel
Aureliano in Palmira 116

10. Kapitel
Il Turco in Italia 123

11. KAPITEL
Rossini geht nach Neapel 130

12. KAPITEL
Elisabetta 134

13. KAPITEL
Fortsetzung der Elisabetta 139

14. KAPITEL
Weitere Rossini-Opern in Neapel 145

15. KAPITEL
Torvaldo e Dorliska 149

16. KAPITEL
Der Barbier von Sevilla 151

17. KAPITEL
Vom Publikum und seinem Verhältnis
zu den schönen Künsten 172

18. KAPITEL
Otello 179

19. KAPITEL
Fortsetzung des Otello 187

ZWEITER TEIL

20. KAPITEL
La Cenerentola 205

21. KAPITEL
Velluti 220

22. KAPITEL
La gazza ladra 224

23. KAPITEL
Fortsetzung der Gazza ladra 240

24. KAPITEL
Von der Bewunderung in Frankreich
oder von der großen Opéra 249

25. KAPITEL
Zwei Arten von Musikliebhabern 256

26. KAPITEL
Mosè 261

27. KAPITEL
Von der Revolution, die Rossini beim Gesang
bewirkt hat 270

28. KAPITEL
Allgemeine Betrachtungen: Die Geschichte
von Rossinis Verhältnis zum Gesang 275

29. KAPITEL
Revolution 278

30. KAPITEL
Ein Talent, das 1840 überholt sein wird 282

31. KAPITEL
Wiederholt sich Rossini öfter als ein anderer?
Einzelheiten des Gesangs 284

32. KAPITEL
Einzelheiten über die von Rossini bewirkte Revolution 288

33. KAPITEL
Entschuldigungen – Auslöschung der Originalität
der Stimmen 292

34. KAPITEL
Eigenschaften der Stimme 300

35. KAPITEL
Madame Pasta 303

36. Kapitel
La donna del lago 315

37. Kapitel
Über acht Opern von Rossini 319

38. Kapitel
Bianca e Faliero 323

39. Kapitel
Odoardo e Cristina 325

40. Kapitel
Über Rossinis Stil 329

41. Kapitel
Rossinis Meinungen über einige zeitgenössische große Meister
– Sein Charakter 333

42. Kapitel
Anekdoten 337

Chronologische Liste der Werke
von Gioacchino Rossini 343

43. Kapitel
Utopie des Italienischen Theaters in Paris 349

44. Kapitel
Von der Ausstattung der Theater in Italien 355

45. Kapitel
Über San Carlo und den moralischen Zustand von
Neapel, der Heimat der Musik 364

46. Kapitel
Von den Menschen aus dem Norden und
ihrem Verhältnis zur Musik 372

Anmerkungen 384

Vorrede

Seit Napoleons Tod gibt es einen anderen Mann, dessen Name jeden Tag in Moskau wie in Neapel, in London wie in Wien, in Paris wie in Kalkutta in aller Munde ist.

Der Ruhm dieses Mannes kennt keine anderen Grenzen als die der zivilisierten Welt – und dabei ist er noch nicht einmal zweiunddreißig Jahre alt! Ich werde versuchen, die Umstände zu skizzieren, die ihn in so jungen Jahren so hoch aufsteigen ließen.

Der Leser kann den folgenden Geschichten Glauben schenken, denn der Autor hat acht bis zehn Jahre in den Städten Italiens gewohnt, die Rossini mit seinen Meisterwerken elektrisierte; denn er ist mehrfach hundert Meilen weit gereist, um den Premieren beizuwohnen und hat seinerzeit all die kleinen Anekdoten erfahren, die in der Gesellschaft von Neapel, Venedig, Rom kursierten, wenn Rossinis Opern dort gespielt wurden.

Der Verfasser des vorliegenden Werks hat bereits zwei oder drei andere geschrieben, stets über frivole Sujets. Die Kritiker haben ihm gesagt, wenn man sich mit dem Schreiben befasse, müsse man den Leser schonend vorbereiten, sich an die akademischen Regeln halten usw.; er werde nie imstande sein, ein Buch zu schreiben usw. usf.; ihm werde nie die Ehre zuteil werden, ein Schriftsteller zu sein. Schön. Einige Menschen, die die Öffentlichkeit namhaft machen wird, haben diese Aufzeichnungen so hübsch angeordnet, daß besagter Mann von vornehmer Gesinnung sich glücklich schätzen kann, wenn er dieses Ziel nie erreicht.

Das vorliegende Buch ist also kein Buch. Unmittelbar nach dem Sturz Napoleons begann der Schreiber der folgenden Seiten, durch die Welt zu reisen, denn er wollte seine Jugend nicht mit gehässigen politischen Streitereien vergeuden. Da er sich in Italien aufhielt, als Rossini seine großen Triumphe feierte, hatte er Gelegenheit, einigen Freunden in England und Polen darüber zu berichten.

Aus Bruchstücken dieser Briefe, die später überarbeitet

wurden, setzt sich diese Broschüre zusammen, man wird sie aus Liebe zu Rossini lesen und nicht wegen ihres literarischen Werts. Wie auch immer die Geschichte geschrieben ist, sie kommt gut an, sagt man, und diese ist während der kleinen Ereignisse niedergeschrieben worden, von denen sie erzählt.

Ich rechne mit dreißig bis vierzig ungenauen Angaben bei der unendlich großen Zahl kleiner Begebenheiten, die die folgenden Seiten füllen.

Es ist so schwer, die Biographie eines Lebenden zu schreiben! Und dazu noch die eines Mannes wie Rossini, dessen Leben keine anderen Spuren hinterläßt als die Erinnerung an die angenehmen Empfindungen, mit denen er alle Herzen erfüllt! Ich möchte, daß dieser große Künstler, der zugleich ein charmanter Mann ist, auf die Idee kommt, selbst seine Memoiren zu schreiben im Stile Goldonis. Da er hundertmal geistreicher ist als Goldoni und sich über alles lustig macht, wären seine Memoiren weitaus amüsanter. Ich hoffe, daß es in meiner *Vie de Rossini* genügend ungenaue Angaben gibt, um ihn ein wenig zu ärgern und zum Schreiben zu bewegen. Bevor er böse wird (wenn er es überhaupt wird), muß ich ihm aber unbedingt sagen, daß ich ihn grenzenlos verehre, und zwar ganz anders als diesen oder jenen vornehmen, reichen Herrn, den alle Welt beneidet.

Das vorliegende Buch war ursprünglich dazu bestimmt, auf englisch veröffentlicht zu werden; der Anblick einer Musikschule in der Nähe der Place Beauvau hat dem Verfasser den nötigen Wagemut gegeben, es in Frankreich drucken zu lassen.

Montmorency, 30. September 1823

Einleitung

Am 11. Januar 1801 starb Domenico Cimarosa in Venedig an den Folgen der barbarischen Behandlung, die er in Neapel in den Gefängnissen erlitt, in die ihn Königin Karoline hatte werfen lassen.

Paisiello ist erst 1816 gestorben; man kann aber sagen, daß der eher liebenswürdige und liebreizende als kraftvolle und brillante Komponist des *Re Teodoro* und der *Scuffiara* schon in den letzten Jahren des 18. Jahrhunderts nicht mehr vom musikalischen Genie beseelt war, das sich so früh äußert, aber auch so schnell erlöscht.

Cimarosa wirkt auf die Imagination durch lange musikalische Perioden von größtem Reichtum und äußerster Regelmäßigkeit. Ich zitiere als Beispiel die ersten beiden Duette des *Matrimonio segreto*, davon ist das zweite:

Io ti lascio perchè uniti.

Dies sind die schönsten Gesänge, die der Menschenseele zu schaffen je gegeben waren – wohlgemerkt sind sie jedoch *regelmäßig* und von einer Regelmäßigkeit, die wir mit unserem Geist erfassen können: das ist sehr schlecht; sobald man einige kennt, kann man gewissermaßen die Fortführung und Entwicklung *vorhersehen*, wenn man den Anfang hört. Das ganze Übel ist mit dem Wort *vorhersehen* auch schon benannt, und wir werden bald sehen, wie daraus Rossinis Stil und Ruhm erwachsen.

Paisiello berührt nie so tief wie Cimarosa; in der Seele des Zuschauers erweckt er nicht die Bilder, durch die die tiefen Leidenschaften zum Genuß werden, seine Gefühle gehen kaum je über das Anmutige hinaus. Aber auf diesem Gebiet war er ausgezeichnet; seine Anmut ist die des Correggio, zärtlich, nur selten amüsant, aber verführerisch, unwiderstehlich. Ich zitiere als ein in Paris bekanntes Beispiel das Quartett aus *La molinarella*.

Quelli la,

als der Notar *Pistofolo* es so hübsch auf sich nimmt, der Müllerin die Liebeserklärungen seiner Rivalen, des Gouverneurs und des Feudalherrn, zu übermitteln.

Paisiellos bemerkenswerter Stil ist die mehrfache Wiederholung von Gesangspassagen, jedesmal mit neuen Liebreizen, durch die die Seele des Zuschauers stärker ergriffen wird.

Es gibt keinen größeren Gegensatz zum Stil von Cimarosa, der von mitreißender Komik, Leidenschaft, Kraft und Frohsinn funkelt. Rossini wiederholt sich auch, aber nicht absichtlich; und was bei Paisiello den Gipfel der Anmut ausmacht, ist bei ihm Ausdruck seiner angeborenen Faulheit. Um nicht unter die Verleumder dieses liebenswerten Mannes eingereiht zu werden, beeile ich mich hinzuzufügen, daß er es als einziger von den Modernen verdient hat, mit den beiden großen Meistern verglichen zu werden, deren Stern zu Beginn des 19. Jahrhunderts im Sinken war. Indem wir den Stil dieser großen Künstler besser kennenlernen, werden wir eines Tages ganz erstaunt sein, in ihrer Musik Dinge zu fühlen und zu sehen, von denen wir zuvor nichts geahnt haben. Nachdenken über die schönen Künste macht fühlen.

Unterschied der deutschen und der italienischen Musik

In der Musik erinnert man sich nur an die Dinge gut, die man wiederholen kann; wenn sich nun aber ein Mensch abends nach Hause zurückzieht, kann er allein mit seiner Stimme keine Harmonie wiederholen.

Darauf beruht der riesengroße Unterschied zwischen der deutschen und der italienischen Musik. Wenn ein junger Italiener von einer Leidenschaft ergriffen ist, denkt er, während sie am stärksten brennt, eine gewisse Zeit schweigend darüber nach, dann stimmt er halblaut eine Arie von Rossini an und, ohne groß nachzudenken, wählt er von den Arien, die er kennt, diejenige aus, die irgendeinen Bezug zu seinem Seelenzustand hat; bald schon singt er sie nicht mehr nur halb-, sondern ganz laut und, ohne es zu ahnen, mit der Nuance der Leidenschaft, die ihn bewegt. Dieses Echo seiner Seele tröstet ihn; sein Gesang ist, wenn man will, wie ein Spiegel, in dem er sich betrachtet: Seine Seele, die sich anfangs über das Schicksal aufgeregt hat und zornerfüllt war, hat am Schluß Mitleid mit sich selbst.

Je mehr der junge Italiener sich durch seinen Gesang ablenkt, um so deutlicher bemerkt er die neue Färbung, die er der von ihm gewählten Arie gibt; er schwelgt darin, Rührung überwältigt ihn. Von diesem Seelenzustand ist es nur ein Schritt zum Schreiben einer neuen Arie; und da die Bewohner Süditaliens dank des Klimas und ihrer Gewohnheiten eine sehr laute Stimme haben, brauchen sie meistens nicht einmal ein Klavier, um zu komponieren.[1] Ich habe in Neapel zwanzig junge Leute kennengelernt, die so selbstverständlich eine Arie schreiben, wie man in London einen Brief oder in Paris ein Couplet verfaßt. Wenn sie abends nach Hause kommen, setzen sie sich oft ans Klavier und verbringen in diesem wohltuenden Klima einen Teil der Nacht mit Singen und Improvisieren. Sie sind meilenweit entfernt von der Vorstellung, sie würden schreiben, und von der Selbstgefälligkeit eines Autors; sie haben nur der Leidenschaft, die sie beseelt, Ausdruck verliehen, das ist ihr ganzes Geheimnis, das ist ihr ganzes Glück. In England hätte ein junger Mann unter ähnlichen Umständen bis ein oder zwei Uhr nachts einen seiner Lieblingsschriftsteller gelesen, aber er wäre bei weitem nicht so schöpferisch und so aktiv gewesen wie der Neapolitaner; also hat er sich auch nicht so vergnügt. Man läßt sich durch nichts mehr ablenken, sobald man auf dem Klavier improvisiert, und man denkt nur noch an den Ausdruck; sich um die Richtigkeit der Töne zu kümmern, ist zwecklos.

Um gut Geige zu spielen, muß man acht Jahre lang drei Stunden täglich Tonleitern üben. Man bekommt dann dicke Schwielen an den Fingerkuppen der linken Hand, Schwielen, die die ganze Hand entstellen; aber es gelingt einem, dem Instrument vollkommene Töne zu entlocken. Wenn der geschickteste Geigenspieler drei oder vier Tage verbringt, ohne zwei Stunden täglich Tonleitern zu üben, klingen seine Töne schon nicht mehr ganz rein, und seine Passagen werden weniger brillant. Das für diese Art von Talent erforderliche Maß an Geduld und Ausdauer ist in den südlichen Ländern höchst selten anzutreffen und mit einem hitzigen Temperament kaum zu vereinbaren. Wenn man Geige oder Flöte spielt, achtet man die ganze Zeit auf die Schönheit bzw. die Richtigkeit der Töne und nicht auf das, *was sie ausdrücken*. Merken Sie sich dieses Wort, es erklärt obendrein das Geheimnis der beiden Arten von Musik.

Im vorigen Jahrhundert hat es in Italien Väter gegeben, die ihre Söhne dazu verurteilt haben, ein guter Geiger oder ein guter Oboist zu werden, ungefähr so wie andere aus ihren Söhnen Kastraten gemacht haben; aber heutzutage hat sich das Talent für die Instrumentalmusik ganz und gar in das stille und geduldige Deutschland zurückgezogen. Inmitten der Wälder Germaniens genügt diesen träumerischen Seelen die Schönheit der Töne, *selbst wenn sie nicht melodisch sind*, um sie im Schwelgen in ihrer blühenden Phantasie noch mehr zu beflügeln.

Vor etwa zwanzig Jahren begann man in Rom, den *Don Giovanni* zu proben. Vierzehn Tage lang setzten die Orchestermusiker alles daran, damit die drei Orchester im letzten Akt dieser Oper während Don Giovannis Festmahl zusammenspielten. Nie kamen die römischen Musiker damit zu Rande. Sie waren mit Leib und Seele dabei, hatten aber keine Geduld. Dagegen habe ich vor vierzehn Tagen erlebt, wie das Orchester der Opéra, Rue Le Peletier, eine teuflisch schwere Symphonie von Cherubini bewundernswert vom Blatt gespielt hat, aber nicht in der Lage war, das Duett aus der *Armida* zu begleiten, das Madame Pasta und Bordogni sangen. Ich habe in der Opéra prachtvolle Talente erlebt, die bei jeder Probe geduldig ausgebildet wurden, aber kein musikalisches Genie.

Vor zwanzig Jahren erklärte man in Rom einmütig, daß die Ausländer das Werk Mozarts viel zu sehr rühmten und daß insbesondere das Stück mit den drei Orchestern völlig absurd und von deutscher Barbarei sei.

Durch den peinlich genauen Despotismus[2], der seit zweihundert Jahren das italienische Genie in seinem Würgegriff hat, ist die von der Zensur in den Zeitungen zugelassene Kritik auf die letzte Stufe der Gemeinheit und Niedrigkeit gesunken; man bezeichnet einen Menschen als Schurken, Esel, Dieb usw., ungefähr so wie in London[3] und bald auch in Paris, sofern die Pressefreiheit uns weiterhin beibringt, einen vulgären Menschen zu verachten, selbst wenn er publiziert. In Italien ist der Journalist im allgemeinen selbst einer der wichtigsten Polizeispitzel und derjenige, durch den die Polizei alles beleidigen läßt, was Rang und Namen hat, und ihr dadurch Angst macht. Nun kann sich eine öffentliche Meinung über Theater und Oper in Italien wie in Frankreich wie überall auf der Welt nur durch die Zeitungen bilden; dies ist ein Gedanke, der sich in Luft auflöst, wenn ihn niemand aufgreift; und da niemand das erste Glied dieser Gedankenkette festhält, kommt man nie zum zweiten.

Ich bitte um Entschuldigung dafür, daß ich ein verhaßtes Argument vorgebracht habe, aber ich wäre verzweifelt, wenn man das schöne Italien, die erhabene Heimat der Canova und Viganò, deren Asche noch kaum erkaltet ist, nach den Schandtaten seiner regelmäßig erscheinenden Presse oder nach den sinnlosen Sätzen der Bücher beurteilen würde, die man in dieser Atmosphäre der Angst noch zu drucken wagt. Bis Italien eine gemäßigte Regierung bekommt wie diejenige, derer man sich seit achtzehn Monaten in der Toskana erfreut, bitte ich um Entschuldigung und mit Recht darum, daß man Italien nur nach dem Teil seiner Seele beurteilen möge, den es in den schönen Künsten zu offenbaren vermag. Heutzutage publizieren nämlich nur Spitzel und Dummköpfe.

Ich hielt mich vor einigen Jahren (1816) in einer der größten Städte der Lombardei auf. Reiche Kunstliebhaber, die dort ein bürgerliches Theater mit dem größtmöglichen Luxus erbaut hatten, kamen auf die Idee, die Ankunft von Prinzessin Beatrix aus dem Hause Este, der Schwiegermutter von Kaiser Franz, in ihrer Stadt zu feiern. Ihr zu Ehren ließen sie eine in Text und Musik ganz neue Oper komponieren; das ist die größte Ehre, die man in Italien jemandem erweisen kann. Der Komponist dachte sich ein Opernarrangement von Goldonis Komödie *Torquato Tasso* aus. Binnen acht Tagen ist die Musik komponiert, das Stück wird einstudiert, alles geht schnell; am Vorabend der Aufführung teilt der Kammerherr der Prinzessin den distinguierten Bürgern, die auf die Ehre, vor ihr singen zu dürfen, Wert legten, mit, es sei nicht sehr respektvoll, in Gegenwart einer Prinzessin aus dem Hause

Este den Namen Tasso zu erwähnen, weil er ein Mann sei, der dieser berühmten Familie gegenüber unrecht gehandelt habe.

Diese kritische Bemerkung fand niemand überraschend, man ersetzte den Namen Tasso durch den Lope de Vegas.

Die Musik kann, wie mir scheint, nur dadurch auf die Menschen wirken, daß sie ihre Phantasie dazu anregt, sich bestimmte Bilder vorzustellen, die den Leidenschaften ähneln, die sie bewegen. Sie sehen, durch welchen indirekt, aber sicher wirkenden Mechanismus die Musik eines Landes die Couleur der Regierung annehmen muß, die in diesem Land die Seelen formt. Von allen noblen Leidenschaften ist in Italien wegen der dort herrschenden Tyrannei nur die Liebe erlaubt, die Musik ist erst mit dem *Tancredi* streitbar geworden, zehn Jahre nach den Wundern von Arcole und Rivoli. Vor jenen großen Tagen, die Italien erweckt haben,[4] war vom Krieg und von Waffen in der italienischen Musik nur die Rede gewesen, um die der Liebe dargebrachten Opfer ins rechte Licht zu setzen. Wie hätten auch Menschen, denen der militärische Ruhm verwehrt war und die in den Waffen nur ein Instrument der Arroganz und Unterdrückung sahen, es als reizvoll empfinden sollen, von kriegerischen Gefühlen zu träumen?

Sehen Sie, wie so ganz anders die musikalische Entwicklung in Frankreich verlaufen ist. Kaum gab es dort eine Musik, entstand sogleich das erhabene *Allons, enfants de la patrie* und der *Chant du départ*. In den dreißig Jahren, seitdem die französischen Komponisten die Italiener nachahmen, haben sie nichts Gleichwertiges geschaffen; das liegt daran, daß sie blind deren Vorstellung von der Liebe übernehmen, obwohl die Liebe in Frankreich nur eine sekundäre Leidenschaft ist, die die *Eitelkeit* und der *Esprit* zu ersticken bemüht sind.

Wie auch immer es um die Wahrheit dieser frechen Bemerkung bestellt sei, ich denke, alle Welt stimmt mit mir darin überein, daß die Musik nur über die Imagination wirkt. Nun gibt es etwas, das die Imagination sicher lähmt, es ist das *Gedächtnis*. Wenn ich mich beim Hören einer schönen Melodie an die Illusionen und den kleinen Roman erinnere, die sie in mir erstehen ließ, als ich beim letzten Mal von ihr entzückt war, dann ist im selben Augenblick alles verloren, meine Phantasie ist erstarrt, und die Musik ist nicht mehr die allmächtige Fee, die mein Herz bezaubert. Wenn ich sie spüre, dann nur noch, um irgendeinen Effekt zu bewundern, irgendeinen subalternen Vorzug, die Schwierigkeit der Ausführung zum Beispiel.

Einer meiner Freunde schrieb vor einem Jahr an eine Dame, die sich auf dem Lande aufhielt: »Man gibt den *Tancredi* im Théâtre Louvois; erst bei der dritten oder vierten Vorstellung werden wir die Feinheiten dieser so frischen und streitbaren Musik herausfühlen. Erst wenn wir sie verstanden haben, nimmt sie unsere Imagination mehr und mehr gefangen, dann wirkt sie dreißig bis vierzig Vorstellungen lang mit all ihrer Macht, danach ist sie für uns verbraucht. Je glühender unsere Liebe zu Anfang war, um so öfter hat sie uns dazu gebracht, diese erhabene Musik beim Hinausgehen zu singen, um so vollständiger sind wir *gesättigt*, wenn ich diesen gewagten Ausdruck verwenden darf.« In der Musik kann man seinen alten Lieben nicht treu bleiben. Wenn der *Tancredi* nach vierzig Vorstellungen das Publikum immer noch mitreißt, dann ist das Publikum nicht mehr dasselbe; eine andere Klasse der Gesellschaft ist, von den Zeitungsartikeln angelockt, ins Théâtre Louvois gekommen; oder aber man sitzt in diesem Theater so unbequem, der Körper leidet solche Qualen, während die Ohren bezaubert sind, daß man ziemlich bald müde wird und pro Abend nur einen Akt einer Oper genießen kann; statt vierzig wären dann achtzig Vorstellungen vonnöten, um den *Tancredi* würdigen zu können.

Es ist eine ziemlich traurige Angelegenheit, vielleicht eine Wahrheit, daß sich das *Ideal des Schönen* in der Musik alle dreißig Jahre wandelt. Deswegen brauchten wir nicht viel weiter zurückzugehen als zu Cimarosa und Paisiello bei unserem Versuch, dem Leser eine Vorstellung von der Revolution zu geben, die Rossini bewirkt hat.[5]

Als diese beiden großen Männer um 1800 zu schaffen aufhörten, hatten sie seit zwanzig Jahren alle Theater Italiens und der ganzen Welt mit immer neuen Werken versorgt. Ihr Stil, ihre Art zu komponieren, hatte den Reiz des *Unvorhergesehenen* verloren. Der liebenswürdige alte Pacchiarotti erzählte mir einmal in Padua, als ich seinen englischen Garten, die Schachfiguren von Kardinal Bembo und seine schönen, seltsamerweise aus London hergebrachten Möbel bewundern mußte, er habe damals in Mailand jeden Abend bis zu fünfmal eine bestimmte Arie von Cimarosa wiederholen müssen. Ich gestehe, ehe ich an ein solches Übermaß an Liebe und Narrheit bei einem ganzen Volk glauben konnte, mußte ich mir diese Anekdote durch eine Menge Augenzeugen bestätigen lassen. Wie könnte das Menschenherz auch für immer lieben, was es so rasend liebt?

Wenn uns eine Melodie, die wir vor zehn Jahren gehört haben, immer noch Vergnügen bereitet, dann auf eine andere Art, sie erinnert uns an die angenehmen Vorstellungen, über die wir uns damals gefreut haben; aber sie macht uns nicht wieder trunken. So wie Jean-Jacques Rousseau ein Stengel Immergrün an die schönen Tage seiner Jugend erinnerte.

Was die Musik zur mitreißendsten Vergnügung unserer Seele und dem schönsten Gedicht, *Lalla Rookh* oder dem *Befreiten Jerusalem*, haushoch überlegen macht, ist, daß sie mit einem äußerst lebhaften sinnlichen Vergnügen verbunden ist. Die Mathematik bereitet uns immer das gleiche Vergnügen, es kann weder größer noch kleiner ausfallen; am anderen Ende der Skala unserer Genußmittel liegt meines Erachtens die Musik. Sie gewährt uns höchstes Vergnügen, aber nur kurzfristig und flüchtig. Die Moral, die Geschichte, die Romane, die Poesie, die auf der Klaviatur unserer Genüsse zwischen der Mathematik und der Opera buffa liegen, sind im selben Maß weniger scharfe Vergnügungen, als sie dauerhafter sind und man eher auf sie zurückkommen kann in der Gewißheit, sie wieder zu verspüren.

Dagegen ist in der Musik nichts fest und alles Imagination; man kann drei Tage später in dieselbe Oper gehen, die einem das größte Vergnügen bereitet hat, und sich unsagbar langweilen. Oder die Oper fällt einem auf die Nerven, weil in der Nachbarloge eine Dame mit einer kreischenden Stimme sitzt, oder weil die Luft im Saal zum Ersticken ist, oder weil ein Nachbar genüßlich schaukelt und der Stuhl, auf dem man sitzt, sich dadurch ständig und regelmäßig bewegt. Die Musik ist ein dermaßen sinnlicher Genuß, daß ich, wie man sieht, bei fast schon trivialen Bedingungen des Vergnügens gelandet bin.

Oft ist es etwas nicht viel Bedeutenderes, das einem einen Abend verdirbt, an dem man das Glück hat, Madame Pasta zu hören und eine bequeme Loge zu haben. Man sucht nach einem guten metaphysischen oder literarischen Grund dafür, warum die *Elisabetta* keinerlei Vergnügen bereitet; es liegt aber ganz einfach daran, daß man im Saal keine Luft bekam und sich deshalb nicht wohl fühlte. Der Saal des Louvois eignet sich ausgezeichnet dafür, das musikalische Vergnügen mit dieser Art *draw-back* (der Schwierigkeit des Zustandekommens) zu bereichern; danach hört man pedantisch zu, man *nimmt sich vor*, alles mitzubekommen. *Sich vornehmen!* Welch eine englische Redensart, welch antimusikalische Vorstellung! Das ist, als nähme man sich vor, Durst zu bekommen.

Der durch und durch sinnliche und mechanische Genuß, den die Musik den Nerven des Ohres bereitet, indem sie sie zu einem bestimmten Grad von Spannung zwingt (beispielsweise beim ersten Finale von Mozarts *Così fan tutte*), dieses physische Vergnügen versetzt das Gehirn offenbar in einen gewissen Zustand der Spannung oder Irritation, der es dazu zwingt, angenehme Bilder zu produzieren und dieselben Bilder zwanzigmal trunkener zu empfinden, die ihm in einem anderen Augenblick nur ein gewöhnliches Vergnügen bereitet hätten; so wie einige irrtümlich im Garten gepflückte Tollkirschen es zwingen, verrückt zu werden.

Cotugno, der beste Arzt von Neapel, sagte anläßlich des tollen Erfolgs von Rossinis *Moses* zu mir: »Man kann Ihrem Helden auch das Lob zollen, daß er ein Mörder ist. Ich kann Ihnen mehr als vierzig Fälle zitieren, in denen allzusehr in die Musik verliebte junge Frauen Attacken von Nervenfieber oder schwere Krämpfe bekamen und zwar einzig wegen des Gebets der Hebräer im dritten Akt mit seinem herrlichen Wechsel der Tonart.«

Derselbe Philosoph – denn der große Arzt Cotugno war dieses Ehrentitels würdig – sagte, die Musik brauche das Halbdunkel. Zu helles Licht irritiere den Sehnerv; die Lebenskraft könne aber nicht *gleichzeitig* im Seh- und Hörnerv gegenwärtig sein. Man habe die Wahl zwischen den beiden Vergnügen; aber die Kraft des menschlichen Gehirns sei für beide gleichzeitig nicht ausreichend. Ich vermute, daß es noch einen Umstand gibt, sagte Cotugno weiter, der vielleicht mit dem Galvanismus zu tun hat. Um die Musik als sehr angenehm zu empfinden, müsse man von jedem anderen menschlichen Körper isoliert sein. Vielleicht ist unser Ohr von einer musikalischen Atmosphäre umgeben, über die ich allerdings nichts weiter sagen kann, als daß es sie vielleicht gibt. Um vollkommen zu genießen, muß man aber irgendwie isoliert sein wie bei den Experimenten mit der Elektrizität, und es muß mindestens ein Zwischenraum von einem Fuß sein zwischen sich und dem nächsten menschlichen Körper. Die animalische Wärme eines fremden Körpers scheint mir das musikalische Vergnügen ganz erheblich zu stören.

Ich möchte gar nicht erst so tun, als könnte ich diese Theorie des neapolitanischen Philosophen bestätigen, ich weiß womöglich nicht einmal genug, um sie korrekt wiederzugeben.

Alles, was ich aus der Erfahrung einiger sehr guter Freunde weiß, ist, daß eine Folge schöner neapolitanischer Melodien die Imagination des Zuschauers zwingt, ihm bestimmte Bilder zu präsentieren und seine Seele zugleich in einen Zustand versetzt, in dem sie den ganzen Reiz dieser Bilder fühlen kann.

Wenn man die Musik erst zu lieben beginnt, ist man erstaunt, was sich alles in einem abspielt, und man will nur das gerade neu entdeckte Vergnügen erleben.

Wenn man diese bezaubernde Kunst schon lange liebt, dann tut die Musik, wenn sie vollkommen ist, nichts weiter, als unserer Phantasie verführerische Bilder der Leidenschaft vor Augen zu führen, die uns gerade bewegt. Man sieht wohl, daß das ganze Vergnügen in der Illusion liegt und daß ein Mensch um so weniger empfänglich dafür ist, je solider seine Vernunft entwickelt ist.

Es gibt nichts Wirkliches in der Musik außer dem Zustand, in den sie die Seele versetzt, und ich gestehe den Moralisten gerne zu, daß dieser Zustand sie mächtig zur Träumerei und zu zärtlichen Leidenschaften aufgelegt macht.

Geschichte des Interregnums nach Cimarosa und vor Rossini von 1800 bis 1812

Nach Cimarosa und als Paisiello aufgehört hatte zu arbeiten, geriet die Musik in Italien ins Stocken, bis ein Originalgenie auftauchte. Eigentlich müßte ich sagen, daß das musikalische Vergnügen darniederlag; es gab wohl immer noch überschwengliche Begeisterungsausbrüche in den Theatersälen, aber das war wie die Tränen in den schönen Augen von Achtzehnjährigen, die sich selbst beim Lesen der Romane von Ducray-Duminil einstellen, oder wie das Schwenken der Taschentücher und die *Vivat*-Rufe bei der Ankunft selbst der schlimmsten Herrscher.

Rossini hat vor 1812 komponiert; aber erst in diesem Jahr wurde ihm die Gunst zuteil, für das große Theater in Mailand zu schreiben.

Um die Bedeutung dieses brillanten Genies zu ermessen, muß man unbedingt wissen, in welchem Zustand er die Musik vorgefunden hat, und einen Blick auf die Komponisten werfen, die zwischen 1800 und 1812 Erfolge hatten.

Nebenbei möchte ich bemerken, daß die Musik in Italien nur deswegen eine lebendige Kunstform ist, weil alle großen Theater verpflichtet sind, zu bestimmten Zeiten des Jahres neue Opern herauszubringen; ohne diese Verpflichtung hätten es die Pedanten im Lande sicher geschafft, alle aufkeimenden Genies unter dem Vorwand der Bewunderung für die alten Komponisten mundtot zu machen und zu verbieten; sie hätten nur platte Nachahmer hochkommen lassen.

Italien ist nur deswegen in allen Genres das Land des *Schönen*, weil man dort das Bedürfnis nach einem neuen Ideal des Schönen empfindet, und da jeder nur auf sein Herz hört, erfreuen sich die Pedanten dort des Mißtrauens, das sie verdienen.

Mayr, ein Deutscher, der in Italien seinen Stil verbessert hat und seit vierzig Jahren in Bergamo ansässig ist, brachte von 1795 bis 1820 etwa fünfzig Opern heraus. Er hatte Erfolg, weil er dem Publikum eine kleine Neuheit präsentierte, die das Ohr überraschte und fesselte. Sein Talent bestand darin, daß er den Reichtum an Harmonien, den Haydn und Mozart in derselben Epoche in Deutschland schufen, ins Orchester, die Ritornelle und die Begleitungen der Arien übernahm. Er verstand es kaum, die menschliche Stimme zum Singen zu bringen, er ließ vielmehr die Instrumente sprechen.

Seine *Lodoïska*, um 1800 gegeben, fand allgemein Beifall. Ich habe 1809 eine Aufführung in Schönbrunn gesehen, in der die charmante Balzamini die Hauptrolle bewundernswert gesungen hat. Sie starb bald danach, als sie gerade im Begriff war, eine der bedeutendsten Sängerinnen Italiens zu werden. Madame Balzamini verdankt ihr Talent ihrer Häßlichkeit.

Die *Due giornate* von Mayr stammen aus dem Jahre 1801; 1802 brachte er *I Misteri Eleusini* heraus, die ebenso berühmt wurden wie es heute Mozarts *Don Giovanni* ist, der damals für Italien noch nicht existierte, weil er so schwer zu lesen sei. *I Misteri Eleusini* galten als das stärkste und kraftvollste musikalische Werk der Epoche. Es gab in der Kunst eine frappierende Entwicklung, man schritt von der Melodie zur Harmonie fort.

Die italienischen Meister verließen den Pfad des *Leichten* und *Einfachen* und wandten sich der Komposition nach bestimmten Gesetzen und dem Gelehrten zu. Da die Herren Mayr und Paër im großen, kühn, mit gründlichen Kenntnissen wagten, was alle anderen *maestri* nur schüchtern versuchten und dabei laufend Grammatikfehler machten, nahmen sie sich fälschlicherweise wie Genies aus; diese Illusion wurde dadurch komplett, daß sie wirklich viel Talent hatten.

Sie hatten das Pech, daß Rossini zehn Jahre zu früh kam. Da die Lebensdauer einer Opernmusik allem Anschein nach nur dreißig Jahre betragen sollte, müssen sich diese Meister beim Schicksal darüber beklagen, daß es sie nicht ruhig bis zum Ende ihrer Zeit arbeiten ließ. Wenn Rossini erst 1820 erschienen wäre, nähmen Mayr und Paër in den Annalen der Musik den gleichen Rang ein wie Leo, Durante, Scarlatti usw., lauter erstrangige große Meister, die erst nach ihrem Tod aus der Mode kamen. *Ginevra di Scozia* stammt aus dem Jahre 1803; es handelt sich um die Episode von *Ariodante*, einen der wunderbarsten Gesänge aus Ariosts *Orlando*. Ariost erweckt in Italien genau deswegen solche Begeisterungsstürme, weil er so geschrieben hat, wie man für ein musikalisches Volk schreiben muß; am anderen Ende der Skala der Poesie sehe ich den kleinen Abbé Delille.

Wie von einem Deutschen nicht anders zu erwarten, liegt die *Stärke* aller Arien der Leidenschaft und Eifersucht des *Ariodante* und der schönen *Schottin*, die er für untreu hält, beinahe ausschließlich in den harmonischen Effekten und den Begleitungen. Damit will ich nicht gesagt haben, daß es den Deutschen an Gefühl fehlt, Gott bewahre mich vor diesem ungerechten Vorwurf an Mozarts Heimat; aber 1823 lehrt sie dieses Gefühl zum Beispiel, die Geschichte der ganzen Französischen Revolution und ihrer Folgen in der *Apokalypse* zu sehen.[6]

Da das Gefühl der Deutschen allzu frei von den irdischen Banden ist und zu sehr von der Phantasie lebt, schlägt es leicht um in das, was wir in Frankreich das einfältige Genre nennen.[7] Da die Köpfe, die in Deutschland Leidenschaften empfinden, der Logik entbehren, gehen sie schnell dazu über, die Existenz dessen vorauszusetzen, was sie benötigen.

Das Thema des *Ariodante* ist so schön für die Musik, daß es Mayr zu drei oder vier Einfällen inspiriert hat; beispielsweise zum Chor der frommen Einsiedler, bei denen Ariodante in seiner Verzweiflung Zuflucht sucht. Dieser Chor, der mehr nach harmonischen Effekten, dem Gegensatz der Stimmen verlangt als nach schönen Gesängen, ist herrlich. Man erinnert sich in Neapel immer noch an das Duett, in dem Ariodante mit heruntergelassenem Visier vor seiner Geliebten steht, die ihn nicht wiedererkennt. Ariodante schickt sich an, gegen den eigenen Bruder zu kämpfen, um seine Geliebte zu retten; er will ihr gerade seinen Verdacht gestehen und ihr sagen, daß er Ariodante ist, da ertönt die Trompete und ruft ihn zum Kampf. Die Situation, vielleicht eine der ergreifendsten, die die rührendste Leidenschaft des Menschen hervorbringen kann, ist so schön, daß die Musik schon ziemlich hart hätte klingen müssen, so daß sie kaum noch Musik gewesen wäre, um nicht allen die Tränen in die Augen zu treiben. Diese Musik ist ein Meisterwerk.

Es ist gemein, dieses Duett in Italien zu kritisieren, so sehr haben die zartfühlenden Herzen es in das ihre geschlossen. Ich stelle nur eine Überlegung an: Was wäre es erst gewesen mit der Kraft eines Cimarosa oder der Melancholie eines Mozart? Wir hätten eine zweite Szene wie die der Sara im *Abraham*-Oratorium erlebt.

Diese Szene der Sara mit den Schäfern, bei denen sie sich nach ihrem Sohn Isaak erkundigt, der sich zum Berg des Opfers aufgemacht hat, ist das Meisterwerk von Cimarosa im pathetischen Genre. Es ist den schönsten Arien von Grétry und Dalayrac überlegen.

Jedes Jahr gab Mayr zwei oder drei neue Opern und erhielt Beifall auf den ersten Bühnen Italiens. Wieso sollte er sich nicht für den großen Meistern ebenbürtig halten? Die Oper des Jahres 1807 *Adelaisia e Aleramo* schien alles zu übertreffen, was der bayerische Komponist bislang gegeben hatte. *La rosa bianca e la rosa rossa*, eine Oper mit einem wundervollen Stoff aus der Geschichte der englischen Bürgerkriege, hatte 1812 viel Erfolg. Walter Scott hatte noch nicht gezeigt, wieviel Erhabenes in der Geschichte der Bürgerkriege am Ende des Mittelalters für ein Volk enthalten ist. Der Tenor Bonoldi wurde in der *Rosa bianca* ob seiner bezaubernden Stimme bewundert.

Das erste Allegro der Ouvertüre dieser Oper zeigt, in welchen Abgrund von Trivialität ein deutscher Komponist gewöhnlich stürzt, wenn er sich bemüht, heitere Lieder zu schreiben.

Die Dankbarkeit des *Enrico* und seines Freundes *Vanoldo* ist voll naiver Anmut, eine Stimmung, die Rossini nie getroffen hat, weil sie nur zustandekommt, wenn bestimmte erhabenere Qualitäten fehlen. Dieses Duett ist von Paër.

Derselbe Vorzug schimmert in dem berühmten Duett *È deserto il bosco* auf. Es ist Mayrs Meisterstück und wäre auch eines der Musik, wenn es zum Schluß hin stärker wäre. Der Dichter hat den Maestro auf einen köstlichen und des Metastasio würdigen Einfall gebracht, um Vanoldos Verrat an seinem Freund Enrico zu entschuldigen. Als Enrico erfährt, daß sein Freund versucht hat, seiner Geliebten zu gefallen, ruft er aus:

Ah chi può mirarla in volto
E non ardere d'amor!

Mayr hat das Glück gehabt, eine italienische Melodie für diese reizende Idee zu finden. Alle eher zarten und sanften als kraftvollen Seelen werden dieses Duett, daran zweifle ich keinen Augenblick, den kräftigeren Passagen von Rossini und Cimarosa vorziehen.

In der Opera buffa war Mayr von der derben Fröhlichkeit eines Mannes ohne Geist.

Gli originali sind vergnüglich, wenn man lange Zeit keine echte italienische Musik gehört hat. Das ist *Melomania.* Als diese Oper 1799 herauskam, vermißte man schmerzlich Cimarosa, der damals in den Gefängnissen Neapels schmachtete und über den das Gerücht kursierte, er sei bereits gehängt worden. Man fragte sich: welche wunderbaren Arien in der Art von

Sei morelli e quattro bai

und

Mentr'io ero un mascalzone

und

Amicone del mio cuore

hätte Cimarosa nicht zu diesem Stoff komponiert?

Dem echten Melomanen begegnet man in Italien auf Schritt und Tritt, in Frankreich ist er hingegen ziemlich selten, weil dieser lächerliche Zug dort gewöhnlich nur ein Attribut der Eitelkeit ist.

Als ich in Brescia in Garnison lag, wurde ich mit dem Mann aus der Gegend bekanntgemacht, der vielleicht der für die Musik empfänglichste war. Er war sehr sanft und sehr höflich; aber wenn er in einem Konzert war und die Musik ihm an einem bestimmten Punkt gefiel, zog er, ohne es selbst zu merken, die Schuhe aus. Bei einer erhebenden Passage versäumte er es nie, seine Schuhe hinter sich auf die Zuschauer zu werfen.

Ich habe in Bologna gesehen, wie der größte Geizhals seine Taler zu Boden warf und sich wie vom Teufel besessen gebärdete, wenn ihm die Musik am besten gefiel.

Mayrs Melomane wiederholt auf der Bühne nur, was man tagtäglich im Theatersaal sieht. Im übrigen war allein schon die Trauer über Cimarosas Abwesenheit ein Indiz dafür, daß dieser große Mann bald aus der Mode kommen sollte. Hätte er neue Arien komponiert, hätten die Musikliebhaber, statt sich mit Naivität von ihnen bezaubern zu lassen, das *Gedächtnis* zu Hilfe gerufen, um das Reich der *Phantasie* zu stören; man hätte sich zur Unzeit an die Meisterwerke erinnert, die zwanzig Jahre laufend alle Herzen bezauberten.

Mayr ist der gelehrteste Maestro des Interregnums wie auch dessen fruchtbarster; bei ihm ist alles korrekt. Man kann die Partituren der *Medea*, *Cora*, *Adelaisia*, *Elisa* von A bis Z überprüfen; es ist wie die entmutigende Perfektion von Despréaux. Man weiß nicht, warum man nicht ergriffener ist. In einer Oper von Rossini spürt man hingegen gleich die reine und frische Luft der hohen Alpen; man kann freier atmen; man fühlt sich wie neugeboren; man stellt fest, daß man eben ein Genie gebraucht hat. Der junge Komponist wirft mit neuen Ideen nur so um sich. Ein buntes Durcheinander von Unregelmäßigkeiten türmt sich vor einem auf; das ist die verschwenderische Fülle und Sorglosigkeit des grenzenlosen Reichtums. Um es noch einmal zu sagen: Mayr ist der korrekteste Komponist, Rossini der große Künstler.

Ich will nicht leugnen, daß Mayr acht bis zehn Stücke geschrieben hat, die drei oder vier Abende lang den Anschein des Genialen erwecken können; beispielsweise das Sextett aus der *Elena*. Ich erinnere mich, daß ich eine Zeitlang auch der Meinung war, Dalayrac habe hübsche, aber schlecht arrangierte Einfälle. Seither habe ich mich ein bißchen ernsthaft mit Cimarosa befaßt und bei ihm die meisten guten Einfälle von Dalayrac wiedergefunden; wenn man Sacchini, Piccini und Buranello studierte, fände man vielleicht dort einen hinreichenden Grund für die Geistesblitze des guten Mayr. Nur dürfte der Deutsche, weil er viel Talent besitzt und ebenso gelehrt ist wie Dalayrac schülerhaft, seine Anleihen gekonnter vertuscht haben.

Als der gute Mayr eines Tages in Venedig Cherubini bestahl, vertuschte er gar nichts und sagte ganz einfach zum Theaterkopisten: »Hier haben Sie die *Faniska* von Cherubini, kopieren Sie sie von Seite X bis Y.« Es waren siebenundzwanzig Seiten, er hatte keine einzige Note geändert.

Mayr war in der Musik, was Johnson für die englische Prosa war; er schuf eine emphatische und schwerfällige Gattung, die zwar vom natürlichen Schönen weit entfernt war, aber dennoch einige Vorzüge hatte. Diese Emphase war der Grund dafür, daß Mayrs Ruf im Nu ruiniert war, als Rossini auftauchte. Es ist das Schicksal, das alle Manieriertheit in den Künsten ereilt. Das natürliche Schöne taucht eines Tages auf, und man wundert sich, wie man sich so lange zum Narren hat halten lassen können. Man sieht, daß unsere Klassiker ihre guten Gründe dafür haben zu verhindern, daß man *Shakespeare* spielt, und dafür, die liberale Jugend gegen ihn aufzuhetzen. Was wird aus unseren modernen Tragödien werden, wenn man eines Tages *Macbeth* spielt?

Ich glaube, nach Mayr ist Herr Paër, ein Musiker, der trotz seines deutsch klingenden Namens in Parma geboren ist, derjenige von allen Komponisten des Interregnums, dessen Erfolg am ehesten europaweit war. Das liegt vielleicht daran, daß Herr Paër neben seinem unbestreitbaren und äußerst bemerkenswerten Talent ein sehr feinsinniger, geistreicher und weltläufiger Mann war. Man sagt, es sei eine der erstaunlichsten Leistungen seines Geistes gewesen, daß es ihm gelungen sei, Rossini acht Jahre lang den Parisern vorzuenthalten. Denn merken Sie sich, wenn es je einen Mann gegeben hat, der wie geschaffen war, um den Franzosen zu gefallen, dann ist das Rossini – Rossini, der Voltaire der Musik.

Die ersten Opern von Rossini sind in Paris lächerlich inszeniert worden. Ich erinnere mich noch an die Erstaufführung der *Italiana in Algeri*. Als man kurz danach *La pietra del paragone* gab, war man so aufmerksam, die beiden Stücke wegzulassen, die in Italien entscheidend zum Erfolg dieses Meisterwerks beigetragen haben: die Arie *Eco pietosa* und das Finale *sigillara*. Sogar den herrlichen Chor im zweiten Akt des *Tancredi*, den die Ritter aus Syrakus auf der Brücke im Wald singen, hat man weise um die Hälfte gekürzt.

Am selben Tag, als ich diese Seite überarbeiten lasse, sehe ich, daß man die große Buffo-Rolle der *Italiana in Algeri* von Mademoiselle Naldi singen läßt.

Eines der ersten Werke von Herrn Paër ist *L'oro fa tutto* (1793). Sein erstes Meisterwerk ist die *Griselda* (1797). Wozu soll man noch über diese Oper reden, wo sie doch in ganz Europa gespielt wurde? Alle Welt kennt die herrliche Arie des Tenors. Alle bewundern *Sargino* (1803). Wenn man mich fragt, dann sind diese beiden Opern besser als alles, was Herr Paër sonst noch gemacht hat. Die *Agnese* scheint mir nicht gleichrangig; ihren Erfolg in Europa verdankt sie dem, daß es eine leichte Übung ist, auf furchterregende Weise die Verrückten nachzuahmen, die in den schrecklichen Anstalten dahinsiechen, in die sie das öffentliche Mitleid verbannt hat, wohin sich ansonsten niemand begibt, um ihr Elend aus der Nähe zu studieren. Wenn die Seele vom grauenhaften Anblick eines Vaters, der wahnsinnig geworden ist, weil seine Tochter ihn verlassen hat, tief erschüttert ist, dann ist sie für die Eindrücke der Musik empfänglich. Galli, Pellegrini, Ambrogetti, Zuchelli waren in der Rolle des Wahnsinnigen überragend. Dieser Erfolg hindert mich nicht, die Auffassung zu vertreten, daß die schönen Künste sich niemals entsetzliche Themen vornehmen sollen. Das reizende Mitleid der Tochter Cordelia tröstet mich in meinem Schmerz über den Wahnsinn von *Lear* (Tragödie von Shakespeare); aber nichts macht für mich den schrecklichen Zustand erträglich, in dem sich der Vater von *Agnese* befindet. Da die Musik mich hundertmal sensibler macht, wird mir diese grauenhafte Szene gänzlich unerträglich. *L'Agnese* ist mir in unangenehmer Erinnerung, und sie wird mir um so unangenehmer, weil der Stoff so wirklichkeitsnah ist. Das ist wie mit dem Tod: Man wird den Menschen immer Angst machen, indem man ihnen vom Tod spricht; ihnen davon sprechen ist immer entweder Dummheit oder die Berechnung eines Priesters. Wenn der Tod ohnehin unvermeidlich ist, vergessen wir ihn.

Die *Camilla* (1798) ist besser als die *Agnese*, obwohl erstere Oper ihren Erfolg zum Teil der Tatsache verdankt, daß das Grauen in Mode war, was uns damals die Romane von Madame Radcliffe beschert hat; Bassi, einer der besten Buffo-Sänger Italiens war ausgezeichnet in der Rolle des Dieners, als er zwischen den Beinen seines Herrn liegend laut singt, um ihn zu wecken, und ihm zuruft:

Signor, la vita è corta,
Partiam per carità.

In diesem Stück findet man eine gesungene Deklamation nach der anderen, wie bei Gluck. Das ist die traurigste Sache von der Welt, das ist hart; denn sobald es nicht mehr *sanft klingt fürs Ohr*, ist es keine Musik mehr.

Madame Paër, die Frau des Komponisten und eine sehr gute Sängerin, hat in Italien immer die Rolle der Camilla gesungen; sie hatte darin die größten Erfolge, und diese hielten zehn Jahre an; heute könnte meines Erachtens nur Madame Pasta die Camilla mit Talent spielen. Würde dieses Talent die Publikumsgunst bringen? Rossini hat uns an den Überfluß an Ideen, Mozart an deren Tiefe gewöhnt; es ist vielleicht etwas spät für die Musik von Gluck.

Nach den Herren Mayr und Paër, den beiden berühmten Männern des Interregnums zwischen Cimarosa und Rossini, muß ich nur noch einige kleinere Talente nennen. Ich verweise diese Namen in den Anhang.[8]

Mozart in Italien

Fast hätte ich vergessen, daß wir noch über Mozart sprechen müssen, bevor wir uns dann für immer und ausschließlich Rossini zuwenden.

Die Musikbühne war in Italien schon seit zehn Jahren von den Herren Mayr, Paër, Pavesi, Zingarelli, Generali, Fioravanti, Weigl und etwa dreißig heute mehr oder weniger vergessenen Komponisten besetzt. Diese Herren hielten sich für die Nachfolger von Cimarosa und Pergolesi, das Publikum glaubte das auch; da erschien Mozart mit einemmal wie ein Koloß inmitten all dieser kleinen italienischen Komponisten, die nur groß waren, weil es keine großen Männer gab.

Mayr, Paër und ihre Nachahmer suchten seit langem, die deutsche Art von Musik dem italienischen Geschmack anzupassen, und wie alle Mittelwege, die in beiden Parteien nur den Schwachen gefallen, hatten sie schmeichelhafte Erfolge bei Leuten, die nicht mit ihrer Bewunderung geizen. Mozart dagegen, der wie alle großen Künstler nur sich selbst und seinesgleichen zu gefallen suchte, konnte sich wie ein spanischer Verschwörer nur schmeicheln, die Gesellschaft über hervorragende Persönlichkeiten zu gewinnen; diese Rolle ist immer etwas gefährlich.

Übrigens war er bei Aufführungen nicht persönlich zugegen; er war nicht da, um den Mächtigen zu schmeicheln, die Zeitungsschreiber zu bezahlen und so seinen Namen unter die Menge zu bringen. Deshalb hat sein Durchbruch in Europa auch erst nach seinem Tod stattgefunden. Seine Rivalen waren nämlich allgegenwärtig, schrieben ihre Musik für die Stimmen der Sänger, komponierten kleine Duette für die Mätresse des jeweiligen Fürsten, erwarben sich Gönnerschaften; und dennoch – was gilt heute die Musik von Mayr oder *** neben einer Oper von Mozart? Das war in Italien um das Jahr 1800 genau umgekehrt. Mozart galt als ein romantischer Barbar, der in das klassische Reich der schönen Künste einbrechen will. Man braucht nicht meinen, daß diese Umwälzung, die uns heute so selbstverständlich erscheint, an einem Tag vonstatten gegangen ist.

Noch als Kind hatte Mozart zwei Opern für die Mailänder Scala geschaffen, 1770 den *Mitridate* und 1773 den *Lucio Silla*.[9] Beide Opern waren durchaus erfolgreich; es ist aber unwahrscheinlich, daß ein Kind es gewagt haben sollte, sich über die Mode hinwegzusetzen. Wie gut diese Werke auch immer gewesen sein mögen, die alsbald im Schwall der Werke von Sacchini, Piccini, Paisiello untergingen, ihr Erfolg hatte keinerlei Spuren hinterlassen.

Um das Jahr 1803 wurden Mozarts Triumphe in München und Wien den *dilettanti* in Italien lästig, die sich zunächst tapfer geweigert hatten, überhaupt daran zu glauben. Ein Barbar sollte auf dem Felde der Künste Lorbeeren ernten! Seine Symphonien und Quartette kannte man schon lange, aber Mozart soll Musik zum Singen geschrieben haben! Man redete so über ihn wie die Partei der alten Ideen in Frankreich über Shakespeare: »Er ist ein Wilder, aber nicht ohne Kraft; man kann durchaus auch in Ennius' Misthaufen ein paar goldene Pailletten finden; wenn er wenigstens bei Zingarelli und Paisiello Stunden genommen hätte, dann hätte er vielleicht etwas Bedeutenderes geschrieben.« Damit war Mozart abgetan.

Im Jahre 1807 begannen einige vornehme Italiener, die Napoleon bei den Feldzügen von 1806 und 1807 in seinem Gefolge hatte und die durch München gekommen waren, wieder von Mozart zu sprechen. Man beschloß, eine seiner Opern aufzuführen, ich glaube, *Die Entführung aus dem Serail*. Dazu mußte man aber ein geschulter Musiker sein; man mußte ausgezeichnet das *Tempo* halten können und immer genau im *Takt* bleiben. Das war keine Musik mehr, die man durch simples Hören lernen kann, indem man sie ein- oder zweimal singen hört wie in Paris die Romanze *C'est l'amour*[10] oder *Di tanti palpiti* aus dem *Tancredi*. Die italienischen Orchestermusiker machten sich an die Arbeit, aber aus diesem Ozean von Noten, der die Partitur dieses Ausländers ganz schwarz machte, kam nichts Gescheites heraus. Zunächst mußten alle im Takt spielen und vor allem richtig im vorgeschriebenen Moment einsetzen und aufhören. Die Faulen nannten das Barbarei; dieses Wort hätte beinahe seine Wirkung getan, und fast hätte man auf Mozart verzichtet. Da fanden es jedoch einige junge Leute, die ich namentlich nennen könnte und die mehr Stolz als Eitelkeit hatten, lächerlich, daß Italiener auf eine Musik verzichten, weil sie zu schwierig ist. Sie drohten, dem Theater, in dem die deutsche Oper gerade einstudiert wurde, ihre Protektion zu entziehen; und so wurde das Mozartsche Werk endlich doch gegeben. Armer Mozart! Leute, die dieser Vorstellung beigewohnt und seither den großen Mann schätzen gelernt haben, haben mir versichert, daß sie nie sonst in ihrem Leben ein solches Spektakel gesehen haben. Bei den Ensembles und besonders dem Finale entstand eine fürchterliche Kakophonie; man hatte den Eindruck eines Hexensabbats von wütenden Teufeln. Zwei oder drei Arien und ein Duett versanken nicht ganz in diesem Ozean disharmonischer Schreie, weil sie ganz gut gesungen wurden.

Am selben Abend bildeten sich zwei Parteien. Der *Vorzimmer-Patriotismus*, wie Turgot 1763 anläßlich der nationalen Tragödie der *Belagerung von Calais* sagte; der Vorzimmer-Patriotismus, diese große moralische Volkskrankheit Italiens, lebte in seiner ganzen Raserei wieder auf und erklärte in allen

Kaffeehäusern, daß einer, der nicht in Italien geboren sei, nie und nimmer eine schöne Arie schreiben könne. Der Marchese M*** erklärte mit dem ihm eigentümlichen Taktgefühl: *Gli accompagnamenti tedeschi non sono guardie d'onore pel canto, ma gendarmi.*

Die andere Partei, an deren Spitze zwei oder drei junge Militärs standen, die in München gewesen waren, behauptete, es gebe bei Mozart nicht nur bestimmte Ensembles, sondern auch zwei oder drei Arien und Duette, die genial seien und sogar neu in ihrer Art. Die Menschen mit *nationaler Ehre* griffen auf ihr schlagendes Argument zurück und erklärten, man müsse schon ein *schlechter Italiener* sein, um die Musik eines Mannes von jenseits der Alpen zu bewundern. Unter solchen Streitereien gingen die Aufführungen der Mozart-Oper ihrem Ende zu, wobei das Orchester jeden Abend schlechter spielte. Die überlegenen Menschen (und in einer italienischen Großstadt gibt es oft zwei oder drei Männer mit tiefschürfenden Ansichten, die aber Genies à la Machiavelli sind, mißtrauisch, verfolgt, düster, die sich sehr wohl hüten, mit jedem Dahergelaufenen zu reden, und erst recht zu schreiben) meinten: »Da der Name Mozart so viel Haß erregt, da man sich so erbittert darum bemüht, ihm den Stempel der Mittelmäßigkeit aufzudrücken; da wir sehen, wie er mit Beleidigungen überhäuft wird, die man selbst einem Nicolini und Puccitta (den schwächsten Komponisten dieser Zeit) niemals angehängt hat, könnte es durchaus sein, daß dieser Ausländer ein bißchen Genie hat.«

So sprach man bei der Gräfin Bianca und in den anderen Logen der vornehmsten Leute der Stadt, die ich nicht nennen möchte, um sie nicht zu kompromittieren. Ich übergehe die groben Schmähungen der Zeitungen mit Stillschweigen, die von den Polizeispitzeln verfaßt waren. Mozarts Sache schien verloren, und das auf unerhörte Weise.

Ein Musikliebhaber, der sehr vornehm und sehr reich war, aber nicht viel Kunstsinn hatte, einer von diesen Menschen, die in der Gesellschaft Gewicht haben, weil sie alle halbe Jahre irgendeine Paradoxie aufschnappen und sie überall lauthals wiederholen, hatte in einem Brief, den eine seiner Geliebten ihm aus Wien geschrieben hatte, erfahren, daß Mozart der erste Tonkünstler der Welt sei; daraufhin begann er, geheimnisvoll über ihn zu sprechen. Er ließ die sechs besten Musiker der Stadt zu sich kommen, blendete sie mit seinem Luxus und betäubte sie mit dem Getöse seiner englischen Pferde und seiner in London hergestellten Kaleschen und ließ diese Musiker im geheimen das erste Finale des *Don Giovanni* proben. Sein Palast war riesig; er überließ ihnen einen ganzen Flügel, der zum Garten hin gelegen war. Er drohte jedem, der es wagen würde zu sprechen, mit seinem Zorn; und wenn ein reicher Mann in Italien zu solchen Worten greift, so kann er sicher sein, daß man ihm folgt. Dem Betreffenden standen fünf bis sechs *buli* aus Brescia zu Diensten, die zu jeder Gewalttat fähig waren.

Die Musiker des Fürsten brauchten immerhin ein halbes Jahr, bis sie das erste Finale des *Don Giovanni in tempo* (im Takt) spielen konnten. Dann klang es erstmals nach Mozart. Der Fürst engagierte sechs Sänger und Sängerinnen, die er desgleichen zur Diskretion verpflichtete. Nach zwei Monaten Arbeit waren die Sänger so weit. Der Fürst ließ in seinem Landhaus, immer noch geheimnisumwittert wie eine Verschwörung, die wichtigsten Ensembles und die Finale des *Don Giovanni* aufführen. Wie alle seine Landsleute besaß er ein gutes Gehör, und er fand sie gut. Des Erfolgs gewiß, sprach er nun schon nicht mehr ganz so geheimnisvoll von Mozart; er ließ sich angreifen, schließlich gelang es ihm, eine Wette abzuschließen, die seiner Eigenliebe beträchtlich schmeichelte und die in der tiefen Stille einer italienischen Stadt bald zur größten Neuigkeit in diesem Teil der Lombardei wurde. Er hatte gewettet, er werde einige Stücke aus dem *Don Giovanni* aufführen lassen und die Herren X, Y, unparteiische Richter, über die man auf der Stelle übereinkam, würden sagen, Mozart sei ein Mann von etwa demselben Verdienst wie Mayr und Paër, er sündige zwar wie diese aufgrund seiner übergroßen Liebe zu Krach und germanischem Wust, sei aber alles in allem fast ebenso stark wie die Komponisten des *Sargino* und der *Cora*. Nach dem, was man mir erzählt hat, lachte man sich damals allein schon über diese Behauptung halbtot. Der Fürst, der sich in seiner Eitelkeit äußerst geschmeichelt fühlte, schob den großen Tag immer wieder unter verschiedenen Vorwänden hinaus; endlich kam dann der denkwürdige Tag. Das entscheidende Konzert fand im Landhaus des Fürsten statt, der die Wette einstimmig gewann; zwei Jahre lang war er darüber doppelt so eingebildet wie zuvor.

Dieses Ereignis erregte Aufsehen; man begann in Italien, Mozart zu spielen. In Rom gab man um 1811 den *Don Giovanni* in verstümmelter Form. Mademoiselle Eiser, diejenige, die beim Wiener Kongreß eine Rolle spielte, indem sie große Persönlichkeiten einen Augenblick lang die Apokalypse vergessen ließ, spielte auch eine Rolle im *Don Giovanni*, und zwar sehr gut. Ihre Stimme war herrlich, aber das Orchester hielt nur zufällig den Takt, von den Instrumenten liefen die einen den anderen hinterher; die Sache ähnelte immerzu einer von Amateuren aufgeführten Haydn-Symphonie (wovor der Himmel uns bewahren möge). Im Jahre 1814 gab man schließlich den *Don Giovanni* in der Mailänder Scala, ein Überraschungserfolg. Im Jahr darauf folgte *Die Hochzeit des Figaro*, die man schon besser verstand. 1816 fiel *Die Zauberflöte* durch und ruinierte den Theaterunternehmer Petrachi; aber die Wiederaufnahme des *Don Giovanni* hatte schließlich einen tollen Erfolg, wenn man einen Erfolg von Mozart überhaupt so bezeichnen darf.

Heutzutage wird Mozart in Italien in etwa verstanden, aber ein Gefühl für ihn hat man deswegen noch lange nicht. Seine bedeutendste Wirkung auf die öffentliche Meinung war die, daß er Mayr, Weigl, Winter und die ganze Gruppe der Deutschen auf den zweiten Rang verwies.

In diesem Sinne hat er Rossini den Weg geebnet, der erst 1815 sehr berühmt wurde und es bei seinem ersten Auftreten nur mit den Herren Pavesi, Mosca, Guglielmi, Generali, Portogallo, Nicolini und anderen minderwertigen Nachahmern des Stils von Cimarosa und Paisiello als Rivalen zu tun hatte. Diese Herren spielten in etwa die Rolle, die heute in Frankreich den letzten Nachahmern des epischen und ruhmreichen Stils und der edlen Szenen von Racine zukommt. Sie beherrschten den schönen Stil und waren sich sicher, außerordentlich viel Beifall und Lob zu bekommen; aber im Grunde ihres Herzens blieb bei den Befürwortern oft etwas Langeweile zurück; beim Hinausgehen waren sie immer bereit, sich zu ärgern. Es waren Erfolge wie der von *Saul*, des *Maire du palais*, der *Klytämnestra*, von *Ludwig IX.*; niemand im Saal traute sich, seine Langeweile zuzugeben, und jeder bewies seinem Nachbarn gähnend, daß es sehr schön sei.

Über Mozarts Stil

Nach zehn Jahren ziemlichen Widerstands haben die Italiener aufgehört, sich heuchlerisch über Mozart zu äußern. Heute, im Jahre 1823, zählt ihre Stimme also wieder etwas, und ihr Urteil verdient es, gewürdigt zu werden.

Mozart wird in Italien niemals den Erfolg haben, den er in Deutschland und in England genießt; und zwar aus dem einfachen Grund, weil seine Musik nicht *für dieses Klima geschaffen* ist; sie will vor allem rühren, indem sie der Seele melancholische Bilder über das Unglück der liebenswürdigsten und zartesten aller Leidenschaften vor Augen führt. Die Liebe ist aber nicht dieselbe in Bologna und Königsberg; in Italien ist sie sehr viel lebhafter, ungeduldiger, hitziger und lebt weniger von der Einbildung. Sie bemächtigt sich nicht allmählich und für immer aller Seelenkräfte; sie nimmt sie im Sturm gefangen. Sie ist eine Raserei; und diese kann nicht melancholisch sein, denn sie ist das Übermaß aller Kräfte, während die Melancholie ein Zustand der Kraftlosigkeit ist. Die italienische Liebe ist, soviel ich weiß, noch in keinem Roman beschrieben worden, und daher kommt es, daß diese Nation keine Romane hat. Dafür hat sie Cimarosa, der die Liebe in der überlegenen Landessprache geschildert hat und in all ihren Nuancen vom zärtlichen jungen Mädchen, dem *Ah! tu sai ch'io vivo in pene* der Carolina im *Matrimonio segreto* bis zum liebestollen Alten: *Io venia per sposarti*. Ich verbreite mich jetzt nicht weiter über die Unterschiede der Liebe in den verschiedenen Klimata, denn dies würde uns in eine endlose metaphysische Auseinandersetzung führen. Diejenigen Seelen, die für solche Arten von Gedanken, die fast schon Gefühlen gleichen, begabt sind, verstehen mich im übrigen auch nach den wenigen Worten, die ich darüber verloren habe; was die anderen betrifft, und das ist die große Mehrheit, so werden sie darin nie mehr als langweilige Metaphysik sehen; bestenfalls würden sie sich, wenn es Mode wäre, dazu herablassen, ein Dutzend wohlklingender Phrasen zu diesem Thema auswendig zu lernen, aber ich bin nicht in der Stimmung, Phrasen für solche Leute zu schmieden.

Reden wir also lieber wieder über Mozart und seine *gewaltigen* Gesänge, wie die Italiener sagen. Er ist um das Jahr 1812 zusammen mit Rossini am Horizont erschienen, aber ich fürchte, daß man von ihm auch dann noch sprechen wird, wenn Rossinis Stern schon verblaßt ist. Und zwar deswegen, weil er auf allen Gebieten ein großer Erfinder war; er gleicht niemandem, während Rossini noch ein wenig Cimarosa, Guglielmi und Haydn ähnelt.

Die Wissenschaft von der Harmonie kann so viele Fortschritte machen, wie man sich ausmalen will, man wird stets mit Erstaunen feststellen, daß Mozart bereits alle Wege zu Ende gegangen ist. So bleibt er im mechanischen Teil seiner Kunst für immer unübertrefflich. Sollte jemand dennoch den Versuch machen, ihn zu übertreffen, so wäre er wie ein Maler, der Tizian in der Wahrheit und Kraft der Farben übertreffen wollte, oder wie jemand, der sich bemühte, schönere, feinere Verse als Racine zu schmieden und ihn auch noch bei der Tugendhaftigkeit der Gefühle übertreffen zu wollen.

Was den moralischen Part anbelangt, so kann sich Mozart immer dessen gewiß sein, daß er die zarten und träumerischen Seelen im Strudel seines Genies mitreißt und sie dazu zwingt, sich mit rührenden und traurigen Bildern zu beschäftigen. Manchmal hat seine Musik eine solche Kraft, daß die Seele sich plötzlich von einer Welle der Melancholie ergriffen fühlt, obwohl die evozierten Bilder sehr undeutlich bleiben. Rossini ist immer amüsant, Mozart nie; seine Musik ist wie eine ernste und oft traurige Geliebte, die man gerade wegen ihrer Traurigkeit um so mehr liebt; solche Frauen wirken entweder überhaupt nicht auf Männer und gelten als prüde, oder sie machen einen tiefen Eindruck und bemächtigen sich für immer der ganzen Seele, wenn sie einmal das Herz eines Mannes rühren. Mozart ist in der vornehmen Gesellschaft in Mode, weil diese zwar notwendig ohne Leidenschaften ist, aber alle

Welt immer glauben macht, daß sie welche hat und die großen Leidenschaften über alles liebt. Solange diese Mode noch andauert, wird man nicht mit Gewißheit feststellen können, welchen Eindruck seine Musik wirklich auf das menschliche Herz macht.

In Italien gibt es gewisse Kunstliebhaber, die die öffentliche Meinung über die schönen Künste bestimmen. Ihr Erfolg rührt daher, daß sie erstens gutgläubig sind; daß ihre Stimme zweitens nach und nach von all denen vernommen wird, die geschaffen sind, eine Meinung zu haben und die sie nur von jemandem formuliert zu hören brauchen; daß sie drittens ihre Stimme nie erheben, während alles um sie herum sich allen Modetorheiten anschließt, wenn sie aber einmal gefragt werden, dann äußern sie immer wieder bescheiden dasselbe Gefühl.

Diese Leute fanden Rossini amüsant, sie haben begeistert der *Pietra del paragone* und der *Italiana in Algeri* Beifall gezollt; sie waren ergriffen von dem Quartett in *Bianca e Faliero*; sie sagen, Rossini habe Leben in die Opera seria gebracht; aber im Grunde genommen halten sie ihn für einen brillanten Ketzer, für einen Pietro da Cortona (den Maler der großen Effekte, von dem Italien eine Zeitlang so geblendet war, daß es beinahe Raffael vom Sockel gestürzt hätte, dessen Bilder sich auf einmal kalt ausnahmen; Raffael hatte gerade viel von den zarten Tönen und der schlichten Vollkommenheit, die Mozart auszeichnen. Nichts erregt in der Malerei weniger Aufsehen als das bescheidene Äußere und die himmlische Reinheit einer Jungfrau des Malers aus Urbino; sie senkt ihren göttlichen Blick auf den Sohn: Wenn dieses Bild nicht Raffaels Namen trüge, würde der gewöhnliche Mensch achtlos vorbeigehen und vor einem so einfachen Bild nicht stehenbleiben, denn für *gewöhnliche* Seelen ist diese Madonna eine *gewöhnliche* Sache).

Genauso verhält es sich mit dem Duett:

Là ci darem la mano
Là mi dirai di sì.

Wenn es nicht von Mozart wäre, hielten die meisten Dandys diesen langsamen Takt für den Gipfel der Langeweile.

Sie leben im Gegenteil auf und sind elektrisiert, wenn sie Rosinas Arie *Sono docile* aus dem *Barbier von Sevilla* hören. Was macht es schon, daß diese Arie widersinnig ist? Sehen sie die Widersprüche überhaupt?

Daß Mozarts Ansehen in Italien fortdauert, beruht auf dem glücklichen Umstand, daß seine Musik und die von Rossini sich kaum je an denselben Personenkreis wenden; fast kann Mozart zu seinem glänzenden Rivalen sagen, was in Dumoustiers Lustspiel *Les femmes* die Tante zur Nichte sagt:

Va,
Tu ne plairas jamais à qui j'aurai su plaire.

Die Leute mit Geschmack in Italien, von denen ich gerade sprach, sagen, Rossini habe zwar nicht ganz die mitreißende Komik und den Ideenreichtum Cimarosas, sei dem Neapolitaner aber durch die Lebhaftigkeit und Schnelligkeit seines Stils überlegen. Er synkopiert am laufenden Band die Phrasen, die Cimarosa immer sorgfältig bis in ihre letzten Konsequenzen entwickelt. Rossini hat nie eine so komische Arie geschrieben wie:

Amicone del mio core,

Cimarosa dagegen nie ein so schnelles Duett wie das zwischen Almaviva und Figaro im ersten Akt des *Barbier von Sevilla*:

Oggi arriva un reggimento
È mio amico il colonello,

oder ein so leichtes Duett wie das der Rosina mit Figaro (I. Akt). Mozart hat nichts von alledem, weder Leichtigkeit noch Komik; er ist das genaue Gegenteil, nicht nur von Rossini, sondern fast auch von Cimarosa. Nie wäre es ihm in den Sinn gekommen, in die Arie

Quelle pupille tenere

der *Horatier* keinen Hauch von Melancholie zu legen. Er konnte sich die Liebe nicht ohne Zittern vorstellen.

Je mehr man sich von der Musik Rossinis und Cimarosas hinreißen läßt, je mehr man sich ihr hingibt, um so mehr bildet man sich für Mozarts Musik; je mehr man von Rossinis lebhaften Takten und seinen schnellen Noten *gesättigt* ist, um so lieber greift man auf die getragenen Noten und langsamen Takte des Komponisten von *Così fan tutte* zurück.

Mozart ist, glaube ich, nur zweimal in seinem Leben fröhlich gewesen; im *Don Giovanni*, als Leporello die Statue des Komturs zum Essen auffordert, und in *Così fan tutte*; ebensooft war Rossini melancholisch. Es gibt nichts Düsteres in Der *Gazza ladra*, obwohl ein junger Soldat mitansehen muß, wie seine angebetete Geliebte zum Tode verurteilt und zur Hinrichtung geführt wird. Es gibt nichts Melancholisches im *Otello* außer dem Duett zwischen den beiden Frauen, dem Gebet und der Romanze. Ich möchte noch das Quartett aus *Bianca e Faliero*, das Duett aus der *Armida* und selbst die herrliche Instrumentalpassage erwähnen, als Rinaldo im Aufruhr der Leidenschaften erst weggeht, um dann wiederzukommen. Dieses sublime Duett ist die Inkarnation der italienischen Liebe und drückt keine Melancholie aus. Es ist vielmehr düstere und heftige oder auch wahnsinnige Leidenschaft.

Es gibt keine einzige gemeinsame Idee zwischen den echten Meisterwerken von Rossini, *La pietra del paragone, L'Italiana in Algeri, Tancredi, Otello* und den Opern von Mozart. Die Ähnlichkeit, die aber eine rein äußerliche des Stils ist, wenn es sie denn überhaupt gibt, diese Ähnlichkeit ist später gekommen, als Rossini sich mit *Der Gazza ladra* und der Introduktion des *Moses* dem *starken* Stil der Deutschen annähern wollte.

Nie hat Rossini etwas so Ergreifendes geschrieben wie das Duett:

Crudel, perchè finora farmi languir così?

Nie hat er etwas so Komisches komponiert wie:

Mentr'io ero un mascalzone

oder auch das Duett aus *I nemici generosi* von Cimarosa, das der unnachahmliche Barilli vor fünfzehn Jahren in Paris so meisterhaft gespielt hat.

Aber weder Mozart noch Cimarosa haben je etwas so Lebhaftes und zugleich Leichtes geschrieben wie das Duett:

aus *Il turco in Italia*. Das ist französisch in aller Schönheit des Ausdrucks.

Das ist der Weg, den man meines Erachtens beschreiten muß, um sich eindringlich mit dem Stil dieser drei großen Meister zu befassen, die, ein jeder von der Meute seiner Nachahmer gefolgt, zur Zeit die musikalische Szene Europas unter sich aufgeteilt haben. Für den, der zu hören versteht, noch ein Hinweis: Man ahmt sie sogar in den kleinen Musikstücken zu Feydeau nach. Widmen wir uns aber doch endlich Rossini.

Erster Teil

1. Kapitel
Seine frühen Jahre

Am 29. Februar 1792 wurde Gioacchino Rossini in Pesaro, einem hübschen Städtchen im Staat des Papstes am Golf von Venedig geboren.[1] Es ist ein vielbesuchter Hafen. Pesaro liegt inmitten bewaldeter Hügel, und die Wälder reichen genau bis zum Meeresufer. Nichts ist öde, unfruchtbar, vom salzigen Meerwind zerfressen. Die Ufer des Mittelmeeres und insbesondere die des Golfs von Venedig haben nichts von dem wilden und düsteren Anblick, den die ungeheuren Wellen und die heftigen Winde den Ufern des Ozeans verleihen. Dort ist alles übermächtig und von tiefer Betrübnis, wie an der Grenze zu einem großen despotischen Reich; an den schattigen Ufern des Mittelmeers ist hingegen alles süße Wollust und rührende Schönheit. Hier muß die Wiege der menschlichen Kultur gestanden haben. Hier entdeckten die Menschen vor viertausend Jahren zum ersten Mal, daß es Spaß macht, nicht mehr wie ein Wilder zu leben. Die süße Wollust zivilisierte sie; sie erkannten, daß lieben besser ist als töten. Das ist heute noch der Fehler des armen Italien, deswegen wurde es so oft erobert, deswegen war es so oft unglücklich. Ach, wenn der liebe Gott Italien nur als Insel erschaffen hätte!

Sein politischer Zustand ist wirklich nicht beneidenswert; dennoch sind aus der *Gesamtheit* seiner Kultur seit einigen Jahrhunderten all die großen Männer hervorgegangen, deren Kunstwerke die Welt entzückten. Von Raffael bis Canova, von Pergolesi bis Rossini und Viganò sind alle genialen Männer, die dazu bestimmt waren, die Welt mit den schönen Künsten zu bezaubern, in dem Land geboren, wo man liebt.

Selbst die Mängel der einzelnen Regierungen, unter deren Joch Italien stöhnt, sind den schönen Künsten und der Liebe günstig.

Da die päpstliche Regierung von ihren Untertanen an Unterwerfung lediglich verlangt, daß sie Steuern zahlen und zur Messe gehen, bleibt viel *Gefährliches* in der Gesellschaft weiter in Umlauf. Jeder kann für sein privates Glück tun und sagen, was ihm gerade einfällt, ob dieses Glück nun darin besteht, seinen Nebenbuhler zu vergiften oder seine Geliebte zu vergöttern. Die von altersher verachtete und verhaßte Regierung vertritt weder eine Meinung noch übt sie irgendeinen Einfluß aus; sie geht quer durch die Gesellschaft, aber sie mischt sich überhaupt nicht in sie ein. (All das hat sich jedoch in den letzten zwanzig Jahren geändert.)

Ich stelle mir ein furchterregendes Ungeheuer vor, einen giftspeienden Drachen aus der Märchenwelt, der aus dem Schlamm unermeßlicher Sümpfe aufsteigt; plötzlich erscheint er in der lieblichen, blumenübersäten Landschaft; statt des Grauens herrscht nun Wonne; es ist ein bösartiges, übermächtiges Wesen, von dem nur Unheil zu erwarten ist, das man vorbeiläßt, vor dem man ganz schnell beiseite geht, wenn es auftaucht, aber niemand untersteht sich, es anzuschauen; es ist wie ein Erdbeben, ein Hagelschlag, ein notwendiges Übel, über das sich niemand aufregt.

Sollte man sich eines Tages unterstehen, sich aufzuregen, sind die schönen Künste in Italien gestorben, statt dessen hat man dann, wie in London oder Washington, lauter schöne politische Diskussionen.

Die liebenswerte, kleine Regierung, die ich eben so verleumderisch dargestellt habe,[2] ist eine viel günstigere Bedingung für die kraftvolle Entfaltung der Leidenschaften als die weiseren Regierungen von Frankreich oder England, die auf die Meinung ihrer Bürger Wert legen und Literaten bezahlen, die beweisen sollen, daß sie recht haben.

Die schönen Künste leben nämlich ausschließlich von den Leidenschaften; dies ist einer der Gründe, warum sie im Norden nicht gedeihen können, wo die vornehme Gesellschaft der Richter über alles und jedes ist (die vornehme Gesellschaft, die notwendig ohne Leidenschaft ist und die im übrigen zugrundegerichtet ist durch die Ironie und die panische Angst, sich lächerlich zu machen, welche bis zur amüsanten Memmenhaftigkeit getrieben wird).

Man muß das verzehrende Feuer der Leidenschaften empfunden haben, um sich in den schönen Künsten auszuzeichnen. Ohne diese unumgängliche Bedingung – in seiner Jugend muß man sich ganz fürchterlich der Lächerlichkeit ausgesetzt haben – sieht im übrigen auch der geistreichste und witzigste Mensch die schönen Künste nur wie durch einen Schleier. Er ist sehend, sieht aber nicht, was ihr Prinzip ausmacht. Mit seinem erlesenen Geschmack und seinem bewundernswerten Scharfsinn bei allen anderen Dingen, auf die der Mensch achtet, nimmt er, sobald er sich auf das Gebiet der schönen Künste begibt, nur noch das Material wahr, er sieht in der Malerei nur die Leinwand und in der Musik nur den Klang und die Dauer der Töne sowie ihrer verschiedenen Kombinationen. So redet Voltaire über Musik und Malerei. Bei einem Gemälde von Raffael behauptet der Mensch aus dem Norden, die Erhabenheit liege in dem Geschick, die Farbe auf die Leinwand aufzutragen. Redet man über Musik ... Eben das, was jeden Tag im *Miroir* stand.

Ich wage diese satirischen Bemerkungen, weil ich hoffe, daß eben diese geistreichen Menschen, die ich gerade schlechtgemacht habe, ein gründliches Urteil über meine Aussagen fällen; aufgrund ihrer intellektuellen Überlegenheit sind sie die besten Richter der Welt, sie können sogar die Beschreibung von Dingen beurteilen, die sie nur halb sehen können. Wenn ich eine Geschichte der Musik oder der Malerei schreiben sollte, so würde ich sie in Italien erfühlen, aber in Paris veröffentlichen.

Sobald es sich um die Wahrheit eines Gedankens oder um die Angemessenheit eines Ausdrucks handelt, erlangen die Menschen aus dem Norden, die ihre Bildung durch zweihundert Jahre mehr oder weniger freie Diskussion erhalten haben, die ganze Überlegenheit wieder, die ihnen angesichts einer Statue oder des Ritornells einer großen *Agitato*-Arie abhanden gekommen ist.

In Frankreich stellt der Maler oder Musiker fest, daß der Platz aller Leidenschaften, das Herz, von der Angst erfüllt ist, die tausend Regeln der Schicklichkeit zu verletzen, oder von dem Vorhaben, einen treffenden Kalauer zu landen.

In England sind der Stolz und die biblische Religion die hartnäckigen Feinde der schönen Künste. In den oberen Klassen werden alle Leidenschaften in ein Korsett qualvoller Schüchternheit eingeschnürt, die wiederum eine Form von Stolz ist, oder sie werden bei den meisten jungen Leuten zerstört durch die schreckliche Notwendigkeit, fünfzehn Stunden am Tag schwer arbeiten zu müssen, weil man sonst kein Brot hat und mitten auf der Straße stirbt.

Man begreift, warum das fruchtbare Italien, die Heimat des *dolce far niente* und der Liebe, auch das Vaterland der schönen Künste ist, und warum man dennoch nur im Norden, dank seiner kleinen, argwöhnischen Tyrannen, aufgeklärte Menschen finden kann, die Seminararbeiten über die schönen Künste beurteilen können.

Die Romagna, in der Rossini das Licht der Welt erblickt hat, gehört zu den wildesten und unkultiviertesten Landstrichen der ganzen Halbinsel. Lange schon lastet die raffinierte Regierung der Priester auf diesem Lande; ebenso lange ist jedwede Großzügigkeit dort der Gipfel an Absurdität.

Rossinis Vater war ein armer, drittrangiger Hornist, einer von jenen fahrenden Musikern, die, um ihren Lebensunterhalt zu verdienen, von einem Jahrmarkt zum anderen ziehen, von Sinigaglia nach Fermo, Forlì und in andere Städtchen der Romagna oder der umliegenden Gegenden. Hier bilden sie kleine Stegreiforchester, die sich für die Jahrmarktsoper zusammenfinden. Rossinis Mutter, eine Schönheit, war eine passable *seconda donna*. Sie zogen von Stadt zu Stadt und von einer Truppe zur anderen, der Mann spielte im Orchester, die Frau sang auf der Bühne. Sie waren folglich auch arm, und ihr vielgerühmter Sohn Gioacchino, dessen Name in ganz Europa ertönte, hatte, getreu der väterlichen Armut, vor zwei Jahren, als er nach Wien ging, als sein ganzes Kapital nur eine Summe zurückgelegt, die dem Jahresgehalt einer der Sängerinnen entsprach, die in Paris oder Lissabon seine Arien singen.

In Pesaro ist das Leben sehr wohlfeil und Rossinis Familie war nicht traurig, obwohl sie ihren Lebensunterhalt in einem ziemlich unsicheren Gewerbe verdienen mußte, und vor allem sorgte sie sich kaum um die Zukunft.

Im Jahre 1799 nahmen Rossinis Eltern ihren Sohn aus Pesaro mit nach Bologna; aber er begann erst mit zwölf Jahren, 1804, Musik zu studieren; sein Lehrer war Angelo Tesei. Nach einigen Monaten verdiente sich der junge Gioacchino schon einige *Paoli*, indem er in den Kirchen sang. Mit seiner schönen Sopranstimme und der Lebhaftigkeit seines Auftretens kam er bei den Geistlichen gut an, die die Leitung der Gottesdienste innehatten. Bei Professor Angelo Tesei lernte er sehr gut singen, die Kunst der Begleitung und die Regeln des Kontrapunktes. Bereits im Jahre 1806 war er imstande, jedes Musikstück vom Blatt zu singen, und man fing an, große Hoffnungen auf ihn zu setzen; wegen seines hübschen Gesichts wollte man einen Tenor aus ihm machen.

Am 27. August 1806 verließ er Bologna, um eine musikalische Tournee durch die Romagna zu machen. Er spielte den Klavierpart als Orchesterleiter in Lugo, Ferrara, Sinigaglia und anderen Städtchen. Doch hörte er erst im Jahre 1807 auf, in den Kirchen zu singen. Am 20. März desselben Jahres trat er ins Lyzeum in Bologna ein und nahm Musikstunden bei Pater Stanislao Mattei.

Ein Jahr darauf (am 11. August 1808) war Rossini schon imstande, eine Symphonie und eine Kantate (mit dem Titel *Il pianto d'armonia*) zu komponieren. Es ist seine erste Vokalmusik. Unmittelbar darauf wurde er zum Leiter der Akademie der *Concordi* gewählt (eines Musikvereins, der damals im Rahmen des Lyzeums von Bologna existierte).

Mit neunzehn Jahren war Rossini schon so bewandert, daß man ihm die Aufgabe übertrug, als Orchesterleiter Haydns Oratorium *Die Jahreszeiten* in Bologna zu dirigieren; *Die Schöpfung*, die zur selben Zeit (Mai 1811) gegeben wurde, dirigierte der berühmte Sopran Marchesi. Wenn Rossinis Eltern kein Engagement hatten, wohnten sie in ihrem ärmlichen, kleinen Haus in Pesaro. Einige reiche Kunstfreunde dieser Stadt, ich glaube aus der Familie Perticari, nahmen den jungen Rossini in ihre Obhut. Eine liebenswürdige Frau, die noch sehr hübsch war, als ich sie kennenlernte, hatte den glücklichen Einfall, ihn nach Venedig zu schicken; dort komponierte er für das Theater San Mosè eine kleine Oper in einem Akt mit dem Titel *La cambiale di matrimonio* (1810). Nach diesem hübschen, kleinen Erfolg kehrte er nach Bologna zurück und ließ dort im Herbst des folgenden Jahres (1811) *L'equivoco stravagante* aufführen. Dann ging er nach Venedig zurück und gab anläßlich des Karnevals im Jahre 1812 *L'inganno felice*.

Hier erstrahlt schon überall das Genie. Und ein geübtes Auge erkennt in dieser einaktigen Oper mühelos die Grundzüge von fünfzehn bis zwanzig bedeutenden Stücken, die später den Erfolg von Rossinis Meisterwerken begründet haben.

Es gibt darin ein schönes Terzett zwischen dem Bauern *Tarabotto*, dem Feudalherrn und der Frau, die der Herr verbannt hat, die er anbetet, aber nicht wiedererkennt.

L'inganno felice ist wie die ersten Gemälde von Raffael, nachdem er die Schule von Perugino gerade hinter sich hatte; man findet darin alle Fehler und alle zaghaften Versuche der frühen Jugend. Erschrocken über seine Jugend, wagte Rossini es noch nicht, einzig sich selbst zu gefallen. Zwei Dinge machen einen großen Künstler aus; eine anspruchsvolle, zarte, leidenschaftliche und stolze Seele und ein Talent, das seine ganze Kraft darauf verwendet, dieser Seele zu gefallen und sie zu erfreuen, indem es neue Schönheiten schafft. Rossinis Gönner besorgten ihm ein Engagement für Ferrara. Dort gab er in der heiligen Fastenzeit des Jahres 1812 ein Oratorium mit dem Titel *Ciro in Babilonia*, ein Werk voller Anmut, aber, wie mir scheint, weniger kraftvoll als *L'inganno felice*. Rossini wurde bald wieder nach Venedig gerufen; aber der Impresario von San Mosè war nicht damit zufrieden, daß er für ein paar Zechinen einen liebenswürdigen Komponisten hatte, der bei den Damen beliebt war und dessen aufkeimendes Genie seinem Theater die Gunst des Publikums bringen würde, sondern erlaubte sich, ihn geringschätzig zu behandeln, als er sah, daß er arm war. Auf der Stelle zeigte Rossini, was für ein origineller Charakter er war – was ihn immer ausgezeichnet hat – und den er vielleicht nie gehabt hätte, wenn er in einem weniger wilden Land geboren wäre.

Als Komponist stand es Rossini völlig frei, alles, was ihm durch den Kopf ging, von seinem Orchester ausführen zu lassen. In der neuen Oper, *La scala di seta*, die er für den unverschämten Impresario schrieb, vereinigte er alle möglichen Extravaganzen und Bizarrerien, und daran hat es, man darf es glauben, in diesem Kopf nie gefehlt. Zum Beispiel mußten die Geiger im Allegro der Ouvertüre nach jedem Takt pausieren, um ein wenig mit dem Bogen an die Blechlaterne zu schlagen, in der die Kerze stand, die das Licht gab. Man stelle sich das Erstaunen und den Ärger eines großen Publikums vor, das aus allen Stadtvierteln Venedigs und sogar vom Festland zusammengekommen war, um die Oper des jungen Maestro zu hören. Dieses Publikum, das schon zwei Stunden vor Beginn der Vorstellung die Türen belagerte und das man danach gezwungen hatte, weitere zwei Stunden im Saal zu warten, fühlte sich persönlich beleidigt und pfiff, eben wie ein verärgertes italienisches Publikum. Alles andere als betrübt fragte Rossini den Impresario lachend, was er damit gewonnen habe, daß er ihn so geringschätzig behandelt habe, und reiste nach Mailand ab, wo ihm seine Freunde ein Engagement verschafft hatten. Einen Monat später erschien Rossini wieder in Venedig; er gab nacheinander zwei *Farse* (einaktige Opern) im Theater San Mosè: *L'occasione fa il ladro* (1812) und *Il figlio per azzardo* (Karneval 1813). Im selben Karneval 1813 schuf Rossini auch den *Tancredi*.

An dem Erfolg, den dieses himmlische Werk in Venedig hatte, kann man ermessen, daß Italien das Land ist, in dem man die Schönheit des Gesangs am besten beurteilen kann. Selbst wenn der Kaiser und König Napoleon Venedig mit seinem Besuch beehrt hätte, hätte seine Ankunft niemanden von Rossini abgelenkt. Es war der helle Wahnsinn, eine echte *Furore*, wie die schöne italienische Sprache sagt, die für die Künste wie geschaffen ist. Vom Gondoliere bis zum vornehmen Herrn sang jedermann:

Ti rivedrò, mi rivedrai.

Im Gerichtssaal sahen sich die Richter genötigt, die Zuhörer zum Schweigen zu bringen, denn sie sangen:

Ti rivedrò!

Die *dilettanti* sprachen sich auf der Straße an mit den Worten: »Unser Cimarosa ist auf die Welt zurückgekommen!«[3] Dabei war es viel besser, es waren neue Freuden, neue Effekte. Vor Rossini hatte es in der *Opera seria* viel Schwermütiges und Langsames gegeben; die sehr schönen Musikstücke waren dünn gesät, oft waren sie durch fünfzehn oder zwanzig Minuten lange Rezitative und Langeweile voneinander getrennt.

Rossini brachte in diese Gattung Feuer, Leben und die Vollkommenheit der *Opera buffa*.

Die echte *Opera buffa*, zu der Tita de Lorenzi die Libretti im neapolitanischen Dialekt geschrieben hat, ist von Paisiello, Cimarosa und Fioravanti zur Vollkommenheit gebracht worden. Es ist zwecklos, auf der Welt nach einem Kunstwerk mit mehr Feuer, Genie und Leben zu suchen. Man wäre bereit, mit ihr in einen Dialog einzutreten. Sie ist das Kunstwerk, in dem der Mensch der Vollkommenheit am nächsten ist. Es gibt in dieser Gattung also nichts weiter zu tun, als vor Lachen oder vor Freude zu sterben, wenn man eine gute *Opera buffa* hört und nicht als Phlegmatiker geboren ist.[4] Rossinis Erfolg beruht darauf, daß er einen Teil dieses in der *Opera buffa* konzentrierten himmlischen Feuers in die *Opera di mezzo carattere*, wie den *Barbier von Sevilla*, und in die *Opera seria*, wie den *Tancredi*, übertragen hat; denn man braucht nicht meinen, daß der *Barbier von Sevilla*, so lustig er einem auch vorkommt, noch eine *Opera buffa* ist; er ist nur von einer Lustigkeit zweiten Grades.

Außerhalb von Neapel kennt man die *Opera buffa* kaum, auch ließen sich seit den Fortschritten der Instrumentalmusik den Meisterwerken von Fioravanti und Paisiello schwerlich ein paar Passagen für Oboe oder Fagott hinzufügen. Rossini hat denn auch die Finger von dieser Gattung gelassen; das wäre auch so, als wollte jemand nach *Macbeth* noch schrecklichere Morde auf die Bühne bringen. Er hat sich vielmehr der machbaren Aufgabe verschrieben, Leben in die *Opera seria* zu bringen.

2. Kapitel

Tancredi

Diese bezaubernde Oper hat in vier Jahren in ganz Europa die Runde gemacht. Wozu sollte man den *Tancredi* analysieren und beurteilen? Weiß nicht jeder Leser schon, was er davon halten soll, und wird er nicht, statt mit mir den *Tancredi* zu beurteilen, eher mich anhand des *Tancredi* beurteilen? Sieht Paris dank Madame Pasta den *Tancredi* nicht so, wie er nirgendwo sonst jemals aufgeführt wurde?

Welch ein Wunder, daß eine junge Frau, die gerade erst ins Alter der Leidenschaften gekommen ist, mit ihrem lieblichen Gesang ein so großes tragisches Talent ist, das dem von Talma vielleicht in nichts nachsteht, vor allem aber ein anderes und einfacheres Talent!

Um meiner Pflicht als Historiker zu genügen und um mir nicht den Vorwurf einer lückenhaften Darstellung einzuhandeln, werde ich versuchen, den *Tancredi* kurz zu analysieren.

Den ersten Takten der Ouvertüre fehlt es weder an Charme noch an Würde; aber ich finde, das Genie fängt erst beim *Allegro* an. Es ist so neu und kühn, daß es in Venedig am Abend der Uraufführung alle Herzen mitgerissen hat. Rossini hatte erst nicht gewagt, sich ans Klavier zu setzen, wie das üblich ist und wozu sein Engagement ihn verpflichtete. Er hatte Angst, ausgepfiffen zu werden. Denn die nationale Ehre des Publikums von Venedig war noch immer verletzt wegen der obligaten Begleitung mit den Blechlaternen in seiner letzten Oper. Als Kind hatte sich der junge Komponist unter der Bühne in dem Gang versteckt, der zum Orchester führt. Nachdem er ihn vergeblich überall gesucht hatte, sah der erste Geiger, daß der Beginn der Aufführung immer näherrückte und das Publikum schon laut seine Ungeduld kundtat – in den Augen der Akteure wirkt das immer lächerlich, außer am Tage der Premiere. Daraufhin entschloß sich der erste Geiger, mit der Oper anzufangen. Das erste Allegro der Ouvertüre gefiel so gut, daß Rossini während des allgemeinen Klatschens und der Bravorufe aus seinem Versteck hervorkam und sich an seinen Platz ans Klavier schlich.

Dieses Allegro ist voller Stolz und Eleganz. Das paßt ausgezeichnet zum ritterlichen Namen eines *Tancredi*; so stellt man sich den Geliebten einer charaktervollen Frau vor; das ist schließlich Rossinis Genie in Reinform. Wenn er ganz er selbst ist, ist er elegant wie ein junger französischer Held, wie ein Gaston de Foix, und nicht kraftvoll wie Haydn. Zum antiken Ideal des Schönen gehört Kraft. Cimarosa findet diese Kraft in den Arien der *Horatier und Kuriatier*. Rossini, der, ohne es zu ahnen, den Spuren Canovas folgt, hat diese im alten Griechenland so nützliche und geschätzte Kraft durch Eleganz ersetzt. Er hat die Tendenz seines Jahrhunderts erkannt und sich von Cimarosas Ideal des Schönen entfernt, genau wie Canova es gewagt hat, sich vom *antiken Ideal des Schönen* zu entfernen.[1]

Wenn Rossini später kraftvoll sein wollte wie Cimarosa, war er manchmal *schwerfällig*: und zwar deswegen, weil er auf die Gemeinplätze der Harmonie – diese eiserne Reserve der Mayr, Winter, Weigl und anderer deutscher Komponisten – zurückgegriffen hat, und weil er in der Melodik nicht kraftvoll war.

Ob meine metaphysische Erklärung nun stimmt oder nicht, wenn Rossini er selbst ist, ist er elegant und geistreich und nicht kraftvoll wie Haydn oder ungestüm wie Michelangelo und Beethoven.

Auf diese Überlegung hat mich vor allem das Allegro aus der Ouvertüre des *Tancredi* gebracht. Das Hauptmotiv enthält neue Ausdrucksweisen voller Anmut und Witz, ganz und gar französisch; aber es gibt darin nichts Pathetisches.

Die Ouvertüre ist zu Ende, der Vorhang hebt sich, Ritter aus Syrakus treten vor uns auf die Bühne. Sie singen im Chor:

Pace, onore ... fede, amore.

Dieser Chor ist sehr gefällig, aber ist dies das Wort, das uns dazu einfallen sollte? Fehlt ihm nicht ganz offenkundig jene Kraft, über die ich gerade sprach und die man bei Haydns Werken auf Schritt und Tritt bemerkt? Dieser Chor hat etwas

Süßliches, das überall ziemlich fehl am Platze ist und natürlich erst recht bei den Rittern aus dem Mittelalter.

»Fünf französische Ritter eroberten Sizilien«, sagt der Dichter, es handelt sich um jene stolzen, fast hätte ich gesagt wilden Ritter, die Walter Scott in der Gestalt des Tempelritters Boisguilbert von *Ivanhoe* naturgetreu geschildert hat; es sind dieselben Ritter, die die liebenswürdige Tochter eines Mannes aus ihrer Mitte alsbald in einen grausamen Tod treiben, die uns jetzt mit sanfter Stimme

Pace, onore

vorsingen.

Dieser Chor würde sich ausgezeichnet eignen für eine Friedensfeier unter den Hirten der *Astrée*.

Où, jusqu'à je vous hais, tout se dit tendrement.

Aber ist das typisch für das kraftstrotzende Mittelalter? In diesen barbarischen Zeiten mußten die Ritter in ihren Rüstungen, selbst wenn sie Frieden schlossen, das unnahbare Aussehen eines ruhenden Löwen haben oder das der alten Garde bei der Rückkehr nach Paris nach der Schlacht von Austerlitz.

Rossini sei aber damit entschuldigt, daß man auch in Raffaels ersten Gemälden oft vergeblich nach etwas Kraftvollem sucht, insbesondere dort, wo es am nötigsten wäre.

Diese *Introduktion*[2] des *Tancredi* hat wenig Wirkung trotz der angenehmen Melodik. Wenn der Gedanke herumzufeilen, noch dazu an einem geglückten Werk, Rossini nicht so ungeheuer fern läge, müßte er diesem Chor der Ritter von Syrakus noch ein paar Minuten widmen.

Rossini entschädigt einen aber voll und ganz mit dem Ritornell und dem Gesangsstück, das den Auftritt Amenaides ankündigt:

Più dolce e placida.

Vor ihm hatte die Musik noch nie so gut der vornehmen und schlichten Eleganz Ausdruck verliehen, wie sie einer jungen Prinzessin im Zeitalter des Rittertums gebührt.

Der Kavatine der Amenaide, *come dolce all'alma mia*, fehlt

die Melancholie, die Mozart da hineingelegt hätte, auch enthält sie allzu hübsche Agréments, die deplaziert wirken. Ein junges, auch nur etwas seelenvolles Mädchen, das an den entfernten, verbannten Geliebten denkt, muß traurig sein. Voltaire hat nach dieser Nuance gesucht. Rossini war zu jung, um sie zu empfinden; vielleicht ist es aber auch richtiger, nicht gleich in den Ton einer Lobrede zu verfallen, und statt dessen zu sagen, daß dieses Gefühl ihm womöglich immer fremd geblieben ist; immer hat er die Befürchtung gehegt, langweilig zu werden, wenn er traurige Musik machte. Später hätte er einen Augenblick lang Mozart nachgeahmt; mit achtzehn Jahren hat er einfach niedergeschrieben, was ihm sein Genie diktierte, und wenn dieses Genie Zärtlichkeit empfindet, dann doch, wie mir scheint, kaum je melancholische Zärtlichkeit.

Nun kommen wir endlich zum berühmten ersten Auftritt des Tancredi. Man muß in einem italienischen Theater sein, damit diese Szene – der Ritter und sein Gefolge gehen an einem abgelegenen, einsamen Strand an Land – etwas Erhabenes an sich hat. Im Louvois bedarf es des bewundernswerten *Portamento* der Madame Pasta, damit Tancredis Auftritt – vierzig Schritte vom Zuschauer entfernt steigt er aus einem kleinen Schiff, das fieberhaft auf und ab schaukelt – nicht lächerlich wirkt, vor allem, wenn das Ufer aus lächerlichen Dekorationen besteht, auf denen die Bäume Schatten auf den Himmel werfen. In der Mailänder Aufführung sieht man, wie Tancredi mit seinen Knappen an Land geht, unscharf und in weiter Ferne, das ist die angemessene Art und Weise, so etwas der Vorstellungskraft zu präsentieren. Diese herrliche Bühnendekoration ist ein Meisterwerk von Sanquirico oder Perego; die Bewunderung, die sie dem Zuschauer einflößt, läßt ihn über die Details der Handlung, die sich vor ihm abspielt, hinwegsehen. Glücklicherweise hat das Pariser Publikum keine hohen Ansprüche an die Bühnendekoration, und die Lächerlichkeiten, die es nicht merkt, existieren dann einfach nicht.

In Venedig hatte Rossini für den ersten Auftritt des Tancredi eine große Arie geschrieben, die die Sängerin Malanote aber nicht wollte[3]; und da diese ausgezeichnete Sängerin damals in der Blüte ihrer Schönheit, ihres Talents und ihrer Launenhaftigkeit war, erklärte sie ihm ihre Abneigung gegen diese Arie erst am Abend vor der ersten Vorstellung.

Man stelle sich die Verzweiflung des Maestro vor! Das sind Vorfälle, die einen in diesem Alter und in dieser Stellung verrückt machen; glückliches Alter, wo man sich noch verrückt machen läßt! Rossini sagte sich: »Wenn man nach dem Streich bei meiner letzten Oper den Auftritt von Tancredi auspfeift, dann fällt die ganze Oper flach!«

Nachdenklich geht der arme, junge Mann in seinen kleinen Gasthof zurück. Da kommt ihm eine Idee; er schreibt ein paar Zeilen, es ist das berühmte

Tu che accendi,

die Arie, die auf der ganzen Welt wahrscheinlich am häufigsten und an den verschiedensten Orten gesungen worden ist.

In Venedig nennt man diese Arie *l'aria dei risi*. Ich gebe zu, daß das kein sehr vornehmer Name ist, und ich geniere mich einigermaßen, die eher gastronomische als poetische kleine Anekdote zu erzählen, die ihr diesen Namen eingetragen hat. *Aria dei risi*, ich muß es leider gestehen, heißt nämlich *Reis-Arie*. In der Lombardei ist der erste Gang jedes Abendessens, ob beim vornehmsten Herrn oder beim kleinsten Maestro, stets ein Reisgericht; und da man sehr kurz gekochten Reis liebt, läßt der Koch vier Minuten, bevor er serviert wird, immer die wichtige Frage stellen: *Bisogna mettere i risi?* Als nun Rossini verzweifelt nach Hause kam, stellte der Kellner ihm die übliche Frage; man setzte den Reis auf, und bevor er fertig war, hatte Rossini die Arie

Di tanti palpiti

vollendet. Der Name *aria dei risi* erinnert also daran, daß sie in einem Augenblick komponiert wurde.

Was soll man über diese wunderbare Kantilene sagen? Ich glaube, es wäre genauso lächerlich, mit jemandem darüber zu sprechen, der sie kennt, wie mit jemandem, der sie noch nie gehört hat; und wer hat sie im übrigen in Europa noch nicht gehört?

Nur diejenigen, die Madame Pasta in der Rolle des Tancredi gesehen haben, wissen, daß das Rezitativ

O patria, ingrata patria!

erhabener und mitreißender sein kann als die Arie selbst. Madame Fodor hatte aus dieser Arie einen Kontertanz gemacht und sie in die Gesangsstunde des *Barbiers von Sevilla* verlegt. Mit einer schönen Stimme kann man jede beliebige Arie meisterhaft singen, man kann ein herrlicher Kanarienvogel sein; bei den Rezitativen muß man aber mit der Seele dabei sein. In der Arie selbst kann die Passage auf die Worte *alma gloria* nie mehr von einem Wesen gesungen werden, das diesseits der Alpen geboren ist.

Die Worte *mi rivedrai, ti rivedrò* verlangen das Gefühl für oder die Erinnerung an die leidenschaftliche Liebe der glücklichen Regionen des Südens. Menschen aus dem Norden würden erst zwanzig Poetiken wie die von La Harpe verschlingen, ehe sie verstünden, warum *mi rivedrai* vor *ti rivedrò* steht. Wären unsere Experten des guten Geschmacks der italienischen Sprache kundig, so würden sie Tancredi den Vorwurf *mangelnder Höflichkeit* gegenüber Amenaide machen und vielleicht auch den des *totalen Verstoßes gegen die Anstandsregeln.*

Bei der Ankunft Tancredis erlebt man, wie erhebend die dramatische Harmonie wirkt. Dabei handelt es sich nicht, wie man in Deutschland glaubt, um die Kunst, den Empfindungen der Person, die auf der Bühne ist, durch Klarinetten, Violoncelli oder Oboen Ausdruck zu verleihen; es ist die viel seltenere Kunst, den Teil der Gefühle durch die Instrumente erkennen zu lassen, den die Person selbst uns gar nicht mitteilen könnte. Bei seiner Ankunft an dem einsamen Strand schildert Tancredi mit einem Wort, was sich in seinem Herzen abspielt; nachdem er dies mit der Gestik und der Stimme getan hat, ist es passend, daß er einige Augenblicke schweigend das undankbare Vaterland betrachtet, das er mit gemischten Gefühlen, Freude und Kummer, wiedersieht. Spräche er in diesem Augenblick, so würde er uns in unserer Anteilnahme an seinem Schicksal stören und die Vorstellung zunichte machen, die wir uns so gerne von seiner tiefen Empfindung beim

Wiedersehen des Orts, an dem seine Geliebte wohnt, machen. Tancredi muß schweigen; aber während er dieses Schweigen bewahrt, das so gut zu den Leidenschaften paßt, die ihn bewegen, schildern uns die Hörner mit ihren Seufzern einen anderen Teil seiner Seele, vielleicht sogar Empfindungen, die er sich selber nicht einzugestehen wagt und die er niemals aussprechen würde.

Das ist es, was die Musik seit Pergolesi und Sacchini nicht zustandegebracht hat und was auch die Deutschen nicht können. Sie lassen ganz einfach die Instrumente nicht nur das sagen, was diese uns mitteilen sollten, sondern auch das, was die Gestalt auf der Bühne uns durch ihren Gesang sagen sollte. Gewöhnlich ertönt dieser entweder ausdrucksschwache oder den Ausdruck übertreibende Gesang – so wie in den kolorierten Abbildungen die Farben eines Gemäldes von Raffael zu stark betont werden – nur, damit wir uns von den Orchestereffekten erholen. Der Held ist wie jene Fürsten, die zwar die besten Absichten von der Welt haben, die einen aber, weil sie selbst nur imstande sind, über gewöhnliche Dinge zu sprechen, immer an ihre Minister verweisen, sobald in einer wichtigen Sache eine Antwort fällig ist.

Die Instrumente weisen, wie die menschlichen Stimmen, besondere Merkmale auf: zum Beispiel hat Rossini in der Arie und dem Rezitativ des Tancredi die Flöte verwendet[4]; dieses Instrument eignet sich ganz besonders für die Wiedergabe der mit Traurigkeit vermischten Freude[5]; und dies ist die Empfindung Tancredis, als er sein undankbares Vaterland wiedersieht, in dem er sich nur in einer Verkleidung blicken lassen darf.

Will man das Verhältnis der Harmonie zum Gesang auf einem anderen Wege begreifen, so kann ich sagen, daß Rossini mit Erfolg den großen Kunstgriff Walter Scotts angewendet hat; vielleicht war es dieses künstlerische Mittel, das dem unsterblichen Autor von *Old Mortality* die erstaunlichsten Erfolge beschert hat. Wie Rossini seine Gesänge durch die Harmonie vorbereitet und unterstützt, so bereitet Walter Scott seine Dialoge und Erzählungen durch Schilderungen vor und unterstützt sie. Schon auf der ersten Seite von *Ivanhoe* lesen wir die wunderbare Beschreibung der untergehenden Sonne, die ihre schon schwachen und beinahe waagerecht einfallenden Strahlen durch das tiefliegende, besonders dichte Laubwerk der Bäume sendet, hinter denen das Haus des sächsischen Edelmannes *Cedric* versteckt liegt. Die schon verblassenden Strahlen fallen in die Mitte einer Lichtung in diesem Wald auf die sonderbare Kleidung des verrückten Wamba und des Schweinehirten Gurth. Der geniale schottische Dichter hat seine Beschreibung der von den letzten, flach einfallenden Sonnenstrahlen erhellten Lichtung und der eigenartigen Kleidung der beiden gewiß wenig vornehmen Gestalten, die er uns gegen alle Regeln der Würde präsentiert, noch nicht vollendet, und schon sind wir vorweg gerührt von dem, was die beiden einander sagen werden. Als sie endlich zu reden beginnen, ist jedes kleinste ihrer Worte ungeheuer wertvoll. Versucht man sich in Gedanken vorzustellen, das Kapitel und der Roman würden mit diesem Dialog beginnen, ohne daß er durch die Beschreibung vorbereitet wäre, so hätte er fast seine ganze Wirkung eingebüßt.

Die genialen Menschen verwenden die Harmonie in der Musik genauso wie Walter Scott in *Ivanhoe* die Beschreibung als Mittel einsetzt; die anderen, der gelehrte Herr Cherubini zum Beispiel, werfen mit der Harmonie nur so um sich, wie der Herr Abbé Delille in seinem Gedicht *La pitié* dicht gedrängt eine Beschreibung an die andere reiht. Erinnern Sie sich noch, wie blaß und farblos die Nebenfiguren des Abbé Delille sind? Wissen sie noch, wie sehr man das 1804 in Paris bewunderte? Welche großen Fortschritte haben wir seither in der Literatur gemacht! Wir wollen hoffen, daß wir bald ähnliche Fortschritte in der Musik machen, und daß die deutsche Harmonie auf die Poesie à la Ludwig XV. folgt. La Bruyère, Pascal, Duclos, Voltaire sind nie auf die Idee gekommen, die Natur zu beschreiben, ebenso fern lag Pergolesi und Buranello die Harmonie. Wir haben uns diesen Fehler eingestanden und sind ins andere Extrem gefallen; ähnlich verhält es sich mit der Musik, die in der Harmonie verschwimmt. Wir wollen hoffen, daß wir uns die sentimentale Prosa der Madame de Staël ebenso abgewöhnen und wir erst dann auf die ergreifenden Aspekte der Natur zu sprechen kommen, wenn unser Herz uns einen klaren Kopf läßt, um sie wahrzunehmen.

Jeden Augenblick unterbricht und unterstützt Walter Scott den Dialog mit der Beschreibung, manchmal sogar auf eine Weise, daß man ungeduldig wird, so zum Beispiel, als die reizende, stumme, kleine Fenella in *Peveril du Pic* Julian daran hindern will, das Schloß von Hom-Peel auf der Isle of Man zu verlassen. Hier erzeugt die Beschreibung Ungeduld, ähnlich wie die deutsche Harmonie den Herzen der Italiener zuwider ist; aber wenn sie geschickt plaziert ist, versetzt sie die Seele in einen Zustand, in dem sie bestens darauf vorbereitet ist, sich von dem einfachsten Dialog rühren zu lassen. Aufgrund seiner wunderbaren Beschreibungen konnte Walter Scott es wagen, einfach zu schreiben, den rhetorischen Ton hinter sich lassen, der durch Jean-Jacques Rousseau und so viele andere beim Roman in Mode gekommen war, und schließlich Dialoge zu schreiben, die so unverfälscht sind wie die Natur.

Ich hoffe, daß es mir mit dieser langen Abschweifung gelungen ist, ein einigermaßen klares Bild von den verschiedenen Positionen zu geben, die Pergolesi, Mayr, Mozart und Rossini auf dem musikalischen Parnaß einnehmen. Zu Zeiten von Pergolesi hatte man noch nicht daran gedacht, Beschreibungen der erhabenen oder fröhlichen Aspekte der Natur im Roman zu verwenden. Mozart war der Walter Scott der Musik. Er setzte die Beschreibung hinreißend ein; manchmal, aber nur in sehr seltenen Fällen, hat er ein wenig übertrieben. Mayr, Winter, Weigl werfen – wie der Herr Abbé Delille – mit uninteressanten, gelehrten (in der Grammatik und den Mechanismen der Sprache sehr starken) Beschreibungen nur so um sich. Rossini hat sie auf eine Weise verwendet, die dem Publikum gefällt. Die Farben sind lebhaft, das Licht ungemein pittoresk; immer fesselt er die Augen, bisweilen ermüdet er sie aber auch.

In *La gazza ladra* zum Beispiel möchte man jeden Augenblick das Orchester zum Schweigen bringen, um ein wenig mehr vom Gesang zu hören. Die Wirkung ist hart und stark. Sie kommt den sensiblen Menschen entgegen. Die *dilettanti* möchten gern, daß die menschlichen Stimmen mehr Charme, mehr Lieblichkeit, mehr einfachen und sanften Gesang bekommen.

Als Rossini die göttliche Partitur des *Tancredi* schrieb, lag ihm dieser Fehler noch fern; er fand das rechte Maß an Reichtümern und Luxus, das die Schönheit ziert, ohne ihr zu schaden, ohne sie mit sinnlosen Verzierungen zu überladen. Man muß auf den reizenden Stil des *Tancredi* jedesmal zurückkommen, wenn einem zuviel Krach auf die Nerven geht oder einen zuviel Einfachheit langweilt.

Was in Venedig so lebhafte Begeisterungsstürme hervorrief, waren die *Neuheit* dieses Stils, die herrlichen Gesänge, die garniert waren – um diesen gewagten Ausdruck zu gebrauchen – mit eigentümlichen, unerwartet neuen Begleitungen, die ohne Unterlaß anregend auf das Ohr wirkten und die scheinbar gewöhnlichsten Dinge mit einem Schuß Pikanterie versahen. Und doch brachten die Begleitungen so verführerische Effekte zustande, ohne daß es auf Kosten der Singstimmen ging. *Fanno col canto conversazione rispettosa*[6], sagte einer der geistreichsten Kunstliebhaber Venedigs, der berühmte Buratti (der Autor des *Uomo* und der *Elefanteide*, zweier herrlicher Satiren).

Im ersten Finale des *Tancredi* gibt es Fehler, sagte mir eines Abends in Brescia der liebenswürdige Silvio Pellico (der erste Tragödiendichter Italiens, der gerade eine fünfzehnjährige Gefängnisstrafe auf der Festung Spielberg verbüßt); in diesem Finale gibt es Tonsprünge, die das Ohr erstaunen. Ich stellte ihm die Gegenfrage, ob man das Ohr wirklich niemals in Erstaunen versetzen dürfe. Wenn man will, daß Entdeckungen gemacht werden, dann muß man seine Schiffe ein wenig aufs Geratewohl auf dem Meer herumfahren lassen. Wenn man es niemals gestattet hätte, daß das Ohr erstaunt wird, hätte der ungestüme und eigenartige Beethoven dann jemals die Nachfolge des weisen und vornehmen Haydn angetreten?

Auch wenn Rossini im ersten Akt des *Tancredi* noch nicht die ganze Pracht der deutschen Harmonie ausspielt, gibt es doch schon einige dieser bezaubernden Phrasen mit einer regelmäßig wiederkehrenden, herrlichen Melodie nach Art des Cimarosa, die in den späteren Werken immer seltener werden. Man beachte in dem wunderschönen Quintett des ersten Aktes die Bitte, die Amenaide erst an ihren Vater, dann an Tancredi und schließlich an Orbassan richtet:

Deh, tu almen.

Bei dem Quartett ohne Begleitung in diesem Akt kann sich das Ohr von der Strapaze der Harmonie erholen; diese Stücke tun immer sicher ihre Wirkung. Der mit verhaltener Stimme gesungene Part des Orbassan in diesem Quartett ist wundervoll; es scheint, als würden die Gefühle durch diese schöne Baßstimme sanft geleitet. Man weiß nicht, wohin der Weg führt, aber man geht ihn mit Wonne.

Schon zu Beginn des zweiten Aktes stößt man auf folgenden reizenden Satz:

No; che il morir non è.

Aber man vergißt ihn bald wieder über dem herrlichen Duett

Ah! se de' mali miei,

das wegen seines stolzen, ritterlichen Charakters so schön mit dem kontrastiert, was man gerade gehört hat.

Diese herrliche *Tancredi*-Partitur bringt in erster Linie die kriegerische und ritterliche Begeisterung zum Ausdruck, jene rührende und reizende Verrücktheit des Mittelalters, die bei den gehobenen Geistern den Krieg und die Gefahren, die wir auf ein methodisches und mathematisches Nichts[7] reduziert haben, zur Herzensangelegenheit machte. Hier braucht nicht mehr von *materiellen* Kunstmitteln geredet werden, die Rossini sich ausgesucht und die er mehr oder weniger erfolgreich angewandt hat; wir sind über solche Betrachtungen erhaben. Man muß nur merken, daß er etwas Neues schildert. Tancredis Part in dem Duett *Ah! se de' mali miei*, das mit der tiefen Melancholie des Helden beginnt:

Nemico il ciel provai
Fin da prim' anni ognor.
. . .
Ah! son si misero.

endet mit dem glänzenden Sieg des Mutes, der allem Unglück trotzt. Nach dieser kurzen Anwandlung von Schwäche und Liebe, die so natürlich und ergreifend ist, haben wir die *mo-*

derne Ehre in ihrer ganzen Reinheit, und darauf wäre vor *Arcole* und *Lodi* kein italienischer Maestro je gekommen. Arcole und Lodi, das sind die ersten Worte, die Rossini an seiner Wiege vernahm; 1796 haben sie eine bedeutende Rolle gespielt. Rossini war damals fünf Jahre alt, er konnte diese unsterblichen Brigaden von 1796 durch Pesaro marschieren sehen, die, aus reiner Begeisterung für den Krieg, ohne Kreuz, ohne Luxus, ohne Ehrenband für uns in *Tolentino* jene Gemälde, Statuen und Denkmäler erobert haben, die uns seither, nachdem die zerschlissenen Uniformen der Monarchie uns auf die Nerven gegangen waren, so leicht wieder entwendet wurden. Wenn wir die erhabenen Töne hören, die das Ehrgefühl Tancredi einflößt, schwören wir, uns eines Tages zu rächen und sie zurückzuholen.

Während dieses kriegerischen Duetts werden die Trompeten mit unendlich großem Geschick, eines vollendeten Meisters würdig, eingesetzt. Rossini erriet instinktiv mit siebzehn Jahren, was andere kaum nach langen, mühevollen Studien begreifen.

Die Bewegung der Melodie zu den Worten

Il vivo lampo

in dem Augenblick, als Tancredi seinen Degen zieht, scheint mir das Schönste zu sein, was Rossini je geschrieben hat. Das ist ganz edel, vollkommen wahr und völlig neu.

Ich würde allen Sängerinnen und sogar Madame Pasta raten, in den so kurzen Augenblicken entfesselter Leidenschaft wie dem von Tancredis

Odiarla! o ciel non so,

das Kunstmittel der Rouladen sparsam einzusetzen.

Derjenige ist nicht besonders ergriffen, so scheint mir, der mitten in einer leidenschaftlichen Aufwallung elegant dastehen möchte, das heißt, er denkt daran, daß es noch andere Menschen um ihn herum gibt, ja mehr noch, er denkt, was die anderen Menschen über ihn wohl denken könnten, und will in ihren Augen gut dastehen. Der leidenschaftlich erregte Mensch kann nur unfreiwillig jenes Maß von Eleganz wahren, das ihm zur Gewohnheit geworden ist. Im Gegensatz dazu passen die Rouladen geradezu himmlisch zu den Worten

Di quella spada.

Ich möchte nebenbei bemerken, daß die Literaten, die sich so hübsch ausmalen, daß man durch die Lektüre von Boileau ein Experte in der italienischen Gesangskunst werden kann, Todfeinde von Rouladen und anderen Agréments sind. Sie rühmen vor allem den strengen Stil. Aber:

Non raggionam di loro ma guarda e passa.[8]

Die zwölf Takte, die Tancredi singt, als man ihn auf dem Triumphwagen heimführt, sind vortrefflich: eine Erholung für die Seele. Der Chor der Ritter, dic Tancrcdi im Wald suchen, *Regna il terror*, ist in einem anderen Genre fast ebenso schön wie die Arie *Il vivo lampo*. Nach meinem Dafürhalten ist es die Vollendung der Verbindung von italienischer Melodik mit deutscher Harmonie. An diesem Punkt sollte die Revolution zum Stillstand kommen, die uns in eine Entwicklung hin zur komplizierten Harmonik stürzt.

Diese Revolution bezieht ihre Kraft aus dem Umstand, daß in den Ländern des Nordens neunzehn von zwanzig hübschen, jungen Mädchen, die Musikunterricht erhalten, Klavierspielen lernen; ein einziges lernt Singen, und die restlichen neunzehn finden am Ende nur das Schwierige schön. In Italien sucht hingegen jedermann, das *Ideal des Schönen in der Musik* im Gesang zu verwirklichen.

Ich könnte unendlich lang weitererzählen, wenn ich mich dazu hinreißen ließe, zu sagen, was ich von jeder einzelnen Melodie des *Tancredi* halte oder vielmehr noch, was man in Neapel, Florenz oder Brescia darüber dachte, wo ich diese Oper gesehen habe. Denn ich mißtraue mehr als sonst einer den persönlichen Empfindungen; wenn diese Empfindungen echt sind, bedeuten sie alles auf der Welt für denjenigen, der sie hegt, aber sie sind herzlich gleichgültig, ja sogar lächerlich in den Augen des Nachbarn, der sie nicht teilt. Ich bitte den Leser deshalb, mir zu glauben, daß das *Ich* in dieser Broschüre nur eine Redewendung ist, die ersetzt werden könnte durch Wendungen wie: In Neapel sagte man in den Kreisen des Marquis Berio . . ., oder: Herr Peruchini aus Venedig, dieser so gebildete Kunstliebhaber, dessen Geschmacksurteile wie Gesetze gelten, sagte eines Tages bei Madame Bensoni zu uns . . ., oder: Im Freundeskreis des Anwalts Antonini in Bologna hörte ich heute abend, daß Herr Agguchi behauptete, die deutsche Harmonie . . ., Graf Giraud war derselben Meinung, Herr Gherardi, Rossinis Freund, hat bis zum bitteren Ende dagegen gekämpft.

Die wenigen wirklich persönlichen Empfindungen, die in dieser Broschüre zum Ausdruck kommen, sind so formuliert, daß der Zweifel gleich mit ausgedrückt wird, denn diese dubitativen Formulierungen sind dem Autor wie auf den Leib geschrieben. Und er gibt auch zu, daß er für seine *Vie de Rossini* aus dem vollen geschöpft und zum Beispiel die Urteile über diesen großen Mann und seine Werke aus allen deutschen und italienischen Zeitungen zusammengetragen hat.

So hörte ich eines Abends, wie man dem liebenswürdigen Gherardi in der Loge der Madame Z *** in Bologna folgendes sagte: »Was mich an der Musik des *Tancredi* am meisten frappiert, ist diese jugendliche Frische. Die Kühnheit ist gewiß einer der erstaunlichsten Züge der Musik Rossinis wie seines Charakters. Aber im *Tancredi* entdecke ich nicht diese Kühnheit, die mich in der *Gazza ladra* oder im *Barbier von Sevilla* hinreißt und verwundert. Alles ist darin einfach und rein. Es gibt überhaupt nichts Verschwenderisches; es ist das Genie in seiner ganzen Naivität, und, wenn man mir diesen Ausdruck gestattet, es ist das noch jungfräuliche Genie. Ich mag am *Tancredi* einen gewissen altmodischen Zug, der mich an der Machart mehrerer Gesänge verblüfft; es sind die alten Formen von Paisiello und Cimarosa, die langen periodischen Phrasen, die sich allerdings noch zu schnell der Aufmerksamkeit entziehen, die sie auf sich lenken, und der Seele, die sie verzaubern. Kurzum, ich liebe den *Tancredi* wie ich Tassos *Rinaldo* liebe, weil er die Gefühlswelt eines großen Mannes in ihrer noch unberührten Naivität offenbart.«

Rossini, der durch die Oper mit den Begleitungen auf den Blechlaternen das Publikum von Venedig gerade beleidigt hatte, hütete sich wohl, auf die Gemeinplätze der Melodik und Harmonie zurückzugreifen, von denen die Partituren seiner meisten Rivalen voll waren. Ich kann im *Tancredi*, zumindest wenn ich ihn auf der Bühne höre, keinen einzigen dieser Gemeinplätze feststellen, die sozusagen das Reservekorps der deutschen Komponisten bilden und die Rossini später in seinen Opern nach deutscher Art, wie *Mosè*, *Otello*, *La gazza ladra*, *Ermione* usw. nur allzu oft verwendet hat.

In Neapel hatten die großen Künstler Zingarelli und Paisiello, die auf ihre alten Tage pedantisch und neidisch wurden, Rossini der Ignoranz bezichtigt, dort begehrte der Komponist den Beifall der Liebhaber des *stile severo. Stile severo* heißt im Munde von künstlerischen Scharlatanen und Musikliebhabern, die deren Phrasen nachplappern, fast immer Verwendung der Gemeinplätze der Harmonie, worauf die Ignoranten oft hereinfallen, so wie es mir zum Beispiel 1817 mit Solivas *Testa di bronzo* in Mailand ergangen ist.

Eigentlich müßte man eine Bemerkung von zwanzig Zeilen über jede Arie bzw. jedes Ensemble des *Tancredi* schreiben. Solche Überlegungen lassen sich gut anstellen, wenn man ein Klavier hat; da wir uns erklären, was wir gerade gefühlt haben, steigern sie die Intensität unserer Gefühle, fixieren vor allem die Erinnerung an sie und prägen sie dem Gedächtnis ein. Aber in einem Buch und weit weg von einem Klavier könnten diese Überlegungen den Leser leicht ermüden. Ich muß mir die ganze Tragik dieses schrecklichen Wortes Langeweile vor Augen führen, um mich zu zwingen, im Lob *Tancredis* nicht fortzufahren.

Man kann gut verstehen, daß Rossini in einer Gegend wie Venetien als Mensch genauso glücklich war wie als Komponist erfolgreich. Bald schon entriß die Marcolini, eine reizende Buffo-Sängerin, die damals in der Blüte ihres Genies und ihrer Jugend stand, ihn den großen Damen, seinen ersten Gönnerinnen. Er war sehr undankbar, sagte man; viele Tränen wurden vergossen. Man erzählt in diesem Zusammenhang eine ziemlich verworrene und vor allem sehr lustige Anekdote, die Rossinis kühnen und heiteren Charakter und seine große Entschlußfreudigkeit vollendet darstellt; aber leider kann ich diese Anekdote unmöglich gedruckt weitergeben. Auch wenn ich die Namen abändern würde, um die Neugierigen in die Irre zu führen, so sind die Umstände dieser Geschichte doch derart außergewöhnlich, daß in Italien jedermann die Beteiligten wiedererkennen würde. Warten wir einige Jahre ab. Man erzählt, daß die Marcolini, um Rossini nicht nachzustehen, ihm den Fürsten Lucien Bonaparte geopfert habe.

Für die Marcolini, für ihren herrlichen Alt, für ihre bewundernswerte Komik komponierte er die so lustige Rolle der *Italiana in Algeri*, die im Norden so vornehm entstellt wird. Eine Schauspielerin, die ich nicht beim Namen nennen möchte, weil sie hübsch ist, stellt uns eine junge, fröhliche, leicht verrückte, glückliche, leidenschaftliche Frau aus dem Süden als eine ehrbare Miss aus Yorkshire dar – und zwar, man muß es gestehen, ohne groß an das *Was wird man darüber erzählen* zu denken; dafür denkt die Miss immer nur und vor allem daran, ständig den Beifall der Gevatterinnen ihrer Pfarrei zu ernten, ohne den sie keinen Mann findet. Verfolgt uns die Tugend eigentlich überallhin? Gehe ich etwa in die Opera buffa, um den majestätischen Anblick (*the noble prospect*) einer vollkommenen Frau zu genießen? Wäre es ein Verstoß gegen die ernste Würde unseres Jahrhunderts, gegen die Regeln des Anstands usw. usf., wenn man zu denken wagt, je trauriger, steifer und heuchlerischer die Sitten, um so heiterer müßte die Unterhaltung sein?

3. Kapitel

L'Italiana in Algeri

Aber sprechen wir lieber über die *Italiana*, und zwar nicht über die, die geschickte Leute uns in Paris vorgeführt haben, um uns Rossini ein wenig zu verleiden, sondern über die Oper, wie sie in Italien auf die Bühne gebracht wurde, mit der der junge Komponist zu einem der führenden Maestri wurde.

Die zarten Lichtreflexe des Regenbogens verblassen nicht rascher als die Wirkung der Musik; da der ganze Reiz von der Vorstellungskraft abhängt und die Musik an sich nichts Wirkliches hat, genügt eine unwillkürliche Assoziation unangenehmer Gedanken, um den Erfolg eines Meisterwerks in einem Land für immer zu vereiteln. Das war das Schicksal der *Italiana* in Paris; sie wurde dort dermaßen miserabel aufgeführt, daß sie niemals auch nur irgendein Vergnügen bereiten wird. Wenn jedermann mit der vorgefaßten Meinung, daß er etwas Mittelmäßiges zu sehen bekommt, in die Oper geht, dann ist dieses Vorurteil für die beste Musik der Welt tödlich; wie wird es dann erst bei einem Volk wirken, bei dem ein jeder seinen Nachbarn bittet: »Tun Sie mir doch den Gefallen und sagen Sie mir, ob ich mich vergnüge.«

Die Ouvertüre der *Italiana* ist herrlich, aber ein wenig zu lustig; das ist ein großer Fehler.

Die Introduktion ist bewundernswert; sie schildert treffend und tief den Schmerz einer armen verlassenen Frau. Der Gesang, der auf diesen Seelenzustand aufmerksam macht:

Il mio sposo non più m'ama

ist herrlich, und dieser Schmerz hat nichts Tragisches.

Verweilen wir bei diesen wenigen Worten. Das ist ganz einfach die *Opera buffa* in Vollendung. Kein anderer lebender Komponist verdient dieses Lob, und auch Rossini selbst hat schon bald aufgehört, danach zu streben. Als er die *Italiana in Algeri* schrieb, stand er in der Blüte seines Genies und seiner Jugend. Er hatte keine Angst, sich zu wiederholen; er wollte keine *starke* Musik machen; er lebte in dem angenehmen Venedig, der heitersten Gegend Italiens und vielleicht sogar der ganzen Welt, und sicher der am wenigsten pedantischen. Wegen ihres Charakters[1] wollen die Venezianer vor allem angenehme und eher leichte als leidenschaftliche Gesänge. Mit der *Italiana* wurden sie nach Wunsch bedient. Nie zuvor hat ein Volk ein Schauspiel genossen, das besser zu seinem Charakter gepaßt hat; und von allen Opern, die jemals existiert haben, ist sie diejenige, die den Venezianern am meisten gefallen mußte.

Auch stellte ich, als ich 1817 Norditalien bereiste, fest, daß man diese Oper zur gleichen Zeit in Brescia, Verona, Venedig, Vicenza und Treviso spielte.

Man muß gestehen, daß diese Musik in mehreren Städten, beispielsweise in Vicenza, von Schauspielern gesungen wurde, denen man zu viel Ehre antun würde, wenn man sie mit unseren schwächsten vergleichen würde; aber die Ausführung war schwungvoll, hatte ein Brio, es war ein Zug da, wie man es in der Opéra in unseren vernunftbetonten Klimata nie findet. In dieser Art musikalischem Taumel fanden sich Orchester wie Zuschauer gleich zu Beginn des ersten Aktes, beim ersten etwas lebhaften Beifall, und so vergnügten sich alle auf die mitreißendste Weise. Auch ich wurde von diesem Taumel erfaßt und spürte soviel Freude in diesem armseligen Theater, in dem sicher nichts besser als mittelmäßig war. Wie so etwas zustandekommt, könnte ich nicht erklären. Nichts war in diesem reizenden Schauspiel dazu angetan, an die *Wirklichkeit* und an das *Traurige* im Leben zu erinnern. Es gab gewiß im ganzen Saal keinen einzigen Menschen, der auf die Idee gekommen wäre, zu *beurteilen*, was er sah. Der Gesang, die Dekorationen, das lebhafte Spiel des Orchesters, das der Schauspieler voller Improvisationen, alles war dazu angetan, den Zuschauer über das alltägliche Dasein zu erheben, und sofern er gerne dazu bereit war, befand er sich bald in einer anderen, weitaus lustigeren Welt als der unserigen. Aber all das will erlebt sein und paßt nicht gut in eine Erzählung.

Wir schwelgten allesamt in den tollsten Illusionen, in die, die Musik uns versetzt hatte. Die Schauspieler erlaubten sich, ermutigt und inspiriert durch die rasenden Beifallsstürme und die Bravorufe der Zuschauer, Dinge, die sie am nächsten Tag nie mehr gewagt hätten. Der herrliche Buffo-Sänger Paccini, der im Theater San Benedetto in Venedig Messer Taddeo spielte, gestand uns nach einem solchen erfolgreichen und tollen Abend, daß die schönste Gondelpartie, das köstlichste Mahl und alles, was es sonst noch an Lustbarkeiten auf der Welt gibt, für ihn, verglichen mit einer solchen Vorstellung, nichts ist.

Nach dem Klagelied der armen Elvira, die der Bey verlassen will, gibt es nichts Fröhlicheres, weniger Grausames, Ausdrucksvolleres und vor allem Natürlicheres in Italien als den Gesang des Mustafa:

Cara, m'hai rotto il timpano.

Das ist der Inbegriff eines Mannes, der seiner Geliebten überdrüssig ist; aber es liegt darin nichts, was die Eigenliebe kränken könnte, nichts Spöttisches.

Wohlgemerkt, ich spreche immer nur von der Musik und nie vom Text. Für mich selbst arbeite ich den Text einer Oper immer um. Ich versetze mich in die Lage des Dichters und verlange von ihm nur ein Wort, ein einziges Wort, die jeweilige Empfindung; so sehe ich zum Beispiel in Mustafa einen seiner Geliebten und ihrer großen Auftritte überdrüssigen Menschen, der als Herrscher nicht frei von Eitelkeit ist. Vielleicht würde der Text mir diese Vorstellung verderben. Was tun? Es wäre zweifelsohne besser, wenn Voltaire oder Beaumarchais das Libretto geschrieben hätten, dann wäre es ebenso reizend wie die Musik. Aber da die Voltaires rar sind, ist es ein glücklicher Umstand, daß die bezaubernde Kunst, mit der wir uns beschäftigen, auf einen großen Dichter sehr wohl verzichten kann. Man darf nur nicht so unklug sein und das Libretto lesen. In Vicenza bemerkte ich, daß man es nur am ersten Abend überflog, um eine Vorstellung von der Handlung zu haben. Bei jedem Stück las man den ersten Vers, der die Leidenschaft oder die Schattierung der Empfindung nennt, welche die Musik schildern soll. Während der vierzig folgenden Vorstellungen ist nie mehr jemand auf die Idee gekommen, das in Goldpapier gebundene Büchlein wieder aufzuschlagen.

Madame B*** aus Venedig hatte einen solchen Horror vor dieser unangenehmen Wirkung des Libretto, daß es nicht einmal bei der Erstaufführung in ihrer Loge sein durfte. Für sie wurde eine Zusammenfassung der Handlung in vierzig Zeilen geschrieben, und danach bekam sie unter Nr. 1, 2, 3, 4 usw. in vier oder fünf Stichworten den Inhalt jeder Arie, jedes Duetts oder Ensembles geliefert; zum Beispiel Eifersucht des Taddeo, leidenschaftliche Liebe Lindoros, Koketterie Isabellas beim Anblick des Bey, und auf diese Kurzfassung folgte der erste Vers der Arie oder des Duetts. Jedermann fand diesen Einfall sehr bequem. So sollte man Libretti für Liebhaber drucken lassen ... ich weiß in der Tat nicht, welches Wort ich gebrauchen soll, um keinen Hochmut aufkommen zu lassen ... also für diejenigen Liebhaber, die die Musik so lieben, wie man sie in Venedig liebt.

Die Kavatine des wiedergeliebten Geliebten Lindoro in der *Italiana in Algeri*,

Languir per una bella,

ist von vollendeter Frische. Die Wirkung ist stark und die Musik einfach. Diese Kavatine ist eines der schönsten Stücke, das Rossini je für eine echte Tenorstimme geschrieben hat. Nie werde ich den Eindruck vergessen, den Davide, der erste oder, besser gesagt, einzige Tenor, den es heutzutage gibt, in dieser Kavatine gemacht hat. Es war einer der größten Triumphe der Musikgeschichte. Von dieser eleganten, reinen, sonoren Stimme mitgerissen, vergaßen die Zuschauer alles um sich herum. Der große Vorteil dieser Kavatine ist, daß sie nicht zuviel Leidenschaft enthält; sie ist nicht zu dramatisch.

Die Handlung setzt erst ein. Wir brauchen noch nicht an mehr oder weniger komplizierte Umstände zu denken, wir können uns also ganz dem mitreißenden Vergnügen hingeben, wenn es von uns Besitz ergreift. Es ist die *sinnlichste* Musik, die ich kenne.

Dieser wunderbare Augenblick wiederholt sich unmittelbar danach; wenn das uns dargebotene Vergnügen aber von genau derselben Art wäre, fiele es notwendig weniger lebhaft aus. Das Duett zwischen Lindoro und Mustafa:

Se inclinassi a prender moglie

ist genauso angenehm wie die Kavatine; aber es hat schon eine dramatischere und ernstere Färbung; Lindoro weigert sich, die Frau zu heiraten, die der Bey ihm vermitteln will. Unsere ernsthaften Literaten von den *Débats* meinten, die Handlung sei irrwitzig; die Armen haben aber nicht bedacht, daß sie nicht zu dieser Art Musik passen würde, die selbst eine wohldurchdachte, komplette Raserei ist, wenn sie nicht so wahnwitzig wäre.[2] Wenn unsere achtbaren Literaten etwas Vernünftiges und Leidenschaftliches wollen, so müssen wir sie auf Mozart verweisen. In der echten *Opera buffa* kommt die Leidenschaft nur dann und wann vor, gleichsam um uns von der großen Heiterkeit zu entspannen, und dann wirkt, nebenbei bemerkt, die Schilderung eines zärtlichen Gefühls unwiderstehlich; es hat sowohl den Reiz des Unvorhergesehenen als auch den des Kontrasts. So wie in der Opéra, wenn die Musik gut ist, kann die Seele nicht noch halb von einer anderen Leidenschaft beseelt sein, weil die fortwirkende Leidenschaft uns zu sehr in Anspruch nehmen, uns ermüden würde, und dann wäre das tolle Vergnügen an der *Opera buffa* für immer dahin.

Mustafas Antwort auf Lindoro, der meint, daß die Frau, die er lieben könne, schöne Augen haben müsse:

Son due stelle,

ist zum Totlachen. Lindoros Überlegung,

D'ogni parte io qui m'inciampo

ist eines der schönsten Musikstücke, die je geschrieben wurden. Mehr Frische dürfte nirgendwo zu finden sein. Mustafas gegenteilige Auffassung,

Caro amico, non c'è scampo,

enthält das allererste Anzeichen von Rossinis größtem musikalischen Fehler. Mustafas Gesang klingt wie ein Klarinettensolo; das ist nur Theaterdonner, einzig dazu bestimmt, die herrliche Kantilene des Tenors brillant erscheinen zu lassen. Cimarosa beherrschte die Kunst, diese Art von zwei Stimmen angenehm fürs Ohr einzurichten, wenn man sich denn mit solchen Details beschäftigen sollte. In unserem Fall hört das Ohr bei der vierten oder fünften Aufführung, wenn es an Mustafas zweiten Part denkt, nur allzu belanglose Konzertmusik, was den Reiz mindert. Ich stelle diesen Fehler Rossinis mit demselben Bedauern fest, mit dem man bei einem hübschen Mädchen von achtzehn Jahren eine leichte Augenfalte entdeckt, die zehn Jahre später ein Krähenfuß wird.

Statt dramatische Musik zu schreiben, war Rossini in diesem Duett zum erstenmal so fatal faul oder so fatal mißtrauisch, daß er lediglich Konzertmusik komponiert hat.

Isabellas Arie

Cruda sorte! amor tiranno

ist schwach und ohne Genie. Umgekehrt fragt man sich bei dem berühmten Duett

Ai capricci della sorte,

wo man die ihm angemessenen Worte des Lobs finden soll. Ich spüre darin eine Eleganz, nach der man vielleicht sogar bei Cimarosa vergeblich suchen würde; es ist diese vornehme, einfache Eleganz, die Rossini zu dem Musiker schlechthin für ein französisches Publikum macht. Dieser in der Musik ganz und gar neue Vorzug kommt vielleicht dadurch zustande, daß in diesem Duett weniger Leidenschaftlichkeit steckt als Cimarosa hineingelegt hätte. Der Übergang

Messer Taddeo . . .
Ride il babbeo

ist herrlich.

Nach einem solchen Anfall von Wahnsinn müssen sich die Zuschauer wieder erholen können. Das Libretto ist insofern gelungen, als es uns nun zwei Rezitativszenen bietet, damit wir uns die Tränen abwischen können, die uns vor lauter Lachen in die Augen gestiegen waren.

Es gibt einen wunderbaren Moment der Ruhe in der großen Szene, in der Mustafa Isabella empfängt, und zwar den Chorgesang:

Oh! che rara beltà!

Ein genialer Einfall, einen Augenblick lang Kirchenmusik in der Opera buffa; aber aus Angst zu langweilen, hat Rossini ihn sehr kurz gehalten.

Die Kantilene

Maltrattata dalla sorte

ist eine meisterhafte Darstellung der Koketterie; meines Wissens ist dies das erste Mal, daß man die Koketterie in Italien wirklichkeitsnah geschildert hat. Cimarosa neigt ein wenig dazu, seinen Koketten die Sprache wahrer Liebe in den Mund zu legen. Das ist vielleicht der einzige Fehler, den sich dieser große Mann bei der Darstellung des weiblichen Herzens vorzuwerfen hätte. Isabellas Arie ist sowohl liebevoll genug, um den Betrogenen zu täuschen, als auch heiter genug, um das Publikum zu amüsieren, wie es sich gehört.

Taddeos Quartett im Finale des ersten Aktes ist ausgezeichnet. Bemerkenswert ist die Passage:

Ah! chi sa mai Taddeo!

Das ist der echte Stil der Opera buffa, die Komik, derer die Musik fähig ist, und zugleich ist sie großzügig gezeichnet.

Hingegen gab es nie zuvor einen frischeren und zarteren Gesang als den von Lindoro, als er mit der verlassenen Frau und deren Freundin auftritt:

Pria di dividerci da voi, signore.

Ein wunderschöner Gegensatz, ein rascher und mitreißender Effekt, um den sowohl Mozart als auch Cimarosa Rossini nur beneiden können.

Ich glaube, daß die größten Narren unsere achtbaren Literaten um die Kritik beneiden könnten, die sie am Schluß dieses Finales geübt haben.

Es entspricht durchaus der Wahrheit, daß der Bey sagt:

Come scoppio di cannone
La mia testa fa bumbùm.

Und Taddeo sagt auch:

Sono come una cornacchia
Che spennata fa crà, crà.[3]

Wieso sind diese armen Leute eigentlich nicht auf die Idee gekommen zu sagen, daß Marmontel oder Monsieur Etienne acht bis zehn herrliche, zarte, charmante Verse für dieses Finale hätten schreiben können und daß die Musik dennoch so wie die von Dalayrac oder Mondronville hätte sein sollen? Es ist, als ob einem einfallen würde, an Raffaels *Verklärung* ausgerechnet zu loben, daß er sie auf feinstes, erstklassiges holländisches Leinen gemalt hat.

In Venedig blieb den Zuschauern am Schluß dieses von Paccini, Galli und der Marcolini gesungenen Finales die Luft weg, und sie wischten sich die Tränen ab.

Das ist genau die Empfindung, die Menschen von Geschmack von einer *Opera buffa* erwarten, sie ist sehr, sehr stark, also ist es ein Meisterwerk. In Venedig oder Vicenza war es nicht nötig, diese Überlegungen en détail darzulegen; alle Welt lachte sich tot und rief: »Herrlich! Göttlich!«

Dieses Meisterwerk zeichnet sich durch äußerste Schnelligkeit und das Fehlen jeglicher Emphase aus. Es ist unmöglich, mit weniger Worten mehr zu sagen; aber wie kann man das Leuten begreiflich machen, die auf die Worte achten? Rousseau weiß eine Antwort darauf. In seinen Werken findet man folgenden italienischen Satz: *»Zanetto, lascia le donne e studia la matematica.«*[4]

Zweiter Akt

Im zweiten Akt gibt es nichts Lebhafteres als Taddeos Auftritt:

Ah! signor Mustafa!

Der Autor des Libretto erweist sich an dieser Stelle als ein Talent; die Situation ist stark, sie wird in wenigen Worten sehr deutlich und komisch erläutert. Es fiele schwer, etwas Fröhlicheres zu finden als die Arie und Pantomime:

Viva il gran Kaïmakan!

aber dafür muß man sich auch trauen, die Pantomime auf die Bühne zu bringen, und das hat man in Paris nicht getan. Zwar gibt es nichts Harmloseres, aber die Würde!

Der Schluß der Arie

Quà bisogna fare il conto

steht den hübschesten Buffo-Einfällen Cimarosas in nichts nach, und dennoch ist es ein anderer Stil, geistreicher und mit viel weniger Wärme.

Ich verpflichte Sie zum Studium der Begleitung und der Melodie zu der Überlegung, die der arme Taddeo anstellen muß, der zwischen dem Tod am Pfahl und seiner Liebe zu Isabella zu wählen hat. Dieser Zwiespalt ist in den folgenden Zeilen wunderbar ausgedrückt:

Se ricuso ... il palo è pronto
E se accetto ... è mio dovere,
Di portargli il candeliere
Kaïmakan, signore, io resto.

In solchen Fällen zeigt sich das Genie, auch daß Studium und Fleiß hierfür nur hinderlich sind und natürlich erst recht nicht der Phantasie eines Maestro so einen Einfall eingeben; so etwas sieht man bei den Deutschen nie.

Es gab nur eine Möglichkeit, eine so fröhliche Arie zu beenden. Gemäß den Regeln der Poetik hätte jeder gewöhnliche Komponist sich gesagt: Es braucht einen Moment Traurigkeit; bloß wie kann man eine tieftraurige, zugleich sehr einfache und unbedingt ganz schnelle Musik komponieren? Rossinis Antwort war der sublime und scheinbar so leichte Satz:

Ah, Taddeo! quant'era meglio
Che tu andassi infondo al mar!

Es gibt niemanden, der bei Hofe war und in dem die Glückwünsche zu einer Beförderung, die einen verdrießt und die man mit gezwungener Höflichkeit entgegennimmt, nicht die heitersten Erinnerungen an dieses Land wachrufen. Der Effekt geht so tief, daß es Tage gibt, an denen man mit Taddeo Mitleid hat, obwohl er ansonsten als zurückgewiesener Liebhaber eine so lächerliche Figur ist.

Nach einer so komischen Arie und einem ebensolchen Chor war eine lange Ruhepause fällig, und der Autor des Libretto hat sie sehr kunstvoll herbeigeführt.

In Isabellas Arie

Per lui che adoro

sollte wiederum die Koketterie dargestellt sein, diesmal ist es Rossini aber nicht ganz so gut geglückt wie im Duett des ersten Aktes. Die vielen eleganten Rouladen Isabellas lassen die Phantasie des Zuschauers unberührt und kalt. Der Grund des Stoffes ist so schäbig, daß man ungewollt sieht, die Stikkereien sollen das kaschieren und sind nicht dazu da, die Pracht und den Effekt zu verstärken.

Rossini ist aber schon wieder ganz genial in dem Quintett:

Ti presento di mia mano
Ser Taddeo Kaïmakan.

Das ist vielleicht das Meisterwerk der ganzen Oper. Diese Musik ist eminent dramatisch. Nichts ist heiterer und zugleich unverfälschter als Isabellas Passage:

Il tuo muso è fatto a posta.

Nichts koketter und trügerischer als das:

Aggradisco, o mio signore.

Über das ständige Niesen des armen Mustafa mußte man sogar in Paris lachen. Die Dickköpfigkeit eines aufs Spiel versessenen Toren ist herrlich getroffen in:

Ch'ei starnuti fin che scoppia
Non mi movo via di quà.

Kaum beginnt man des Buffo-Genres und der exzessiven Heiterkeit überdrüssig zu werden, schon kann sich die Seele ausruhen bei den schönen Worten:

Di due sciocchi uniti insieme.

Aber am Schluß wird der Gesang des armen Mustafa schwach und gewöhnlich:

Tu pur mi prende a gioco,

man hört wieder Klarinettensoli bzw. Theaterdonner. Es ist die Musik eines Schülers oder Faulpelzes.

Dagegen ist das *Papataci*-Terzett ungeheuer stark; der Gegensatz zwischen dem Tenor Lindoros und dem Mustafas:

Che vuol poi significar?

.....

A color che mai non sanno.

geht ins Ohr; das sind die Effekte, die vollkommen unabhängig von den Worten sind und die folglich den Leuten gar nicht auffallen können, die die Musik nur über die Worte verstehen wollen.

Nichts Fröhlicheres und Mitreißenderes als der Schluß des Terzetts:

Fra gli amori e le bellezze.

Mitten im Strom der lebhaftesten Komik gibt es einen noblen, zarten, beinahe zärtlichen Zug, der einen herrlichen Kontrast bildet:

Se mai torno a miei paesi.

Die Szene der Eidesleistung ist womöglich noch besser; in Paris hat man sie gestrichen. Warum? Aus Neid? Oder aus dem guten Grund, den ein Direktor des Louvois unlängst einigen *dilettanti* mitteilte:

»Meine Herren, schließlich ist unser Theater kein Boulevardtheater, wo man derbe Späße macht.«

Ich will mich aber nicht länger mit diesem unbedeutenden Geheimnis befassen; das ist nur der Schaden der Leute, die für ihr Geld kein ordentliches Vergnügen bekommen. Dennoch ergehen sie sich jeden Abend in Lobeshymnen auf dieses ausgezeichnete, überragende Theater, das sich beehrt, ihnen seine Pforten zu öffnen. *Es gibt in ganz Italien nichts Vergleichbares,* beteuern sie einander. Warum sollte man ihre Freude trüben? Schließlich ist sie so harmlos! Einmal in meinem Leben habe ich vor einer Schüssel grüner und ziemlich säuerlicher Weintrauben gesessen, die uns in einem Schloß bei

Edinburgh zum Dessert serviert wurden. Warum sollte ich sie schlechtmachen? Wäre es nicht bösartig gewesen, den reichen Traubenfreund zu betrüben, der die Weintrauben unter hohem Kostenaufwand in riesigen Gewächshäusern züchtete? Der gute Mann hatte noch nie die süße, weiße Tafeltraube von Fontainebleau geschmeckt, und er hätte sehr viel mehr Geist haben müssen als ein Millionär mit Gewächshäusern, wenn er in der Lage gewesen wäre zu verstehen, daß die Weintrauben in einem Land, wo sie unter freiem Himmel wachsen, wesentlich besser schmecken als die, die er so kostspielig anbaut. Wenn ich das Wort ergriffen hätte, wäre ich in der lächerlichen Position eines Gärtners gewesen, der von weither eine neue Anbaumethode mitbringt; er schlägt seine Methode vor und ist zugleich der einzige, der auf sie schwört.

Die Gutmütigkeit des Publikums im Louvois, das nicht den Mut hat, sich Rossinis Opern ohne Kürzungen vorführen zu lassen, ist um so vorbildlicher, als es irgendwo eine Bestimmung geben muß, die es untersagt, die auf den königlichen Bühnen aufgeführten Werke zu kürzen. Aber abgesehen davon hat ein Mann wie Rossini, dem man ein gewisses Talent zugesteht, vielleicht auch ein Recht darauf, daß man ihm seine Werke nicht verstümmelt und daß man sie wenigstens einmal so anhört, wie er sie komponiert hat. Aber was würde dann aus dem Arrangeur und seinen Privilegien? Soll sich dieses Publikum doch zu seiner Höflichkeit beglückwünschen und sich etwas auf das Recht zu pfeifen einbilden, das es sich langsam hat nehmen lassen; statt dessen macht es ziemlich viel Gebrauch von seinem Recht zu applaudieren. Ich habe gestern (im Juni 1823) vier französische Schauspielerinnen gemeinsam in der italienischen Oper *Le Nozze di Figaro* singen hören. Welch ein schmeichelhafter Triumph für die *Ehre der Nation*! Sie hat schwer Beifall geklatscht; unter anderen Vergnügungen hatte sie das der Abwechslung. Jedes Fräulein sang auf seine Weise schrill; aber das werden die liberalen Zeitungen nicht zu schreiben wagen aus Angst, ihre Popularität aufs Spiel zu setzen.

Die *Italiana in Algeri* beendet das Genie mit dem prachtvollen Terzett, das man für Paris zu heiter fand. Die Schlußarie ist ein extra Kunststück für Madame Marcolini; wo findet man sonst eine Primadonna mit einer so robusten Konstitution, die am Schluß eines so anstrengenden Stücks noch eine große Arie mit Rouladen singen kann? Solche Sorgen macht man sich in Italien, und manchmal konnte diese Oper deswegen nicht gegeben werden. Im Louvois hat es derartige Schwierigkeiten nie gegeben; Mademoiselle Naldi hat diese Arie genauso gesungen wie alle anderen.

Diese Arie ist zugleich ein historisches Denkmal. Wie bitte? Ein historisches Denkmal im Finale einer Opera buffa? – Leider ja, meine Herren, das mag zwar gegen die Regeln sein, das Phänomen existiert aber nichtsdestotrotz.

Penso alla patria, e intrepido
Il tuo dover adempi;
Vedi per tutta Italia
Rinascere gli esempi
Di ardire e di valor.[5]

Napoleon hatte den Patriotismus gerade wiedererweckt, auf den seit der Eroberung von Florenz durch die Medici im Jahre 1530 zwanzig Jahre Kerker standen. Rossini erriet die geheimen Wünsche seiner Zuhörer und bereitete ihnen in ihrer Phantasie ein Vergnügen, nach dem sie sich sehnten. Darauf bedacht, daß sie sich nicht zu lange in denselben Träumereien ergehen, sorgt er, kaum daß er sie mit der Melodie

Intrepido il tuo dover adempi

zu den edelsten Gefühlen inspiriert hat, auch schon wieder für Entspannung mit den Worten:

Sciocco, tu ridi ancora.

Hier wurde die Gemeinheit einer gewissen Partei, die gegen das Wiederaufleben tiefer, hochherziger Gefühle in Italien protestierte, durch den Gesang entlarvt.

Vanne, mi fai dispetto
Rivedrem le patrie arene

ist sanft und zart. Die Vaterlandsliebe nimmt hier den Ton der Liebe an.

Das sind die letzten Töne dieser reizenden Oper. Außer in Paris, wo es meines Erachtens eine Art *Hochverrat* gab, hat dieses Meisterwerk das Publikum nie gelangweilt. Stellen Sie sich vor, man würde die *Andromaque* für Franzosen aufführen und die liebenswürdige Monrose würde die Rolle des Orest spielen; das ist ungefähr dasselbe, wie wenn Mademoiselle Naldi den Part der rasenden Isabella singt. Diese hübsche Person sollte ihre Kräfte schonen für die Rollen der Amenaide oder Julia, in denen sie ganz gewiß unseren Ohren genauso gefallen wird wie unseren Augen.

Das waren ziemlich lange und vor allem ziemlich ernsthafte Räsonnements über ein Kinderspiel, eine Opera buffa, werden Sie mir vorwerfen. Ich gebe Ihnen in allem recht, sowohl was die Nichtigkeit des Gegenstands als auch was die Länge der Erörterung anbelangt. Glauben Sie, daß Kinder, die Ihnen die Kunst, zweistöckige Kartenhäuser zu bauen, die nicht schon bei einem Windhauch umfallen, erklären wollten, nicht eine gewisse Zeit bräuchten, um Ihnen ihre Vorstellungen zu entwickeln, und daß sie vor allem nicht mit großem Ernst über eine für sie so interessante Sache sprechen würden? Betrachten Sie mich als eines dieser Kinder. Sicherlich werden Sie keine sehr klaren oder sehr nützlichen Erkenntnisse gewinnen, wenn Sie sich über Musik unterhalten; aber wenn der Himmel Ihnen ein Herz gegeben hat, werden Sie daran Gefallen finden.

4. Kapitel

La pietra del paragone

Ich glaube, daß Rossini auf Veranlassung der Sängerin Marcolini für den Herbst 1812 in Mailand engagiert wurde.[1] Für die Scala schrieb er *La pietra del paragone*. Er war einundzwanzig Jahre alt. Er hatte das Glück, daß die Oper von der Marcolini, von Galli, Bonoldi und Parlamagni gesungen wurde, die in der Blüte ihres Talents waren und alle einen durchschlagenden Erfolg hatten. Der Gunst des Publikums konnte sich sogar der arme Vasoli erfreuen, ein alter, fast blinder Grenadier aus dem Ägyptenfeldzug, ein drittklassiger Sänger, der sich durch die Arie des *Missipipi* einen guten Ruf erwarb.

La pietra del paragone ist meiner Meinung nach Rossinis Hauptwerk in der Gattung der *Opera buffa*. Ich bitte den Leser, er möge wegen dieses Ausdrucks der Bewunderung nicht erschrecken; ich werde mich davor hüten, diese Oper so eingehend zu erörtern wie die *Italiana in Algeri*. Schließlich ist *La pietra del paragone* in Paris weitgehend unbekannt. Geistreiche Leute haben ihre guten Gründe gehabt, diese Oper nur verstümmelt aufzuführen; und damit hat sie ihre Wirkung für immer verspielt.

Das Libretto ist sehr gut; starke Situationen folgen in einem entzückend raschen Wechsel aufeinander, sie werden sehr klar in wenigen und sehr oft komischen Worten entwickelt. Obwohl es in diesen Situationen hitzig zugeht, die Leidenschaften und zur Gewohnheit gewordenen Neigungen jeder Person dadurch unmittelbar und stark zum Ausdruck kommen, entfernen sie sich doch nicht vom wirklichen Leben und den sozialen Gewohnheiten des schönen Italien, das wegen seines Herzens so glücklich und wegen seiner kleinen Tyrannen so unglücklich ist. In einem solchen Land erweist sich die Meisterschaft eines Talents darin, daß die *starken* Situationen keinen einzigen trüben Gedanken erwecken, sie zeigen das Leben überhaupt nicht traurig, es ist nicht nur von einem Hauch Fröhlichkeit überzogen wie in unseren französischen

Komödien *Interieur d'un bureau* oder *Le solliciteur*, deren Helden mir leid tun, wenn ich sie ein zweites Mal sehe; es wäre aber auch müßig, von einem italienischen Libretto geistreiche Bonmots zu erwarten, mit denen die Stücke im *Gymnase* glänzen und die einen bei der ersten und sogar noch bei der zweiten Vorstellung so erfreuen.

Diese Oper heißt *Der Prüfstein*, weil darin ein junger Mann vorkommt, Graf Asdrubale, der soeben ein ansehnliches Vermögen geerbt hat und einen Test veranstaltet; er stellt die Herzen der Freunde und der Geliebten, die ihm zur selben Zeit zugeflogen sind wie das Vermögen, wie mit einem *Prüfstein* auf die Probe. Ein gewöhnlicher Mensch wäre glücklich über all die Schmeicheleien und Aufmerksamkeiten, mit denen Graf Asdrubale bedacht wird; er scheint auf der Sonnenseite des Lebens zu stehen, nur sein Herz lacht nicht mit. Er liebt die Baronessa Clarissa, eine junge Witwe, die mit einer Schar von dreißig weiteren Freunden angereist ist, um die *villeggiatura*, die Sommerfrische, auf seinem Schloß zu verbringen, das mitten im Wald von Viterbo in der Nähe von Rom liegt; aber er befürchtet, daß Clarissa in ihm nur sein großes Vermögen und seinen großzügigen Lebensstil liebt.

Jeder Italienreisende wird sich an den herrlichen Wald von Viterbo und seine herrlichen Ausblicke erinnern. Sie haben Claude Lorrain und Guaspre Poussin zu ihren schönen Landschaftsbildern inspiriert. Diese reizende Gegend ist die passende Kulisse für die Leidenschaften, die die Schloßbewohner bewegen. Graf Asdrubale hat einen engen Freund, einen jungen Dichter ohne akademische Eitelkeit, ohne Affektiertheit, aber nicht ohne Liebe. Giocondo, so heißt der junge Enthusiast, liebt ebenfalls die Marquise Clarissa. Er vermutet, daß diese Asdrubale ihm vorzieht. Clarissa meint ihrerseits, wenn sie ihre leidenschaftliche Zuneigung zum Grafen offenbare, dann könne er, selbst wenn er ihre Hand nähme, glauben, sie freue sich nur über das große Vermögen und die hervorragende Stellung in der Gesellschaft.

Unter der Schar von Schmarotzern und Schmeichlern aller Arten, die das Schloß des Grafen bevölkert, hat der Dichter dem Journalisten der Gegend, Don Macrobio, den ersten Platz eingeräumt. In Frankreich haben sich die führenden

Männer der Nation[2] der Aufgabe angenommen, jeden Morgen zu uns zu sprechen; in Italien ist es genau das Gegenteil. Dieser intrigante, feige, prahlerische, boshafte, aber nicht dumme Don Macrobio hat sich gemeinsam mit Don Pacuvio, der auf Neuigkeiten versessen ist und immerzu aller Welt ein wichtiges Geheimnis anzuvertrauen hat, der Aufgabe verschrieben, uns zum Lachen zu bringen. Diese lächerliche Vorstellung von der Presse, die in Frankreich wegen unserer halben Pressefreiheit fast unmöglich wäre, gibt es in Italien auf Schritt und Tritt, denn dort unterliegen die Zeitungen der strengsten Zensur, und die Regierungen versäumen es nicht, zwölf bis fünfzehn indiskrete Menschen ins Gefängnis zu werfen, weil sie eine Neuigkeit in einem Café weitergesagt haben, und sie erst dann wieder auf freien Fuß setzen, wenn sie verraten, von wem sie die verhängnisvolle Nachricht erfahren haben, dabei handelt es sich meistens um eine todlangweilige Geschichte.

Don Pacuvio und Don Macrobio, der Klatschkolumnist und Journalist aus Rom, unterhalten sich in Adrubales Schloß mit zwei jungen Damen, die mit dem Grafen verwandt sind und nicht böse wären, wenn er sie heiratete. Um dieses Ziel zu erreichen, wenden sie all die kleinen Mittel an, die bei solchen Vorhaben üblich sind, und Don Macrobio ist ihr persönlicher Ratgeber.

Wenn der Vorhang aufgeht, kommen all diese Figuren in einem wunderbaren Chor ebenso lebendig wie malerisch ins Spiel; Don Pacuvio, der langweilige Klatschreporter, will den Freunden des Grafen und den beiden jungen Damen, die sich um seine Hand bemühen, unbedingt eine Neuigkeit von größter Bedeutung erzählen. Er kommt nicht gut an und schlägt am Ende alle in die Flucht; daraufhin verfolgt er seine Opfer.

Der junge, in Leidenschaft entbrannte Giocondo und der Journalist Don Macrobio treten nun auf und singen gemeinsam ein literarisches Duett, das, wie man sich wohl denken kann, trotzdem recht lebhaft ausfällt. Der Schreiberling rühmt sich: »Ich schmettere tausend Dichter mit einem einzigen Hieb meiner Zeitung zu Boden«:

Mille vati al suolo io stendo
Con un colpo di giornale.

»Macht mir den Hof, und ihr werdet Ruhm ernten. – Zu diesem Preis würde ich ihn geringachten!« ruft der junge Dichter aus und fragt: »Welche Gemeinsamkeit kann es zwischen mir und einer Zeitung überhaupt geben?« Dieses Duett ist äußerst amüsant, und nur Rossini konnte es machen. Bewundernswert an ihm ist die Leichtigkeit, das Feuer, der Scharfsinn und das völlig Leidenschaftslose. Da Giocondo bei der Eitelkeit nicht zu packen ist, macht der schlaue Journalist beim Abschied eine boshafte Bemerkung über seine unglückliche Liebe zu Clarissa. »Es gibt zwar Seelengröße«, sagt er zu ihm, »aber man ist selten erfolgreich im Kampf gegen Millionen, wenn man als einzigen Pluspunkt ein verliebtes Herz hat.« Diese traurige Wahrheit schmerzt den jungen Dichter; beide treten von der Bühne ab, und endlich erscheint Clarissa, von der schon so viel die Rede war; sie singt die Kavatine

Ecco pietosa, tu sei la sola,

die in Italien ebenso berühmt ist wie die Arie von *Tancredi*, die aber von den vorsichtigen Direktoren unserer *Opera buffa* geistreicherweise gestrichen wurde.

Man spürt, welche Möglichkeiten die Musik hat, die hoffnungslose Liebe zu schildern, über die wir in den vorangegangenen Szenen alles erfahren haben. Es handelt sich um eine Liebe, der nicht wie gewöhnlich ein Vater oder Vormund entgegensteht, sondern die viel grausamere Furcht, in den Augen der Person, die man liebt, als gewöhnlich und niederträchtig zu erscheinen. Die Experten finden, daß der Unterschied riesengroß ist.

Clarissa singt:

Ecco pietosa, tu sei la sola
Che mi consola nel mio dolor.[3]

Wo sollte sie in ihrer Situation denn auch eine Vertraute finden? Für die etwas edleren Seelen gibt es so etwas nicht. Alle möglichen Freundinnen hätten ihr geraten: »Heirate, heirate ganz schnell, egal, wie du es anstellst, und anschließend wirst du vielleicht auch geliebt werden.«

Während Clarissa singt, kommt der Graf, der sich in einem nahen Wäldchen aufhält, auf den Gedanken, Echo zu spielen; es ist ein verrückter Einfall entgegen seinen Gewohnheiten, dem er nicht widerstehen kann. Als Clarissa

Quel dirmi, o dio, non t'amo

singt, antwortet der Graf *amo*. Das ist eine Nuance, die es in der Arie von *Tancredi* nicht gab; man stelle sich die Wirkung vor, die eine solche so gut zur Oper und den süßen Illusionen der Musik passende Situation in Paris gehabt hätte! Das werden unsere vorsichtigen Theaterdirektoren wohl gerochen haben.

Clarissa fühlt sich einen Augenblick glücklich, aber das Liebesgeständnis des Grafen war nur kurz; als sie ihm einen Moment danach begegnet, ist er genauso heiter und liebenswürdig, aber auch genauso kalt höflich wie sonst immer. Er denkt über seine große Prüfung nach und gibt dem Schloßverwalter, der ihn unterstützen soll, die letzten Anweisungen. Er hat Giocondos unglückliche Liebe zu Clarissa bemerkt und freut sich, nun selbst zu sehen, wie es mit dem Unglück seines Freundes in seiner Abwesenheit gehen wird. Der Graf verschwindet nun endlich, um kurz darauf als Türke verkleidet wiederzukommen. Der Türke hat dem Schloßverwalter durch den Gerichtsvollzieher einen formgerechten Wechsel präsentieren lassen, der vom Vater des Grafen Asdrubale unterschrieben ist, sich auf zwei Millionen beläuft und somit den Großteil des Vermögens des Grafen aufzehren wird. Der Schloßverwalter versäumt es nicht, die Echtheit und Gültigkeit der Unterschrift des Vaters seines Herrn festzustellen, und jedermann glaubt nun, daß letzterer ruiniert ist. Schließlich erscheint er als Türke verkleidet und beginnt, das schönste Buffo-Finale zu singen, das Rossini je geschrieben hat.

Sigillara ist das halb barbarische, halb italienische Wort, mit dem Galli, als Türke verkleidet, allen möglichen Einwänden entgegentritt, die man gegen ihn erhebt. Er will alles versiegeln. Dieses barocke Wort, das der Türke ohne Unterlaß und in allen Tonarten wiederholt, weil es seine Antwort auf alles, was man ihm sagt, ist, machte in Mailand auf die für das *Schöne* geborene Bevölkerung einen solchen Eindruck, daß man das Stück umbenannte. Wenn Sie in der Lombardei von *La pietra del paragone* sprechen, versteht Sie niemand; statt dessen muß man *Il sigillara* sagen.

Dieses Finale hat man in Paris gestrichen.

Die Antwort, die der Türke dem Journalisten gibt, der den Gerichtsvollzieher daran hindern will, sein Zimmer und seine Unterlagen gleich mit zu versiegeln, ist in Italien berühmt, weil sie damals ein unauslöschliches Gelächter ausgelöst hat.

Don Macrobio: *Mi far critica giornale*
Che aver fama in ogni loco.
Il Turco: *Ti lasciar almen per poco*
Il bon senso a respirar.[4]

Das Finale des *Sigillara* fand das Publikum herrlich; mit dieser Oper begann in der Scala eine Epoche der Freude und Begeisterung; man strömte in Massen aus Parma, Piacenza, Bergamo, Brescia und aus allen Städten im Umkreis von zwanzig Meilen um Mailand ins Theater. Rossini war die Hauptperson im ganzen Lande; man bemühte sich eifrig, ihn zu sehen. Die Liebe nahm es in die Hand, ihn zu belohnen. Beim Anblick von Rossinis Ruhm vergaß die hübscheste der hübschen Frauen der Lombardei, die bisher alle ihre Pflichten treu erfüllt hatte und deshalb den jungen Frauen als Vorbild vorgehalten worden war, was sie ihrem Ruf, ihrem Schloß, ihrem Ehemann schuldig war und nahm Rossini ganz offen der Marcolini weg. Rossini machte aus seiner jungen Geliebten vielleicht die beste Musikerin Italiens; an ihrer Seite, an ihrem Klavier und in ihrem Landhaus von B*** hat er die meisten Arien und Kantilenen komponiert, die später seinen dreißig Meisterwerken zum Erfolg verhalfen.

Alles strahlte damals vor Glück in der Lombardei; in Mailand, der glänzenden Hauptstadt eines neuen Königreichs, in dem die vom König geforderte Quote an Dummheit niedriger war als in allen Nachbarstaaten, gab es alle Arten von Aktivitäten, alle Mittel, sein Glück zu machen und sich zu vergnügen; denn für ein Land wie für ein Individuum besteht das Glück nicht so sehr darin, reich zu sein, als vielmehr darin, es zu werden. Die neuen Sitten entfalteten sich in Mailand so kräftig wie nie zuvor seit dem Mittelalter[5], und dennoch gab es weder Affektiertheit noch Prüderie noch blinden Enthusiasmus für Napoleon. Man schmeichelte ihm nur in dem Maße, wie er dafür mit klingender Münze und gut bezahlte.

Dieser glückliche Zustand der Lombardei im Jahre 1813 war um so ergreifender, als er gerade zu Ende ging. Aus irgendeiner vagen Vorahnung heraus hörte man schon auf die Kanonenschüsse im Norden. Während des tollen Erfolgs von *La pietra del paragone* flohen unsere Armeen auf dem Dnjepr, und das (...) Debakel näherte sich mit großen Schritten.

Woher auch immer Rossinis gewohnte, vielleicht ein wenig gespielte Gleichgültigkeit rührt, manchmal kann er nicht umhin, im Ton der Begeisterung von dieser schönen Zeit seiner Jugend zu sprechen, als er glücklich war und sich zugleich ein ganzes Volk nach dreihundert Jahren Finsternis zu neuem Glück emporschwang.

Der zweite Akt von *La pietra del paragone* beginnt mit einem Quartett, das in Rossinis Werken einzigartig ist; es trifft vollendet den Ton und den Reiz einer liebenswürdigen Unterhaltung unter Leuten, die lebhafte Empfindungen haben, sich aber im Moment nicht dem Vergnügen hingeben, davon zu sprechen.

Es folgt ein komisches Duell zwischen dem Journalisten Don Macrobio, der so frech war, Clarissa eine Liebeserklärung zu machen, und dem jungen Dichter Giocondo, der sie unerwidert liebt und sie rächen will.

Der aufgebrachte Journalist ruft aus:

Dirò ben di voi nel mio giornale.

Und Giocondo meint daraufhin:

Potentissimi dei! sarebbe questa
Una ragion più forte
Per ammazzarti subito.[6]

Die Angelegenheit wird noch komplizierter durch das Hinzukommen des Grafen, der für einen unverschämten Artikel des Journalisten über sein Mißgeschick auch Genugtuung fordert.

Das große Terzett, das sich aus dieser Situation ergibt, hält dem Vergleich mit dem berühmten Duell der *Nemici generosi* von Cimarosa durchaus stand; der Unterschied zwischen den beiden Maestri liegt wie immer darin, daß der eine leidenschaftlich und der andere geistreich ist.

Der gezwungene Spaß des feigen Journalisten, der eine gütliche Einigung erzielen möchte:

Con quel che resta ucciso
Io poi mi batterò

ist musikalisch entzückend.

Der Gesang

Ecco i soliti saluti,

der ertönt, während die beiden Freunde die von zwei Lakaien in Livree auf einem Silbertablett herbeigetragenen Schwerter nehmen und das im Fechtsaal übliche Begrüßungsritual absolvieren, ist perfekt. Die Vorstellungen, die er wachruft, haben die nötige Ernsthaftigkeit, um einen geistreichen Mann hinters Licht zu führen, der vor lauter Angst nicht mehr aus noch ein weiß.

Dieses rundum gelungene Terzett hatte in Italien ungeheuren Erfolg, denn fast in jeder Stadt war es eine Satire auf den offiziellen Journalisten, der trotz seiner Protektion durch hohe Stellen immer wieder eine Menge Schläge bezieht, worüber Scapin sich lustig macht. In Mailand, wo sich alle untereinander kennen, war der Erfolg größer als anderswo. Der Schauspieler, der den Don Macrobio spielte, hatte sich die Kleidung besorgt, in der die ganze Stadt den von der Polizei protegierten Journalisten gesehen hatte.

La pietra del paragone schließt mit einer großen Arie wie die *Italiana in Algeri.* Die Marcolini wollte in Männerkleidern auftreten, und Rossini ließ durch seinen Librettisten eine Szene arrangieren, in der Clarissa als Husarenhauptmann verkleidet auftritt, um dem Grafen endlich das Geständnis zu entlocken, daß er sie liebt.

In Mailand fand es niemand, nicht einmal der Journalist, über den man sich lustig machte, absurd, daß eine schöne Römerin aus bestem Hause ihren Spaß daran hatte, in die Uniform eines Hauptmanns von den Husaren zu schlüpfen und das Publikum mit dem Säbel in der Hand an der Spitze ihrer Truppe zu begrüßen. Wenn die Marcolini es verlangt hätte, hätte Rossini sie sogar zu Pferde singen lassen. Die Arie ist sehr schön, aber es ist nur eine Bravourarie, denn in dem Augenblick, in dem die Anteilnahme am größten sein sollte, fehlt es an Leidenschaft, weiß die Phantasie nicht mehr, wovon sie sich elektrisieren lassen soll, und am Ende beklatscht man die Rouladen wie in einem Konzert.

In Mailand stahl Rossini die Idee zu seinen seither so berühmten *Crescendi* von einem Komponisten namens Giuseppe Mosca, der darüber sehr wütend war.

5. Kapitel

Die Konskription und die Neider

Nach so großen Erfolgen besucht Rossini wieder Pesaro und seine Familie, an der er sehr hängt. In seinem ganzen Leben hat er nur einer einzigen Person geschrieben, seiner Mutter, und er adressiert seine Briefe ungeniert folgendermaßen:

All'ornatissima signora Rossini, madre del celebre maestro, in Bologna.

Das ist so seine Art, halb ernsthaft, halb scherzhaft genießt er seinen Ruhm und denkt nicht daran, sich bescheiden zu geben; darum glaube ich, daß er in Paris als Person keinen Erfolg hätte. Glücklich über sein Genie inmitten des sensibelsten Volks der Welt, von frühester Jugend an mit Ehrungen überhäuft, glaubt er an seinen eigenen Ruhm und sieht nicht ein, warum ein Mann wie Rossini nicht von Natur denselben Rang wie ein Divisionsgeneral oder ein Minister einnehmen soll. Diese Leute haben ein großes Los in der Lotterie des Ehrgeizes gezogen, er ein großes Los in der Lotterie der Natur. Dieser Satz ist von Rossini, ich habe gehört, wie er ihn in Rom 1819 eines Abends gesagt hat, als er die Gesellschaft des Fürsten Chigi auf sich warten ließ.

Um die Zeit seiner Reise nach Pesaro konnte er einen neuen, damals sehr seltenen Erfolg verbuchen; die furchtbaren Gesetze der Konskription beugten sich vor seinem erwachenden Genie. Der Innenminister des Königreichs Italien wagte es, dem Prinzen Eugen eine Ausnahmeregelung zu Rossinis Gunsten vorzuschlagen, und der Prinz machte das Zugeständnis an die öffentliche Meinung, obwohl er große Angst vor den Befehlen aus Paris hatte. Seiner Soldatenpflicht ledig, begab Rossini sich nach Bologna, wo ihn die gleichen Abenteuer wie in Mailand erwarteten, der Enthusiasmus des Publikums und die Liebe der Schönen.

Die Rigoristen von Bologna, die in Italien berühmt sind und in der Musik ungefähr dieselbe Rolle spielen wie die Mitglieder der Académie française in bezug auf die drei Einheiten des Dramas, warfen ihm mit Recht vor, daß er bisweilen gegen die Regeln der Komposition verstoße. Er gab es zu und sagte ihnen: »Ich würde mir nicht so viele Fehler vorzuwerfen haben, wenn ich mein Manuskript noch einmal durchlesen würde; aber Sie wissen, daß ich kaum sechs Wochen Zeit habe, um eine Oper zu komponieren. Den ersten Monat über amüsiere ich mich. Wann sollte ich mich denn amüsieren, wenn nicht in meinem Alter und bei meinen Erfolgen? Soll ich etwa warten, bis ich alt und mißgünstig werde? Dann kommen die letzten vierzehn Tage; jeden Morgen schreibe ich ein Duett oder eine Arie, die schon am Abend einstudiert werden. Wie soll ich da eigentlich einen Fehler in den Begleitungen *(l'instrumentazione)* bemerken?«

Um diese »Grammatik«-Fehler machte man in den Kreisen von Bologna viel Aufhebens. Pedanten behaupteten einst, daß Voltaire die Rechtschreibung nicht beherrsche – um so schlimmer für die Rechtschreibung, sagte Rivarol dagegen.

In Bologna antwortete Herr Gherardi auf die Deklamationen der Pedanten, die Rossini erbittert zahlreiche Verstöße gegen die Regeln der Komposition vorwarfen: »Wer hat diese Regeln aufgestellt? Sind das etwa Leute, die dem Komponisten des *Tancredi* an Genie überlegen sind? Hört eine Torheit auf, eine Torheit zu sein, weil sie alt ist und alle Schulmeister sie lehren? Prüfen wir diese vorgeblichen Regeln: Was sind das eigentlich für Regeln, die man verletzen kann, ohne daß das Publikum etwas davon merkt und ohne daß sein Vergnügen dadurch auch nur im geringsten beeinträchtigt wird?«

Ich glaube, daß in Paris Monsieur Berton vom *Institut* diesen Streit wieder angefangen hat.[1] Tatsache ist, daß man diese Fehler beim Anhören der Opern Rossinis überhaupt nicht bemerkt. Es ist, als würde man es Voltaire als Verbrechen zur Last legen, daß er in seinen Werken nicht den gleichen Satzbau und dieselben Wendungen wie La Bruyère und Montesquieu hat. Letzterer hat einmal gesagt: »Ein Mitglied der Académie française schreibt, wie man schreibt, ein geistreicher Mann schreibt, wie *er* schreibt.«

Es waren etwa fünfzig *bekannte* Komponisten, deren Hoffnungen in wenigen Monaten durch die Werke eines Leichtfußes von zwanzig Jahren zunichte gemacht waren, die aus lauter Neid nach einem Vorwand suchten. Wenn solche Vorwürfe von einer *Klasse* unterstützt werden, bleiben sie nie ganz ohne Wirkung, und man wird sie so lange wiederholen, wie Rossini Beifall bekommt. Die Erörterung der *Rechtschreibfehler* würde vierzig Seiten in Anspruch nehmen und den Leser zu Tode langweilen; darum verzichte ich darauf. Allein schon die fachgemäße Darlegung der Einwände der Pedanten würde zwanzig Seiten füllen. Der Leser kann eines Tages ins Feydeau gehen, wenn man dort *Montano et Stéphanie* gibt, und sich am nächsten Tag den *Tancredi* anschauen. Monsieur Berton hat offenbar nicht die Kompositionsfehler gemacht, die er *Monsieur Rossini* mit soviel Arroganz vorwirft. – Nun, ich bitte den Leser, Hand aufs Herz, um eine Antwort auf die Frage: Worin besteht der Unterschied zwischen den beiden Werken?

In jeder Stadt Italiens gibt es zwanzig Notenfresser, die für eine Zechine die Aufgabe übernommen hätten, alle Rechtschreibfehler in einer Oper von Rossini auszubessern. Ich habe noch einen anderen Einwand gehört. Die Armen im Geiste ärgern sich beim Lesen seiner Partituren darüber, *daß er aus seinen Ideen nicht noch mehr macht.* Dies ist wie der Geizhals, der einen reichen, glücklichen Mann für einen Narren hält, weil er einer kleinen Bäuerin für einen Rosenstrauß einen Louis hinwirft. Es ist nicht jedermann gegeben, die Freuden des Leichtsinns zu verstehen.

In Bologna geriet der arme Rossini in ernstere Bedrängnis als durch die Pedanten. Seine Mailänder Geliebte verzichtete auf ihr Schloß, ihren Ehemann, ihre Kinder, ihren Ruf und stand eines schönen Morgens in seinem kleinen, mehr als bescheidenen Hotelzimmer. Der erste Augenblick war voller Zärtlichkeit; aber bald schon tauchte auch die berühmteste und hübscheste Frau von Bologna (die Prinzessin C . . .) auf. Rossini lachte sie beide aus, sang ihnen eine Buffo-Arie vor und ließ sie dann sitzen; in leidenschaftlicher Liebe ist er wohl nicht so gut.

6. KAPITEL

Der Impresario und sein Theater

Von Bologna aus, dem musikalischen Hauptquartier Italiens, wurde Rossini in alle Städte engagiert, wo es Theater gibt. Man machte allen Impresari zur Bedingung, daß sie eine Oper von Rossini schreiben lassen. Im Durchschnitt erhielt er tausend Franken für eine Oper, und er schrieb vier oder fünf im Jahr.

Die italienischen Theater funktionieren folgendermaßen: Ein Unternehmer (oft ist es der reichste Patrizier einer kleinen Stadt; das Engagement fürs Theater verschafft ihm zwar Ansehen und Vergnügen, in der Regel ist es aber ruinös), ein reicher Patrizier übernimmt, wie gesagt, die Leitung des Theaters der Stadt, in der er glänzt; er bildet eine Truppe, die immer aus der *prima donna*, dem Tenor[1], dem *basso cantante*, dem *basso buffo*, einer zweiten Sängerin und einem weiteren Buffo zusammengesetzt ist. Der Impresario engagiert einen Maestro (Komponisten), der ihm eine neue Oper schreibt und dabei die Arien nach den Stimmen der Personen einrichtet, die sie singen sollen. Der Impresario kauft ferner das in Versen geschriebene Textbuch (Libretto); das kostet sechzig Francs. Der Verfasser ist irgendein unglücklicher Abbé, der sich in einem reichen Haus in der Gegend aushalten läßt. Die komische Rolle des Parasiten, die Terenz so treffend beschrieben hat, ist noch heute in der Lombardei in großer Mode, wo die kleinste Stadt fünf oder sechs Häuser hat, die hunderttausend Pfund Rente abwerfen. Der Impresario, der einem dieser Häuser vorsteht, überträgt alle finanziellen Angelegenheiten seines Theaters einem Verwalter, gewöhnlich ist das der spitzbübische Advokat, der auch seine anderen Angelegenheiten verwaltet; und der Impresario verliebt sich in die Primadonna. Das ganze Städtchen ist sehr neugierig, ob er sich mit ihr am Arm in der Öffentlichkeit zeigt.

Die so organisierte Truppe gibt nun nach einem Monat burlesker Intrigen, die das Gesprächsthema der Gegend waren, endlich ihre erste Vorstellung. Diese *prima recita* ist das größte öffentliche Ereignis des Städtchens, und zwar eines, wozu es in Paris nichts Vergleichbares gibt. Acht- bis zehntausend Menschen diskutieren drei Wochen lang die Schönheiten und Fehler der Oper mit der gespannten Aufmerksamkeit, die ihnen der Himmel gegeben hat, und vor allem mit der ganzen Kraft ihrer Lungen. Auf diese erste Vorstellung folgen, wenn sie nicht durch einen Skandal unterbrochen wird, gewöhnlich zwanzig oder dreißig weitere, wonach sich die Truppe dann wieder zerstreut. Diese Zeit nennt man im allgemeinen eine Saison *(una stagione)*. Die beste Saison ist die des Karnevals. Die Sänger, die nicht engagiert *(scritturati)* sind, halten sich gewöhnlich in Bologna oder in Mailand auf; dort haben sie ihre Theateragenten, die sich damit beschäftigen, sie anzustellen und auszunehmen.

Nach dieser kurzen Beschreibung der Theaterbräuche kann der Leser sich sofort ein Bild von dem einzigartigen und in Frankreich unvorstellbaren Leben machen, das Rossini zwischen 1810 und 1816 führte. Er bereiste nach und nach alle Städte Italiens und hielt sich in jeder Stadt zwei oder drei Monate auf. Bei seiner Ankunft wurde er überall von den *dilettanti* der Gegend empfangen, gefeiert, in den Himmel gehoben; die ersten vierzehn bis zwanzig Tage verstrichen mit Abendessen und Achselzucken über die Albernheit des Libretto. Rossini besitzt von Natur aus nicht nur einen erstaunlich feurigen Geist, sondern seine erste Geliebte (die Gräfin P*** aus Pesaro) hat ihn auch mit Ariost, den Lustspielen Machiavellis, den *Fiabe* Gozzis, den Gedichten Burattis bekannt gemacht, so daß er die Albernheiten eines Libretto sehr wohl bemerkt. *Tu mi hai dato versi, ma non situazioni* habe ich ihn mehrere Male zu dem dreckigen Poeten sagen hören, der vor Ausreden überströmt. Zwei Stunden später bringt er ihm ein Sonett mit der Widmung *umiliato alla gloria del più gran maestro d'Italia e del mondo*.

Nach vierzehn Tagen oder drei Wochen unsoliden Lebenswandels fängt Rossini an, die Einladungen zu Diners und musikalischen Soireen auszuschlagen, und er behauptet, er müsse sich ernsthaft damit befassen, die Stimmen seiner Sänger zu studieren. Er läßt sie zum Klavier singen und sieht sich oft genötigt, die schönsten musikalischen Einfälle der Welt zu verstümmeln, weil der Tenor die Note nicht singen kann, die er gebraucht hätte, oder weil die Primadonna beim Übergang von dieser in jene Tonart immer falsch singt. Manchmal kann von der ganzen Truppe nur der Baß singen.

Drei Wochen vor der Erstaufführung, wenn er die Stimmen seiner Sänger genau kennt, beginnt Rossini endlich zu schreiben. Er steht spät auf, komponiert, während sich seine neuen Freunde um ihn herum unterhalten, die ihn den ganzen Tag über, was immer er auch tun mag, keinen Augenblick verlassen. Er ißt mit ihnen mittags und oft auch abends in der *Osteria;* er kommt erst spät nach Hause, und seine Freunde begleiten ihn bis an die Tür und singen dabei aus vollem Hals Melodien, die er improvisiert, bisweilen auch ein *Miserere* zum großen Ärgernis der Frommen im Stadtviertel. Endlich kommt er dann nach Hause, und zu dieser Zeit, gegen drei Uhr morgens, hat er seine glänzendsten Einfälle. Ohne sie auf dem Klavier auszuprobieren, schreibt er sie eilig auf kleine Zettel, und am nächsten Tag arrangiert er sie, d. h. er *instrumentiert* sie, um in seiner Sprache zu sprechen, während er sich mit seinen Freunden unterhält. Man stelle sich einen lebhaften, feurigen Geist vor, auf den alles Eindruck macht, der von allem profitiert und den nichts in Verlegenheit bringt. So sagte ihm vor kurzem jemand, als er seinen *Mosè* komponierte: »Sie lassen in Ihrer Oper Hebräer singen, lassen Sie sie auch so näseln wie in der Synagoge?« Diese Idee macht Eindruck auf ihn, und auf der Stelle komponiert er einen prachtvollen Chor, der wirklich mit einigen Tonkombinationen anfängt, die ein wenig an die Gesänge in der Synagoge erinnern. Meines Wissens kann nur ein einziger Umstand lähmend auf dieses glänzende, immer schöpferische und immer tätige Genie wirken: die Anwesenheit eines Pedanten, der ihm von Ruhm und Theorie spricht und ihn mit gelehrten Komplimenten überhäuft. Dann kommt er in Stimmung und erlaubt sich Scherze, die eher derb-komisch als taktvoll und fein sind. Da es in Italien keinen herablassenden Hof gegeben hat, der sich mit Sprachreinigung die Zeit vertrieb, und da hier niemand an seinen Rang denkt, bevor er lacht, so ist die Zahl der Dinge, die man für grob oder gemein hält, sehr beschränkt; daher rührt die besondere Färbung der Lyrik Montis; sie ist edel, sie ist erhaben und dennoch erinnert sie nicht an die dummen Skrupel und Zaghaftigkeiten eines Hôtel de Rambouillet. Es ist das Gegenteil der Werke des Herrn Abbé Delille; das Wort »noble« hat in Italien eben nicht die gleiche Bedeutung wie in Frankreich.

Rossini sagte eines Tages zu einem Pedanten, der von Beruf Monsignore war, ihn nicht einmal in seinem kleinen Zimmer im Wirtshaus in Ruhe ließ und ihn am Aufstehen hinderte: »*Ella mi vanta per mia gloria,* usw.« – »Sie wollen mir von Ruhm sprechen, aber wissen Sie, Monsignore, worin mein wahres Anrecht auf die Unsterblichkeit liegt? Darin, daß ich der schönste Mann meines Jahrhunderts bin. Canova hat mir gesagt, daß er mich eines Tages als Modell für eine Achillesstatue nehmen wird.« Mit diesen Worten springt er aus dem Bett und erscheint vor den Augen des Monsignore (eines römischen Prälaten) im Adamskostüm, was in diesem Lande eine große Respektlosigkeit ist.

»Sehen Sie dieses Bein, sehen Sie diesen Arm?« fährt er fort. »Wenn man so gebaut ist, dann ist man seiner Unsterblichkeit wohl sicher ...« Ich erspare mir die Wiedergabe der weiteren Rede; wenn Rossini sich einmal auf diese Art von Scherzen eingelassen hat, berauscht er sich am Klang der eigenen Worte und am irrwitzigen Lachen über seine eigenen Einfälle; aus dem Stegreif erzählt er am laufenden Band dumme Witze, er wird ausfallend, nichts kann ihn mehr stoppen. Der pedantische Monsignore sah sich daher bald genötigt, die Flucht zu ergreifen.

Komponieren ist nicht anstrengend, sagt Rossini; das Langweilige ist das Proben. In diesem traurigen Augenblick erleidet der arme Maestro die Qual, hören zu müssen, wie seine schönsten Ideen, seine glänzendsten oder lieblichsten Kantilenen in allen Tonarten der menschlichen Stimme entstellt werden. Da hat man allen Grund, sich selbst auszupfeifen, sagt Rossini. Traurig verläßt er die Proben, er findet abscheulich, was ihm am Abend zuvor noch sehr gut gefiel.

Aber diese für den jungen Komponisten so schmerzlichen Proben sind in meinen Augen der Triumph der italienischen Sensibilität; hier habe ich um ein verstimmtes, ramponiertes Klavier versammelt, in dem armseligen Quartier, das man das *ridotto* des Theaters nennt, in irgendeinem Städtchen wie Reggio oder Velletri acht oder zehn arme Teufel von Schauspielern beim Lärm aus der Küche und vom Drehspieß des Nachbarn proben sehen; ich habe gehört, wie sie die flüchtigsten und mitreißendsten Eindrücke, die die Musik vermitteln kann, bewundernswert erfühlen und wiedergeben konnten; hier erlebt der Mensch aus dem Norden voller Staunen, wie Ignoranten, die keinen Walzer auf dem Klavier spielen oder sagen können, worin der Unterschied zwischen zwei Tönen besteht, *instinktiv* und mit einem herrlichen Brio die einzigartigste und originellste Musik singen und begleiten, die der Maestro unter ihren Augen danach umarbeitet und neu arrangiert, wie sie sie singen. Sie machen hundert Fehler; aber in der Musik sind die Fehler, die aus allzu großer Begeisterung gemacht werden, bald schon verziehen, wie in der Liebe all die Fehler aus allzu großer Liebe. Übrigens hätten diese Proben, die mich, den Ignoranten, entzückt haben, bei Monsieur Berton vom Institut zweifelsohne Anstoß erregt.

Der gutgläubige Mensch, dem Italien fremd ist, erkennt auf der Stelle, daß es nichts Absurderes gibt, als Komponisten und Sänger fern des Vesuvs hervorbringen zu wollen.[2] In diesem Land des *Schönen* hört das Kind schon an der Mutterbrust Gesänge, und zwar nicht gerade Melodien wie *Malbrouk* oder *C'est l'amour, l'amour.* In diesem heißen Klima, unter der erbarmungslosen Tyrannei, wo es so gefährlich ist zu reden, kommen die Verzweiflung und das Glück natürlich eher in einem Klagelied als in einem Brief zum Ausdruck. Musik ist das einzige Gesprächsthema; nur über Musik traut man sich, eine Meinung zu haben und sie hitzig und in aller Offenheit zu diskutieren; man liest und schreibt nur eines, satirische Sonette in der jeweiligen Mundart[3] gegen den Gouverneur der Stadt; und dieser läßt bei der erstbesten Gelegenheit alle Dichter der Umgebung als *carbonari* einsperren. Das ist wörtlich gemeint und ohne jede Übertreibung, und ich könnte zwanzig Namen aufschreiben, wenn nicht Vorsicht geboten wäre. Ein burleskes Sonett gegen den Gouverneur oder den Herrscher zu rezitieren, ist weit ungefährlicher, als ein politisches Prinzip zu diskutieren oder eine geschichtliche Tat. Wenn der Abbé oder Cav. di M., ein Spitzel, dessen

Ignoranz schon wieder komisch wirkt, dem Polizeichef, der gewöhnlich ein Mann von Geist und ein Renegat der Liberalen ist, irgendeine Argumentation wiedergibt, die Hand und Fuß hat und dem gesunden Menschenverstand einleuchtet, dann erbringt die Polizei sofort den Nachweis, und damit ist klar, daß der Spitzel niemanden verleumdet. Der Polizeipräfekt ruft Sie zu sich und sagt in ernstem Ton: Sie erklären der Regierung meines Herrn den Krieg, Sie haben sich erlaubt, in aller Offenheit zu sprechen, *pescano in quel che dite.*[4]

Das satirische Sonett zu rezitieren, das gerade in Mode ist, ist hingegen eine Sünde, derer sich jedermann schuldig macht und derer jedermann verleumderisch angeklagt werden kann; das geht nicht über den Horizont eines Spitzels.

Wir haben Rossini bei den Proben seiner Oper an einem verstimmten Klavier im *ridotto* eines kleinen Theaters einer drittrangigen Stadt wie Pavia oder Imola zurückgelassen. Wenn dieser kleine dunkle Saal ohne Prahlerei und ohne eine Ahnung von der Welt der Komödie das Heiligtum des musikalischen Genies und des Enthusiasmus für die Künste ist, dann machen sich umgekehrt alle Prätentionen und die grotesksten Streitigkeiten wegen der unerhörtesten und naivsten Eigenliebe rund um dieses verstimmte Klavier um die Wette breit. Oft geht es dabei kaputt, man zerschlägt es mit den Fäusten und wirft sich am Schluß gegenseitig die Stücke an den Kopf. Ich empfehle jedem kunstinteressierten Italienreisenden, sich dieses Schauspiel nicht entgehen zu lassen. Das Innenleben der Truppe ist der Gesprächsstoff der ganzen Stadt, im glänzendsten Monat des Jahres verspricht sie sich von dem Erfolg oder dem Durchfallen der neuen Oper Vergnügen oder Langeweile. In diesem Taumel vergißt ein Städtchen den ganzen Rest der Welt; in diesem Zustand des Ungewissen spielt der Impresario eine für seine Eigenliebe ganz herrliche Rolle, denn er ist buchstäblich der erste Mann im Lande. Ich habe geizige Bankiers gesehen, die es nicht bedauerten, daß sie diese schmeichelhafte Rolle mit dem Verlust von fünfzehnhundert Louis erkauft haben. Der Dichter Sografi hat einen reizenden Einakter über die Abenteuer und Prätentionen einer Operntruppe geschrieben. Zum Totlachen ist die Gestalt des deutschen Tenors, der kein Wort Italienisch versteht. Dieser Einfall ist eines Regnard oder Shakespeare würdig. Die Wirklichkeit ist derart übertrieben, es ist so komisch, wenn italienische Sänger über die Bedeutung ihres Ruhms diskutieren, ganz berauscht von den göttlichen Tönen einer leidenschaftlichen Musik, daß der Dichter in der Verlegenheit war, alles um drei Viertel abzuschwächen sowie die Wahrheit und die Natur in den begrenzten Rahmen der Wahrscheinlichkeit zurückzuholen, aber keineswegs übertreiben durfte. Die naturgetreueste Schilderung wäre wie eine Karikatur ohne jede Wahrscheinlichkeit gewesen.

Der berühmte Mailänder Sopran Marchesi wollte in den letzten Jahren seiner Theaterkarriere nur noch singen, wenn sein erster Auftritt zu Beginn der Oper zu Pferde oder auf einer Anhöhe stattfand. Auf alle Fälle mußte der weiße Federbusch auf seinem Helm mindestens sechs Fuß hoch sein.

Crivelli weigert sich auch heute noch, seine erste Arie zu singen, wenn darin nicht die Worte *felice ognora* vorkommen, auf die er bequem seine Rouladen machen kann.

Aber kehren wir nun zu der italienischen Stadt zurück, die wir in gespannter Erwartung zurückgelassen haben; es herrscht die übliche Aufregung am Tag vor der Erstaufführung ihrer Oper.

Endlich ist der entscheidende Abend da. Der Maestro setzt sich ans Klavier; der Saal ist so voll, wie er nur sein kann. Die Zuschauer sind aus dem Umkreis von zwanzig Meilen zusammengeströmt. Die Neugierigen kampieren in ihren Kaleschen mitten auf der Straße; alle Gasthäuser sind schon am Vorabend überfüllt; und man ist dort selten unverschämt. Niemand geht mehr seiner Beschäftigung nach. Während der Vorstellung gleicht die Stadt einer Wüste. Alle Leidenschaften, alle Ungewißheiten, das ganze Leben der Bevölkerung konzentriert sich auf den Theatersaal.

Die Ouvertüre beginnt. Man würde eine Nadel fallen hören. Sie geht zu Ende, und schon entsteht ein Heidenlärm. Entweder wird sie in den Himmel gehoben oder ausgepfiffen oder eher noch umbarmherzig niedergeschrien. Es geht hier nicht wie in Paris zu, hier beobachten nicht eitle Menschen unruhig aus dem Augenwinkel, was wohl der Nachbar in seiner Eitelkeit macht[5]; hier sind es Wahnsinnige, die mit Gebrüll, Trampeln, Stockschlägen an die Rückenlehnen der Bänke, ihrer Art zu empfinden zum Durchbruch verhelfen und vor allem beweisen wollen, daß sie die einzig richtige ist, denn niemand ist intoleranter als empfindliche Menschen. Wenn Sie in der Welt der Künste einem gemäßigten und vernünftigen Menschen begegnen, unterhalten Sie sich ganz schnell mit ihm über politische Ökonomie oder Geschichte, er ist bestimmt ein ausgezeichneter Beamter, ein guter Arzt, ein guter Ehemann, ein vorzügliches Mitglied der Akademie, kurz alles, was Sie wollen, bloß nicht dazu geschaffen, die Musik oder die Malerei zu erfühlen.

Mit jeder Arie der neuen Oper fängt der Heidenlärm nach einem Moment vollkommenen Stillschweigens von neuem an. Das Brausen des tobenden Meeres könnte Ihnen davon nur eine annähernd richtige Vorstellung vermitteln.

Man hört ganz deutlich, daß über Sänger und Komponisten getrennt geurteilt wird. Man ruft: *Bravo Davide, brava Pisaroni!* Oder der Saal dröhnt von den *Bravo maestro!*-Rufen. Rossini erhebt sich von seinem Sitz am Klavier; sein schönes Gesicht nimmt den bei ihm seltenen Ausdruck ernster Würde an; er macht drei Verbeugungen, wird vom Beifall und von ohrenbetäubenden Schreien überhäuft; man ruft ihm ganze Lobeshymnen zu. Dann wird zum nächsten Musikstück übergegangen.

Rossini erscheint bei den ersten drei Vorstellungen seiner neuen Oper am Klavier; daraufhin empfängt er seine siebzig Zechinen (achthundert Francs), nimmt an einem großen Abschiedsessen teil, das seine neuen Freunde, das heißt die ganze Stadt, für ihn gibt, und reist in der Kutsche mit einem Mantelsack ab, in dem mehr Notenhefte als Kleidungsstücke sind, um vierzig Meilen entfernt in einer Nachbarstadt dieselbe Rolle von neuem zu spielen. Gewöhnlich schreibt er am Abend der Erstaufführung an seine Mutter und schickt ihr und seinem alten Vater zwei Drittel der bescheidenen Summe, die er eingenommen hat. Dann reist er mit nur acht bis zehn Zechinen in der Tasche, aber als der fröhlichste Mann der Welt ab und versäumt es nicht, unterwegs irgendeinen Dummen zum Narren zu halten, wenn der Zufall ihm die Gunst erweist, ihm einen solchen zu schicken. So gab er sich einmal, als er mit der Kutsche von Ancona nach Reggio fuhr, als einen Musiklehrer und Todfeind Rossinis aus und verbrachte die ganze Reise damit, abscheuliche Musik zu singen, die er auf die bekannten Texte seiner berühmtesten Arien im selben Augenblick komponierte, eine Musik, die er als das angebliche Meisterwerk des Untiers namens Rossini verhöhnen ließ, den die Leute mit schlechtem Geschmack törichterweise in den Himmel erheben würden. Das Gespräch auf die Musik zu bringen, ist in diesem Fall alles andere als ein Zeichen von Selbstgefälligkeit; eine solche Unterhaltung ist in Italien sehr modern; und nachdem man ein Wort über Napoleon verloren hat, ist es immer das Thema, auf das man zurückkommt.

7. Kapitel

Krieg der Harmonie gegen die Melodie

Ich bitte um die Erlaubnis, an dieser Stelle eine Abschweifung machen zu dürfen, die die Diskussionen sehr abkürzen wird, in die uns das stürmische Leben Rossinis ebenso führen wird wie seine umstrittenen Erfolge, die sein Schicksal wurden, sobald die Pedanten ihn mit ihrem Haß ehrten und all die großen und kleinen Komponisten sich gegen ihn verbündeten.

Sobald der Neid auf Rossini in Bologna erwacht war, waren ihm nicht mehr die leichten Erfolge seiner frühen Jugend beschieden.

Rossini verspottete die Pedanten; so sehr er sie aber als Individuen verachtete, so hatte doch die ganze Spezies einen großen Einfluß auf seine Werke, und einen verhängnisvollen noch dazu.

Um die ziemlich dunkle Vorstellung zu erhellen, die sich die Literaten aller Nationen vom Inhalt des Worts *Geschmack* gemacht haben, ist man oft auf die einfache Bedeutung dieses Wortes zurückgegangen. Die Freuden des Geschmacks im eigentlichen Sinn sind diejenigen, die ein Kind empfindet, wenn die Mutter ihm gerade einen schönen Pfirsich gegeben hat.

Zum Nutzen der Musik führe ich den Vergleich mit dem hübschen Kind fort, das beim Zerteilen seines schönen Pfirsichs so vergnügt ist. Seine Vorliebe für Süßigkeiten und den süßen Geschmack wird sich bald verlieren; ich sehe schon, wie es, kaum sechzehn Jahre alt, mit Wonne seinen Durst mit Bier löscht, obwohl dieses Getränk einen ziemlich herben Geschmack hat, der zunächst abstoßend wirkt. Die Süßigkeiten würden dem jungen Schüler, den ich vor mir sehe, wie er sich nach einem Wettrennen gierig ein Bier bestellt, fade vorkommen.

Ein paar Jahre später mag er nicht nur das Bier; er fühlt sich so meilenweit von dem entfernt, was er die faden Geschmäcker nennt, daß er nach einem deutschen Gericht verlangt, dem Sauerkraut; dieses barocke Wort heißt soviel wie *choux aigre* (saures Kraut). Von da aus ist es weit zurück zum

Pfirsich, dessen herrlicher Duft ihn mit drei Jahren beglückte. Um meinen Vergleich mit der Erwähnung edlerer Namen abzurunden, erinnere ich daran, daß Friedrich der Große, Voltaires Freund, im fortgeschrittenen Alter eine solche Vorliebe für scharf gewürzte Gerichte und Gewürze überhaupt hatte, daß die Ehre, mit dem König zu speisen, für die jungen französischen Offiziere, bei denen es in Mode war, zu den Paraden nach Potsdam zu reisen, zur Qual wurde.

Je älter der Mensch wird, um so mehr verliert er den Geschmack an Obst und Süßigkeiten, für die er in seiner Kindheit viel übrig hatte, und um so mehr gilt seine Vorliebe pikanten und kräftigen Speisen und Getränken. Schnaps zu trinken wäre eine Qual für ein Kerlchen von sechs Jahren, wenn es nicht so stolz darauf wäre, das Glas von Papa zu benutzen.

Dieses ständig wachsende Bedürfnis nach pikanten Speisen und das schwindende Bedürfnis nach süßen und lieblichen Dingen ist ein vielleicht etwas zu gewöhnliches, im übrigen aber sehr treffendes Bild für die Revolutionen in der Musik von 1730 bis 1823. Ich vergleiche die einfache, das Ohr bezaubernde Melodie mit den süßen, duftenden Früchten, die einem in der Kindheit so viel Freude bereiten. Die Harmonie ist dagegen wie die pikanten, herben, stark gewürzten Speisen, nach denen der abgestumpfte Geschmack im fortgeschrittenen Alter verlangt. Etwa um das Jahr 1730 haben Leo[1], Vinci[2] und Pergolesi[3] in Neapel die süßesten Gesänge, die zartesten Melodien, die sinnlichsten Kantilenen erfunden, derer das menschliche Ohr sich je erfreuen durfte.

Ich gehe nicht auf die historischen Details ein, denn wenn sie die Aufmerksamkeit fesselten, würde der allgemeine Gesichtspunkt nicht mehr so klar werden, auf den ich den Leser aufmerksam machen möchte.

Von 1730 bis 1823 hat sich das musikalische Volk, wie ein Kind, das zunächst ein strahlender junger Mann und danach ein leicht blasierter Alter wird, immer weiter vom Süßen und Lieblichen entfernt und dem Pikanten und Kräftigen zugewandt. Man könnte sagen, es hat die herrlich duftenden Pfirsiche stehengelassen und statt dessen Sauerkraut, würzige Saucen und Kirschwasser bei den großen Komponisten bestellt, die für sein Vergnügen zu sorgen haben und die es mit Ruhm bezahlt. Ich gebe zu, daß all diese Vergleiche nicht sehr vornehm sind, aber sie scheinen mir klar und deutlich zu sein.

Diese Revolution, die in den Annalen des menschlichen Geistes einen Zeitraum von neunzig Jahren umfaßt, hatte verschiedene, aufeinanderfolgende Perioden. Wo wird sie zum Stillstand kommen? Ich weiß es nicht. Ich weiß nur, daß man in jeder Periode (und jede Periode dauerte zwölf bis fünfzehn Jahre, ungefähr die Zeit, die ein großer Komponist in Mode ist), gemeint hat, man sei am Ende dieser Revolution angelangt.

Ich selbst bin wahrscheinlich ebenso auf meine Gefühle hereingefallen wie alle meine Vorgänger, wenn ich behaupte, die *vollendete* Verbindung der alten Melodie mit der modernen Harmonie sei der Stil des *Tancredi.* Ich habe mich von einem Zauberer täuschen lassen, der mir in meiner frühen Jugend die lebhaftesten Vergnügungen bereitet hat, und bin infolgedessen ungerecht gegenüber der *Gazza ladra* und dem *Otello,* die weniger süße, bezaubernde, dafür aber pikantere und stärkere Empfindungen in mir hervorrufen.

Ich bitte den Leser, sich dieses Glaubensbekenntnis immer vor Augen zu halten, wenn ich die Wörter *herrlich, erhaben, vollkommen* gebrauche. Wenn mich die kalte Philosophie und die Achtung vor gefühllosen Menschen überkommt, fühle ich die ganze Lächerlichkeit dieser Worte, aber ich benutze sie dennoch als Kürzel.

Um eine bestimmte Meinung zu kennzeichnen, sagt man in Frankreich: *Das ist ein 89-er Patriot;* ich bezeichne mich selbst als einen *Rossinisten* des Jahrgangs 1815. Denn das war das Jahr, in dem man in Italien den *Stil* und die Musik des *Tancredi* am meisten bewunderte.[4]

Ein Musikliebhaber aus dem Jahre 1780, der, wie nicht anders zu erwarten, den Stil von Paisiello und Cimarosa allem vorzieht, würde wahrscheinlich den *Tancredi* ebenso lärmend und von Orchestereffekten überladen finden wie ich den *Otello* und die *Gazza ladra.*

Ich denke nicht daran, eine lächerliche und in den Künsten unmögliche Unparteilichkeit vorzugeben, ich stelle kühn ein

Prinzip auf, das mir übrigens auch ganz in Mode zu sein scheint: Ich erkläre mich für parteilich. Die Unparteilichkeit in den Künsten ist, wie die *Vernunft* in der Liebe, nur die Sache kalter oder kaum verliebter Herzen. Ich bin also nur so parteilich, wie es ein Schriftsteller sein kann. Der Unterschied ist der, daß ich niemanden aufhängen lassen will, nicht einmal Carl Maria von Weber, den Komponisten des *Freischütz*, einer deutschen Oper, die im Augenblick an den Ufern der Spree und der Oder Furore macht.

Ein Anhänger des *Freischütz* wird mich für einen Mann halten, den man partout nicht langweilen kann und der wohl seine Gründe hat, das einfache Musikgenre zu bewundern. Er wird den mehr oder weniger hübschen Satz auf mich anwenden, den ich benutze, um meine Meinung über die Leute kundzutun, die um das Jahr 1750 eine komische Oper von Galuppi mit ihren langen Rezitativpassagen bezauberte.

Ich glaube, um der Klarheit willen ist es das beste, hier die Zauberer aufzulisten, die nacheinander in Italien als diejenigen galten, die den Gipfel der Kunst und die Vollendung des wahren Schönen erreicht haben.

Sobald ein neues Genie erschien, entbrannte ein sehr lebhafter und vor allem unmöglich zu beendender Streit zwischen den Vierzigjährigen, die *bessere Zeiten* erlebt hatten, und den Zwanzigjährigen; denn ein talentierter Komponist schreibt seine Musik immer in dem *Stil* (in der relativen Mischung von Melodie und Harmonie), der gerade in Mode ist, wenn er ins Rampenlicht tritt.[5]

Hier folgt nun eine Auflistung der großen Musiker, gegen die ihre unmittelbaren Nachfolger jeweils den Bannfluch schleuderten:

Porpora	glänzte im Jahre	1710[6]
Durante	" " "	1718
Leo	" " "	1725
Galuppi, Buranello genannt, weil er von der kleinen Insel *Burano* vor Venedig stammte	" " "	1728

Pergolesi	glänzte im Jahre	1730
Vinci	" " "	1730
Hasse	" " "	1730
Jomelli	" " "	1739
Logroscino, der Erfinder der Finale	" " "	1739
Guglielmi, der Erfinder der *Opera buffa*	" " "	1752
Piccini	" " "	1753
Sacchini	" " "	1760
Sarti	" " "	1755
Paisiello	" " "	1766
Anfossi	" " "	1761
Traetta	" " "	1763
Zingarelli	" " "	1778
Mayr	" " "	1800
Cimarosa	" " "	1790
Mosca	" " "	1800
Paër	" " "	1802
Pavesi	" " "	1802
Generali	" " "	1800
Rossini	" " " }	1812
Mozart	" " " }	1812

Ich stelle diese beiden großen Namen auf eine Stufe wegen des kombinierten Effekts der räumlichen Entfernung, der Schwierigkeit, Mozarts Partituren zu lesen und der Geringschätzung der Italiener für ausländische Künstler. Man kann sagen, daß Mozart und Rossini in Italien um das Jahr 1812 zusammen debütiert haben.

Heute gibt es einen Maestro, der den Komponisten des *Tancredi* vergessen läßt. Es ist der Komponist der *Gazza ladra, Zelmira, Semiramide,* des *Mosè,* des *Otello;* es ist der Rossini des Jahres 1820.[7]

Ich bitte Sie inständig, mir einen zweiten Vergleich zu gestatten.

Zwei majestätische Flüsse entspringen in zwei weit voneinander entfernten Landschaften, sie fließen durch sehr unterschiedliche Gegenden und dennoch vermischt sich ihr Wasser am Ende. So verhält es sich mit der Rhône und der Saône. Die Rhône stürzt aus den Gletschern des Sankt-Gotthard zwischen der Schweiz und Italien ins Tal. Die Saône entspringt im Norden Frankreichs; die Rhône durchzieht in vielen Wasserfällen ihr enges maleriches Tal im Wallis; die Saône bewässert die fruchtbaren Gefilde der Bourgogne. Diese großen Wasserläufe kommen schließlich unterhalb der Mauern von Lyon zusammen, um jenen imposanten, schnellen Strom zu bilden, den schönsten Frankreichs, der so lebhaft unter den Arkaden der Brücke Saint-Esprit vorbeirauscht und den kühnsten Schiffer erzittern läßt.

Genauso geht die Geschichte der beiden musikalischen Schulen, der deutschen und der italienischen; sie sind in weit voneinander entfernten Orten geboren, in Dresden und in Neapel. Alessandro Scarlatti hat die italienische, Bach die deutsche Schule begründet.[8]

Diese beiden unterschiedlichen Meinungs- und Geschmacksströmungen, heute durch Rossini und Weber vertreten, werden wahrscheinlich miteinander verschmelzen und dann nur eine einzige Schule bilden; und ihre denkwürdige Vereinigung wird sich vielleicht unter unseren Augen vollziehen, in jenem Paris, das trotz der Zensoren und der herrschenden Strenge mehr denn je die Hauptstadt Europas ist.[9]

Zufällig befinden wir uns am Ort ihrer Vereinigung, wir stehen auf der Anhöhe, die diese beiden imposanten Wasserläufe noch voneinander trennt, und beobachten die letzten Bewegungen ihrer großen Wellen und die letzten Strudel, die sie bilden, bevor sie für immer eins werden.

Auf der einen Seite sehe ich schon Rossini, wie er in Wien 1823 *Zelmira* gibt; auf der anderen sehe ich, wie Carl Maria von Weber am selben Tag in Berlin mit dem *Freischütz* triumphiert.

In der italienischen Schule von 1815 und in der Oper *Tancredi*, die ich als das repräsentative Werk dieser Schule anführe, um nicht vage oder dunkel zu bleiben, schaden die Begleitungen dem Gesang nicht.

Rossini hat das richtige Maß von Hell und Dunkel in der Harmonie getroffen, welches das Ohr sanft irritiert, ohne es zu ermüden. Wenn ich das Wort »irritieren« gebrauche, so benutze ich die Sprache der Physiologen. Die Erfahrung lehrt, daß sich das Ohr (zumindest in Europa) nach einem perfekten Akkord immer ausruhen muß; jeder dissonante Akkord mißfällt ihm, irritiert es (an dieser Stelle empfiehlt sich ein Experiment auf dem nächstbesten Klavier), so daß es das Bedürfnis verspürt, den perfekten Akkord wiederzuhören.

8. KAPITEL

Invasion der gefühllosen Herzen – Ideologie der Musik

Darf die *Harmonie* sich selbst bemerkbar machen und unsere Aufmerksamkeit von der *Melodie* ablenken oder soll sie einfach nur die Wirkung der letzteren verstärken?

Ich gestehe, daß ich für letzteres bin. Denn die größten Wirkungen werden in den schönen Künsten im allgemeinen durch eine einzige außerordentlich schöne Ursache und nicht durch das Zusammenkommen mehrerer mittelmäßig ergreifender Ursachen erzeugt. Das menschliche Herz ist nur zu schwachen Empfindungen fähig, wenn seine Vergnügungen mit der Notwendigkeit verbunden sind, zwischen zwei verschiedenen Arten von Vergnügen zu wählen. Wenn ich das Bedürfnis habe, großartige Harmonien zu hören, gehe ich in eine Symphonie von Haydn, Mozart oder Beethoven; wenn ich die Melodie bevorzuge, gehe ich in den *Matrimonio segreto* oder den *Re Teodoro*. Wenn ich beide Vergnügen soweit wie möglich vereint genießen will, schaue ich mir in der Scala den *Don Giovanni* oder den *Tancredi* an. Ich gestehe, daß die Musik *für mich* an Reiz verliert, je mehr ich in das Dunkel der Harmonie vordringe.

Es bedarf einer Glanzleistung, um beim Komponieren einer melodischen Phrase unkorrekt zu sein; dagegen ist nichts leichter, als beim Aufschreiben von zehn Takten Harmonie Fehler zu machen.

Die Wissenschaft ist notwendig, um Harmonien zu schreiben. Mit dieser verhängnisvollen Notwendigkeit hatten die Dummköpfe und Pedanten jeglicher Schattierungen den Vorwand, sich in die Tonkunst einzumischen.

Ich will zwar kein schlechtes Epigramm gegen die Gelehrten schreiben, aber diejenigen, die die Welt kennen, werden zugeben, daß wenn Voltaires Geschichte Karls XII. heutzutage inkognito bei der Académie des Inscriptions eingereicht würde, um den Preis zu erringen, sich die gelehrten Mitglieder der Akademie bei diesem bezaubernden Werk nur von einigen Ungenauigkeiten in Einzelheiten beeindrucken ließen, und sicher würde es den Preis nicht gewinnen. Genauso beurteilen die Pedanten in der Musik ein Werk Rossinis. Ich will ihnen Gerechtigkeit widerfahren lassen: Sie sind guten Glaubens, wenn sie ihn beschimpfen.[1]

In der Gesangskunst, so wie sie heutzutage am Pariser Konservatorium gelehrt wird, lernt man eine Reihe von nach den Regeln der Syntax miteinander verknüpften Wörtern hervorzubringen, aber darüber hinaus ergeben diese Wörter keinerlei Sinn.

Im Gegensatz dazu hat Rossini, bedrängt durch die Vielzahl und Lebhaftigkeit der Empfindungen und Gefühlsnuancen, die ihm alle auf einmal einfielen, einige kleine Grammatikfehler gemacht. In seinen Originalpartituren hat er sie fast immer durch ein Kreuz + gekennzeichnet und an die Seite geschrieben: *Per soddisfazione de' pedanti.* Nach sechs Monaten Konservatorium bemerkt ein Schüler diese kleinen Flüchtigkeitsfehler, die oft nur ein Versuch sind.

Wir müssen allerdings noch einen Blick auf den gegenwärtigen Zustand der musikalischen Grammatik werfen. Sind Rossinis Fehler echte Fehler? Wer hat diese Grammatik überhaupt gemacht? Sind das genialere Menschen als Rossini? Hier handelt es sich nicht – wie bei den Sprachen – darum, peinlich genau den Sprachgebrauch einer Nation festzuhalten; die Zahl derjenigen, die die Sprache der Musik geschrieben haben, ist viel zu gering, als daß man von einem *allgemeinen Gebrauch* im eigentlichen Wortsinn sprechen könnte. Die Musik wartet noch auf ihren Lavoisier. Dieses Genie wird Experimente mit dem menschlichen Herzen und dem Gehörorgan machen. Jedermann weiß, daß das Geräusch beim Schleifen einer Säge, das Quietschen beim Durchschneiden eines Korkens, der Klang zweier Drehorgeln, die verschiedene Melodien spielen, oder einfach das Geräusch beim Zerknüllen von Papier ausreicht, um zartbesaitete Menschen zur Verzweiflung zu bringen.

Es gibt Tonkontraste oder -akkorde, deren angenehme Wirkungen genauso nachhaltig sind wie die unangenehmen Wirkungen, die der quietschende Korken oder das Geräusch beim Zerknüllen von Papier erzeugt.

Der Lavoisier der Musik, dem ich großzügigerweise ein für solche Wirkungen sehr empfängliches Herz unterstelle, wird mehrere Jahre lang Experimente machen und danach aus seinen Experimenten die Regeln der Musik *ableiten*.

In seinem Werk wird er uns unter dem Stichwort *Zorn* die zwanzig Kantilenen anführen, die seines Erachtens das Gefühl des Zornes am besten zum Ausdruck bringen; genauso wird er mit der *Eifersucht, der glücklichen Liebe, der Qual der Abwesenheit* usw. verfahren.

Oft ruft die Begleitung in unserer Phantasie eine Gefühlsnuance wach, die die Stimme allein nicht auszudrücken vermöchte.

Der überlegene Mann, der doch bitte kommen soll, wird die Arien, über die er das Urteil gefällt hat, daß sie am treffendsten die *Wut* zum Ausdruck bringen, mit ihren Begleitungen wiedergeben. Wirken sie eher mit oder ohne Begleitung? Welchen Schwierigkeitsgrad kann man dieser Begleitung geben?

Wenn all diese großen Fragen durch Experimente gelöst sind, dann gibt es endlich eine echte Musiktheorie, die auf der Natur des *menschlichen Herzens* in Europa und auf den *Gewohnheiten des Gehörs* beruht.

Die meisten Regeln, die im Augenblick die Entfaltung des Genies der Musiker verhindern, ähneln der Philosophie Platons oder Kants; es sind mit mehr oder weniger Geist entwikkelte mathematische Ungereimtheiten, von denen eine jede unbedingt erst experimentell überprüft werden muß.[2] Es sind strenge Regeln, die sich auf nichts stützen können,[3] es sind Schlußfolgerungen, die kein Prinzip zur Grundlage haben; aber unglücklicherweise ist es um die Autorität dieser Regeln genauso bestellt wie um die Autorität der Könige; sie sind von vielen wohlangesehenen Menschen umgeben, die ihnen vertrauen und die das größte Interesse der Welt daran haben, ihre Unfehlbarkeit zu verfechten. Wenn man die Achtung vor diesen Regeln in Frage stellt, wenn man sich unerhörterweise erkühnt, untersuchen zu wollen, inwieweit sie überhaupt beanspruchen können, als Regeln zu gelten, was wird dann nur aus der Bedeutung und der Eitelkeit eines Professors am Konservatorium?

Soll ich Ihnen verraten, was mit den geistreichsten unter ihnen passieren wird?

Die gerechten Geister, wie beispielsweise Herr Cherubini, stellen, an einem bestimmten Punkt ihrer Laufbahn angelangt, fest, daß das von ihnen errichtete Gebäude kein Fundament hat; sie bekommen Angst; sie studieren nun nicht mehr die Sprache des Herzens, sondern vertiefen sich in eine philosophische Untersuchung. Anstatt schöne Säulen oder elegante Arkaden zu errichten, verschwenden sie ihre Jugendzeit mit der Aushebung tiefer Gräben. Wenn sie schließlich völlig verstaubt aus diesen dunklen Gräben wieder hervorkommen, ist ihr Kopf mit mathematischen Wahrheiten überladen, aber die schöne Jugendzeit ist unwiederbringlich vorbei, und ihr Herz ist ohne die Empfindungen, die einen befähigen, so etwas zu komponieren wie das Duett aus der *Armida*:

Amor possente nome.

Es gibt Akkorde, die offenkundig wirken, die sozusagen sprechend sind. Schon beim ersten Hören weiß man um ihre Qualität. Das ist eine Erfahrung, die ich allen Musikliebhabern, die eine Seele haben, sehr empfehle. Der Abgrund, vor dem sie sich in acht nehmen müssen, ist die natürliche Ungeduld des Menschen, sie bringt einen dazu, den Roman der Wissenschaft für deren Geschichte zu halten.

Es gibt nichts Schmerzlicheres, als prüfend zu betrachten und zu zweifeln, wenn man sich gerade vergnügt hat. Je mitreißender das Vergnügen an der Musik ist, um so schmerzlicher und gemeiner sind die Zweifel. In dieser seelischen Verfassung wirkt die unbedeutendste, aber glänzende Theorie verführerisch und mitreißend.[4] Genauso wie wir bei ideologischen Fragen jederzeit unseren Verstand an die Kandare nehmen müssen, weil er mit uns durchgehen will, müssen wir in der *Theorie der Künste* die Seele zügeln, die nur ununterbrochen genießen und nicht analysieren will.[5]

Es gibt noch eine andere Klippe, diejenige, an der die gefühllosen Seelen Schiffbruch erleiden.[6] Wenn diese sich auf die Jagd nach Wahrheiten auf diesem Gebiet begeben, verlieren sie auf halbem Weg den Überblick und halten erbärmlicherweise das Schwierige für das Schöne.

Ist nicht eines der gelehrtesten musikalischen Genies der Gegenwart so geendet?

Man merkt sehr wohl, daß ich diese großen Fragen nicht erschöpfend zu beantworten vermag. Ich kann höchstens ihren moralischen Teil skizzieren, der die Beziehungen dieser Probleme zu den Empfindungen des menschlichen Herzens und den Gewohnheiten unserer europäischen Vorstellungskraft zum Inhalt hat.

Da man ja einmal den Anfang machen muß, wage ich es vielleicht eines Tages, dem Publikum ein wissenschaftliches Werk über diese großen Wahrheiten vorzulegen. Abgesehen davon, daß es sehr schwer verständlich sein wird, fürchte ich, daß es sehr lächerlich ausfallen wird. Es wäre mir am liebsten, wenn ich nur denjenigen die Lektüre dieses Werkes gestatten könnte, die bei der Aufführung des *Otello* geweint haben.

Ich werde einige klare Schlußfolgerungen der Wissenschaft in ihrem gegenwärtigen Zustand darlegen. Die eindeutig bewiesenen Wahrheiten sind noch mit verwegenen und gänzlich unbewiesenen Behauptungen vermischt. Wenn man gemäß den Regeln einer solchen Wissenschaft richtig denkt, gelangt man ständig zu absurden Schlußfolgerungen, die von der kleinsten Tatsache widerlegt werden können.

Wenn Sie vier Jahre lang in einem dunklen Bergwerk Diamanten gesucht hätten, wären Sie dann nicht auch geneigt, Glasscherben, die geschickte Scharlatane Ihnen am Boden der düsteren Stellen dieser Mine kurz zeigen, für strahlend schöne Diamanten von reinstem Wasser wie der Régent zu halten? Der natürliche Stolz des Menschen pervertiert in diesem Fall das Sehorgan. Es bedürfte eines seltenen Seelenadels, um sich einzugestehen, daß man vier Jahre verloren hat, weil man nie klar und deutlich gesehen hat, was Scharlatane oder Professoren am Konservatorium einem in diesen vier Jahren jeden Tag mit den Worten: *Sehen Sie nicht, daß dieser Akkord nicht mit jenem anderen vereinbar ist?* präsentiert und einen noch jedesmal mit der eigenen Zustimmung darauf verpflichtet haben.

Wenn man die Begleitungen komplizierter gestaltet, schränkt man die Freiheit des Sängers ein: er hat nicht mehr die Auswahl zwischen den verschiedensten Verzierungen, was ihm freigestanden hätte, wenn es weniger Akkorde in der Begleitung gegeben hätte. Mit Begleitungen nach deutscher Art läuft der Sänger, der Verzierungen wagt, jederzeit Gefahr, gegen die Harmonie zu verstoßen.

Nach *Tancredi* ist Rossini immer komplizierter geworden. Er hat Haydn und Mozart nachgeahmt, so wie Raffael ein paar Jahre, nachdem er Peruginos Schule verlassen hatte, auf den Spuren Michelangelos nach der Kraft des Ausdrucks gesucht hat. Statt die Menschen mit Anmut zu erfreuen und sie zu vergnügen, begann er, ihnen Angst zu machen.

Rossinis Orchester hat dem Gesang seiner Schauspieler immer mehr geschadet. Gleichwohl sündigt er bei seinen Begleitungen mehr durch die *Quantität* als durch die *Qualität*, wie die Deutschen es tun. Ich meine, daß die deutschen Begleitungen dem Sänger jegliche Freiheit nehmen, die Verzierungen zu machen, die sein Genie ihm eingegeben hätte. Ein Davide ist zum Beispiel unmöglich mit einer deutschen *Instrumentierung*. Sie verulkt die Melodie, in den Worten von Grétry; sie verbietet dem Sänger nachdrücklich, alle Ausdrucksmittel seiner Kunst zu benutzen. Die Farben auf Davides Palette sind die Verzierungen und die *fioriture* aller Art.

Dieser Unterschied in der Natur der *scheinbar gleich lauten* Begleitungen ist noch immer kennzeichnend für die deutsche und italienische Schule.[7]

Heutzutage könnte ein Komponist Rossini übertreffen und in Vergessenheit geraten lassen, wenn er im Stil des *Tancredi* schreiben würde, der sich sehr von dem des *Mosè*, der *Elisabetta*, des *Maometto* und der *Gazza ladra* unterscheidet.

Wir werden später noch einige Anekdoten über den Hof von Neapel erfahren, die Rossini gezwungen haben, seinen Stil zu ändern. Ich glaube nicht, daß dieser große Künstler andere Gründe für seinen geänderten Stil angeben würde, wenn er einmal in seinem Leben ausnahmsweise ernsthaft über Musik reden würde. Er könnte indessen als Grund anführen, daß er mehrere seiner letzten Opern für riesige und sehr laute Theatersäle geschrieben hat. Im Theater San Carlo und der Scala haben dreitausendfünfhundert Zuschauer bequem Platz. Im Parkett sitzt man sehr angenehm auf breiten Bänken mit Rückenlehnen, die alle zwei Jahre erneuert werden. Oft mußte Rossini auch für abgenutzte Stimmen schreiben. Hätte er sie *scoperte* gelassen, das heißt mit wenig Begleitung, oder glatte, gehaltene Gesänge (*spianati e sostenuti*) singen lassen, hätte er befürchten müssen, daß die Fehler zu offensichtlich, zu deutlich hörbar würden, was für den Maestro wie für den Sänger verhängnisvoll gewesen wäre. Als man ihm einmal in Venedig vorwarf, in seiner Oper fehlten schöne, gut entwickelte Gesänge auf langsame Takte, antwortete er: »*Dunque non sapete per che cani io scrivo?* Gebt mir Sänger wie Crivelli, und ihr werdet sehen.« Es ist fast schon üblich, die Anzahl der Ensemblestücke zu vermehren, wenn in den großen Theatersälen gespielt wird. *La gazza ladra*, die für den riesigen Theatersaal der Scala geschrieben ist, wirkt viel *härter* als sie wirklich ist, wenn sie in einem kleinen, sehr ruhigen Saal wie dem Louvois und von einem Orchester gespielt wird, das Nuancen geringschätzt und das *Klavier* als Zeichen der Schwäche betrachtet.[8]

9. Kapitel

Aureliano in Palmira

Ich werde nicht viel über *Aureliano in Palmira* schreiben, und zwar deswegen, weil ich keiner Aufführung beigewohnt habe. Diese Oper wurde 1814 für Mailand komponiert und glücklicherweise von Velluti und der Correa gesungen; die Correa, eine der schönsten weiblichen Stimmen in den letzten vierzig Jahren, Velluti, der letzte talentierte Kastrat.

Ich glaube nicht, daß der *Aureliano* noch anderswo als in Mailand aufgeführt wurde. Ich kann sagen, daß diese Oper zu meiner Zeit in Neapel nicht gegeben worden ist; ich erinnere mich nur, daß die Partei der Neider anläßlich des Erfolgs von Rossinis *Elisabetta* in Neapel behauptete, die Musik sei dieselbe wie im *Aureliano in Palmira*. Diese Behauptung traf nur auf die Ouvertüre zu. Rossini hatte sie ohne weiteres verwendet, weil er wußte, daß die Neapolitaner sie nicht kannten.

Von dieser Oper kenne ich nur das Duett

Se tu m'ami, o mia regina,

zwischen einem Alt und einem Sopran. Ich hatte das Glück, es diesen Winter in Paris zu hören, und zwar von zwei Stimmen gesungen, die sich mit den zartesten und vollkommensten Stimmen Italiens durchaus messen können, wenn sie ihnen nicht überlegen sind. Ich hätte diesen neuerlichen Beweis dafür, daß Frankreich wie alle Länder dieser Welt schöne Stimmen hervorbringt, gar nicht gebraucht. Unsere Gesangslehrer sind bloß keine Crescentini, und man glaubt in der Provinz und in der Rue Le Peletier immer noch, daß *laut* singen gleich gut singen sei.

Entzückt von dem perfekten Zusammenklang der herrlichen Stimmen, die

Se tu m'ami, o mia regina

vortrugen, habe ich mich mehrfach dabei überrascht, daß ich dieses Duett für das beste hielt, das Rossini je geschrieben hat. Ich kann jedenfalls versichern, daß es die Wirkung hat, an der man die erhabene Musik wiedererkennen kann: Es versetzt in einen Zustand tiefer Träumerei.

Wenn wir an irgendeine Erinnerung aus unserem Leben denken und irgendwie die Empfindungen von einst wieder in uns wach werden, und wir dann das Abbild dieses Gefühls in einer uns bekannten Kantilene wiederfinden, können wir versichern, daß sie schön ist. Es scheint mir, daß in solchen Augenblicken eine Art Überprüfung der Ähnlichkeit zwischen dem, was der Gesang ausdrückt, und dem, was wir empfunden haben, stattfindet, und das läßt uns die feinsten, uns selbst bis zu diesem Augenblick *unbekannten* Nuancen unserer Empfindung erkennen und auskosten. Aufgrund dieses Mechanismus gibt die Musik, wenn ich mich nicht irre, den Träumereien der unglücklichen Liebe laufend neuen Stoff.

Ich habe auch Rossinis *Demetrio e Polibio* nur ein einziges Mal gesehen: 1814. An einem Juniabend aßen wir in Brescia gegen sieben Uhr Eis im Park der Gräfin L*** unter den großen Bäumen, die den Garten in diesem heißen Klima zu einem Ort der Wonne machen. Dieser oberhalb der unendlich weiten Ebene der Lombardei gelegene Park liegt noch dazu im Schatten des grünen Hügels, der zur Stadt hin liegt. Eine Dame der Gesellschaft sang halblaut eine Arie, die einen angenehmen Eindruck machte, denn plötzlich wurde es überall still. Was war das für eine Arie? fragte man, als sie zu singen aufhörte. Es ist eine Arie aus *Demetrio e Polibio*, das berühmte Duett

Questo cor ti giura affetto.

Ist es der *Demetrio*, den die kleinen Mombelli morgen in Como geben? – Genau, Rossini hat diese Oper (1812) für sie geschrieben mit den Passagen, die ihr Vater, der alte Tenor Mombelli, ihm als die für die Stimmen seiner Töchter geeignetsten angegeben hat.

Ist es sicher, daß diese Oper aus Rossinis Feder stammt? fragte eine der Damen. Man behauptet nämlich, daß Mombelli an der Partitur gearbeitet habe. – Er hat Rossini wahrscheinlich ein paar alte Motive geliefert, die zwischen 1780 und 1790 in Mode waren, als Mombelli berühmt war. Man sagt, die kleinen Mombelli-Schwestern seien mit Rossini verwandt. – Warum fahren wir nicht nach Como, um der Eröffnung des Theaters beizuwohnen? fragte die Hausherrin. Fahren wir nach Como, ertönte es von allen Seiten; und nicht einmal eine halbe Stunde später befanden wir uns in vier Wagen, die im Galopp der Postkutschenpferde auf der Straße über Bergamo nach Como fuhren. Dieser Weg zieht sich an den vielleicht schönsten Hügeln Europas entlang. Wir mußten schnell fahren, um Como zu erreichen, bevor die Sonne am nächsten Tag glühend heiß wurde, und deswegen setzten wir uns mutig über die Angst vor den Dieben hinweg, denen man in der Umgebung von Brescia und Bergamo immer wieder begegnet und die, wie man versichert, in der erstgenannten Stadt sogar Informanten haben. Ich glaube, daß die Angst der Frauen unser Vergnügen noch größer machte. Unter dem Vorwand, sie zu zerstreuen, wagten wir, uns in alle möglichen sonderbaren Ideen hineinzusteigern, die unter einem anderen Himmel unbekannt gewesen wären und die vielleicht ein wenig mit der Verrücktheit zu tun hatten, die einen in einer schönen sternenbesäten Nacht, einer *notte stellata*, überkommt. In diesem herrlichen Klima ist das Blau des Himmels anders als bei uns. Diese Landschaft mit den vielen Seen und den mit Kastanien-, Orangen- und Olivenbäumen bewachsenen Berghängen zwischen Bassano und Domodossola ist vielleicht die schönste von der ganzen Welt. Da bisher kein Reisender diesen Landstrich gerühmt hat, ist er beinahe unbekannt geblieben, und ich werde mir nicht anmaßen, darüber zu sprechen, sonst meint man, ich übertreibe. Ich fürchte schon allzusehr, daß man mir diesen Vorwurf wegen all der schönen Wirkungen macht, die ich der Musik zuschreibe.

Um neun Uhr morgens kamen wir in Como an. Die Sonne war schon glühend heiß; aber das machte nichts, denn ich war mit dem Inhaber des *Angelo* befreundet, dessen Gasthaus zum See hin gelegen ist (in Italien darf man keine Freundschaft vernachlässigen); er gab uns sehr kühle Zimmer; die Wellen des Sees brachen sich unterhalb unserer Fenster, acht Fuß unter unseren Balkons. Sofort stellte er für diejenigen von uns, die baden wollten, Boote mit Sonnensegeln zur Verfügung; und schließlich fanden wir uns um acht Uhr abends frisch und munter im neuen Theatersaal von Como ein, der an diesem Abend erstmals für das Publikum geöffnet war. Eine riesige Menschenmenge war von den *monti di Brianza*, aus Varese, Bellagio, Lecco, Chiavenna, von der Tramezzina, von allen Ufern des Sees, aus dem Umkreis von dreißig Meilen zusammengekommen. Unsere drei Unterkünfte kosteten uns 40 Zechinen (450 Francs), und wir können noch von Glück sagen, daß wir sie überhaupt bekamen. Diese Gefälligkeit verdankten wir meinem Freund, dem Wirt des *Angelo*.

Alle wohlhabenden Bürger aus Como und Umgebung hatten Geld zusammengelegt, um das Theater zu errichten, in dem an diesem Abend zum ersten Mal gesungen wurde und dessen Architektur sehr schön und einfach ist. Eine riesige Säulenhalle, getragen von sechs großen korinthischen Säulen mit bronzenen Kapitellen, bildet einen Vorraum, in dem die Theaterbesucher bequem aus ihren Kutschen aussteigen können. So ist die Bedingung der *Nützlichkeit* erfüllt, die in der Architektur zum *Schönen* dazugehört. Diese Säulenhalle liegt auf einem hübschen kleinen Platz hinter der prachtvollen Kathedrale in gemäßigt gotischem Stil. Auf der linken Seite dieses Platzes liegt der baumbewachsene Hügel, der am südlichen Ende des Comer Sees liegt. Wir fanden, daß das Innere des Theaters durch die Kühnheit und Einfachheit seiner Linien der männlichen Schönheit der Fassade entsprach. Das Ganze war in drei Jahren von Privatleuten erbaut worden, und das in einer Stadt von zehntausend Einwohnern, in der vielfach noch Gras auf den Straßen wächst. Unwillkürlich mußte ich daran denken, daß ich seit zwanzig Jahren, jedesmal wenn ich in Dijon vorbeikomme, sehe, daß die Mauern des Theaters immer noch erst zehn Fuß hoch sind. Zwar hat Dijon Frankreich zwanzig geistreiche Männer geschenkt, die durch ihre Schriften berühmt sind: Buffon, de Brosses, Bossuet, Piron, Crébillon usw.; da wir uns aber durch unseren Geist auszeichnen, begnügen wir uns mit unserer Überlegenheit auf literarischem Gebiet und überlassen dem schönen Italien das Zepter auf dem der Künste.

Ein Offizier, der äußerst liebenswert und ein sehr schöner Mann war, Herr M.***, Feldwebel von General L., den wir glücklicherweise im *atrio* des Theaters trafen und der mit den

Damen unserer Gesellschaft bekannt war, informierte uns über all die kleinen Details, die man nur zu gern kennenlernen möchte, wenn man in ein unbekanntes Theater kommt.

»Die Truppe, die Sie sehen werden«, sagte er, »besteht aus einer einzigen Familie, der Familie Mombelli. Von den beiden Schwestern Mombelli tritt die eine im Theater immer in Männerkleidern auf, sie spielt die Rollen des *musico*, das ist *Marianna*; die andere, *Esther*, hat ein größeres Stimmvolumen, obwohl ihre Stimme vielleicht nicht so vollendet lieblich ist, sie spielt die Rollen der *prima donna*. In *Demetrio e Polibio*, der Oper, die die Abordnung der Kunstfreunde von Como für die Eröffnung ihres Theaters ausgewählt hatte, spielt der alte Mombelli, ein ehemals berühmter Tenor, die Rolle des Königs. Den Anführer der Verschwörer wird ein Mann namens Olivieri spielen, der seit langem mit Madame Mombelli, der Mutter, liiert ist und der, um der Familie nützlich zu sein, im Theater *Nebenrollen* übernimmt und zu Hause der Koch und der *maestro di casa* ist. Ohne hübsch zu sein, haben die beiden Schwestern Mombelli Gesichter, die allgemein gefallen; sie sind aber von einer ursprünglichen Tugendhaftigkeit. Man nimmt an, daß ihr Vater, der ein ehrgeiziger Mann (*un dirittone*) ist, sie unter die Haube bringen will.«

Nachdem wir so mit der kleinen Chronik des Theaters vertraut gemacht worden waren, begann endlich die Oper *Demetrio e Polibio*. Ich glaube, ich habe noch nie so lebhaft empfunden, daß Rossini ein großer Künstler ist. Wir waren hingerissen, das ist das richtige Wort. Jedes neue Stück bot uns die reinsten Gesänge, die lieblichsten Melodien. Wir waren bald wie verloren in den verborgenen Winkeln eines herrlichen Parks, wie beispielsweise des von Windsor, wo einem jede neue Landschaft als die allerschönste erscheint, bis man über die eigene Begeisterung ein wenig nachdenkt und feststellt, daß man zwanzig verschiedenen Dingen den Titel der allerschönsten verliehen hat.

Nichts ist lieblicher und zarter als die Zärtlichkeit, die unter dem schönen Himmel Italiens gedeiht, die weder mit Melancholie noch mit Unglücklichsein[1] zu tun hat und offensichtlich die Rührung einer starken Seele ist; nichts ist ergreifender als die Kavatine des *musico*:

Pien di contento il seno.

So, wie sie von Marianna Mombelli, der jetzigen Madame Lambertini, gesungen wurde, erschien sie uns als das Meisterwerk des *canto liscio e spianato* (des schlichten und reinen Gesangs ohne ehrgeizige Verzierungen, Vergils Stil im Vergleich zur Schreibweise der Madame de Staël, bei der jeder Satz nur so von Empfindsamkeit und philosophischen Ergüssen trieft). Seither ist schon zu viel Zeit vergangen, als daß ich mich an das Intrigenspiel des Libretto erinnern könnte; woran ich mich erinnere, als sei es gestern gewesen, ist, daß wir während des Duetts zwischen dem *Sopran* und dem *Baß*:

Mio figlio non sei,
Pur figlio ti chiamo

schon nicht mehr die Kavatine priesen, und uns dachten, nichts auf der Welt könne die leidenschaftliche und liebenswürdige Zärtlichkeit eines Vaters für seinen Sohn besser wiedergeben. Wir sagten: Das ist der Stil des *Tancredi*, aber er übertrifft ihn im Ausdruck.

Genauso wie das Publikum wußten wir nicht mehr, wie wir unserer Begeisterung vernünftig Ausdruck verleihen sollten, als wir bei dem Quartett:

Donami omai, Siveno

angelangt waren.

Ich scheue mich neun Jahre danach, in denen ich *faute de mieux* sehr viel Musik gehört habe, nicht zu sagen, daß dieses Quartett eines von Rossinis Meisterwerken ist. Dieses Stück ist unübertrefflich. Wenn Rossini nur dieses eine Quartett geschrieben hätte, dann hätten Mozart und Cimarosa ihn als ebenbürtig anerkannt. Es hat zum Beispiel eine Leichtigkeit in der Durchführung, was man in der Malerei als *fait avec rien* bezeichnet, die ich bei Mozart nie entdeckt habe.

Ich erinnere mich, es machte so viel Eindruck, daß man es nicht nur wiederholen ließ, sondern gerade dabei war, es nach altem Brauch ein drittes Mal singen zu lassen, als sich ein Freund der Familie Mombelli ins Parkett begab, um den *dilettanti* mitzuteilen, daß die Schwestern Mombelli nicht gerade eine eiserne Gesundheit haben, und wenn man von ihnen noch einmal das Quartett hören wolle, laufe man Gefahr, daß sie die anderen Gesangsstücke der Oper nicht mehr singen können. »Gibt es denn andere ähnlich starke Stücke?« – »Gewiß«, antwortete der Freund. »Es gibt noch das Duett zwischen den beiden Liebenden

Questo cor ti giura amore,

und noch zwei oder drei andere Stücke.« Die Begründung fand das Parkett in Como einleuchtend, die Neugier dämpfte die wilden Begeisterungsstürme. Zu Recht hatte man uns das Duett:

Questo cor ti giura amore

angekündigt; es ist unmöglich, die Liebe mit noch mehr Anmut und weniger Traurigkeit zu schildern.

Was den Reiz dieser erhabenen Kantilenen steigerte, waren die Anmut und die *Bescheidenheit* der Begleitungen, wenn ich mich so ausdrücken darf. Diese Gesänge waren die ersten Blüten von Rossinis Phantasie; sie haben die Frische des Morgens des Lebens.

Später hat Rossini sich in die düsteren Regionen des Nordens begeben, wo neben einer schönen Aussicht der Schrekken eines tiefen Abgrunds lauert; und dieser *Schrecken* ist ein wesentlicher Bestandteil dieser neuen Form des *Schönen*.[2]

Indem er sich der Kontraste bedient, um Effekte zu erzielen, hat dieser große Meister auch die weniger empfindsamen Herzen und die Musiker für sich eingenommen, die nach deutscher Art gelehrt sind. Mit Ausnahme von Mozart würde es nicht einmal einem Kongreß der außerhalb Italiens geborenen Komponisten gelingen, ein Quartett wie

Donami omai, Siveno

zu komponieren.

10. Kapitel

Il Turco in Italia

Im Herbst desselben Jahres 1814 schrieb Rossini für die Scala die Oper *Il Turco in Italia*. Man wollte ein Gegenstück zur *Italiana in Algeri*. Galli, der mehrere Jahre lang auf bewundernswerte Art die Rolle des Bey in der *Italiana* gespielt hatte, bekam die Rolle des jungen Türken, den es durch einen Sturm nach Italien verschlagen hat und der sich in die erste hübsche Frau verliebt, die ihm über den Weg läuft. Unglücklicherweise hat diese hübsche Frau nicht nur einen Ehemann (Don Geronio), sondern auch noch einen Liebhaber (Don Narciso), der keineswegs bereit ist, seinen Platz für einen Türken zu räumen. Donna Fiorilla, die kokette und leichtsinnige junge Frau, ist entzückt darüber, daß sie dem schönen Fremden gefällt, und ergreift prompt die Gelegenheit, ihren Geliebten ein wenig zu quälen und ihren Mann zum Besten zu halten.

Die Kavatine des Don Geronio ist von ungetrübter Fröhlichkeit:

Vado in traccia d'una zingara
Che mi sappia astrologar,
Che mi dica in confidenza,
Se col tempo e la pazienza,
Il cervello di mia moglie
Potrò giungere a sanar.[1]

Diese reizende Kavatine ist ganz im Geschmack Cimarosas, vor allem die Antwort, die der arme Don Geronio sich selbst gibt:

Ma la zingara ch'io bramo
È impossibile trovar.

Wenn auch die Vorstellungen, die dieser Kavatine zugrunde liegen, denen Cimarosas ähneln, so werden sie doch in einem ganz anderen Stil präsentiert. Die Rolle des Don Geronio ist eine von denen, die den Buffosänger Paccini berühmt gemacht haben. Ich erinnere mich, daß er diese Kavatine beinahe jeden Abend anders gespielt hat. Manchmal war er der verliebte Ehemann, der über die Torheiten seiner Frau verzweifelt ist, manchmal der philosophische Ehemann, der sich als erster über die Schrullen seiner besseren Hälfte mokiert. Bei der vierten oder fünften Vorstellung erlaubte sich Paccini einen Spaß, der unseren Gepflogenheiten so zuwiderläuft, daß ich befürchte, allein schon der Bericht werde dem Leser mißfallen. Man muß wissen, daß an jenem Abend das Gesprächsthema ein armer Ehemann war, der seinen Schicksalsschlag alles andere als philosophisch hinnahm. In den meisten Logen der Scala sprach man ausschließlich über die Umstände seines Unglücks. Paccini, der verärgert war, weil niemand die Oper aufmerksam verfolgte, begann mitten in der Kavatine die wohlbekannten Gesten und die Verzweiflung des unglücklichen Ehemanns nachzuahmen. Mit dieser tadelnswerten Frechheit war er unglaublich erfolgreich; die Freuden des Publikums steigerten sich im Laufe des Abends. Anfangs merkten nur einige Zuschauer, daß eine große Ähnlichkeit zwischen der Verzweiflung Paccinis und der des Herzogs von *** bestand. Bald schon erkannte das ganze Publikum die Gesten und das Taschentuch wieder, das der arme Herzog andauernd in der Hand hielt, wenn er von seiner Frau sprach, um die Tränen der Verzweiflung abzuwischen. Unmöglich zu schildern, wie groß die allgemeine Freude war, als der unglückliche Herzog selbst ins Theater kam und für alle sichtbar in der Loge eines seiner Freunde etwas oberhalb des Parketts Platz nahm. Fast alle Zuschauer drehten sich um und freuten sich so noch mehr über seine Anwesenheit. Der unglückselige Ehemann merkte nur nicht, welch große Wirkung er verursachte, sondern das Publikum stellte auch recht bald an seinen Gesten und vor allem an den beklagenswerten Bewegungen mit dem Taschentuch fest, daß er den Leuten in seiner Loge sein Unglück erzählte und dabei keinen der grausamen Umstände der Entdeckung ausließ, die er in der vorangegangenen Nacht gemacht hatte.

Man muß wissen, wie kleinstädtisch die Großstädte Italiens in bezug auf die *chronique scandaleuse* und die Liebesabenteuer sind, um sich die Lachkrämpfe vorstellen zu können, in die ein aufgewecktes, boshaftes Publikum verfiel, als es den unglücklichen Ehemann in der Loge und Paccini auf der Bühne agieren sah, der, während er seine Kavatine sang, den Blick fest auf ihn gerichtet, sofort all seine Gesten nachahmte und sie auf groteske Weise karikierte. Das Orchester vergaß zu begleiten, die Polizei vergaß, dem Skandal ein Ende zu gebieten. Glücklicherweise ging ein weiser Mensch in die Loge, und es gelang ihm, wenn auch nicht ohne Mühe, den tränenüberströmten Herzog daraus zu entfernen.

Gallis wunderschöne Stimme kam in der Arie vorteilhaft zur Geltung, in der der Türke nach seiner Landung das schöne Italien begrüßt:

Bell'Italia, al fin ti miro
Vi saluto amiche sponde!

Der Verfasser des Libretto hatte damit auch eine Anspielung auf Galli, den in Mailand vergötterten Sänger, gemacht, der damals nach seiner Rückkehr aus Barcelona, wo er ein Jahr lang gesungen hatte, zum ersten Mal wieder auftrat.

Das donnergleiche Rollen von Gallis Stimme hallte in dem riesigen Theatersaal der Scala wider; man fand aber, daß Rossini, der am Klavier saß, sich mit diesem Duett keineswegs hervorgetan habe. Das Publikum ließ es ihn spüren, indem es unaufhaltsam *bravo Galli!* und kein einziges Mal *bravo maestro!* schrie, denn bei der Uraufführung einer Oper wird dem Sänger und dem Maestro immer gesondert Beifall geklatscht. Sie wissen schon, daß es dabei nicht um den Verfasser des Librettos geht. Nur ein französischer Literat würde eine Oper nach der Qualität des Textes beurteilen.

Den Enthusiasmus des Publikums bei dem reizenden Quartett[2]:

Siete Turco, non vi credo;
Cento donne intorno avete,
Le comprate, le vendete
Quando spento è in voi l'ardor.[3]

auch nur annähernd wirklichkeitsgetreu zu beschreiben, ist mir unmöglich.

Ich habe der Versuchung, diese vier Verse wiederzugeben,

nicht widerstehen können, weil jeder Satz, jedes Wort in dieser herrlichen Musik Rossinis neue Liebreize hat. Wenn man es gehört hat, wird man nicht müde, diese Worte zu wiederholen, die so hübsch klingen im Munde einer jungen Frau, die sie zum Vorwand nimmt, den Türken abzuweisen, aber darauf brennt, ihre Vorwände entkräften zu lassen.

Die Antwort des Türken ist genauso hübsch wie ein Madrigal von Voltaire.

Einzig Rossini konnte diese Musik schreiben, die die sterbende Galanterie, die in Liebe übergeht, schildert. Während Fiorillas Worte noch bloße Galanterie sind, bringt die darauf folgende Begleitung schon die ersten Befürchtungen der Liebe zum Ausdruck. Die äußerste Frische dieser erhabenen Kantilene wird nur aufgegeben, um die ersten Züge der aufkommenden Leidenschaft zu schildern.

Wie soll man die herrlichen Nuancen in dem Vorwurf *le comprate, le vendete* beschreiben, der mehrfach wiederholt wird und jedesmal mit einem neuen Gefühl? Noch dazu mit der so zarten und treffenden Stimme der reizenden Luigina C***? Glückliches Italien! Nur dort kennt man die Liebe.

Don Geronio, der Fiorillas keimende Leidenschaft nicht so ganz wahrnimmt, fährt ein schweres Geschütz auf:

Se tu più mormori
Solo una sillaba
Un cimitero
Qui si farà.[4]

Diese Worte würden in Paris Anstoß erregen, in Italien gelten sie als vorbildlich für den Stil eines Libretto. Leidenschaft und Komik kommen darin klar zum Ausdruck und vor allem ohne jede Spitzfindigkeit à la Marivaux. Die Zeit, die man bräuchte, um diese Finesse zu begreifen, zu bewundern und zu beklatschen, wäre für das musikalische Vergnügen verloren und, was noch schlimmer wäre, man würde lange von ihm abgelenkt. Man muß *urteilen*, um den Geist zu spüren; man muß aufhören zu urteilen, um sich von der Musik verzaubern zu lassen. Es sind zwei Arten von Vergnügen, die man bei nüchterner Betrachtung nie gemeinsam auskosten kann. Nur französische Literaten[5] scheinen diesen Fehler nicht einsehen zu wollen, dabei ist die Sache ganz einfach: Die Musik wiederholt immerzu dieselben Worte, bei der Wiederholung gibt sie demselben Wort aber jedesmal einen anderen Sinn. Wieso verstehen unsere ehrenwerten Literaten eigentlich nicht, daß eine einzige Wiederholung den Vers, den Takt, den Rhythmus stört, und daß ein Bonmot, wenn es wiederholt oder auch nur *langsam ausgesprochen* wird, oft eine Dummheit ist?[6]

Die Verse einer Oper existieren nur im Libretto und nur so, wie der Drucker die Wörter auf der jeweiligen Seite anordnet. Die Worte, die das Ohr vernimmt, sind in den leidenschaftlichen Augenblicken, in denen der Gesang auf das Rezitativ folgt, immer nur Prosa; nicht einmal ein Blinder würde sie als Verse erkennen.

Der Schluß des Quartetts, den ich bereits zitiert habe und der einige für den französischen Geschmack nicht sehr geistreiche, aber für die Musik hervorragende Worte enthält, ist eine Kantilene von vollendeter Komik und dramatischer Wahrheit:

Nel volto estatico
Di questo e quello.

Diese Worte singen die vier beteiligen Personen – Donna Fiorilla, ihr Liebhaber, ihr Ehemann und der Türke – zusammen.

In Mailand hat Paccini den Ehemann, Galli den Türken, Davide den Geliebten, der vorgibt, seine Rechte gegenüber dem Neuankömmling geltend zu machen, und Madame Festa die Donna Fiorilla gespielt: Die Besetzung war vollkommen. Das pikante Duett im zweiten Akt,

D'un bel uso di Turchia
Forse avrai novella intesa,

in dem der junge Türke dem Ehemann ganz einfach den Vorschlag macht, ihm seine Frau zu verkaufen, ist genauso reizend wie das Duett im ersten Akt. Diese Worte paßten viel zu gut zu Rossinis Art zu denken, als daß er sie nicht mit vollendeter Dramatik vertont hätte. Es ist unmöglich, in einen Gesang mehr Leichtigkeit, Fröhlichkeit und mehr von der Anmut zu legen, die niemand so gut wiedergeben kann wie der Schwan von Pesaro. Dieses Duett kann es mit allen Arien von Cimarosa und Mozart aufnehmen. Diese großen Männer haben Stücke von gleichem Wert geschrieben, aber keine besseren. Sie haben nichts komponiert, was dem leichten Ton dieser Kantilene auch nur annähernd gleichkäme. Sie ist wie die Arabesken Raffaels in den Logen des Vatikans. Um einen Rivalen für Rossini zu finden, müßte man die Partituren Paisiellos durchblättern.

Der Leser, der dieses Duett in Paris gehört hat, macht sich wahrscheinlich über meine Begeisterung lustig; ich mache ihn sogleich darauf aufmerksam, daß dieses Stück perfekt vorgetragen werden muß. Es muß unbedingt von einem Galli[7] gesungen werden. Wenn es den Sängern an der nötigen Leichtigkeit und Kühnheit fehlt, geht die Anmut ganz verloren.

Die Ballszene ist ein weiteres Meisterwerk. Ich weiß nicht, ob die würdevollen Herren, die mit der Leitung der *Opéra bouffon* betraut sind, es gewagt haben, das Pariser Publikum damit zu beehren, als sie eine überarbeitete Fassung des *Turco in Italia* auf die Bühne brachten.

Das Quintett

Oh! guardate che accidente,
Non conosco più mia moglie[8]

ist vielleicht das köstlichste Stück aus den komischen Opern Rossinis; die Einfachheit wetteifert hier mit der Ausdruckskraft. Man darf aber nicht ganz kaltblütig sein, um diese Art von Musik zu genießen, denn bekanntlich wirkt nichts so verletzend wie eine Fröhlichkeit, die zu teilen man sich nicht in der Lage fühlt; ein trauriger Mensch rächt sich gewöhnlich mit dem Ausruf: Platte Komik! oder: Eine Posse für Wanderbühnen!

Auch ohne daß ich es ausdrücklich erwähne, kann man sich leicht vorstellen, daß dieses neue Meisterwerk Rossinis bei den Mailändern nicht deswegen eine kalte Aufnahme fand, weil es zu fröhlich war. Sie waren vielmehr in ihrem Nationalstolz beleidigt. Sie behaupteten, Rossini habe sich selbst kopiert. Diese Freiheit könne er sich bei den Theatern der Kleinstädte gerne herausnehmen; aber für die Scala, das beste

Theater der Welt, sagten die guten Mailänder immer wieder in emphatischem Tonfall, hätte er sich die Mühe geben müssen, etwas Neues zu schaffen. Vier Jahre später wurde *Il Turco in Italia* in Mailand noch einmal gegeben und mit Begeisterung aufgenommen.

11. Kapitel

Rossini geht nach Neapel

Um das Jahr 1814 drang Rossinis Ruhm bis nach Neapel, wo man sich wunderte, daß es auf der Welt einen großen Komponisten geben könne, der nicht Neapolitaner sei. Der Direktor der Theater von Neapel war ein Herr Barbaja aus Mailand, ehemals Kellner in einem Kaffeehaus, der selbst bei Glücksspielen, vor allem dem Pharaon, einer Art Baccarat, einen guten Schnitt und als Pächter der öffentlichen Spiele ein Vermögen von mehreren Millionen gemacht hat. Herr Barbaja, der seine Bildung in Sachen Geschäft in Mailand im Milieu der französischen Lieferanten erworben hat, die im Gefolge der Armee alle halbe Jahre ein Vermögen machten und es wieder verloren, ist ein sicherer Blick nicht abzusprechen. Er sah auf der Stelle, an der Art, wie Rossini in der Welt ankam, daß dieser junge Komponist, ob gut oder schlecht, ob zu Recht oder zu Unrecht, in der Musik der kommende Mann war; er nahm die Postkutsche und suchte ihn in Bologna auf. Rossini, der gewohnt war, mit armen Teufeln von Impresari zu tun zu haben, die immer im Begriff waren, Bankrott zu machen, war erstaunt, daß ein Millionär zu ihm kam, der es wahrscheinlich unter seiner Würde fände, ihm zwanzig Zechinen zu stibitzen. Dieser Millionär machte ihm ein Angebot, das er auf der Stelle annahm. Später in Neapel unterschrieb Rossini einen mehrjährigen Vertrag. Er verpflichtete sich, für Herrn Barbaja jedes Jahr zwei neue Opern zu komponieren; er mußte darüber hinaus die Musik all der Opern arrangieren, die der Barbaja im großen Theater San Carlo in Neapel bzw. im zweitrangigen Theater del Fondo aufzuführen für angebracht hielt. Für all das bekam Rossini zwölftausend Francs pro Jahr und eine Gewinnbeteiligung an der Spielbank, die Herr Barbaja unverändert hielt, und die dem jungen Komponisten zwischen dreißig und vierzig Louis jedes Jahr einbrachte.

Die musikalische Leitung des San Carlo und des Theaters del Fondo, die Rossini so leicht auf sich nahm, erfordert immens viel Arbeit, handwerkliche Arbeit. Er war verpflichtet, je nach Umfang der Stimmen der Sängerinnen oder nach dem Kredit ihrer Beschützer ein unglaubliches Quantum Musik zu transponieren und anzugleichen. Das allein hätte genügt, um ein melancholisches, zartes Talent, das sich leicht aufregt, schnell welken zu lassen; Mozart wäre daran zugrunde gegangen. Mit seinem beherzten und fröhlichen Charakter steht Rossini aber über allen Hindernissen wie über allen Kritiken. Er sieht in einem Feind nie mehr als eine neue Gelegenheit, Witze zu machen, wenn man mir für einen Augenblick einen Stil auf dem Niveau dessen, wovon ich erzähle, gestattet.

Rossini nahm die ungeheure Arbeit, die ihm übertragen war, auf sich wie Figaro in seinem Barbier all die Aufträge übernimmt, die er von allen Seiten erhält. Er erledigte sie lachend und machte sich dabei über alle Welt lustig; das hat ihm viele Feinde eingebracht, der erbittertste ist im Jahre 1823 Herr Barbaja, dem er den üblen Streich gespielt hat, seine Geliebte zu heiraten. Dieses von Rossini unterschriebene Engagement ist erst 1822 zu Ende gegangen und hat sein Talent, sein Glück und seine wirtschaftliche Lage sein Leben lang entscheidend geprägt.

Immer noch im Glück debütierte Rossini (Ende 1815) in Neapel auf außerordentlich brillante Weise mit der ›Opera seria‹ *Elisabetta regina d'Inghilterra.*

Um die Erfolge unseres jungen Komponisten und vor allem die Sorgen zu verstehen, die er sich bei seiner Ankunft in dem liebenswürdigen Parthenope machte, müssen wir jedoch weit zurückgehen. In Neapel ist die einflußreiche Persönlichkeit ein großer Jäger, großer Ballspieler, unermüdlicher Kavalier, furchtloser Fischer; er ist ein durch und durch sinnlicher Mensch; er hat vielleicht nur eine Empfindung, die wahrscheinlich wiederum mit seinen physischen Gewohnheiten zusammenhängt: das ist die Liebe zu gewagten Unternehmungen. Im übrigen hat er weder für das Schlechte noch für das Gute ein Herz, er ist ein Wesen ohne jedwede moralische Sensibilität, wie dies dem echten Jäger geziemt. Man hat gesagt, er sei ein Geizhals, das ist eine Übertreibung; er haßt es, einem Bargeld in die Hand zu geben, unterschreibt aber, solange man will, Gutscheine, die man bei seinem Schatzmeister einlösen kann.

König Ferdinand hatte neun Jahre in Sizilien geschmachtet, wie gefangen inmitten von Leuten, die ihm von Parlament, Finanzen, Gleichgewicht der Mächte und anderen unverständlichen und widerwärtigen Dingen erzählten. Er kommt in Neapel an, und da fällt eine der schönsten Sachen seines geliebten Neapel, eine von denen, die er in der Ferne besonders schmerzlich vermißte, das prachtvolle Theater San Carlo, in einer Nacht dem Feuer zum Opfer. Man sagt, dieser Schicksalsschlag habe den Prinzen empfindlicher getroffen als der Verlust eines Königreichs oder zehn verlorene Schlachten. Als er noch ganz verzweifelt ist, kommt ein Mann zu ihm und sagt: »Sire, ich baue Ihnen dieses riesige Theater, das gerade durch Feuer zerstört wurde, in neun Monaten wieder auf, schöner als zuvor.« Herr Barbaja hat Wort gehalten. Als der König von Neapel das neue San Carlo betrat (12. Januar 1817), fühlte er sich das erste Mal seit zwölf Jahren so richtig als König. Von diesem Augenblick an war Herr Barbaja der erste Mann im Königreich. Dieser erste Mann im Königreich, Theaterdirektor und Glücksspielunternehmer, protegierte Mademoiselle Colbrand, seine erste Sängerin, die sich den ganzen Tag über ihn lustig machte und ihn folglich an der Kandare hatte. Mademoiselle Colbrand, heute Madame Rossini, war von 1806 bis 1815 eine der besten Sängerinnen Europas. Ab dem Jahre 1815 versagte ihre Stimme des öfteren: bei zweitrangigen Sängern nennt man das gewöhnlich *falsch singen*. Von 1816 bis 1822 hat Mademoiselle Colbrand normalerweise zu hoch oder zu tief gesungen und war, wie man so sagt, in allen Rollen *abscheulich*; in Neapel durfte man das aber nicht sagen. Trotz dieser unliebsamen Begleiterscheinung blieb Mademoiselle Colbrand erste Sängerin am Theater San Carlo und bekam laufend Beifall. Das ist meines Erachtens einer der Triumphe, die für den Despotismus noch am schmeichelhaftesten sind. Wenn das neapolitanische Volk, das lebhafteste und sensibelste der ganzen Welt, eine ausgesprochene Vorliebe hat, dann ist es zweifelsohne die Musik. Nun ja, fünf Jährchen lang, von 1816 bis 1822 wurde diesem begeisterten Volk bei seinem liebsten Vergnügen übel mitgespielt. Herr Barbaja stand unter der Fuchtel seiner Geliebten, die wiederum Rossini protegierte; er bezahlte in der Umgebung des Königs, wer bezahlt werden mußte; er wurde von diesem Prinzen geliebt, also mußte man seine Geliebte ertragen.

Zwanzigmal war ich im San Carlo. Mademoiselle Colbrand fing an, eine Arie zu singen; sie sang so falsch, daß es unmöglich war, dazubleiben. Ich sah, wie meine Nachbarn das Parkett verließen, gereizt, aber ohne ein Wort zu sagen. Wer möchte da noch leugnen, daß der Terror das Prinzip der despotischen Regierungsform ist und daß dieses Prinzip keine Wunder tut wie zum Beispiel das, zornige Neapolitaner zum Stillschweigen zu bringen! Ich folgte meinen Nachbarn, wir machten einen Spaziergang auf dem *Largo di Castello* und kehrten zwanzig Minuten später zurück, um zu sehen, ob wir nicht irgendein Duett oder ein Ensemblestück zu hören bekämen, in dem die unvermeidliche Schutzbefohlene des Herrn Barbaja und des Königs nicht gerade ihre prachtvolle, im Niedergang begriffene Stimme zum besten gab. Während der kurzen Zeit, in der es in Neapel 1821 eine konstitutionelle Monarchie gab, hat Mademoiselle Colbrand nicht gewagt, auf der Bühne zu erscheinen, ohne ihrem Auftritt die unterwürfigsten Entschuldigungen voranzuschicken; und das Publikum hat sich, um ihr übel mitzuspielen, damit amüsiert, Mademoiselle Chomel hochzuloben, die in Neapel *Comelli* heißt und von der man wußte, daß sie in jeder Hinsicht ihre Rivalin war.

12. Kapitel
Elisabetta

Als Rossini gegen Ende des Jahres 1815 in Neapel ankam und seine *Elisabetta* gab, war die Entwicklung allerdings noch nicht so weit gediehen; das Publikum war noch weit davon entfernt, Mademoiselle Colbrand zu verabscheuen; vielleicht war die berühmte Sängerin auch nie so schön wie in dieser Aufführung. Sie war eine äußerst eindrucksvolle Schönheit: kräftige Gesichtszüge, die auf der Bühne wunderbar wirken, eine prachtvolle Gestalt, feurige Augen wie eine Tscherkessin, dichtes Haar im schönsten Pechschwarz, und schließlich hatte sie auch noch einen tragischen Instinkt. Diese Frau, die, wenn sie nicht auf der Bühne steht, die Würde einer Modehändlerin hat, nötigt selbst den Leuten, die sich im Foyer gerade von ihr verabschiedet haben, unfreiwillig Respekt ab, sobald sie mit dem Diadem auf der Stirn erscheint.

Der Roman »Schloß Kenilworth« von Sir Walter Scott ist erst 1820 erschienen; er erspart mir nichtsdestotrotz eine fortlaufende Analyse der 1815 in Neapel uraufgeführten Oper Elisabetta. Welcher Leser erinnert sich nicht zuerst an den Charakter dieser berühmten Königin, bei der die Schwächen einer hübschen, nicht mehr ganz jungen Frau von Zeit zu Zeit ihre großen Qualitäten als Königin überschatten? Im Libretto wie im Roman steht Leicester, Elisabeths Geliebter, kurz davor, auf den Thron erhoben zu werden und die Hand dieser Prinzessin zu bekommen. Da er aber selbst in eine weniger gebieterische und liebenswürdigere Frau verliebt ist, die er im geheimen zu heiraten gewagt hat, hofft er, die Augen der eifersüchtigen und mit souveräner Macht ausgestatteten Liebe täuschen zu können. In der Oper heißt die Frau von Leicester nicht Amy Robsart, sondern Mathilde. Das Libretto ist die Übersetzung eines französischen Melodrams, die ein Herr Smith, ein in Neapel ansässiger Toskaner, besorgt hat.

Das erste Duett in Moll zwischen Leicester und seiner jungen Frau ist prachtvoll und sehr originell. *Elisabetta* war die erste Musik von Rossini, die man in Neapel zu hören bekam;

er hatte seine Berühmtheit im Norden Italiens erlangt, also wollte das neapolitanische Publikum ihn streng beurteilen; und man kann sagen, daß dieses erste Duett

Incauta! che festi?

über den Erfolg der ganzen Oper und des Maestro entschied.

Ein Höfling namens *Norfolk*, der hochgradig eifersüchtig ist auf die Gunst, die Leicester wegen der Liebe der Königin genießt, verrät ihr die heimliche Heirat des Mannes, den zu lieben er ihr aus Ehrgeiz zum Vorwurf macht. Er teilt ihr mit, daß ihr Liebling, der gerade erfolgreich aus dem Krieg gegen die Schotten zurückgekehrt ist und dessen triumphale Ankunft den Beginn des ersten Akts bildet, seine neue Frau, als junger Mann verkleidet, mitgebracht hat. Sie sei eine der schottischen Geiseln, die die Königin gerade zu ihren Pagen ernannt hat. Sie hat also gerade ihre Rivalin an ihren Hof gebunden. Dieser Augenblick der Wut und des tiefen Unglücks ist herrlich für die Musik. Der Ehrgeiz und die Liebe, die beide das Herz der Königin zerreißen, ringen grausam miteinander. Das Duett

Con qual fulmine improvviso
Mi percosse irato il cielo!

zwischen der Königin und Norfolk war in Paris ebenso erfolgreich wie in Neapel. Es ist sehr prachtvoll und leidenschaftlich, was den Ehrgeiz sehr gut zum Ausdruck bringt; aber die Liebe kommt hier nur als zornige Liebe vor.

Außer sich gibt die Königin dem Großmarschall ihres Hofes den Befehl, die Wachen zu versammeln und sie auf die schnelle Durchführung ihrer Befehle, wie auch immer sie ausfallen, vorzubereiten. Sie erteilt ihm zugleich den Auftrag, ihr alle schottischen Geiseln vorzuführen und Leicester zu rufen, den sie sofort sehen will. Nach diesen Befehlen, die sie in wenigen Worten rasch erteilt, bleibt Elisabeth allein. Man muß zugeben, daß Mademoiselle Colbrand in diesem Augenblick wunderbar war; sie machte keine einzige Geste, sie ging auf und ab, sie konnte nicht stillstehen in Erwartung der kommenden Szene und des Mannes, der sie verraten hatte;

aber man sah in ihren Augen, daß ein Wort genügte, um ihren treulosen Geliebten in den Tod zu schicken. Das sind Situationen, die zur Oper passen.

Schließlich tritt Leicester auf, die schottischen Geiseln kommen aber mit ihm näher. Mit zornigem Blick sucht Elisabeth unter den Pagen nach derjenigen, die sie hassen muß; bald schon errät sie an ihrer Aufregung, daß es Mathilde sein muß. Die Leidenschaft der Personen kommt darin zum Ausdruck, daß sie keine ganzen Sätze, sondern nur einzelne Wörter sagen können. Schließlich setzt der Gesang ein, das Finale des ersten Akts. Die Königin, die sich von ihrer ganzen Umgebung verraten sieht, sagt heimlich ein paar Worte zu einem Wachtposten; bald schon erscheint er wieder mit einem Kissen, das von einem Schleier bedeckt ist. Nach einem letzten, kurzen Blick auf Mathilde und Leicester schlägt Elisabeth den Schleier mit einer zornigen Bewegung zurück. Die Krone Englands ist auf dem Kissen zu sehen; sie bietet Leicester ihre Hand und die Krone an.

Dieser Augenblick ist prachtvoll. Der Effekt mit dem Schleier und dem Kissen, der in einer Tragödie vielleicht fehl am Platze wäre, ist in einer Oper, die das Auge ansprechen will, herrlich und wirkt großartig.

Elisabeth, die in ihrer Wut schwelgt, sagt zu sich selbst:

Qual colpo inaspettato
Che lor serbava il fato,
Il gelo della morte
Impallidir li fè.[1]

Leicester nimmt das Angebot der Königin nicht an, wie er sollte; wütend packt sie den jungen Pagen und zerrt ihn auf den vorderen Teil der Bühne; zu ihrem Liebhaber sagt sie: »Hier ist sie, die hinterhältige Frau, die dich zum Verräter gemacht hat.« Mathilde und ihr Mann stellen fest, daß sie entdeckt sind; in ihrer Verwirrung antworten sie nur mit einzelnen Wörtern. Die Königin ruft ihre Wachen. Der ganze Hof folgt den Wachen und bekommt nicht nur mit, wie Leicester in Ungnade fällt, sondern auch alle Einzelheiten des großen Ereignisses; demonstrativ fordern die Wachen das Schwert von ihm.

Ein schöneres Finale hätte die Musik nicht bieten können; diese göttliche Kunst kann nicht die Wut der Leidenschaften in der Politik ausmalen; dessenungeachtet bringt sie eher die Wut enttäuschter Liebe zum Ausdruck, wenn sie von Wut handelt. Hier passen Elisabeths an Wahnsinn grenzende Eifersucht, Leicesters tiefste Verzweiflung, die zärtliche und schmerzerfüllte Liebe seiner jungen Frau ausgezeichnet zur Musik. Es wäre leicht untertrieben zu sagen, daß diese Situation viel zu Rossinis Erfolg beigetragen hat. Bei der Uraufführung waren die Neapolitaner nachgerade trunken vor Glück. Mein Leben lang werde ich mich an diesen ersten Abend erinnern. Es war eine Gala bei Hofe. Ich stellte fest, daß die Loge der Prinzessin Belmonte, in der ich der ersten Vorstellung der *Elisabetta* beiwohnte, anfangs sehr zur Strenge gebenüber diesem fern von Neapel geborenen Maestro neigte, der noch dazu anderswo berühmt geworden war.

Wie gesagt, schon das erste Duett in Moll zwischen dem ehrgeizigen Leicester (Nozzari) und seiner jungen, als Page verkleideten Frau (Mademoiselle Dardanelli) wirkte entwaffnend auf alle Herzen. Der reizende Stil von Rossini machte die Verführung sehr schnell vollkommen. Man erlebte die großen Emotionen der *Opera seria*, und sie waren mit keinem Augenblick von Schwäche oder Langeweile erkauft.

Auch der Umstand, daß es ein Festtag war, nutzte dem Maestro. Nichts macht einen so aufgelegt zum Genuß des Glanzes, nichts läßt einsame Sorgen und Liebeskummer so meilenweit entfernt erscheinen wie die brillanten Zeremonien eines Festtages bei Hofe. Nun muß man aber zugeben, daß die Musik der *Elisabetta* sehr viel *prachtvoller* als pathetisch ist; jeden Moment veranstalten die Stimmen ein wahres Blaskonzert, als würden lauter Klarinetten spielen, und die schönsten Stücke sind denn auch Konzertmusik.

Aber wie weit entfernt von solch kalten Kritiken waren wir damals bei der ersten Aufführung! Wir waren entzückt. Das ist das richtige Wort.

Nachdem ich nun schon beim Finale des ersten Akts angelangt bin, stelle ich fest, daß ich die Ouvertüre vergessen habe. Sie war der erste Erfolg für das Stück. Ich erinnere mich noch, daß Herr M***, ein ausgezeichneter Musikkenner, zu uns in der Loge der Prinzessin Belmonte sagte: »Diese Ouvertüre ist dieselbe wie im *Aureliano in Palmira*, nur mit mehr Harmonie.« Danach hat sich herausgestellt, daß das ganz richtig war. Als Rossini ein Jahr später nach Rom ging, um den *Barbier von Sevilla* zu schreiben, benutzte er aus Faulheit dieselbe Ouvertüre noch ein drittes Mal. So kommt es, daß dieselbe Musik einmal die Kämpfe zwischen Liebe und Ehrgeiz in einer der erhabensten Seelen, von denen die Geschichte berichtet, ausdrückt und ein andermal die Tollheiten des Barbiers Figaro. Die kleinste Änderung im Tempo genügt, um der fröhlichsten Arie einen tief melancholischen Ton zu verleihen. Versuchen Sie, die Mozart-Arie: *Non più andrai farfallone amoroso*, ganz langsam zu singen . . .

Die Hauptmotive dieser Ouvertüre, die Rossini so oft verwendet hat, bilden auch den Schluß des ersten Finales der *Elisabetta*.

13. Kapitel

Fortsetzung der Elisabetia

Der zweite Akt beginnt mit einer wunderschönen Szene. Die schreckliche Elisabeth läßt die zitternde Mathilde durch ihre Wachen vorführen, um ihr die folgenden schicksalhaften Worte mitzuteilen:

T'inoltra, in me tu vedi
Il tuo giudice, o donna.

»Zu einem schändlichen Tod verdammt die Politik eine feindliche Frau, die es gewagt hat, sich in einer hinterhältigen Verkleidung an meinem Hof einzuschleichen. Noch regt sich Mitleid in meiner Seele. Unterschreibe, verzichte auf die vorgeblichen Rechte, die du auf das Herz des ehrgeizigen Leicester zu haben glaubst. Sieh deinen Irrtum ein.«

Dieses obligate Rezitativ ist herrlich. Bei der Premiere waren alle ergriffen.

Man muß Mademoiselle Colbrand in dieser Szene gesehen haben, um den Sturm der Begeisterung, den sie in Neapel entfachte, und all die Tollheiten zu verstehen, die damals um ihretwillen begangen wurden.

Ein Engländer, einer der Rivalen von Barbaja, hatte aus England sorgfältige Zeichnungen kommen lassen, aufgrund derer man die Kleidung der gestrengen Elisabeth mit letzter Genauigkeit nachmachen konnte. Diese Gewänder aus dem sechzehnten Jahrhundert paßten ausgezeichnet zu der Figur und den Gesichtszügen der schönen Colbrand. Alle Zuschauer kannten die Anekdote über die historische Richtigkeit des Kostüms; im Lichte dieser Reminiszenzen wirkte die erstaunliche Schönheit der Mademoiselle Colbrand nur noch imposanter. Nie hätte sich ein Leser, und sei er durch den Roman Kenilworth in seiner Phantasie noch so beflügelt worden, eine schönere und vor allem majestätischere Elisabeth vorstellen können. Im riesigen Saal des San Carlo gab es wahrscheinlich keinen einzigen Mann, der nicht freudig gestorben wäre, um einen Blick von dieser schönen Königin zu erhaschen.

In der Rolle der Elisabeth machte Mademoiselle Colbrand keinerlei Gesten, sie hatte nichts Theatralisches an sich, nichts von dem, was der Pöbel *Posen* oder *tragischen Ausdruck* nennt. Ihre ungeheure Machtfülle, die bedeutenden Ereignisse, die sie mit einem Wort aus ihrem Mund heraufbeschwören kann, all das spiegelte sich in den furchterregenden Momenten in diesen schönen, spanischen Augen wider. Es war der Blick einer Königin, die sich in ihrer Wut nur deswegen zurückhält, weil sie noch einen Funken Ehrgeiz im Leibe hat: Sie war der Inbegriff einer noch schönen Frau, die es schon seit langem gewöhnt ist, daß die kleinste Willensäußerung befolgt wird.[1]

Wenn man Mademoiselle Colbrand sah, wie sie mit Mathilde sprach, fühlte man so richtig, daß diese wunderbare Frau seit zwanzig Jahren eine absolute Herrscherin ist. Diese *Altehrwürdigkeit* der Gewohnheiten, die die höchste Macht bindend macht, das Fehlen jedweden Zweifels an der Ergebenheit, mit der jede ihrer Launen befolgt wird, war der Grundzug dessen, wie die große Schauspielerin diese Rolle spielte: All das war daran abzulesen, wie ruhig sich die Königin bewegte. Die wenigen Bewegungen, die sie vollführte, waren unfreiwillige Anzeichen des Kampfs der Leidenschaften, der in ihrer Seele tobt; keine entsprang der Absicht, sich Gehorsam zu verschaffen.

Unsere größten tragischen Schauspieler, ja sogar Talma höchstpersönlich, sind nicht frei von starken und gebieterischen Gesten, wenn sie Tyrannen spielen. Vielleicht sind diese gebieterischen Gesten, diese Art von tragischer Prahlerei eine Forderung, die ein Parkett mit seinem schlechten Geschmack erhebt, wie dasjenige, das über das Los unserer Tragödien entscheidet; sie sind aber nicht weniger absurd, weil sie beklatscht werden. Ein absoluter König ist derjenige Mensch, der mit den wenigsten Gesten auskommt;[2] er braucht sie gar nicht. Seit jeher ist er daran gewöhnt, daß schon die geringste seiner Gesten blitzschnell befolgt und sein Wille ausgeführt wird.

Die wundervolle Szene, in der Mademoiselle Colbrand eine so große Tragödin war, endet mit einem Duett zwischen der Königin und Mathilde

Pensa che sol per poco
Sospendo l'ira mia,

das bald zum Terzett wird, weil Leicester dazukommt.

Man hat uns erzählt, es sei Rossinis Einfall gewesen, Leicester zwischen den beiden Frauen auftreten zu lassen, von denen die eine ihre Wut kaum bändigen kann und die andere, das sechzehnjährige Mädchen, das aufrichtig liebt, aus lauter Verzweiflung ungeahnte Energien aufbringt. Man kann sagen, daß dieser Einfall für ein Opernlibretto genial ist.

Nach diesem wundervollen Terzett wurden zwei Arien gesungen, die eine von Norfolk (Garcia), die andere von Leicester (Nozzari); sie sind gut komponiert. Daß sie gut gesungen waren, kann man wohl sagen, nachdem zwei rivalisierende Tenöre bei einer feierlichen Gelegenheit erfolgreich vor all dem aufgetreten sind, was Neapel an Persönlichkeiten und besonders anspruchsvollen Musikkennern zu bieten hatte. Dennoch schienen sie von der Komposition her ein wenig in die Rubrik Gemeinplatz zu fallen und nicht auf der Höhe des Rests der Oper zu sein.

Leicester wird ins Gefängnis geworfen und von den englischen Gerichten zum Tode verurteilt. Ein paar Augenblicke vor der Hinrichtung kann Elisabeth dem Wunsch nicht widerstehen, den einzigen Mann wiederzusehen, dem es je gelungen ist, zärtliche Gefühle in ihrem Herzen zu wecken, das ansonsten dem Ehrgeiz und dem düsteren Genuß der Macht vorbehalten war. Sie taucht bei Leicester im Gefängnis auf. Der Verräter Norfolk war vor ihr da und versteckt sich bei ihrer Ankunft hinter einer Säule im Gefängnis. Die beiden Liebenden haben eine Auseinandersetzung. Sie erkennen, daß Norfolk Leicester ins Verderben stürzen wollte. Norfolk, der sich entdeckt wähnt und keine Hoffnung auf Vergebung haben kann, stürzt sich mit einem Dolch in der Hand auf Elisabeth. Mathilde, Leicesters junge Frau, die ihm gerade eben ein letztes Lebewohl gesagt hatte, kann die Königin glücklicherweise noch retten durch einen Schrei, der sie vor der Gefahr warnt.

Schon halb überzeugt durch ihre Unterhaltung mit Leicester vergibt Elisabeth den Liebenden, und Rossini revanchiert sich für die zwei vielleicht etwas schwächeren Arien zuvor mit einem der wundervollsten Finales, das er vielleicht je geschrieben hat.

Durch den Ausruf der Königin

Bell'alme generose,

steigerten sich die Beifallsstürme des Publikums bis hin zum Wahnsinn. Wir brauchten fünfzehn Vorstellungen, bis wir dieses herrliche Stück mit kritischer Distanz betrachten konnten.

Elisabeth vergibt Leicester und Mathilde; hier ihre Worte:

Bell'alme generose,
A questo sen venite:
Vivete, ormai gioite
Siate felici ognor.[3]

Als wir endlich wieder einen klaren Kopf hatten, um unsere Eindrücke zu analysieren, fanden wir, daß dieser Gesang so süß und ruhig war wie die Ruhe nach dem Sturm. Im übrigen hat Rossini, glaube ich, in diesen zwanzig bis dreißig Takten alle Fehler seines Stils vereinigt. Der Hauptgesang erstickt unter einer Sintflut von deplazierten Verzierungen und Rouladen, bei denen man den Eindruck hat, als seien sie für Blasinstrumente geschrieben worden und nicht für eine menschliche Stimme.

Man darf aber nicht ungerecht sein, Rossini war gerade erst in Neapel angekommen; er wollte Anklang finden, er mußte es sich angelegen sein lassen, der Primadonna zu gefallen, weil sie den Direktor Barbaja an der Kandare hatte. Und Mademoiselle Colbrand hat noch nie etwas Pathetisches gehabt; ihre Begabung war eher prunkvoller Natur wie sie selbst; sie war eine Königin, sie war Elisabeth, aber eine Elisabeth, die von ihrem Thron aus Befehle erteilt und nicht großzügig vergibt.

Wenn Rossinis Genie ihm die Neigung zum Pathetischen eingegeben hätte, was ich nicht im entferntesten zugestehen würde, dann hätte er dieser Neigung nicht nachgeben dürfen, weil die Stimme der berühmten Sängerin, der er die Rolle der Elisabeth anvertraute, dazu überhaupt nicht geeignet war.

In dem Stück *bell'alme generose* versammelte Rossini durch einen ganz einfachen Kunstgriff alle irgendwie gearteten Verzierungen, die Mademoiselle Colbrand gut ausführte. Die Partitur liest sich wie ein Verzeichnis der wirklichen Kunstmittel, über die diese schöne Stimme verfügte; daran kann man ablesen, was musikalische Perfektion ist. Diese Agréments waren so überlegen gemacht, daß wir trotz ihrer ins Auge springenden Absurdität erst nach fünfzehn bis zwanzig Vorstellungen in der Lage waren festzustellen, daß sie deplaziert sind.

Rossini, der sich nicht kurz fassen kann, antwortete uns auf unsere Kritik: »Elisabeth bleibt Königin, auch im Vergeben. In einem so stolzen Herzen ist die großmütige Vergebung nur scheinbar großmütig, sondern nur ein Akt der Politik. Wo gibt es denn die Frau – sie braucht gar keine Königin zu sein –, die die Beleidigung vergeben kann, daß eine andere Frau ihr vorgezogen wurde?«

Daraufhin waren die alten *dilettanti* verärgert: »Eurer ganzen Musik fehlt das Pathetische«, sagten sie, »sie ist nur prachtvoll wie das Talent Eurer ersten Sängerin. In der Rolle der Mathilde müßte die Musik tief zärtlich sein, und ihr habt nur den Anfang des Terzetts

Pensa che sol per poco,

das noch dazu eher so einfach ist wie ein Notturno als zärtlich wie eine Arie der Leidenschaft; aber die Seele kann sich dabei wenigstens von dem ganzen Prunk um sie herum erholen, und so kommen vier Fünftel des Vergnügens an diesem Terzett aus dem Kontrast. Gebt freimütig zu, daß ihr den Ausdruck und die dramatische Situation den Verzierungen der Colbrand geopfert habt.« »*Ich habe dem Erfolg gehuldigt*«, antwortete Rossini stolz, was sehr gut zu ihm paßte. Der liebenswürdige Bischof von T ... kam ihm zu Hilfe. In Rom, so rief er aus, sagte Scipio, als das Volk ihn angeklagt hatte, seinen Feinden ganz lapidar: »Römer, auf den Tag genau vor zehn Jahren habe ich Karthago zerstört; gehen wir zum Kapitol und huldigen wir den unsterblichen Göttern.«

Ganz sicher war die Wirkung der *Elisabetta* beachtlich. Obwohl sie bei weitem nicht so gut ist wie beispielsweise der

Otello, gibt es in dieser Oper auch vieles von herrlicher und mitreißender Frische.

Nachdem die Begeisterung des Augenblicks verflogen ist, würde ich heute kritisieren, daß sowohl die Rolle des Norfolk als auch die des Leicester für Tenorstimme geschrieben sind. Rossini hätte auf diesen Vorwurf geantwortet: »Ich hatte zwei Tenöre und keinen Baß für die Rolle des Verräters Norfolk.« In Wahrheit hat man vor Rossini in der *Opera seria* bedeutende Rollen nie an Baßstimmen gegeben. Dieser Maestro ist überhaupt der erste, der schwierige Partien in Opern *di mezzo carattere* für diese Stimmlage geschrieben hat, wie zum Beispiel in der *Cenerentola*, der *Gazza ladra*, *Torvaldo e Dorliska* usw.; so kann man durchaus sagen, daß seine Musik der Geburtshelfer so berühmter Sänger wie Lablache, Zuchelli, Galli, Remorini und Ambrosi war.

14. Kapitel

Weitere Rossini-Opern in Neapel

Mademoiselle Colbrand sang in ein und demselben Jahr die *Elisabetta* von Rossini, die *Gabrielle de Vergy* von Caraffa, die *Cora* und die *Medea* von Mayr, und all das erhaben und mit einer unglaublichen Stimmgewandtheit. San Carlo bot damals die schönsten Opernaufführungen, die sich der leidenschaftlichste und anspruchsvollste Musikliebhaber nur wünschen kann; neben Mademoiselle Colbrand sangen Davide Sohn, Nozzari, Garcia und Siboni. Aber dieser schöne Augenblick war nur von kurzer Dauer; bereits im darauffolgenden Jahr, 1816, wurde Mademoiselle Colbrands Stimme schwächer, und man beglückwünschte sich schon, wenn sie eine Arie wenigstens fehlerlos sang. Allein schon die Angst, daß gleich eine falsche Note kommen könnte, nahm der Sache ihren Reiz; so ist es denn auch selbst in der Musik so, daß man, um glücklich zu sein, nicht aufs prüfende Beobachten beschränkt sein darf. Das ist es, was die Franzosen immer nicht verstehen wollen; ihr Kunstgenuß besteht darin, über die Musik zu urteilen.

Man wartete auf die ersten Takte der Arie von Mademoiselle Colbrand; wenn man feststellte, daß sie diesmal falsch sang, traf man für sich die Entscheidung, ihr nicht zuzuhören, man unterhielt sich oder ging ins Café, ein Eis essen. Nach ein paar Monaten war das Publikum der Spaziergänge überdrüssig und sagte laut, die arme Colbrand sei gealtert; es nahm an, man würde es von ihr erlösen. Da man keine Eile zu haben schien, fing es an, seinen Unmut lauter kundzutun. Gegen die Protektion, die die Colbrand genoß, kam es damit aber nicht an; deren Wirkungen bekam ein Volk in ihrer ganzen Härte zu spüren, dem man mit seinem letzten Vergnügen auch den Gegenstand seines Stolzes nahm, mit dem es sich Fremden gegenüber immerzu brüstet. Das Publikum tat auf tausend verschiedene Weisen seine tiefe Unzufriedenheit kund; an allen Ecken und Enden spürte man die grenzenlose Macht, die wie mit eiserner Hand den Unmut des lautesten

Volkes der Welt unterdrückte. Diese Gefälligkeit des Königs gegenüber seinem Herrn Barbaja hat ihm mehr Herzen entfremdet als alle möglichen Akte des Despotismus gegenüber einem Volk, das vielleicht erst in hundert Jahren der Freiheit würdig sein wird.

Im Jahre 1820 brauchte man den Einwohnern von Neapel, um ihnen eine echte Freude zu bereiten, nicht etwa die spanische Verfassung zu geben, sondern man mußte ihnen Mademoiselle Colbrand nehmen.

Rossini hütete sich, sich in alle Intrigen von Barbaja verwickeln zu lassen. Man merkte bald, daß er von seinem Charakter her ein Mensch war, dem nichts ferner lag als zu intrigieren, und vor allem, daß es ihm an der nötigen Beharrlichkeit fehlte. Da er aber von Herrn Barbaja nach Neapel geholt worden war und mit Mademoiselle Colbrand eine Liebesbeziehung hatte, ließen ihn die Neapolitaner ihren Ärger spüren. So hatte das Publikum von Neapel, das immer noch von Rossinis Talent begeistert war, immer am ehesten Lust gehabt, ihn auszupfeifen. Er konnte sich seinerseits nicht mehr auf die Stimme von Mademoiselle Colbrand verlassen; deswegen hat er sich mehr und mehr auf die deutsche Harmonie verlegt und sich vor allem immer weiter von dem *wirklich dramatischen Ausdruck* entfernt. Mademoiselle Colbrand war ihm ununterbrochen auf den Fersen, damit er in ihre Arien die Verzierungen schrieb, die sie gewohnt war.

Man sieht, durch welche fatale Kette von Umständen die Musik des armen Rossini manchmal den Anschein der Pedanterie bekommt. Er ist ein großer komischer Dichter, den man zur Gelehrsamkeit ebenso gezwungen hat wie zur gelehrsamen Behandlung trauriger und ernsthafter Themen. Man stelle sich Voltaire vor, wie er, um seinen Lebensunterhalt zu verdienen, die Geschichte der Juden im Tonfall von Bossuet schreiben muß!

Manchmal ist Rossini ein Deutscher gewesen, aber ein liebenswürdiger Deutscher mit der Glut der Leidenschaft.[1]

Nach der *Elisabetta* fuhr er geradewegs nach Rom, wo er noch im selben Karneval (1816) *Torvaldo e Dorliska* und den *Barbier* gab; dann war er wieder in Neapel und ließ die *Gazzetta* spielen, eine kleine *Opera buffa*, ein halber Erfolg, und danach den *Otello* im *Teatro del Fondo*. Nach dem *Otello* ging er für die *Cenerentola* nach Rom und reiste für die *Gazza ladra* nach Mailand. Kaum war er zurück in Neapel, gab er auch schon die *Armida*.

Am Tag der Erstaufführung bestrafte ihn das Publikum für die unsichere Stimme der Mademoiselle Colbrand, so daß die *Armida* trotz des wundervollen Duetts nur wenig erfolgreich war. Lebhaft angestachelt von der Kälte, mit der man ihm begegnete, suchte Rossini einen Erfolg zu erringen ohne die Stimme von Mademoiselle Colbrand; wie die Deutschen griff er auf sein Orchester zurück und machte so aus der Neben- die Hauptsache. Er revanchierte sich vollständig für den Mißerfolg der *Armida* mit dem *Mosè*. Der Erfolg war außerordentlich groß. Von diesem Augenblick an war Rossinis Geschmack verfälscht. Spielend schrieb er leichte und geistreiche *Harmonien*. Im Gegensatz dazu bereitete es ihm nach zwanzig Opern einige Mühe, neue Kantilenen zu erfinden. Die äußeren Umstände und seine Faulheit waren der Beweggrund dafür, daß er die deutsche Art zu komponieren übernahm. Auf den *Mosè* folgten unverzüglich *Ricciardo e Zoraïde*, *Ermione*, *La donna del lago* und der *Maometto secondo*. All diese Opern wurden in den Himmel gehoben, mit Ausnahme der *Ermione*, die ein Versuch war. Zur Abwechslung hatte Rossini sich dem Deklamatorischen zugewandt, das die Franzosen von Gluck kennen. Musik ohne sinnliches Vergnügen für das Ohr war aber nicht dazu angetan, den Neapolitanern sehr zu gefallen. Im übrigen ärgerten sich in der *Ermione* immerzu alle Personen; sie hatte nur eine Couleur der Leidenschaft zu bieten, den Zorn. Die Wut ist in der Musik aber nur als Kontrast gut. Ein neapolitanisches Axiom besagt, daß der zärtlichen Arie des Mündels der Zorn des Vormunds vorangehen muß.

Bei den letzten Opern, die ich gerade aufgezählt habe, konnte Rossini auf gutes Material zurückgreifen, auf den wundervollen Alt von Mademoiselle Pisaroni, einer entschieden erstklassigen Sängerin.

Die Männer, für die er schrieb, waren Garcia, Davide Sohn und Nozzari, drei Tenöre: Davide, der erste Tenor überhaupt, dessen Gesang genial ist, er improvisiert am laufenden

Band und täuscht sich manchmal; Garcia ist bekannt für seine erstaunliche Sicherheit; und schließlich Nozzari, der Mann mit der am wenigsten schönen Stimme von den dreien, aber nichtsdestotrotz einer der besten Sänger Europas.

15. Kapitel
Torvaldo e Dorliska

Nach dem glänzenden Erfolg der *Elisabetta* wurde Rossini für den Karneval des Jahres 1816 nach Rom gerufen; dort komponierte er im Theater Valle eine ziemlich mittelmäßige *Opera semiseria, Torvaldo e Dorliska*, und für das Theater Argentina sein Meisterwerk, den *Barbier von Sevilla*. Rossini schrieb den *Torvaldo* 1816 für die beiden ersten Baßstimmen Italiens, Galli und Remorini; Lablache und Zuchelli waren noch ziemlich unbekannt. Als Tenor hatte er den damals ausgezeichneten und vor allem sehr leidenschaftlichen Domenico Donizelli.

Es gibt in dieser Oper einen Aufschrei der Leidenschaft in der großen Arie der Dorliska,

Ah! Torvaldo!
Dove sei?

der, wenn er kühn und mit Hingabe gesungen wird, immer sehr stark wirkt. Der Rest dieser Arie, ein Terzett zwischen dem Tyrannen, dem Geliebten und einem komischen Pförtner:

Ah! qual raggio di speranza!

und überhaupt die ganze Oper würden einem gewöhnlichen Maestro zur Ehre gereichen, war aber kein besonderer Beitrag zu Rossinis Ruhm. Es ist wie ein schlechter Roman von Walter Scott, dem Rivalen des Maestro aus Pesaro in Sachen Ruhm. Sicher hätte ein unbekannter Schriftsteller, wenn er den *Piraten* oder den *Abbé* geschrieben hätte, damit sofort die höheren Ränge der Literatur erklommen. Der große Meister unterscheidet sich von ihm durch die Kühnheit der Schilderung, den saloppen Umgang mit Einzelheiten, die grandiose Durchführung; er versteht es, die Aufmerksamkeit voll und ganz auf das Wichtige zu lenken. Walter Scott wiederholt ein und dasselbe Wort dreimal in einem Satz, wie Rossini dieselbe Passage einer Melodie nacheinander von der Klarinette, der Geige und der Oboe spielen läßt.

Ich mag lieber eine Skizze von Correggio als ein großes, sorgfältig gemaltes Gemälde von Charles Lebrun oder einem anderen unserer großen Maler.

Der Tyrann in der Oper *Dorliska* ist von eintöniger Dummheit und soll doch im erhabenen Stil erscheinen, auch fehlt es den Personen vollkommen an Originalität und Individualität; so kommt mir das Ganze wie die Übersetzung eines Boulevard-Melodramas vor. Der Tyrann singt ein wunderbares *agitato*; es ist eine der schönsten Arien für eine Baßstimme; Lablache und Galli versäumen es denn auch kaum je, sie in ihren Konzerten zu singen. Um diejenigen Leser, die diese Arie vielleicht nicht kennen, zu trösten, kann ich ihnen mitteilen, daß sie nichts anderes ist als das berühmte Brief-Duett im zweiten Akt des Otello,

Non m'inganno, al mio rivale.

16. Kapitel

Der Barbier von Sevilla

Als Rossini im Theater Argentina in Rom ankam, machte die Polizei dem Impresario Kummer; unter dem Vorwand, sie enthielten Anspielungen, verbot sie alle Libretti. Wenn ein Volk geistreich und unzufrieden ist, wird alles zur Anspielung.[1] In einer launigen Stimmung schlug der römische Impresario dem Gouverneur von Rom den *Barbier von Sevilla* vor, ein sehr hübsches Libretto, zu dem Paisiello einst die Musik geschrieben hatte. Der Gouverneur war es an diesem Tag leid, von Sitte und Anstand zu reden, und akzeptierte den Vorschlag. Durch dieses Ja geriet Rossini in eine äußerst peinliche Lage; er ist nämlich zu geistreich, um dem wahren Verdienst gegenüber nicht bescheiden zu sein. Also schrieb er eilends einen Brief an Paisiello in Neapel. Der alte Maestro, der zur Prahlerei neigte und vor lauter Eifersucht auf den Erfolg der *Elisabetta* in den letzten Zügen lag, antwortete ihm sehr höflich, er sei erfreut über die Wahl, die die päpstliche Polizei getroffen habe. Er rechnete offensichtlich damit, daß die Oper mit Pauken und Trompeten durchfallen werde.

Rossini schrieb ein sehr bescheidenes Vorwort zum eigentlichen Libretto, zeigte Paisiellos Brief allen *dilettanti* von Rom, und machte sich an die Arbeit. In dreizehn Tagen war die Musik des *Barbier* fertig. Rossini, der in dem Glauben war, er arbeite für die Römer, hatte gerade das Meisterwerk der *französischen Musik* geschaffen, wenn man darunter eine Musik versteht, die dem Charakter der heutigen Franzosen auf den Leib geschrieben und dazu angetan ist, diesem Volk so gut wie möglich zu gefallen, solange noch kein Bürgerkrieg seinen Charakter verändert hat.

Rossinis Sänger waren Madame Giorgi in der Rolle der Rosina, Garcia in der des Almaviva; Zamboni spielte den Figaro und Botticelli den Doktor Bartolo. Das Stück wurde am 26. Dezember 1816[2] im Theater Argentina uraufgeführt. (Es ist der Tag, an dem die Karneval-*stagione* in Italien beginnt.)

Die Römer fanden den Anfang der Oper langweilig und sehr viel schlechter als den von Paisiello. Sie suchten vergeblich nach dessen unnachahmlich naiver Anmut und jenem Stil, der ein Wunder an Schlichtheit ist. Die Arie der Rosina *sono docile* schien aus dem Rahmen zu fallen; man sagte, der junge Maestro habe aus einer Naiven ein Mannweib gemacht. Besser werde das Stück dann beim Duett zwischen Rosina und Figaro, das von bewunderswerter Leichtigkeit und ein Höhepunkt von Rossinis Stil ist. Die Arie der *Calunnia* hielt man für prachtvoll und originell; 1816 verstanden die Römer noch nichts von Mozart.

Nach der großen Arie von Basilio vermißte man unentwegt und noch schmerzlicher die naive und manchmal ausdrucksstarke Anmut Paisiellos. Schließlich verlangten die Zuschauer, gelangweilt von der gewöhnlichen Musik zu Beginn des zweiten Akts und entrüstet über den völligen Mangel an Ausdruckskraft: Vorhang zu! – was dann auch geschah. Von seiten des römischen Publikums, das auf seine musikalischen Kenntnisse so stolz ist, war dies ein Akt der Arroganz, der aber, wie so oft, auch ein Akt der Dummheit war. Bei der nächsten Vorstellung am folgenden Tag wurde das Stück in den Himmel gehoben; man wollte durchaus festgestellt haben, daß Rossini zwar nicht die Vorzüge von Paisiello hat, aber auch nicht die Mattheit seines Stils, ein schrecklicher Fehler, der den Spaß an den übrigen ziemlich ähnlichen Werken von Paisiello und Guide verdirbt. Seitdem der alte Meister geschrieben hat – die letzten zwanzig bis dreißig Jahre – und seitdem das römische Publikum in der Oper weniger Konversation macht, kommt es vor, daß es sich bei den ellenlangen Rezitativen langweilt, die bei den Opern des Jahres 1780 zwischen den Musikstücken zu hören sind. Das ist so, als würde sich bei uns in dreißig Jahren das Parkett dazu durchringen, die ellenlangen Entreakte unserer heutigen Tragödien für unverständlich zu befinden, weil man Mittel und Wege gefunden hat, die Pausen amüsant zu gestalten, mit Stücken für zwei oder drei Orgeln, die sich gegenseitig hochschaukeln[3], mit physikalischen Experimenten oder dem Lottospiel. Zu welcher Perfektion auch immer wir es in allen Künsten gebracht haben, wir müssen gewärtig sein, daß die

Nachwelt die Unverschämtheit besitzt, auch etwas zu erfinden.

Die Ouvertüre des *Barbier* fand man in Rom sehr amüsant; man hörte das Schelten des alten, verliebten und eifersüchtigen Vormunds ebenso heraus wie die Klagen des Mündels, bzw. man glaubte, es herauszuhören. Das kleine Terzett

Piano, pianissimo

aus dem zweiten Akt wurde in den Himmel gehoben. »Aber das ist keine große Musik«, sagte die Partei, die gegen Rossini war, »das ist amüsant, rhythmisch, aber ohne Ausdruck. Was! Rosina lernt einen treuen und zärtlichen Almaviva kennen statt des Verbrechers, als den man ihn ihr geschildert hatte, und mit unbedeutenden Rouladen gibt sie vor, uns an ihrem Glück Anteil nehmen lassen zu wollen!«

Di sorpresa, di contento
Son vicina a delirar.

Nun ja, diese so einzigartig gut zu den Worten passenden Rouladen, die auch noch am zweiten Abend fast noch dazu geführt hätten, daß das Stück durchgefallen wäre, waren in Paris sehr erfolgreich; dort liebt man eben die Galanterie und nicht die Liebe. Die Zeit des *Barbier*, bei der man die Musik und vor allem auch den Text so leicht versteht, war diejenige, in der viele Menschen von der einen zur anderen Musik überwechselten. Er wurde am 23. September 1819 gegeben; der endgültige Sieg über die Pedanten, die Paisiello als den *alten Meister* verteidigten, datiert aber erst vom Januar 1820. (Vgl. *La Renommée*, eine liberale Zeitung von damals.) Ich zweifle nicht daran, daß einige mir den Vorwurf machen, ich halte mich hier mit Gemeinplätzen auf, über die zu sprechen es nicht lohnt; ich bitte Sie, die Zeitungen von damals und sogar noch von jetzt nachzulesen, Sie werden sie ganz schön absurd finden, obwohl das Publikum in den letzten vier Jahren sehr große Fortschritte gemacht hat.

Auch die Musik hat seit Paisiellos Zeiten einen Riesenschritt nach vorn gemacht; sie hat die langweiligen Rezitative hinter sich gelassen und die *Ensemblestücke* neu hinzugewonnen. Es ist lächerlich, sagen die armen, gefühllosen Menschen, zu fünft oder zu sechst auf einmal zu singen. – Ihr habt ja so recht; es ist sogar schon vollkommen absurd, zu zweit zu singen; denn wann kommt es schon vor, daß selbst in der größten Hitze der Leidenschaft zwei eine längere Zeit über zugleich reden? Ganz im Gegenteil, je stärker einen die Leidenschaft bewegt, um so mehr achten wir auf das, was die Person sagt, die wir überzeugen wollen. Schaut euch die Wilden[4] und die Türken an, die nicht als besonders lebhaft und geistreich gelten wollen. Nichts ist vernünftiger als diese Überlegung. Haltet ihr sie nicht auch für perfekt? Nun ja, die Erfahrung zeigt, daß sie von A bis Z falsch ist. Nichts ist angenehmer als die Duette. Also, ihr armen, ehrenwerten Literaten, die ihr eure scharfsinnige Dialektik bemüht, um Kunstformen zu beurteilen, von denen ihr keine Ahnung habt, schreibt doch eine Seminararbeit, um zu beweisen, daß Cicero amüsant ist und daß Herr Scoppa endlich den wahren Rhythmus der französischen Sprache und die Kunst, schöne Verse zu schmieden, gefunden hat.

Die Lebhaftigkeit und das Crescendo der Ensembles vertreibt die Langeweile und weckt diese armen, *soliden* Menschen etwas auf, die die Mode unerbittlich in den Saal des Louvois treibt.[5]

In seinem Kampf gegen eines der Genies in der Musik, den er im *Barbier* geführt hat, war Rossini entweder aus Zufall oder aus Überlegung so klug, ganz sich selbst treu zu bleiben.

Wenn uns jemals die Neugier packen sollte, Rossinis Stil ganz aus der Nähe kennenlernen zu wollen, gleichgültig, ob es unserem Vergnügen dienlich ist oder nicht, dann müssen wir ihn im *Barbier* suchen. Einer der bedeutendsten Züge dieses Stils kommt darin erstaunlich glänzend zum Vorschein. Rossini, der so gut Finales, Ensemblestücke und Duette schreiben kann, komponiert schwache und nur hübsche Arien, wenn die Leidenschaft in aller Schlichtheit geschildert werden soll. Einen Gesang zu schreiben, der *spianato* ist, fällt ihm schwer.

Wenn Cimarosa die Musik des *Barbier* geschrieben hätte, wäre sie nach Ansicht der Römer vielleicht etwas weniger lebhaft, etwas weniger brillant, aber dafür sehr viel komischer und ausdrucksvoller ausgefallen. Waren Sie beim Militär? Haben Sie die Welt bereist? Ist es Ihnen schon passiert, daß Sie plötzlich in Baden-Baden eine reizende Geliebte wiedergetroffen haben, die Sie zehn Jahre zuvor in Dresden oder Bayreuth angebetet hatten? Der erste Augenblick ist wunderbar; aber am dritten oder vierten Tag stellen Sie fest, daß Ihnen die Wonnen, die glühende Verehrung, die Süße zu viel werden. Über der grenzenlosen Hingabe dieser hübschen, guten Deutschen vermissen Sie schmerzlich, vielleicht sogar ohne daß Sie es sich selbst eingestehen, die pikanten Seiten und Kapricen einer schönen Italienerin mit all ihrer Arroganz und ihren Verrücktheiten. Das ist genau der Eindruck, den die bewunderungswürdige Musik des *Matrimonio segreto* gerade auf mich gemacht hat anläßlich der Wiederaufnahme dieser Oper in Paris zu Ehren von Mademoiselle de Meri. Als ich am ersten Tag aus dem Theater kam, sah ich in Rossini nur einen Pygmäen. Ich weiß noch, wie ich zu mir sagte: Man soll nicht vorschnell urteilen und Entscheidungen fällen, ich bin noch ganz dem Reiz verfallen. Gestern (19. August 1823), als ich aus der vierten Vorstellung des *Matrimonio* hinausging, war der Obelisk, das Symbol von Rossinis Ruhm, schon ganz hoch. Daß es im zweiten Akt des *Matrimonio* keinerlei Dissonanzen gibt, macht sich schmerzlich bemerkbar. Ich finde, die Verzweiflung und das Unglück sind da mit Rosenwasser dargestellt. Seit dem Jahre 1793[6] haben wir Fortschritte in Sachen Unglück gemacht. Das große Quartett im ersten Akt,

Che triste silenzio!

kommt einem lang vor; kurzum, Cimarosa hat mehr Einfälle als Rossini und vor allem bessere, aber Rossini hat den besseren Stil.

Es ist wie in der Liebe: Einer zärtlichen Deutschen fehlt das gewisse Etwas der italienischen Kapricen. Umgekehrt fehlt in der Musik den herrlich süßen und anmutigen Reizen der italienischen Melodie das Pikante der Dissonanzen und des enharmonischen Genres. Erinnern Sie sich an das *ti maledico* im zweiten Akt des *Otello*? Müßte es im *Matrimonio* nicht etwas von der Art geben, wenn der alte, in den Adel vernarrte Händler Geronimo entdeckt, daß seine Tochter einen Kommis geheiratet hat? Ein *dilettante*, dem ich dieses Kapitel über den *Barbier* vorgelegt habe, damit er meine Tatsachen-Irrtümer korrigiert, in die ich so oft verfalle wie der gen Himmel blickende Astrologe bei La Fontaine in den Brunnen fällt, sagte zu mir: »Ist das die Analyse des *Barbiers*, die Sie uns versprochen haben? Das ist doch nur Schlagsahne. Ich kann mir an diesen filigranen Sätzen nicht zu schaffen machen. Machen Sie sich doch erst einmal ernsthaft an die Arbeit, schlagen wir die Partitur auf, ich werde Ihnen die wichtigsten Arien vorspielen; machen Sie eine bündige und vernünftige Analyse.«

Man spürt sehr wohl, daß im Herzen der Personen, die das Ständchen singen, welches die Introduktion ist, Rossini mit Paisiello ringt; alles ist Anmut und Süße, aber alles andere als einfach. Die Arie des Grafen Almaviva ist schwach und gewöhnlich; er ist ein verliebter Franzose aus dem Jahre 1770. Dagegen kommt Rossinis feurige Art in dem Chor

Mille grazie, mio signore!

sehr gut zum Ausdruck, und diese Lebhaftigkeit steigert sich noch, es wird feurig und schwungvoll, was bei Rossini nicht immer der Fall ist. Hier scheint sich seine Seele an seinem Geist erwärmt zu haben. Der Graf geht weg, als er Figaro kommen hört; beim Weggehen sagt er:

Già l'alba è appena, e amor non si vergogna.

Das ist sehr italienisch. Ein Verliebter kann sich alles erlauben, sagt der Graf; man weiß im übrigen, daß die Liebe eine Entschuldigung ist, die in den Augen der Gleichgültigen alles entschuldigt. Im Norden tritt die Liebe hingegen schüchtern und zitternd auf, selbst gegenüber Unbeteiligten.

Die Kavatine des Figaro

Largo al factotum,

die Pellegrini sang, ist das Meisterwerk der französischen Musik und wird es lange bleiben. Wie feurig, wie leicht, wie geistreich ist die Passage:

Per un barbiere di qualità!

Wie ausdrucksvoll der Abschnitt

Colla donnetta ...
Col cavaliere ...

Das hat in Paris gefallen und hätte ebensogut ausgepfiffen werden können, weil die Worte nicht sonderlich respektvoll sind. Ich weiß nicht, ob Préville den Figaro je anders gespielt hat als Pellegrini. In diesem ersten Akt hat dieser unnachahmliche Schauspieler, so scheint mir, die anmutige Leichtfüßigkeit sowie das verschlagene und vorsichtige Gebaren einer jungen Katze. Später, im Haus von Bartolo, schaut er sehr frech drein. Ich möchte, daß diese Rolle für die *Franzosen* genauso gutgespielt wird wie von Pellegrini. In einer beliebten Redewendung unserer achtbaren Literaten werden die Schauspieler des Louvois als Possenreißer dargestellt, die so meilenweit von der Wahrheit und von jedwedem dramatischen Ausdruck entfernt sind, daß es unverschämt wäre zu verlangen, man solle ihr Spiel aufmerksam verfolgen. Gestern erst habe ich gehört, wie jemand diese Theorie entwickelt hat; ein Mann mit Taubenflügeln legte sie zwei armen jungen Frauen dar, die ihm mit ihren Gesten Zustimmung signalisierten – und das in einem Theater, in dem gerade der zweite Akt der *Gazza ladra* aufgeführt wurde, und zwar von Galli gespielt, ganz zu schweigen von Madame Pasta als *Romeo, Desdemona, Medea* und in allen anderen Rollen.

Wären wir nicht noch lächerlicher als unsere Pedanten, wenn wir ihnen gut zureden würden? Ja, meine Herren, das echte Pathos gibt es nur im Théâtre-Français; schauen Sie sich dort *Iphigenie in Aulis* an und genießen Sie das erbärmliche Rezitativ, das nur noch eine Kontrabaß-Begleitung bräuchte, um so auszufallen wie die schlechten Stücke von Gluck.

Die Situation auf dem Balkon, im *Barbier*, ist göttlich für die Musik; das ist naive und zärtliche Anmut. Rossini nutzt sie nicht groß aus, sondern kommt gleich zu dem wunderbaren komischen Duett:

All'idea di quel metallo!

Die ersten Takte bringen perfekt zum Ausdruck, für wie allmächtig Figaro das Gold hält. Die Ermahnung des Grafen:

Su, vediam di quel metallo,

ist hingegen die eines jungen Mannes von hohem Stand, der nicht verliebt genug ist, um sich nicht so nebenbei über die Gier des subalternen Figaro beim Anblick des Goldes zu amüsieren.

Ich habe an anderer Stelle schon die bewundernswerte Schnelligkeit der Passage

Oggi arriva un reggimento,
– Si, è mio amico il colonello,

gewürdigt. Ich glaube, sie ist in dieser Gattung das Meisterwerk Rossinis und infolgedessen auch der Musik. Ich bedaure, eine leichte Vulgarität feststellen zu müssen in:

Che invenzione prelibata!

Hingegen finde ich die Passage, in der der Graf betrunken ist, ein Vorbild echter Komik:

Perchè d'un che non è in se
Che dal vino casca giù,
Il tutor, credete a me,
Il tutor si fiderà.

Ich bewundere immer die Sicherheit, mit der Garcia die Passage

Vado . . . ma il meglio mi scordano,

singt. Es gibt darin einen Wechsel der Tonart, der im Hintergrund der Bühne stattfinden muß, ohne daß man das Orchester hört, was zu den größten Schwierigkeiten zählt.

Das Ende dieses Duetts, von

La bottega? non si sbaglia,

an, halte ich für über jedes Lob erhaben. Dieses Duett wird der großen französischen Oper den Todesstoß versetzen. Und man muß zugeben, daß nie zuvor ein schwerfälligerer Feind von einem so leichtfüßigen Angreifer erledigt worden ist. Vergebens hat die französische Oper die Menschen mit Geschmack schon zu Zeiten La Bruyères vor kaum hundertfünfzig Jahren erschlagen; sie hat über sechzig Regierungen überlebt. Um ihr den Todesstoß zu versetzen, mußte erst die echt französische Musik geschrieben werden. Die großen Kriminellen nach Rossini sind die Herren Massimino, Choron und Castil-Blaze.

Ich wäre gar nicht verwundert, wenn man letztendlich die *Opera buffa* ganz streichen würde; man verrät sie schon: siehe die skandalöse Wiederaufführung von Cimarosas *Horatier.*

Die Kavatine der Rosina:

Una voce poco fa,

ist amüsant; sie ist lebhaft, trumpft aber zu sehr auf. In diesem Gesang des jungen verfolgten Mündels liegt sehr viel Sicherheit und sehr wenig Liebe. Es steht außer Zweifel, daß sie mit so viel Mut ihren Vormund überlisten wird.

Die siegesgewisse Arie auf die Worte:

Lindoro mio sarà,
.....
Una vipera sarà.

ist zugleich der Triumph einer schönen Stimme. Madame Fodor war darin ausgezeichnet, man könnte sogar sagen perfekt. Ihre wundervolle Stimme klingt manchmal etwas hart (eine Folge der französischen Schule), diese Härte ist aber nicht ganz fehl am Platze bei einem so resoluten jungen Mädchen. Obwohl ich diesen Tonfall selbst in Rom für unnatürlich halte, sehe ich darin einen neuerlichen Beweis für den Riesenunterschied zwischen der melancholischen und zärtlichen Liebe der schönen Deutschen, die man im Englischen Garten am Ufer der Elbe trifft, und dem lebhaften und despotischen Gefühl, das die Herzen der jungen Mädchen im Süden Italiens entflammt.[7]

Die berühmte Arie der Verleumdung,

La calunnia è un venticello,

beschwört in mir die gleiche Vorstellung herauf wie das berühmte Duett im zweiten Akt der *Cenerentola:*

Un segreto d'importanza.

Ich war so mutig, den Ausspruch zu tun, daß wir ohne Cimarosa und dessen Duett der beiden Baßstimmen im *Matrimonio segreto* das Duett der *Cenerentola* nicht hätten. Und ich setze mich noch einmal über die Anklage der Paradoxie hinweg. Die Arie *La calunnia* erscheint mir nur ein Auszug von Mozart zu sein, den ein ungeheuer geistreicher Mensch, der noch dazu sehr gut komponieren kann, geschrieben hat. Für den dramatischen Effekt ist diese Arie zu lang. Aber sie kontrastiert schön mit der Leichtigkeit aller vorhergehenden Gesänge. Im *Matrimonio segreto* beispielsweise gibt es diesen Gegensatz nicht. Diese Arie wird in der Scala in Mailand bewundernswert gesungen von Herrn Levasseur, der dort sehr erfolgreich war. Obwohl dieser Sänger Franzose und das Ruhmesblatt des Pariser Konservatoriums ist, bekam er im Louvois keinen Beifall, daher singt er schüchtern; und das einzige Gefühl, das aufkommt, ist die Angst, er könnte falsch singen. Voltaire sagte, um als Künstler erfolgreich zu sein, vor allem im Theater, müsse man den Teufel im Leib haben.

Die Herren Meyerbeer, Morlachi, Paccini, Mercadante, Mosca, Mayr, Spontini und andere Zeitgenossen Rossinis wünschen sich zweifelsohne nichts mehr als Kopien von Mozart; aber sie haben in den Partituren dieses großen Mannes bislang noch nicht einmal eine Arie wie *La calunnia* gefunden. Ohne Rossini auf eine Stufe mit Raffael stellen zu wollen, würde ich doch sagen, daß er so verfährt wie Raffael, als er in dem schönen Fresko des Propheten Jesaja in der Kirche des Heiligen Augustin nahe der Piazza Navona in Rom Michelangelo kopierte.

An Traurigem hat die Oper *Il matrimonio segreto* kein so gutes Stück aufzuweisen wie:

E il meschino calunniato.

Das Duett

Dunque io son ... tu non m'inganni?

stellt uns eine ziemlich galante und sehr lebhafte hübsche Frau von sechsundzwanzig Jahren vor, die einen Vertrauten nach den Modalitäten befragt, wie sie einem Mann, der ihr gefällt, ein Rendezvous gewähren soll. Ich werde nie glauben können, daß die Liebe eines jungen Mädchens, selbst in Rom, so ganz ohne Melancholie ist, wie sie hier dargestellt wird, und ich wage sogar zu sagen, so ganz ohne einen Anflug von Zartheit und Schüchternheit.

Lo sapevo pria di te,

ist ein musikalischer Satz, der nördlich der Alpen ganz und gar unnatürlich wirken würde. Hier hat Rossini meines Erachtens ziemlich grundlos auf die reizende Anmut dieser Szene verzichtet; denn selbst die leidenschaftlichste Liebe lebt nur von der Scham; sie dieses Gefühls zu berauben, heißt in den vulgären Irrtum der derben Menschen aller Länder zu verfallen. Ich weiß, daß man das Neue sucht, wenn man sich bereits sechzehn Opern vorzuwerfen hat. Selbst der gute und große Corneille gesteht bei der Analyse des *Nicomède* ein ähnliches Gefühl; aber das ist meines Erachtens nicht der Grund, warum es dieser Rossini-Arie an Zartheit fehlt. Er hatte nämlich in Rom genau zu der Zeit, als er den *Torvaldo* und den *Barbier* schrieb, lustige Liebesabenteuer, eher im Stil von Faublas als in dem von Petrarca. Unwillkürlich bzw. wegen der Empfänglichkeit für Gefühle, die in der Kunst einen Mann von Genie auszeichnet, stellte er die Frauen, die ihn damals liebten, dar und die er vielleicht auch ein bißchen liebte. Ohne dessen gewärtig zu sein, machte er die Frauen, mit denen er gerade den Abend verbracht hatte und die Schüchternheit und Zärtlichkeit als lächerliche Eigenschaften *di un collegiale* angesehen hätten, zum Richter über die Arien, die er um drei Uhr morgens schrieb.

Rossini verdankte seine unglaublichen und schmeichelhaften Erfolge seiner einzigartigen Gelassenheit und seinem außerordentlichen Desinteresse. Die Erfolge der Opern *Der Barbier von Sevilla* und mehrerer anderer, die er seither geschrieben hat, lehren mich daher das Fürchten; verdankt er sie vielleicht der Tatsache, daß die Frauenrollen alle vollkommen gleich sind? Ich fürchte, seine Erfolge bei den Damen der römischen Gesellschaft haben ihn unempfindlich gemacht gegenüber der weiblichen Anmut. Im *Barbier* wird er elegant und affektiert, sobald Zärtlichkeit angesagt wäre, sein Stil bleibt aber immer gemäßigt; es ist fast so, als hätte man eine Liebeserklärung von Fontenelle vor sich. Diese Art ist im täglichen Leben sehr praktisch, aber sie taugt nichts für den Ruhm. Ich finde in den ersten Werken Rossinis viel mehr Kraft und Hingabe: Vergleichen Sie nur die *Pietra del paragone*, *Demetrio e Polibio*, den *Aureliano in Palmira* mit dem *Barbier*. Ich vermute, daß Rossini nicht mehr so ganz an die Liebe glaubt. Für einen Mann von vierundzwanzig Jahren ist das ein großer Schritt hin zum Philosophen; um so besser für seinen Seelenfrieden, aber auch um so schlechter für sein Talent. Canova und Viganò haben sich jedenfalls die Lächerlichkeit erlaubt, zu lieben.

Wenn man sich einmal damit abgefunden hat, daß die Atmosphäre des *Barbiers* den Romanen von Crébillon gleicht, gibt es nichts, das geistreicher, und, was den Reiz der Galanterie ausmacht, von pikanterer Originalität wäre als das Duett:

Sol due righe di biglietto
.....
Il maestro faccio a lei!
Donne, donne, eterni Dei!

Das ist wiederum echt französische Musik in ihrer ganzen Reinheit und ihrem ganzen Glanz. Die Parteien (...) mögen sich noch so anstrengen, uns zu ernsthaften Menschen zu erziehen, man wird uns auf vielen Gebieten noch lange der *Gleichgültigkeit* zeihen. Vielleicht dauert es noch hundert Jahre, bis unsere jungen Leute so werden wie Claverhouse oder Henry Morton in *Old Mortality*. Dem Himmel sei Dank, Frankreich wird noch lange das Land der liebenswürdig leichten Galanterie sein. Und solange diese Galanterie der Wesenszug unserer Gesellschaft und unseres Nationalcharakters ist, solange werden der *Barbier von Sevilla* und das Duett *Sol due righe di biglietto* das immerwährende Vorbild der französischen Musik bleiben. Wohlgemerkt, wenn man annimmt, daß Rosina eine Witwe von achtundzwanzig Jahren ist wie die Céliante im *Philosophe marié* oder die Julie im *Dissipateur*, findet man am Tonfall ihrer Liebe kaum mehr etwas auszusetzen. Erinnern wir uns daran, daß die Musik genausowenig einen affektierten Tonfall wiederzugeben vermag wie die Malerei Masken malen kann. Wie man sieht, hat Rossini immer Angst, die Hörer zu langweilen, wenn er bei einem Einfall verweilt, und sei er auch noch so angenehm. Vergleichen Sie dieses Duett *Sol due righe di biglietto* mit dem von Farinello in der *Heimlichen Hochzeit* zwischen dem Grafen und Elisabetta (Mademoiselle Cinti und Pellegrini, dieselben Schauspieler, die das Duett im *Barbier* singen), dann werden Sie immerzu und insbesondere gegen Ende zu, Phrasen feststellen, die Rossini aus lauter Angst, langatmig zu erscheinen, synkopiert hätte.

Von echtem Glück handelt die Arie

Fortunati i affetti miei!

wenngleich es immer noch das Glück einer alerten Witwe ist und nicht das eines jungen Mädchens von achtzehn Jahren. Wenn wir dieses Stück als Ganzes betrachten, gibt es wenige tragische Duette von Rossini, die ihm an Kraft und Originalität ebenbürtig sind. Ich würde daraus bereitwillig den Schluß ziehen, daß Rossinis Genie sich für die *Opera buffa* entschieden hätte, wenn er mit fünfzigtausend Pfund Rente auf die Welt gekommen wäre wie sein Kollege Herr Meyerbeer. Er mußte sich aber seinen Lebensunterhalt selbst verdienen; in Neapel war Mademoiselle Colbrand, die nur Rollen der *Opera seria* singt, allmächtig; und im übrigen Italien kostet eine Eintrittskarte für eine *Opera semi-seria* wie die *Agnese* ein Drittel mehr als für eine *Opera buffa* wie den *Barbier* aufgrund eines Dekrets der Polizei, die sich im selben Maße bei Lappalien lächerlich wichtig macht, wie sie in bedeutenden Angelegenheiten ohnmächtig ist. Deswegen glauben die Dummen aller Länder, ob Literaten oder nicht, daß die komische Gattung die leichteste sei. Hätten sie sonst vielleicht ein Bewußtsein von der Rolle, die sie in der Welt spielen, und von ihrer Zahl? So denkt die italienische Polizei, die der Großfürst der Toskana vor vierzig Jahren erfunden hat. Und weil sie so denkt, wurde Italien jener schönen Gattung der einheimischen Literatur, der *commedia dell'arte*, beraubt, die aus dem Stegreif gespielt wird und die Goldoni mit seinem platten Dialog zu ersetzen glaubte. Das wenige, was es heute noch in Italien an echten Komödien gibt, findet man in den Marionettentheatern – in Genua, Rom und Mailand sind sie bewundernswert. Da die Texte nicht schriftlich vorliegen, hat die Zensur keinen Zugriff; diese Komödien sind die Töchter der Inspiration des Augenblicks und der Tagesinteressen. Ein Staatsmann wie der Kardinal Consalvi, ein Mann, der zuallererst seinen Herrn und Meister an der Kandare hat, aber durchaus auch in den Staat hineinzuregieren versteht und der einstmals Geist genug hatte, um ein enger Freund Cimarosas zu sein, verbringt drei Stunden damit, das miserable Libretto einer *Opera buffa* Punkt für Punkt durchzugehen – unglaublich, aber historisch belegt für das Jahr 1821! Der Leser ist sicher kaum in der Lage, das ganze Ausmaß dieses lächerlichen Verhaltens beurteilen zu können. Der Kardinal meinte schließlich, das Wort *cozzar* (kämpfen) käme im Libretto zu oft vor. Er gab sich so viel Mühe, weil er die guten römischen Sitten zärtlich liebt und sie rein und unbefleckt erhalten möchte.

Ich kann das nicht weiter ausführen, nicht einmal in Andeutungen; ich appelliere an die Reisenden, die einen Winter in Rom verbracht haben oder zum Beispiel die Anekdoten über den Aufstieg von Pius VI. oder Pius VII. kennen. Solche Leute möchte man davor bewahren, daß sie von einem Opernlibretto verdorben werden. Himmeldonnerwetter! Hebt doch vier weitere Kompanien von Gendarmen aus, hängt jedes Jahr die zwanzig pflichtvergessensten Richter, dann habt ihr für die Sitten tausendmal mehr getan. Denkt doch mal, ganz abgesehen von den Diebstählen, der käuflichen Justiz und anderen Bagatellen dieser Art, daran, daß die Sitten eines Landes gar nicht anders sein können, wenn der ganze Hof und alle Staatsangestellten Junggesellen sind und das noch dazu in einem solchen Klima und unter solch bequemen Bedingungen! Seit Voltaire seine Späße gemacht hat, stimmt es zwar, daß nur noch vorsichtige und diskrete alte Männer zu Kardinälen bestimmt werden; aber diese alten Männer sind bereits im Alter von zwanzig Jahren Priester geworden, und sie kennen schon aus ihrem Elternhaus das verführerische Glück der starken Leidenschaften. Die armen Römer sind durch mehrere Jahrhunderte dieser Regierung, die ich nicht zu beurteilen wage[8], so geprägt, daß sie sogar die Fähigkeit verloren haben, sich über so etwas zu wundern, und daß ihre Wildheit ihre einzige Tugend ist. Mehrere besonders unerschrockene Offiziere von Napoleon haben diese Stadt verlassen; nur ein Julius II. fände dort vielleicht noch eine ausgezeichnete Armee. Aber zweihundert Jahre napoleonischer Despotismus würden wahrscheinlich nicht genügen, um dort die anständigen und reinen Sitten eines englischen Städtchens wie Nottingham oder Norwich einzuführen. Aber kommen wir auf den *Barbier* zurück; das ist ein weiter Weg, sagt man! Nicht so weit, wie man denkt; eine klare Quelle voller einzigartiger Vorzüge für die Gesundheit entspringt am Fuße einer Kette hoher Berge. Wissen Sie, wie sie im Berg entstanden ist? Bis man uns das *Wie* demonstriert hat, behaupte ich, daß ein jeder Umstand in dieser Bergwelt, die Form der Täler, die Lage der Wälder usw., daß all das diese köstliche und klare Quelle beeinflußt hat, an der sich der Jäger erfrischt und so viel Kraft schöpft, daß es an ein Wunder grenzt. Alle Regierungen Europas gründen Konservatorien; mehrere Prinzen lieben die Musik richtig und opfern dieser ihr ganzes Budget; bringen sie damit etwa Wesen wie Rossini oder Davide hervor, gute Komponisten oder Sänger?

Es gibt also irgendeinen unbekannten und dennoch notwendigen Umstand in den Sitten im schönen Italien und in Deutschland. In der Rue Le Peletier ist es nicht so kalt wie in Dresden oder Darmstadt. Warum ist man dort barbarischer? Warum spielen die Orchester von Dresden oder Reggio ein Crescendo von Rossini so göttlich, was in Paris unmöglich ist? Warum insbesondere können diese Orchester begleiten?[9]

Die Arie von Bartolo

A un dottor della mia sorte,

ist sehr gut. Ich würde sie gern von Zuchelli oder Lablache singen hören. Ich kann nur wiederholen, was ich vielleicht schon zu oft über diese Arien im Stil von Cimarosa gesagt habe; zwar geistreicher, in amüsantem Stil, aber unendlich weniger Schwung, Leidenschaft und komische Einfälle. Ich sehe im Libretto den Vers:

Ferma olà! non mi toccate.

Wer die römischen Sitten kennt, weiß, daß darin das ganze Mißtrauen der Romagna und der anderen Länder, die seit dreihundert Jahren dem Geist des Christentums[10] unterworfen sind, liegt. Ich würde wetten, daß der Verfasser des Libretto nie in der süßen Lombardei gewohnt hat.

Der Auftritt des Grafen Almaviva, der als Soldat verkleidet ist, und der Beginn des Finales des ersten Akts sind vorbildlich leicht und geistreich. Es gibt einen hübschen Kontrast zwischen der schwerfälligen Eitelkeit des Bartolo, der dreimal unter Betonung wiederholt:

Dottor Bartolo!
Dottor Bartolo!

und den beiseite gesprochenen Worten des Grafen:

Ah! venisse il caro oggetto!

Dieser Wunsch des jungen Liebhabers ist von herrlicher Galanterie. Nichts Leichteres und Pikanteres als dieses Finale; es gibt allein in diesem Musikstück genug Einfälle, um daraus eine ganze Oper von Feydeau zu machen. Je mehr man sich der Katastrophe nähert, nimmt dieses Finale allmählich eine betont ernsthafte Färbung an; Figaros Warnung an den Grafen klingt schon sehr danach:

Signor, giudizio, per carità.

Der Chor

La forza,
Aprite qua.

wirkt pittoresk und verblüffend. Man findet hier eine Weile Ruhe und Erholung, wonach das Ohr sich schon lebhaft sehnt nach der Sintflut hübscher kleiner Noten, die es gerade gehört hat.

Der Gesang zu dritt und dann zu fünft, mit dem dem Kommandanten der Gendarmerie von Sevilla der Grund für den Radau erklärt wird, ist die einzige Passage dieser Oper, die in Paris sehr schlecht ausgeführt war. Die Machart dieses Stücks erinnert ein wenig an die Erklärung, die Geronimo am

Ende des ersten Akts des *Matrimonio segreto* erhält. In diesem Punkt kann man Rossinis *Barbier* wirklich kritisieren; der Zuschauer, der sich ein wenig auskennt, hat dabei nicht das Gefühl, etwas Neues zu hören; man glaubt immer, man höre eine korrigierte und etwas pikantere Neufassung irgendeiner Partitur des einst so verehrten *Cimarosa*, und Sie wissen ja, daß die Flügel der Phantasie von nichts wirkungsvoller gestutzt werden als von dem Appell an das Gedächtnis.

Die Verhaftung des Grafen, auf die unverzüglich die Freilassung folgt, und seine Begrüßung durch die Gendarmerie erinnern mich an die Art und Weise, wie die Justiz vor wenigen Jahren in Palermo verfahren ist. Ein sehr hübscher und gar nicht eingebildeter Franzose, der eher für seine sanfte, liebenswürdige Art als für seine hervorragende Tapferkeit bekannt war, wird bei einem Schauspiel von einem mächtigen Mann grob beleidigt; er bestraft ihn dafür. Man warnt den jungen Franzosen, er solle sich beim Verlassen des Theaters in acht nehmen. In der Tat greift ihn der sizilianische Feudalherr auch an. Der Franzose, der im Umgang mit Waffen sehr gewandt ist, entwaffnet seinen Gegner, ohne ihn zu töten; in dem Glauben, es sei hier so wie in Paris, ruft er die Wache. Der Wachtposten ist Zeuge des Angriffs gewesen und will rasch den Mörder verhaften; stolz nennt dieser seinen Namen, der Wachtposten entfernt sich und entschuldigt sich dabei tausendmal demütig; hätte der Franzose auch nur ein Wort mehr gesagt, dann hätte er ihn verhaftet. Es ist also absolut nicht unwahrscheinlich, was sich in diesem Finale des *Barbier* abspielt. Unwahrscheinlich hingegen ist die Bewegungslosigkeit, in die der Vormund angesichts der Justiz seines Landes verfällt. Er müßte im übrigen daran gewöhnt sein. Spröde und ungerechte Charaktere wie Bartolo pflegen von der Tyrannei in ihrem Land zu profitieren und sie nicht zu fürchten; solche Leute bedienen sich am Budget.

Die Bewegungslosigkeit des Vormunds

Freddo e immobile
Come una statua,

während alle anderen singen, hat immer einen schlechten Eindruck auf mich gemacht. Sobald der Zuschauer genug Zeit hat, um zu merken, daß das Lächerliche übertrieben wird, lacht er nicht mehr, von daher ist es eine schlechte Farce. Den Zuschauer muß man verblüffen wie Molière oder Cimarosa; das ist eine der Schwierigkeiten für die Musik in der *Opera buffa*. Als Musik *kann sie nicht schnell sein*, wenn sie aber gut sein sollen, müssen die verblüffenden Entwicklungen einer Farce blitzschnell aufeinander folgen. Die Musik muß einen so *direkt* zum Lachen bringen wie eine bravourös gespielte gute Komödie.

Zweiter Akt

Das Duett zwischen dem als Abbé verkleideten Grafen und Bartolo kommt mir schleppend vor. Das ist der Nachteil, wenn man ein leidenschaftsloser Maestro ist; sobald er nicht amüsant ist, wird seine Musik langweilig. Der Graf wiederholt die Worte:

Pace e gioia

zu oft. Der Zuschauer wird darüber fast so ungeduldig wie der Vormund. In Italien wird in Rosinas Musikstunde jene herrliche Melodie gesungen, die leider allzu bekannt ist:

La biondina in gondoletta.

Es gäbe sehr viel zu sagen über den Stil der venezianischen Musik; aber das wäre ein Buch im Buch. Es ist so wie in der Malerei, der Stil des Parmigianino steht im Gegensatz zum besonnenen und ernsthaften Stil von Dominiquin oder Poussin; diese Musik ist wie ein leises Echo auf das sinnliche Glück, in dem man um das Jahr 1760 in Venedig lebte. Wenn ich die Schlußfolgerungen aus diesem Aperçu ziehen und mit Beispielen belegen wollte, würde ich eine Abhandlung über Politik schreiben.[11] Madame Nina Viganò, die weltbeste Sängerin venezianischer Lieder, ist in Paris schon aufgetreten; ihre Vokalise war das Gegenteil der französischen Art zu singen. Selbst wenn unsere Künste *natürlich* wären, müßten wir dennoch so singen und nicht wie Madame Branchu.

In einem gut geführten Theater würde Rosina alle zwei bis

drei Aufführungen ein anderes Lied in ihrer Gesangsstunde singen. In Paris hatte Madame Fodor, die diese Rolle im übrigen entzückend und wahrscheinlich ganz anders als in allen anderen Aufführungen sang, immer nur die Arie des Tancredi:

Di tanti palpiti

zu bieten, noch dazu als Kontertanz arrangiert, was die Perückenköpfe entzückend fanden; bei dieser Arie bewegten sich alle gepuderten Köpfe im Saal im Takt mit.

Rossini erzählt selbst, daß er mit der Arie des Vormunds:

Quando mi sei vicina

ein Probestück alter Musik geben wollte. »Und natürlich bin ich ihr damit mehr als gerecht geworden«, fügt er hinzu. Es klingt in der Tat wie ein Stück von Pergolesi oder Logrosino. Rossini betrachtet seine großen Meister so wie man zu Zeiten Metastasios (1760) Dante las, dessen Ruhm damals schon unter den Bemühungen der Jesuiten litt.

Das große Quintett bei der Ankunft Basilios, in dessen Verlauf er weggeschickt wird, ist ein bedeutendes Stück. Paisiellos Quintett ist ein Meisterwerk an Anmut und Schlichtheit, und Rossini wußte sehr wohl, wie sehr es in ganz Italien bewundert wird. Bei der letzten Aufführung von Paisiellos *Barbier* in der Scala im Jahre 1814 wurde es noch mit Beifallsstürmen bedacht, aber das war das einzige Mal während der ganzen Oper. Ich möchte die Musikliebhaber darauf verpflichten, beide Stücke nacheinander an einem Abend zu singen; sie werden in den beiden Partituren in einer Viertelstunde mehr musikalische Wahrheiten lesen, als ich ihnen in zwanzig Kapiteln sagen kann. Das Stück des alten Meisters zeigt in einem komischen und neuen Lichte die Einmütigkeit, mit der Basilio der Rat, *gehen Sie doch ins Bett*, erteilt wird, und das provoziert ein so herrliches und unauslöschliches Lachen wie das der Götter. Viel dramatische Wahrheit liegt in Rossinis

Ehi, dottore, una parola;

in

Siete giallo come un morto

und in

Questa è febbre scarlattina.

Wohlgemerkt, Komplimente bezüglich der dramatischen Wahrheit kann man Rossini nie oder fast nie für Augenblicke machen, in denen das Gefühl dominiert; vielleicht ist das einer der Gründe für seinen Erfolg. Es ist amüsant und neu zu sehen, wie Walter Scotts Romane ohne die Liebesszenen erfolgreich sind, die seit zweihundert Jahren die einzige Grundlage für den Erfolg von Romanen waren.

Der berühmte Buffo Bassi spielte den Schluß dieser Szene, in der Figaro sich mit dem Handtuch gegen den wütenden Vormund verteidigt, so einzigartig, daß man am Ende richtig Mitleid bekam mit dem armen, unglücklichen und hintergangenen Vormund.

Sehr geistreich ist die Arie der alten Gouvernante Berta:

Il vecchiotto cerca moglie.

Das ist eine der Arien, die Rossini am anmutigsten und komischsten singt. Vielleicht steckt auch etwas Koketterie in seiner Handlungsweise; er liebt es, eine schöne Arie zur Geltung zu bringen, die niemandem aufgefallen ist, die aber für eine Oper von Morlachi[12] oder irgendeinem anderen seiner Rivalen eine Bereicherung wäre.

Ich finde den Sturm im zweiten Akt des *Barbier* bei weitem nicht so gut wie den in der *Cenerentola*. Während des Sturms dringt der Graf Almaviva in Bartolos Haus ein; man sieht, wie er auf den Balkon kommt. Rosina hält ihn für einen Schurken und zwar deswegen, weil er ihren Brief Bartolo gegeben hat. Almaviva klärt sie über den Irrtum auf, dabei fällt er ihr zu Füßen; und Rossini gestaltet einen solchen Augenblick nur mit noch belangloseren Rouladen als gewöhnlich. Ich zögerte noch zu sagen, daß das Meisterwerk der Oper in meinen Augen das Ende des Terzetts ist, das wie die Liebesszenen in *Quentin Durward* anfängt:

Zitti, zitti, piano, piano.

Da erfahre ich, daß man in Wien, wo man das Glück hatte, Davide, Madame Fodor und Lablache (1823) gemeinsam zu hören, immer eine Wiederholung dieses kleinen Stücks verlangt. Ich zolle dem Musikgeschmack der Wiener meine tief empfundene Hochachtung; sie haben das Glück gehabt, daß Haydn und Mozart bei ihnen in die Schule gegangen sind. Metastasio, der vierzig Jahre unter ihnen lebte, hat der vornehmen Gesellschaft die Vorliebe für die schönen Künste beigebracht; schließlich finden es die reichsten, vornehmen Herren Europas und die echten Grandseigneurs nicht unter ihrer Würde, Operndirektor zu werden.

Der einzige und ziemlich unerhebliche Fehler dieses genialen Terzetts besteht darin, daß es unendlich viel Zeit kostet in einem Moment, in dem die Handlung die Personen zur Flucht drängt. Mit anderen Worten und an einer anderen Stelle wäre es geradezu erhaben. Es bringt wunderbar ein Happy-End in einer galanten Affäre zum Ausdruck; es würde gut zu einem Libretto passen, das man auf der Grundlage einer Komödie Lope de Vegas schreiben könnte.

Ich hoffe sehr, daß man es nicht versäumen wird, diese Broschüre ins Feuer zu werfen, wenn es sie im Jahre 1840 noch geben sollte. Es schert sich heutzutage auch niemand um die Schriften über politische Theorie, die 1789 veröffentlicht wurden. Alles, was ich in der letzten Stunde gesagt habe, wird sich schwach und gewöhnlich anhören im Salon von Mérilde, jenes hübschen zehnjährigen Mädchens, das Rossini so gern mag, Cimarosa aber noch lieber. Die Revolution, die in der Musik gerade begonnen hat, wird dem guten alten französischen Geschmack den Garaus machen. Wie schade! Die Fortschritte, die das Publikum des Louvois in den letzten vier Jahren gemacht hat, sind alarmierend; ich kann das mit Zahlen belegen, den Warenausgangsbüchern der Herren Pacini, Carli usw. Was in dieser Broschüre noch als obskur und gewagt erscheint, wird schon 1833 schwach und gewöhnlich sein. Die Befürworter der Opern aus der Mottenkiste haben nur zwei Möglichkeiten: entweder sie vertreiben die Italiener, oder sie rekrutieren sie gemeinsam mit den Franzosen. Schöne Stimmen, die nicht singen können, wären der baldige Untergang der Musik.

17. Kapitel

Vom Publikum und seinem Verhältnis zu den schönen Künsten

In Frankreich gibt es zwei verschiedene Völker, in Sachen Musik wie auch bei allem anderen, deshalb war das *Mißtrauen* noch nie so weit verbreitet wie heute. Die Leute, die älter als vierzig sind, ein Vermögen mit Geschäften gemacht haben, gepuderte Perücken tragen, Cicero bewundern, die *Quotidienne* abonniert haben usw. usf., können sagen, was sie wollen, sie werden mich nie davon überzeugen, daß sie eine andere Musik mögen als die gewöhnlichen, rhythmisch skandierten Refrains eines Gassenhauers. Diese Leute, die ich als ehrwürdige und wunderliche Überreste einer Generation und von allmählich aussterbenden Sitten schätze, sind für die italienische Musik für immer verloren. Paris, das heißt dasjenige Publikum, das in Frankreich souverän über die schönen Künste und die Musik urteilt, dieses Paris war vor der Revolution eine große Ansammlung von Müßiggängern. Ich bitte den Leser, sich nur einen Augenblick lang eindringlich die eine Überlegung von immenser Tragweite vor Augen zu führen: Vor 1789 spielte der König überhaupt keine Rolle.

Das Militär war ganz strikt nach dem Prinzip des Dienstalters eingeteilt, und dreißig Jahre Frieden hatten aus allen Militärs Müßiggänger gemacht. Man kaufte ein Richteramt oder das eines Rates im Ständeparlament, und damit hatte man fürs ganze Leben einen bestimmten Rang inne. Nach den ersten Schritten eines jungen Mannes in die Welt hinaus oder vielmehr nachdem er sich auf dem Platz eingerichtet hatte, den ihm sein Vater gekauft hatte, war für ihn alles gelaufen, er mußte sich nur noch um seine Vergnügungen kümmern; seine Laufbahn war ihm unwandelbar und unveränderlich vorgegeben; seine Kleidung war ein Teil seiner Persönlichkeit, und damit war für ihn alles entschieden. Wenn an dieser Ordnung trotz alledem irgend etwas veränderbar war, dann nur durch das *persönliche Ansehen*, das ein junger Mann manchmal erlangen konnte. So wurde Herr Caron, der Sohn eines Uhrmachers, der berühmte Herr von Beaumarchais; er hatte aber zumindest die französische Damenwelt mit der heiteren Dichtkunst erfreut.

Das ganze Leben spielte sich in der Öffentlichkeit ab; man lebte und starb öffentlich. Der Franzose des Jahres 1780 konnte nur in einem Salon existieren[1]; der heutige Franzose versteckt sich immer im Hinterzimmer seines Hauses. Bei einem Volk, das den ganzen Tag damit verbrachte, zu reden oder zuzuhören, wurde geistreich sein natürlich zum größten Vorzug; wenn ein junger Mann in die Welt eintrat, wollte er nicht Marschall von Frankreich werden, sondern ein zweiter d'Alembert.[2]

Die laxe Regierung hätte sich davor gehütet, Herrn Magallon an einen Galeerensträfling zu ketten; man hätte geglaubt, dann wäre alles verloren. Da diese Regierung eine Ansammlung von unzusammenhängenden Teilen und Widersprüchen, von mehr oder weniger gut erhaltenen Resten des Mittelalters und der feudalen und militärischen Gebräuche war, setzte sich auf dem Gebiet der Künste ein gekünstelter und unechter Geschmack[3] durch. Da die Leidenschaft oder das lebhafte Interesse für etwas oder jemanden mit jedem Tag seltener wurden, verlangte man von einem Satz bald nicht mehr, er solle schnell und klar etwas zum Ausdruck bringen, sondern er solle *an sich* angenehm und eine amüsante Wendung sein. Sobald es in der Nation für nichts mehr ein lebhaftes Interesse gab, konnte man feststellen, daß *die Aufmerksamkeit* in Frankreich an Kraft verloren hatte. Man lieferte sich Schlachten mit der gleichen Leichtigkeit, mit der man Feste feierte.[4] Sobald man vernünftig kombinieren mußte, scheiterte man grandios. Erinnern Sie sich an die Schlacht auf den Champs-Elysées, als das Feuerwerk anläßlich der Hochzeit von Ludwig XVI. (1770) veranstaltet wurde. Am darauffolgenden Tag ging der Bürgermeister von Paris, der Veranstalter des Festes, nichtsdestotrotz mit seinem blauen Band in die Oper. Man erzählte lachend die Anekdote über den Marschall Richelieu, der am Vortag inmitten der Presse und von zweitausend Sterbenden gerufen hatte: »Meine Herren, meine Herren, retten Sie einen Marschall von Frankreich.«[5]

Wenn Sie ein nicht ganz so weit zurückliegendes Beispiel wollen, dann analysieren Sie die Vorkehrungen für den Ausbruch Ludwigs XVI. aus dem Gefängnis von Varennes und die Art und Weise, wie man sich dort verhielt. Die Dienstbeflissenheit ist über jeden Zweifel erhaben, die Leichtigkeit des Jahrhunderts bewundernswert.

Dieses elegante und frivole Jahrhundert verfaßte Lobreden auf die kraftvolle Sprache der Bossuets und Montesquieus; aber die ausschließlichen Bewunderer dieser großen Schriftsteller wären davor zurückgeschreckt, so ungezwungene Ausdrücke zu gebrauchen wie ihre Vorbilder, nie hätten sie es gewagt, sie selbst zu verwenden.[6] Die Gesellschaft räumte dem Anschein nach Leuten wie Delille, La Harpe, Dorat, Thomas oder dem Abbé Barthélémy nur den zweiten Rang ein; aber faktisch waren das die Männer, deren Werke ihr noch das Höchstmaß an amüsanten Vergnügungen bereiteten, das einzige, wozu ihr herablassender und gefühlloser Geschmack noch fähig war. Das Ungeheuer, das inmitten dieser brillanten und einzigartigen Gesellschaft, von der wir uns gar keine Vorstellung mehr machen können, am lächerlichsten gewirkt hätte, wäre ein schlichtes Herz gewesen, das einer ehrlichen und starken Leidenschaft fähig gewesen wäre. Herr Turgot, der zum Nutzen des Gemeinwohls eine solche Leidenschaft empfand, bedurfte der Protektion einer der geistreichsten Frauen Frankreichs von hohem Rang, um der Lächerlichkeit zu entgehen; und es ist noch gar nicht ausgemacht, ob er ihr im Faubourg Saint-Germain überhaupt entrinnen konnte.

Da die leidenschaftlichen und ehrlichen Herzen schon von Kindheit an mit Sarkasmus und Ironie traktiert wurden, kann ich es dem Leser überlassen, sich auszumalen, was bei den Franzosen aus einer Fähigkeit namens *Vorstellungskraft* geworden ist.

Man machte sich über sie lustig, sobald sie kühne Ideen hervorbrachte. Sie mußte sich so zurechtstutzen, daß sie sich in der Ausmalung *hübscher* Details übte, und vor allem mußte sie, bevor sie sich leidenschaftlich für etwas interessierte, immer im Salon um sich blicken, um zu sehen, ob ihr Enthusiasmus für die Nachbarn ein amüsantes Schauspiel war.

Da die Phantasie im Frankreich des Jahres 1770 so altersschwach war, kann man sich ausmalen, worin die Musik bestand. Ihre Hauptaufgabe war es, beim Ball zum Tanz aufzuspielen und in der Oper für Überraschung zu sorgen, mit lautem Geschrei und der *Sauberkeit*[7] des französischen Gesangs. In der Musikgeschichte gab es ein kleines Ereignis am Rande, eine junge und verführerische Königin kam aus Wien zu uns. Die Deutschen sind ein *ehrliches* Volk; deswegen haben sie Phantasie und infolgedessen eine eigene Musik. Marie-Antoinette brachte uns Gluck und Piccini sowie die ausgezeichneten Auseinandersetzungen im Familienkreis des Königs und der Königin. Diese Streitigkeiten maßen der Musik eine gewisse *Bedeutung* bei, ohne daß man diese noch anderswie gespürt hätte; denn wieder einmal hätte man dieses Volk mit Phantasie begaben müssen.

Ich nehme nun den Faden wieder auf. Das Publikum des Jahres 1780 war eine Versammlung von Müßiggängern; heute gibt es nicht nur weniger als zwanzig Müßiggänger in der ganzen Pariser Gesellschaft, sondern dank der Parteien, die seit vier Jahren immer stärker werden, stehen wir vielleicht sogar am Vorabend einer Entwicklung, in deren Verlauf wir leidenschaftlich werden. Diese große Veränderung ist für die ganze Frage entscheidend.

Mein Ehrgeiz geht dahin, von diesem riesigen Wasserfall, den ich dem Leser gerade vor Augen geführt habe, ein ganz kleines Rinnsal abzuzweigen; ich bitte Sie nur darum, einen Blick auf den Wandel zu werfen, den eine so erstaunliche Veränderung in der Lebensweise des Publikums in den Künsten herbeiführen muß, und noch nicht einmal in bezug auf alle Künste, sondern nur auf die Musik.[8]

Die Musik wird in Frankreich einen Aufschwung nehmen durch die kleinen, zwölfjährigen Mädchen, die Schülerinnen von Mademoiselle Weltz und Herrn Massimino, die acht Monate des Jahres in der Einsamkeit des Landlebens verbringen. Dort gibt es keine eitlen Streitereien mit den Geschwistern auszutragen, sie kennen alle gleichermaßen sowohl den hübschen Schottenrock als auch die *große Phantasie* auf dem Klavier. Wenn der Himmel uns ein bißchen Bürgerkrieg schenkt, werden wir wieder die kraftvollen Franzosen des Zeitalters

Heinrichs IV. und d'Aubignés; wir werden die leidenschaftlichen Sitten aus den Romanen Walter Scotts annehmen. Inmitten der Schrecken des Krieges wird sich die französische Leichtigkeit auf das beschränken, wo sie am Platze ist; die *Phantasie* wird wieder aufleben und bald auch die Musik. Jedesmal, wenn man *Einsamkeit* und *Phantasie* in einer Ecke der Welt vorfindet, kommt auch schon bald die Freude an der Musik auf[9], umgekehrt wäre es ein Widerspruch, ein sehr lebhaftes und leidenschaftliches Interesse für diese Kunst von einem Volk zu verlangen, das sein Leben in der Öffentlichkeit verbringt und sich für langweilig und beinahe lächerlich hält, sobald es einen Augenblick lang allein ist.[10] Es ist also nicht die Schuld unserer Musikliebhaber mit den Taubenflügeln, daß sie von den großen Musikstücken im *Tancredi* und im *Otello* nur die herrlichen Kontertänze mögen, die ein liebenswürdiges Gewerbe daraus für unsere Orchester entnommen hat. Wie sollte ein Mensch es auch anstellen, nicht seinem Jahrhundert anzugehören? Der Grund, warum ich den Triumph der Musik in Frankreich für unvermeidlich halte, was immer das Feydeau und die Opéra auch anstellen mögen, sind die jungen zwanzigjährigen Frauen, die unseren neuen Sitten gemäß erzogen sind und sich über die ehrwürdigen Bewunderer von Gluck und Grétry[11] lustig machen, sobald der Name Rossini fällt. Der durchschlagende Erfolg des *Barbiers* beruht nicht so sehr auf der herrlich leichten Stimme von Madame Fodor, sondern auf den Walzern und Kontertänzen, mit denen er unsere Orchester beliefert. Nach fünf bis sechs Bällen versteht man endlich den *Barbier* und kann sich im Louvois echt vergnügen.[12]

Ich müßte auch über die Provinz reden, aber ich zögere, ein so imposantes Thema anzugehen. Die Einsamkeit, die von der Angst, sich auf der Straße oder im Café zu kompromittieren, erzeugt ist, müßte dort eigentlich echte Leidenschaften und kühne Phantasien hervorbringen. Dem ist aber nicht so; denn was der Mensch aus der Provinz allein in seiner Kammer noch mehr fürchtet, ist, sich *lächerlich* zu machen; der große Gegenstand seiner tiefsitzenden, gehässigen Eifersucht wie seines grenzenlosen Respekts ist immerzu Paris. Die prätentiösen Ideen, die aus dem einzigartigen Geschmack der brillanten Salons des Jahres 1770 geboren wurden, werden in der Provinz noch immer hochverehrt. Amüsanterweise waren diese Ideen dort nie, nicht einmal im Jahre 1770, natürlich; sie hatten nie ihren Ursprung in wirklichen Gefühlen der Bewohner von Issoudun oder Montbrison.[13]

Ein gelehrter Musiker, Herr Castil-Blaze, hatte die gute Idee, die Musik der Rossini-Opern mit einem französischen Text zu unterlegen. Wenn diese feurige, schnelle, leichte, wenig leidenschaftliche und so eminent französische Musik ebenso langweilig gewesen wäre, wie sie amüsant ist, hätte sie in den Provinztheatern denselben durchschlagenden Erfolg gehabt. Ist in der Männerwelt nicht wegen des »Barbiers« *ganz Paris auf den Beinen?* Was die Frauen anbelangt, die in Frankreich die ehrliche Freude an der Musik vertreten, die Noten der Rossini-Arien liegen seit fünf Jahren bei ihnen auf dem Klavier. Ich glaube, daß die Menschen aus der Provinz viel früher respektable Staatsbürger werden als Menschen, die man wegen ihres guten Geschmacks achtet, weil sie ein sicheres Urteil in Fragen der Kunst haben und sie vor allem mit einer gewissen Lebhaftigkeit genießen können. Eine einzigartige Tatsache! Leute, die so gar nicht frei von Eitelkeit sind und, wenn man sie sieht, ganz sicher wirken, sind in Wirklichkeit diejenigen, die ihrer Art zu fühlen am meisten mißtrauen und es am wenigsten wagen, sich in aller Schlichtheit zu fragen, ob etwas sie geschmerzt oder ihnen Spaß gemacht hat. Da er einzig auf die Rolle achtet, die er im Salon spielt, fürchtet ein Mensch aus der Provinz am meisten, daß er mit seiner Meinung allein dastehen könnte; er ist sich nicht sicher, ob es im Januar kalt ist oder ob der *Rénégat* ihn langweilt, bevor er darüber etwas in den Pariser Blättern gelesen hat.[14]

Ich weiß nicht, ob es überhaupt wahrscheinlich ist, daß die Menschen in der Provinz diesen Kleinmut in Geschmacksfragen so bald loswerden. Eher werden sie Helden wie Desaix oder Barnave, Drouot oder Carnot als Menschen mit einem *schlichten* Geschmack, der einzig auf ihren persönlichen Empfindungen beruht und auf der ehrlichen Meinung darüber, was ihnen gefällt und was nicht.

Angesichts dieser geistigen Haltung in bezug auf die Musik und die schönen Künste wird die lukrative Idee des Herrn

Castil-Blaze in der Provinz dieselbe Revolution in der Musik bewirken wie der Unterricht des Herrn Massimino in Paris. Das Feydeau wird in zehn Jahren fallen und die große Oper zwanzig Jahre danach. Die Regierung wird die italienische Oper in die Rue Le Peletier verlegen, und zwischen den beiden Akten werden die besten Tänzer Europas unsere herrlichen Balletts tanzen. Dann wird die große Pariser Oper ein auf der Welt einzigartiges Schauspiel bieten. Stellen Sie sich den *Otello* vor, wie er von Madame Pasta, Garcia und Davide gesungen wird; und zwischen den zwei Akten das Ballett der *Pages du duc de Vendôme,* getanzt von Mademoiselle Bigottini, Madame Anatole, den Mesdemoiselles Noblet und Legallois sowie von Paul, Albert und Coulon.

Das Kapitel, das Sie gerade gelesen haben, ersetzt ein anderes, in dem ich die Geschichte des Kampfes zwischen den zwei *Barbiers von Sevilla* in Paris sorgfältig beschrieben habe anhand der Zeitungen der damaligen Zeit und der Aussagen von Personen, die alle Vorstellungen verfolgt haben – sowohl diejenigen, in der die Rolle der Rosina von der hübschen Madame de Begnis gespielt wurde, als auch die mit ihrer Nachfolgerin Madame Fodor, die damit einen so brillanten und verdienten Erfolg hatte. Statt Einzelheiten zu erzählen, die vielleicht langweilen, habe ich versucht, die Quellen des musikalischen Geschmacks in Frankreich zu studieren und die Richtung anzugeben, in die die revolutionäre Entwicklung dieser Sparte unserer Vergnügungen sich bewegt.[15]

18. Kapitel

Otello

Rossini vermag es ebensowenig wie Walter Scott, die Liebe sprechen zu lassen; und wenn man die Liebe aus Leidenschaft (diejenige von Julie d'Etanges oder Werther) nur aus Büchern kennt, ist es ziemlich schwer, die Eifersucht zu schildern. Man muß lieben wie die *Portugiesische Nonne*, mit der feurigen Seele, von der sie uns in ihren unsterblichen Briefen einen so lebhaften Eindruck hinterlassen hat, oder man ist ganz und gar unfähig, die Art von Eifersucht zu empfinden, die *im Theater rührend wirken kann.* In Shakespeares Tragödie spürt man, daß Othello nicht mehr leben kann, sobald er Desdemona getötet hat. Angenommen, der finstere Jago wäre zusammen mit seinem Opfer im Krieg umgekommen, und Othello hätte Desdemona deswegen auf ewig für schuldig halten müssen, dann wäre das Leben in seinen Augen fade gewesen; nach Desdemonas Tod hätte es sich für ihn nicht mehr gelohnt zu leben.

Ich hoffe, Sie stimmen mit mir überein, o mein Leser, daß die Nachahmung der Eifersucht in den schönen Künsten, um rührend zu wirken, aus einer Seele kommen muß, die von der Liebe so besessen ist wie die Werthers – ich meine von der Liebe, die man durch den Selbstmord heiligen kann. Die Liebe, die nicht mindestens so stark ist, ist in meinen Augen der Eifersucht nicht würdig; für ein gewöhnliches Herz ist dieses Gefühl eine Anmaßung.

Die Liebe aus gegenseitigem Gefallen inspiriert in den Künsten nur zu fröhlichen und lebhaften Einfällen. Die Eifersucht, die aus dieser untergeordneten Form von Liebe entstehen kann, ist in Wirklichkeit genauso *wild* wie die andere Eifersucht, sie kann aber nicht rührend wirken. Es ist nur Eifersucht aus Eitelkeit, und diese ist immer lächerlich (wie die verliebten alten Männer in der Komödie), es sei denn, das Wesen, das sie empfindet, ist durch seinen Rang allmächtig; in diesem Fall will die Eifersucht Blut sehen und erreicht diesen Zweck auch prompt. Aber es gibt nichts Abscheulicheres und nichts Widerlicheres auf der Welt als Blutvergießen aus Eitelkeit; das erinnert an die Großtaten von Nero, Philipp II. und allen anderen gekrönten Ungeheuern.

Damit Othellos Unglück uns rührt, damit wir ihn des Mordes an Desdemona würdig befinden, darf der Zuschauer nicht den geringsten Zweifel haben, daß Othello, nach dem Tod seiner Freundin allein im Leben stehend, nicht zögern würde, sich mit demselben Dolch zu erstechen. Wenn ich nicht diese Gewißheit auf dem Grunde meines Herzens verspüre, kann ich in Othello nur einen Heinrich VIII. sehen, der, wenn er einer seiner Frauen den Hals hat abschneiden lassen aufgrund eines äußerst gerechten Urteils der Justiz seiner Zeit, nur noch fröhlicher war; wie der eingebildete Laffe unserer Tage, der sich damit amüsiert, eine Frau, die ihn liebt, an Kummer sterben zu lassen.

Diese notwendige moralische Bedingung der Anteilnahme, *die Aussicht auf den sicheren, künftigen Tod Othellos*, fehlt Rossinis *Otello* vollkommen. Er ist nicht zärtlich genug, als daß ich deutlich erkennen könnte, daß es nicht Eitelkeit ist, die ihm den Dolch in die Hand legt. Damit kann dieses Sujet, das fruchtbarste von allen rührenden Gedanken, die die Geschichte der Liebe zu bieten hat, schnell so trivial wie eine *Blaubart*-Geschichte werden.

Ich glaube, der arme Mann, der das italienische Libretto geschrieben hat, fände meine bisherigen Betrachtungen ziemlich lächerlich; seine Aufgabe war es, uns sieben bis acht Situationen aus Shakespeares Tragödie vorzuführen und sie dem Publikum ganz deutlich zu präsentieren. Von diesen acht Situationen sollten nur zwei oder drei solche der *Wut* sein: denn die Musik kann nicht lange Zeit Wut zum Ausdruck bringen, ohne in *Langeweile* zu verfallen. Die erste Szene des englischen Othello zeigt uns Jago, wie er, zusammen mit Rodrigo, dem Mann, von dem Desdemona nichts wissen will, den Senator Barbarigo aufweckt, um ihm zu sagen, daß Othello seine Tochter entführt hat. Das wäre das Sujet für einen Chor.

In der zweiten Situation geht Othello, der seine Leidenschaft vor seinem alten Kameraden Jago rechtfertigen will, so weit, ihm das ganze Ausmaß seiner Verrücktheit zu offenbaren. Er gesteht ihm, daß seine junge Geliebte ihn Krieg und Ruhm vergessen ließ. Das wäre eine Arie für Othello.

In der dritten Szene erzählt Othello die Geschichte seiner Liebe vor dem Senat von Venedig, der in seinem Fall ein Urteil fällen soll.

Der Dichter hat es sehr geschickt arrangiert, daß eine so heikle und leicht ins Lächerliche umschlagende Erzählung *notwendig* wurde: Othello ist der Magie angeklagt; seine afrikanische Abstammung, seine dunkle Gesichtsfarbe, die Anschauungen des 16. Jahrhunderts, all das macht die Anklage plausibel, die der alte Senator Barbarigo, Desdemonas Vater, gegen ihn erhebt. Um sich zu rechtfertigen, erzählt Othello, wie schlicht er das Herz seiner jungen Gattin erobert hat; er hat ihr einfach seine Lebensgeschichte voller merkwürdiger Ereignisse und großer Gefahren erzählt. Ein Senator ruft aus: »Ich würde nicht wollen, daß meine Tochter Othellos Geschichten zu hören bekommt.« Desdemona wird von ihrem Vater herbeigeholt; das schüchterne, junge Mädchen wirft sich vor dieser erlauchten Versammlung gegen den Willen ihres Vaters in Othellos Arme. Der verstörte Senator ruft ihm zu: *»Sei wachsam, Mohr! Hast Augen du zu sehn, Den Vater trog sie, so mag's dir geschehn.«* Das fände ich ein wundervolles Quintett, in dem es um zärtliche Liebe, Wut, Rache geht, mit einem deutlichen Fortschritt in der Handlung und einem Chor von Senatoren, der sehr gerührt ist von der merkwürdigen Szene, die ihre Beratungen mitten in der Nacht unterbrochen hat; und der Zuschauer würde das alles sehr gut verstehen.

Das wären drei Szenen hintereinander, in denen Othello uns als ein bis zum Wahnsinn Verliebter gezeigt wird und die außerdem unser Interesse an seiner Liebe wecken würden, indem wir in allen Einzelheiten erfahren, wie er trotz seiner dunklen Hautfarbe Desdemonas Herz gewonnen hat, was unbedingt sein muß, denn nur bei einem Geliebten übersieht man die physischen Mängel. Wenn ein solcher Mann je seine Geliebte tötet, dann nicht aus *Eitelkeit,* diese schreckliche Idee ist für immer ausgeschlossen. Wodurch hat der italienische Librettist diesen perfekten Anfang ersetzt, in dem Othello uns die Geschichte seiner Liebe erzählt? Durch den triumphalen Auftritt eines siegreichen Generals – ein gut gewähltes, neues Mittel, das seit hundertfünfzig Jahren eine Bereicherung der großen französischen Oper darstellt und auf den erstaunten Mann aus der Provinz einen erhabenen Eindruck macht.

Auf diesen triumphalen Auftritt folgen ein Rezitativ und eine große Arie:

Ah! si per voi già sento.

Der Autor hat es nicht versäumt, uns Othello als einen ehrgeizigen Mann vorzustellen, der den von ihm besiegten Feind hochmütig verachtet. Daß Othellos Herz von Ehrgeiz erfüllt ist, war nun aber gerade die Vorstellung, die man auf keinen Fall aufkommen lassen durfte.

Nach der Feststellung dieser grausamen Abgeschmacktheit, sich einen widersinnigen Gemeinplatz auszusuchen, gibt es über das Libretto nichts mehr zu sagen. Rossinis Genius mußte diese Oper retten, und zwar nicht trotz der Dummheit des Textes – das wäre ja noch eine gewöhnliche Aufgabe gewesen –, sondern trotz des *Widersinns der Situationen*, was sehr viel schwerer ist.

Um solch ein Wunder zu wirken, mußte Rossini Vorzüge haben, die ihm vielleicht gar nicht gegeben waren. Ich gestehe, ich habe ihn schwer im Verdacht, daß er nie so geliebt hat, daß er sich deswegen *lächerlich* gemacht hat. Seitdem die große Leidenschaft in der vornehmen Gesellschaft[1] so beliebt ist, und da jeder so sein will wie die vornehme Gesellschaft, bin ich nämlich dazu verdammt, an die Liebe aus Leidenschaft nur glauben zu können, wenn sie sich durch lächerliche Wirkungen verrät.

Der arme Mozart war zum Beispiel sein ganzes Leben lang immer am Rand des Lächerlichen; allerdings war dieses Leben schon vor dem sechsunddreißigsten Geburtstag zu Ende. Selbst im fröhlichsten Sujet, der *Hochzeit des Figaro*, kann er nicht umhin, düstere und rührende Gefühle der Eifersucht zu beschwören. Erinnern Sie sich an die Arie

Vedrò mentr'io sospiro
Felice un servo mio!

und an das Duett

Crudel perchè finora?

Der Zuschauer merkt sofort, wenn diese Eifersucht zu einem Verbrechen führen würde, daß es die Raserei eines Herzens wäre, das vom schrecklichsten Schmerz gequält wird, den die Menschenseele erleiden kann, und nicht *verletzte Eitelkeit*. Nichts Vergleichbares in der Oper von Rossini; immer begegnen wir der *Wut* statt dem tiefen Unglück; immer sehen wir die verletzte Eitelkeit eines allmächtigen Wesens, das über Leben und Tod seines Opfers entscheidet, statt dem schrecklichen und des Mitleids würdigen Schmerz der leidenschaftlichen Liebe, die von dem geliebten Wesen verraten wird.

Es hätte zwei Duette mit Jago geben sollen, ein erstes, in dem das Ungeheuer die ersten Keime der Eifersucht in Othellos Herz sät. Diese perfiden Einflüsterungen Jagos hätte Othello mit leidenschaftlichen Liebeserklärungen und Lobpreisungen Desdemonas beantwortet.

Die Wut wäre dem zweiten Duett im zweiten Akt vorbehalten geblieben, und selbst in diesem hätte es zwei oder drei Momente der Rückbesinnung auf die Zärtlichkeit geben müssen. Aber der Autor des Librettos war ein viel zu gebildeter Literat, um einen Barbaren wie Shakespeare einfach nachzuahmen. Tapfer hat er den Brief ohne Anschrift gestohlen, der in Voltaires Tragödien die Lösung bringt; ein Trick, mit dem man bei uns keinen Rentier mit zweihundert Louis beim Spiel hereinlegen kann, täuscht mühelos Männer wie Orosmane, Tancredi, Othello. Aufgrund eines Vorzimmer-Patriotismus, für den man ihm in Neapel sehr dankbar war, wollte der Dichter auf die alte italienische Legende[2] zurückkommen, die Shakespeare die Vorfälle seiner Tragödie geliefert hat. Allerdings geht er mit den Vorlagen, die er plündert, so rücksichtslos um, daß es in Othellos Herz weder eine Unsicherheit noch ein kurzes Aufflackern der sterbenden Liebe gibt. Von allen Albernheiten des Librettos ist das noch die hübscheste. Der unbedeutendste Roman, der die Natur nachahmt, hätte den ehrenwerten Literaten, den zu kritisieren ich mir die Freiheit nehme, lehren können, daß das Menschenherz mehr als einen Kampf ausficht, von mehr als einem

Zweifel geplagt wird, bevor es für immer auf das höchste und größte Glück auf Erden verzichtet, in der bzw. in dem Geliebten die Vollendung zu sehen. Gerettet wird Rossinis *Otello* nur durch die Erinnerung an Shakespeare. Dieser große Dichter hat Othello zu einer Figur gestaltet, die für uns eine ebenso wirkliche historische Persönlichkeit ist wie Caesar oder Themistokles. Othellos Name ist gleichbedeutend mit leidenschaftlicher Eifersucht, wie der Name Alexanders für ungezähmten Mut steht; man könnte Alexander auf der Bühne die Flucht ergreifen lassen, wir würden ihn deswegen noch lange nicht für einen Feigling halten; statt dessen würden wir sagen: Der Dichter versteht sein Handwerk nicht. Da die Musik des *Otello* unter allen Aspekten *außer dem des Ausdrucks* wundervoll ist, fällt es uns nicht schwer, ihm den Vorzug anzudichten, der ihm fehlt; denn die plötzliche Bewunderung ist das beste Mittel, um sich einen Vorzug *vorzustellen*, den es gar nicht gibt. Das ist das bekannte Geheimnis aller italienischen Improvisatoren. Wir sind so erstaunt darüber, daß sie ebenso schnell reimen, wie sie die Worte sagen – diese Kunst dünkt uns sehr schwer –, so daß wir die Texte an dem Abend, an dem wir sie hören, fast immer für bewundernswert halten. Wir finden sie aber am nächsten Tag sehr platt, wenn irgendein indiskreter Mensch den doppelten Verrat begeht, sie aufzuschreiben und uns zu zeigen.

Im *Otello* machen wir uns, elektrisiert von den *prächtigen* Gesängen, hingerissen von der unvergleichlichen Schönheit des Sujets, unser eigenes Libretto.

Die italienischen Schauspieler können, mitgerissen von dem Zauber, mit dem Shakespeare den verhängnisvollen Namen Othello umgeben hat, nicht umhin, das Rezitativ so zu sprechen, daß es *wahr* und *schlicht* gefühlt klingt, eine Eigenschaft, die den Musikstücken Rossinis nur allzuoft abgeht. Die Schauspieler, die den Othello in Paris darstellen, sind zu talentiert, als daß ich sie als Beispiel für diesen irgendwie unfreiwilligen Effekt des großen Namens Othello zitieren könnte; aber ich kann versichern, daß die Rezitative der Desdemona immer bedeutungsschwanger vorgetragen wurden. Ganz Paris kennt den Auftritt der Madame Pasta sowie die schlichte und finstere Art, mit der sie

Mura infelici ogni dì m'aggiro!

sagt. Bei solchen Talenten kann man sich leicht Illusionen hingeben, und sehr bald schon finden wir die Partitur voller Sensibilität und mit den Spuren des Verhängnisvollen, die Vergil die Worte über Dido eingaben, sie sei schon *blaß von ihrem künftigen Tod*[3], eine Partitur, die im übrigen mit sehr viel Feuer geschrieben und ein Meisterwerk des prächtigen Stils[4] ist.

Wenn man in den Werken Rossinis unbedingt Liebe finden will, dann muß man auf sein erstes Werk *Demetrio e Polibio* (1809) zurückgreifen; im *Otello* (1816) trifft er die Töne des Herzens nur in der Rolle der Desdemona, insbesondere in dem reizenden Duett:

Vorrei che il tuo pensiero,

denn dieses Liebeslied ist *traurig* und nicht *zärtlich,* wenn ich Sie denn schon verärgern muß, indem ich in Ihren Augen vollends ins Paradoxe verfalle. Fragen Sie kokette Frauen, wieviel leichter der eine Tonfall zu treffen ist als der andere.

Von Herrn Caraffa, einem Komponisten, der ansonsten nicht so gut ist wie Rossini, gibt es (am Ende des ersten Akts der *Titans de Viganò*[5]) eine *Abschieds*-Arie, die ganz unmittelbar die Vorstellung *größter Zärtlichkeit* erweckt. Wenn Othello ein solches Duett im ersten Akt singen würde, als er Desdemona nach einem gefahrvollen Rendezvous verläßt, hätten alle Zuschauer Tränen in den Augen, und diese Zärtlichkeit würde um so rührender wirken, als der Zuschauer weiß, welcher Tod Desdemona bestimmt ist. Aus Othellos Schreien höre ich hingegen nur *Wut* heraus, genauer gesagt – und das macht es schlimmer – *Wut* aus verletzter Eitelkeit.

Das Hauptmotiv und das Crescendo der Ouvertüre sind eher durchdringend als tragisch; das Allegro ist sehr fröhlich.

Ich finde diese Idee am Anfang eines so düsteren Dramas sehr gut, denn mich interessiert *die Wandlung* in Othellos Seele. Am Anfang, als er seine Frau entführt, ist er so glücklich, und im letzten Akt, als er sie tötet, ist er ein Bild des

Jammers. Aber, ich wiederhole es, damit man diesen erhabenen Gegensatz, der in der Natur der Sache liegt – jeder, der leidenschaftlich liebt, kann ein ähnliches Schicksal erleiden –, in der Oper wiederfinden kann, muß sie mit einer lebhaften und plastischen Schilderung von Othellos Glück und seiner zärtlichen und treusorgenden Liebe beginnen. Bei einem solchen Aufbau bliebe der Ausdruck der *Wut* dem Ende des zweiten Akts vorbehalten; im dritten ist die Sache ohnehin entschieden, Othello bringt ein Opfer dar.[6]

19. Kapitel

Fortsetzung des Otello

Das Klarinettensolo in der Ouvertüre wirkt rührend, aber nicht weil ein gewöhnliches Unglück vorliegt (dies die normale Wirkung unserer effektvollen Liebeslieder). Es ist von vornehmer Anmut.

Ich finde im ersten Chor:

Viva Otello, viva il prode!

mehr Anmut und Leichtigkeit als Majestätisches und Grandioses; dieser Chor ist mit unendlich viel Geist komponiert.

Das Rezitativ von Othello, als er vortritt:

Vincemmo, o padri!

enthält in der Begleitung traurige Nuancen. In dem Augenblick, als Othello in seinem Gesang triumphiert, sagt die Begleitung: *Du wirst sterben.*

Nachdem Rossini sich nun einmal auf die Widersinnigkeiten des Librettos eingelassen hat, mußte er darauf verzichten, Othellos Glück zu schildern, und schon seiner ersten Arie:

Ah! sì per voi già sento.

melancholische Untertöne verleihen. Wenn Nozzari die Rolle des Othello sang, die Rossini für Garcia geschrieben hatte, konnte er die traurige Nuance in den Worten:

Deh! amor dirada il nembo
Cagion di tanti affanni!

so gut wie kaum ein anderer zum Ausdruck bringen. Mit seinem wunderschönen Gesicht, das etwas Imposantes und Melancholisches hat, fiel es ihm nicht schwer, den Zuschauer gewisse Effekte spüren zu lassen, an die der Schreiber des Librettos wahrscheinlich gar nicht gedacht hatte. Ich erinnere mich, daß die Neapolitaner erstaunt waren über die Schönheit der Gesten und die vollkommen neue Anmut, mit der Nozzari die Rolle des Othello spielte. Vielleicht sind auch alle

Rollen, in denen die Extreme der Leidenschaften vorkommen, leicht zu spielen. So war die Rolle des Vaters in der *Agnese* (Oper von Herrn Paër) in allen Aufführungen, die ich gesehen habe, gut gespielt; wir haben in Paris sieben oder acht gute Schauspieler, die Herren Perlet, Lepeintre, Samson, Monrose, Bernard-Léon usw. usf. Wohlgemerkt, sie brillieren alle in überladenen Rollen, während ich auf der Bühne noch keinen passablen Verliebten gesehen habe. Nur wenige Menschen kennen die Extreme der großen Leidenschaften bzw. der Lächerlichkeit; normale Verliebte treffen wir hingegen jeden Tag.

In dem Duett zwischen dem düsteren Jago und dem jungen Laffen Rodrigo:

No, non temer: serena il mesto ciglio,
Fidati all'amistà, scorda il periglio.

liegt viel Feuer.

Ich zweifle nicht daran, daß eines der großen Geheimnisse des Maestro, der dazu bestimmt ist, Rossini in Vergessenheit geraten zu lassen, das sein wird, voll und ganz und ehrlich zur Schlichtheit zurückzukehren. Wenn man so viel Kraft und Orchesterspektakel in ein einfaches Duett zwischen zwei Nebenpersonen legt, die sich einig sind, was bleibt dann noch übrig für die Wutausbrüche Othellos und seine Duette mit Jago?

Ein großes Lob verdient diese Partitur Rossinis, sein Meisterwerk im kraftvollen, deutschen Stil. Sie ist so feurig wie ein Vulkan, sagte man im *San Carlo.* Aber leider bleibt sich diese Kraft immer gleich; es gibt weder Schattierungen noch einen Übergang vom würdevollen Ernst zum Lieblichen, vom Amüsanten zum Strengen; wir werden pausenlos mit Posaunen beschallt. Diese Monotonie des Kraftvollen, das in den Augen künstlerisch wenig begabter Menschen als das Erhabene gilt, wird noch dadurch gesteigert, daß die normalen Rezitative fehlen. Die Rezitative des *Othello* sind immer obligatorisch, wie in der großen französischen Oper. Man hätte sich dieses Mittel für den letzten Akt aufsparen sollen. Viganò erweist sich in seinem *Otello*-Ballett als genialer – er war nämlich so kühn, es mit einer Fourlane[1] anfangen zu lassen.

Für den zweiten Akt hatte Viganò die gute Idee einer großen Szene im vornehm-sanften Stil. Othello gibt bei Nacht ein Fest in seinen Gärten; in dessen Verlauf wird er eifersüchtig. Deswegen ist man im letzten Akt von Viganòs Ballett des *Schrecklichen* und Kraftvollen auch noch nicht überdrüssig; alle Zuschauer hatten vielmehr bald Tränen in den Augen. Bei Rossinis *Otello* habe ich hingegen nur selten jemanden weinen sehen.

In der Pariser Aufführung des *Otello* kompensiert das wundervolle Rezitativ der Madame Pasta

Mura infelici ogni dì m'aggiro,

teilweise die Abgeschmacktheiten des Librettos bzw. des falschen Wegs, auf den es Rossini gebracht hat. Aber das ist das alleinige Verdienst von Madame Pasta; wenn dieses Rezitativ von einer großen Sängerin aus dem Norden, zum Beispiel von Madame Mainvielle, gesprochen würde, fiele es niemandem besonders auf, es hätte nicht mehr jenen schönen, süß-melancholischen Unterton, den ich an Rossinis Partitur so schmerzlich vermisse. Madame Pasta bringt bei dem Rezitativ Verzierungen, die erhaben sind; deswegen applaudiert das Publikum ihr dabei auch noch mehr als bei der Arie

O quante lagrime
Finor versai,

die aus Rossinis *Donna del Lago* übernommen wurde; der große Meister hat sie für den wunderschönen Alt von Mademoiselle Pisaroni geschrieben. Ich finde keine Worte des Lobes, die stark genug wären, um die Art und Weise zu charakterisieren, wie Madame Pasta die folgenden Worte spricht:

Ogn' altro oggetto
È a me funesto,
Tutto è imperfetto,
Tutto detesto.[2]

Glücklich die schöne italienische Sprache, in der man so etwas schreiben kann, ohne Gefahr zu laufen, übertrieben oder lächerlich zu wirken! Und doch schildern diese Worte ohne jede Übertreibung in vollkommener Naivität eine Epoche im

Gefühlsleben – um mich so gewagt auszudrücken –, die in jeder Liebe aus Leidenschaft anzutreffen ist. Diese Arie ist prachtvoll, aber ich finde sie zu tieftraurig und vor allem zu ernsthaft. Der allgemeine Eindruck der Oper wäre besser gewesen, wenn Madame Pasta eine in einem lieblichen, rührenden Stil geschriebene Arie *zärtlicher Liebe* ausgewählt hätte. Aber vielleicht hat man sich vor dem Vorwurf der Eintönigkeit gefürchtet; die Eigenschaften, die ich mir gerade für die Arie der Madame Pasta gewünscht habe, kennzeichnen nämlich das bewundernswerte Duett

Vorrei che il tuo pensiero,

das so genial ohne Ritornell beginnt. Wenn es das seltene Glück hatte, gut gesungen zu werden, hielt ich dieses Duett immer für das Meisterwerk dieser Oper. Es erinnert an die Reinheit und Schlichtheit des Stils, in dem der Komponist des *Tancredi* geschrieben hat; in der Kantilene ist es sogar noch feuriger und kühner. Ich habe es im Theater noch nie so gesungen gehört, wie man es singen kann. In einem Pariser Salon hatte ich dagegen diesen Winter das Glück, daß es von zwei französischen Stimmen erhaben gesungen wurde; ich hörte die perfekte Stimme der Madame Barilli und spürte zugleich eine Wärme des Gefühls, an der es dieser großen Sängerin manchmal mangelt.

Sehr schöne Erinnerungen an die frischen, jugendlichen Ideen des *Trancredi* gibt es auch in dem Chor

Santo imen, te guidi amore!

Er ist voll der Lieblichkeit des jugendlichen Genies und zugleich von einer ungezügelten Kraft, wie sie der junge Maestro im *Tancredi* und in *Demetrio e Polibio* noch nicht gewagt hätte. Wenn dieser Chor gut gesungen wird, ist er eines der schönsten Stücke in einem Konzert. Er ist ein weiteres Beispiel für die vollendete Einheit der deutschen Harmonie mit der Melodie der schönen Parthenope.[3] Das folgende Finale

Nel cuor d'un padre amante,

gilt im allgemeinen als eines der Meisterwerke von Rossini. Und es entspricht der Wahrheit, daß kein Rivale dieses großen Meisters ein ähnlich gutes Stück geschrieben hat. Man hat es in Paris noch nie so gehört, wie es in Neapel war. Im *San Carlo* spielte Davide den Rodrigo und Benedetto, ein ausgezeichneter Baß, den Vater von Desdemona. In Paris hat Herr Levasseur zwar eine prachtvolle Stimme, aber leider ist er schüchtern.

Davide war in

Confusa è l'alma mia

und dem ganzen Rest des Finales über jedes Lob erhaben.[4] Wie einfältig es auch klingen mag, Davide war einfach göttlich in

Ti parli l'amore
Non essermi infida.

Dieses Terzett zwischen Mademoiselle Colbrand, Davide und Benedetti war so vollkommen, wie es sich der anspruchsvollste Musikliebhaber nur wünschen kann. Manchmal vergehen Jahre, bevor selbst in den berühmtesten Theatern ein Stück so gut gesungen wird wie dieses. In Paris hatten wir zum Beispiel Galli und Madame Pasta, aber diese beiden großen Künstler waren nur in der *Camilla* von Paër gemeinsam zu hören.

Der Auftritt Othellos ist wundervoll. Endlich eine der Situationen, wie sie die Musik verlangt, und man muß Rossini zugestehen, daß er sie so feurig wie möglich gestaltet hat. Hier sind die Reichtümer im Stil und in der Harmonie à la Mozart gut angebracht. Aber nach meinem persönlichen Gefühl sollten sie hier zum erstenmal vorkommen. Garcia spielt die Rolle des Othello in Paris sehr gut, feurig und wütend; er ist ein echter Mohr.

In dem Dialog:

RODRIGO: *E qual diritto mai,*
.....
Per renderlo infedel?
OTELLO: *Virtù, costanza, amore.*

waren die beiden Tenöre Nozzari und Davide in ihrem Streit über alles Lob erhaben.

In der Kantilene zu den drei Worten »Virtù, costanza, amore« kommt Rossini Mozart gleich, das heißt er hat das Niveau dieses großen Mannes erreicht, und das in einem Genre, in dem Mozart der Vollendung am nächsten ist. Es ist unmöglich, etwas zu komponieren, das schöner und wahrer wäre, den echten Ton der Leidenschaft besser träfe und ebenso hochdramatisch ausfiele; aber man muß unbedingt Davide und Nozzari singen hören, wie sie zusammen um Perfektion ringen und sich durch den lebhaftesten Wettstreit anfeuern. Was die Partie der Desdemona anbelangt, so singt und spielt Madame Pasta sie weitaus besser als Mademoiselle Colbrand. Bewunderungswürdig singt sie

È ver: giurai.

Alle Welt kennt die Antwort:

Impia, ti maledico.[5]

Noch stärkere Effekte kann die Musik nicht erzielen. Haydn hat nichts Besseres vorzuweisen. Rossini hat diese Passage aus der *Adelina* von Generali gestohlen.

Der folgende Chor ist wundervoll:

Ah! che giorno d'onor!

Wenn der Autor des Librettos kein derart schlechter Dichter wäre, dann hätte die Musik zu den Worten:

Impia, ti maledico

zu Othellos Worten:

Geh, ich liebe dich nicht mehr,

ertönen müssen, die er vollkommen außer sich zu Desdemona sagt, als er ihr das verhängnisvolle Taschentuch zeigt, das sie gerade seinem Rivalen Rodrigo gegeben hat.

Was haben bei diesem Sujet noch der Senator *Elmiro*, Desdemonas Vater, und sein Zorn aus Ehrgeiz zu suchen? Ein leidenschaftlicher Geliebter, der die Frau verflucht, die er anbetet, und sie töten wird, ist doch ein viel rührenderes Schauspiel, das viel mehr zu Herzen geht.

Es gibt überhaupt keine echte Liebe, wie glücklich sie im

Moment auch sein mag, die diese Katastrophe nicht befürchten müßte, sie nicht irgendwie in der Ferne lauern sähe. Überhaupt sind alle großen Leidenschaften ängstlich und abergläubisch. Dieses bewunderungswürdige Aperçu hat man der ehrgeizigen Wut eines alten Senators geopfert, einer Art Kassandra, der keine Mesalliance in seiner Familie wünscht. Ich bedauere das so sehr, daß ich hoffe, es wird sich eine mitleidige Seele finden, die ein Textbuch mit gesundem Menschenverstand zu Rossinis Musik schreibt.

Incerta l'anima

bringt selten glücklich den ersten Moment der Ruhe aus Erschöpfung zum Ausdruck, der eintritt, weil das Menschenherz nicht lange so erregt sein kann, wie es nach einem schrecklichen Eindruck ist. Hier kommt Rossini sein feuriges Genie sehr zugute. Mozart fehlt es in ähnlichen Momenten etwas an Lebhaftigkeit und Schnelligkeit.

Smanio, deliro e tremo,

diese Arie der Desdemona ist ein würdiger Schluß dieses prachtvollen Finales. Ich höre jetzt auf mit meinen Lobpreisungen, sonst glaubt man noch, ich übertreibe. Die Schönheit dieses Stücks ist so überwältigend, daß ich nicht weiß, wie ich es loben oder beschreiben soll. Ich erinnere nur noch daran, daß dieses Finale, gleichgültig wieviel Erfolg es im Louvois hat, nur eine blasse Kopie sein wird. Man braucht einfach einen Davide für die Rolle des Rodrigo und einen Vater, der seine Partie mit derselben *Hingabe* singt wie Galli dies im zweiten Akt der *Gazza ladra* tut, als er vor Gericht erscheint.[6]

Zweiter Akt

Da es für die Rolle des Rodrigo keinen großen Sänger gibt, wird die Arie

Che ascolto! ohimè! che dici?

in Paris nicht gesungen. Sie ist eine glänzende Skizze der Situation, die Corneille im *Polyeucte* so kraftvoll wiedergegeben hat: der Schmerz eines Liebenden, der auf dem Höhepunkt seiner Leidenschaft erfährt, daß die Frau, die er liebt, mit einem anderen verheiratet ist. Hier erhält Rodrigo diese verhängnisvolle Botschaft aus dem Munde Desdemonas.

In dem großen Duett zwischen Othello und Jago:

Non m'inganno, al mio rivale,

läßt uns der ansonsten so grausame Librettist endlich eine Situation dieses schönen Sujets genießen. Wir sehen, wie Jago den unglückseligen Othello in den Abgrund mitreißt. Die Musik ist sehr gut. Der Dialog:

JAGO: *Nel suo ciglio il cor li vedo.*
OTELLO: *Ti son fida ... Ahimè! che vedo?*
JAGO: *Quanta gioia io sento al cor.*

Bei der gestrigen Aufführung (26. Juli 1823), einer der besten, die Madame Pasta je gegeben hat, wurde die Rolle des Jago endlich gut gespielt von einem Anfänger, der die Unterstützung des Publikums[7] verdient; er hat die so wahre Kantilene

Già la fiera gelosia

sehr gut gesungen.

Dagegen ist es schwer, noch Worte zu finden für den ärgerlichen Zwischenfall bei dem Terzett

Ah, vieni, nel tuo sangue,

das Davide und Nozzari in Neapel so göttlich gesungen haben. Einzig Madame Pasta ist auf demselben Niveau wie die Musik am Ende des schönen Terzetts

Tra tante smanie e tante.

Die Art und Weise, wie sie ohnmächtig wird, ist sehr schön schlicht und natürlich. Es gelingt ihr, einen trivialen Unfall auf der Bühne interessant zu machen – ein Unfall, der vielleicht zu den natürlichen Wirkungen zählt, die, von der modernen Ironie entweiht, nur noch in der Wirklichkeit rührend sind und deswegen im Drama nicht mehr verwendet werden sollten.

Es gibt eine sehr schöne Orchesterpassage im *Agitato* der

Arie der Desdemona bei der Ankunft der Frauen aus ihrem Gefolge:

Qual nuova a me recate?

In dieser Arie gibt es einen Moment der Freude mit einem schönen Effekt, und zwar vor allem wegen des Kontrasts mit dem düsteren und schrecklichen Ausdruck des ganzen zweiten Akts:

Salvo del suo periglio?
Altro non chiede il cor.

Rossini ist noch einmal musikalisch auf der Höhe der Situation in der Passage, die in Paris dank Madame Pasta so berühmt ist:

Se il padre m'abbandona.

Das ist einer der Momente, in denen ich die Überlegenheit dieser großen Schauspielerin über Mademoiselle Colbrand am offenkundigsten gespürt habe.

Wenn wir uns nicht schon an den Geist des Librettisten gewöhnt hätten, würden wir ihn hier noch einmal fragen: Was soll hier der Schmerz eines Vaters? Begreifen Sie doch endlich, daß das Menschenherz nur eine große Leidenschaft auf einmal empfinden kann und daß die von ihrer Familie verlassene Desdemona, die ihren guten Ruf verloren hat, die Worte:

Se Otello m'abbandona
Da chi sperar pietà?

nicht an ihren Vater richten sollte, sondern an ihren vor Eifersucht rasenden Geliebten.

Im dritten Akt sind die Situationen viel besser als in den beiden anderen. Die verschiedenen Stadien des Leidens der armen Desdemona sind recht kunstvoll miteinander verknüpft. Spät in der Nacht erscheint sie in ihrem Zimmer; sie gesteht ihrer Freundin die düsteren Gedanken, die sie bei der Neuigkeit von Othellos Exil beschleichen – der Rat der Zehn hat ihren Gemahl nämlich gerade aus Venetien verbannt. Man hört einen Gondoliere, der bei seiner Fahrt über die Lagune jene schönen Verse von Dante singt:

Nessun maggior dolore
Che ricordarsi del tempo felice
Nella miseria.[8]

Außer sich tritt Desdemona ans Fenster und ruft in die Nacht hinaus: Wer bist du, der du so singst? Daraufhin gibt ihr die Freundin die rührende Antwort:

È il gondoliere che cantando inganna
Il cammin sulla placida laguna
Pensando ai figli, mentre il ciel s'inbruna.

Dieses kurze obligatorische Rezitativ ist schön geschrieben. Der Gesang des Gondoliere erinnert die junge Venezianerin an das Los der treuen Sklavin aus Afrika, die ihr Kindermädchen war und fern der Heimat gestorben ist. Desdemona läuft unruhig in ihrem Zimmer auf und ab, sie bleibt bei der Harfe stehen, die in den großen italienischen Theatern auf der linken Seite der Bühne fest montiert ist. Das Bett, der Ort des Verhängnisses, steht in der Mitte. Desdemona gibt der Versuchung nach, bei ihrer Harfe stehenzubleiben; sie singt das Liebeslied ihrer Amme, der afrikanischen Sklavin:

Assisa al piè d'un salice.

Man hätte diesen Gesang kaum geschickter herbeiführen können, das muß zum Ruhme des Librettisten gesagt sein (Herr Marquis Berio ist im übrigen ein ebenso liebenswürdiger Mann der Gesellschaft wie ein talentloser Dichter). Zum Ruhme Rossinis läßt sich hier wenig sagen. Diese Romanze ist gut geschrieben, in artigem Stil, das ist auch schon alles. Ihre große Wirkung verdankt sie der Situation und in der Pariser Aufführung der bewundernswerten Art, in der Madame Pasta sie spielt.

Inmitten der Romanze vergißt die vor Schmerz ganz verstörte Desdemona den Gesang ihrer Amme. In dem Augenblick kommt ein starker Windstoß und zerbricht eine Scheibe des gotischen Fensters in ihrem Zimmer; der einfache Unfall erscheint der Armen als ein unheilverkündendes Vorzeichen.[9] Einen Moment lang singt sie die Romanze weiter, aber vor lauter Tränen kann sie nicht fortfahren. Eilends geht sie von der Harfe weg und verabschiedet ihre Freundin. Es ist unmöglich, in dieser Situation nicht an Mozart zu denken, und hier ist diese Erinnerung tiefes Bedauern.[10]

Allein zurückgeblieben in dieser schrecklichen Nacht – die Donnerschläge erschüttern weiterhin den Palast, in dem sie wohnt –, richtet Desdemona ein kurzes Gebet gen Himmel; der Gesang ist nicht ganz das, was er sein könnte, aber er ist dennoch viel besser als die Romanze.

Sie geht zu ihrem Bett, die Vorhänge fallen, so daß sie nicht mehr zu sehen ist.

An dieser Stelle wird in den großen italienischen Theatern ein Ritornell gespielt, das in Paris wegen der jämmerlichen Kleinlichkeit des Bühnenbildes im Louvois nicht gegeben werden konnte. Während dieses Ritornells sieht man ganz im Hintergrund der Bühne Othello mit einer Lampe in der Hand und seinem blanken Türkendolch unter dem Arm eine enge Stiege in einem Türmchen zur Wohnung seiner Freundin hinabsteigen. Durch diese Wendeltreppe wird der Effekt erzielt, daß Othellos auffallendes, von der Lampe erleuchtetes Gesicht inmitten der weitläufigen Dunkelheit mehrmals verschwindet, um alsbald wieder aufzutauchen, je nach den Windungen der kleinen Stiege, die er hinuntergehen muß. An der blanken Klinge des Dolches, die manchmal von der Lampe beschienen aufleuchtet, sieht der Zuschauer, was Othello vorhat, und erstarrt vor Entsetzen. Othello kommt endlich nach vorne, er nähert sich dem Bett und schiebt die Vorhänge auseinander. Von hier an erübrigt sich jede Beschreibung. Man muß sich an das wunderschöne Gesicht und das tiefe Gefühl Nozzaris erinnern. Othello stellt seine Lampe hin; ein Windstoß löscht das Licht. Er hört, wie Desdemona im Schlaf ausruft: *Amato ben!* Die Blitze folgen jetzt rasch aufeinander, wie bei einem Gewitter in südlichen Ländern, sie erleuchten das unheilvolle Zimmer. Glücklicherweise kann der Zuschauer die Dummheit nicht hören, die der Librettist verbrochen hat, der in einem solchen Moment immer noch geistreich sein will. Othello ruft:

Ah! che tra i lampi, il cielo
A me più chiaro il suo delitto addita![11]

Desdemona wacht auf. Es folgt ein Duett, das der Situation kaum angemessen ist. Othello ergreift seinen Dolch, Desdemona flieht zu ihrem Bett hin; dort angelangt, bekommt sie den tödlichen Stoß. Die Vorhänge verbergen das grausame Spektakel im Hintergrund der Bühne. Im selben Augenblick hört man laut an der Tür klopfen, der Doge erscheint ... Der Rest des Dramas ist bekannt.

Bei einer Vorstellung des *Otello* in Venedig, an einem jener Abende voller Traurigkeit oder eher nachdenklicher Melancholie, die es in südlichen Ländern inmitten des glücklichsten Lebens gibt, erzählte uns Madame Gherardi aus Brescia zum Thema Unglück, das wahre Liebende verfolgt, die Geschichte von Hortensia und Stradella. Sie beeindruckte uns sehr, vielleicht wirkt sie auf den Leser nicht so stark; die Geschichte ist im übrigen sehr bekannt. Trotz alledem schreibe ich sie jetzt auf. Hier wird nichts als die Wahrheit erzählt; die Handlung ist historisch verbürgt, sie schildert die Sitten und sogar die Regierung von Venedig.

Alessandro Stradella war im Jahre 1650 der berühmteste Sänger von Venedig und ganz Italien. Damals war die Musik sehr einfach komponiert; der Maestro schrieb nur einen Entwurf; der Sänger war sehr viel schöpferischer als heutzutage, und er mußte mit seinem Genie fast alles erfinden, was er ausführte. Rossini war der erste, der sich dazu entschieden hat, alle Verzierungen, alle *fioriture*, die der Sänger ausführen muß, genau zu notieren. Um das Jahr 1650 war man in Italien davon noch weit entfernt. Infolgedessen hing der Reiz der Musik sehr viel mehr von der Person des Sängers ab, und damals fand man, daß keiner der anderen Sänger, die damals in Mode waren, Stradella auch nur annähernd gleichkam. Er war sprichwörtlich der Herr über die Herzen seiner Zuhörer. Um seinen Ruhm zu genießen, kam er nach Venedig, damals die glänzendste Stadt Italiens und diejenige, die für ihre Vergnügungen ebenso berühmt war wie für ihre galanten Sitten. Begeistert wurde Stradella in den vornehmensten Häusern empfangen, und die Damen des Hochadels stritten sich um das Privileg, bei ihm Stunden zu nehmen. In der vornehmen Gesellschaft traf er Hortensia, eine verwitwete Römerin von hoher Geburt, der ein vornehmer Herr aus einer der mächtigsten Familien der Republik Venedig öffentlich den Hof machte. Stradella erreichte sein Ziel, von ihr geliebt zu werden. Sein Porträt zeigte Madame Gherardi uns im Palast einer ihrer Freundinnen am Tag, nachdem sie uns seine Geschichte erzählt hatte. Der Mann hatte ein wunderschönes Gesicht, das von tiefer Melancholie gezeichnet war, und große, schwarze Augen mit dem *verhaltenen Feuer*, das so viel Eindruck macht. Dank der in Tizians und Giorgiones Schulen in der Kunst des Porträts in Venedig erreichten Vollendung können wir uns auch heute noch ein genaues Urteil über Stradellas Aussehen erlauben. Man kann sich mühelos vorstellen, daß ein solcher Mann, der überdies ein so großes Talent hatte, leidenschaftlich geliebt wird und einen reichen und vornehmen Venezianer ausstechen kann, obwohl er selbst nicht vermögend ist. Stradella entführte Hortensia aus dem Haus des vornehmen Herrn. Den beiden Liebenden blieb von da an nichts anderes übrig, als so schnell wie möglich das Territorium der Republik Venedig zu verlassen. Sie zogen sich nach Rom zurück, wo sie sich als Ehepaar ausgaben. Da sie die Rache des Venezianers fürchteten, begaben sie sich aber nicht auf direktem Wege in Hortensias Heimat; sie machten große Umwege und bezogen nach ihrer Ankunft in Rom eine Wohnung in einem verlassenen Stadtteil und vermieden es, an vielbesuchten Plätzen zu erscheinen. Die gedungenen Mörder, von denen der vornehme Venezianer sie verfolgen ließ, brauchten lange, um sie zu entdecken. Nachdem sie sie vergeblich in den größten Städten Italiens gesucht hatten, kamen sie eines Abends nach Rom. Dort gab es in San Giovanni im Lateran eine große Messe mit musikalischer Begleitung; sie betraten die Kirche inmitten der Menschenmenge und sahen Stradella. Entzückt, daß sie ihr Opfer endlich gefunden hatten, und zwar in dem Moment, wo sie schon fast nicht mehr geglaubt hatten, es je anzutreffen, beschlossen sie, keine Zeit mehr zu verlieren und den Auftrag, für den man sie bezahlte, beim Verlassen der Kirche San Giovanni zu erledigen; sie durchkämmten die ganze Kirche, um Hortensia unter den Zuschauern zu finden. Sie waren mit der Suche noch vollauf beschäftigt, als Stradella nach den gewöhnlichen Künstlern, die andere Stücke ausgeführt hatten, endlich zu singen begann. Sie blieben stehen und hörten sich wider Willen diese wundervolle Stimme an. Und schon nach wenigen Augenblicken waren die Mörder gerührt. Es gab auf der Welt nur einen Künstler von dieser Perfektion, und sie sollten eine so rührende Stimme für immer zum Schweigen bringen! Sie bekamen Gewissensbisse, sie vergossen Tränen, und als Stradellas großes Stück noch nicht zu Ende war, dachten sie nur noch daran, die Liebenden zu verschonen, die umzubringen sie beim Empfang ihres Lohns auf das Evangelium ebenso geschworen hatten wie selbst zu sterben, wenn sie ihren Auftrag nicht erfüllten. Nach der Zeremonie warten sie vor der Kirche lange auf Stradella; schließlich sehen sie, wie er durch eine kleine, versteckte Tür mit Hortensia hinausgeht. Sie gehen auf ihn zu, danken ihm für das Vergnügen, das er ihnen bereitet hat, und gestehen ihm, daß er sein Leben dem nachhaltigen Eindruck verdankt, den seine Stimme auf sie gemacht hat, sowie der Rührung, die sie daraufhin ergriffen hat; sie klären ihn auf über den schrecklichen Beweggrund ihrer Reise und raten ihm, Rom unverzüglich zu verlassen, damit sie dem eifersüchtigen Venezianer glaubhaft versichern können, sie seien zu spät gekommen.

Stradella und seine Freundin begreifen die ganze Tragweite dieses Ratschlags, mieten ein Schiff, schiffen sich noch am selben Abend auf dem Tiber ein, fahren übers Meer nach La Spezia und gelangen von dort aus auf verschlungenen Pfaden nach Turin. Der vornehme Venezianer erhält seinerseits einen Bericht seiner *buli*, wird darüber nur noch wütender, beschließt, sich jetzt selbst zu rächen, und begibt sich hierzu zunächst nach Rom zu Hortensias Vater. Er gibt dem alten Mann zu verstehen, daß er sich von seiner Schande nur mit dem Blut seiner Tochter und ihres Entführers reinwaschen kann. In den mittelalterlichen Republiken war bei den Italienern der heutzutage völlig vergessene Geist der Rache noch gang und gäbe. In diesen wilden Zeiten war dieser Geist die Ehre, die einzige Ergänzung zu den Gesetzen, die einzige Möglichkeit, die persönliche Sicherheit zu verteidigen[12] in einem Land, wo das Duell lächerlich gewirkt hätte. Der vornehme Venezianer und der Alte ließen Nachforschungen in allen Städten Italiens anstellen. Als sie endlich aus Turin erfuhren, daß Stradella sich dort aufhielt, nahm der alte Römer, Hortensias Vater, zwei für ihre Geschicklichkeit berühmte Mörder mit, besorgte sich Empfehlungsschreiben für den Herrn Marquis de Villars, der damals französischer Gesandter am Turiner Hof war, und reiste ab ins Piemont.

Durch seine Abenteuer in Rom gewarnt, hatte Stradella seinerseits einiges unternommen, um Unterstützung zu bekommen. Aufgrund seines Talents hatte er die Protektion der Herzogin von Savoyen, der damaligen Regentin, erhalten. Um das Liebespaar vor der Wut seiner Feinde in Schutz zu nehmen, schickte sie Hortensia in ein Kloster, verlieh Stradella den Titel ›Erster Sänger‹ und besorgte ihm eine Wohnung in ihrem Palast. Diese Vorsichtsmaßnahmen schienen zu genügen, und die Liebenden genossen nun schon mehrere Monate die vollendete Ruhe; sie begannen zu glauben, daß der vornehme Venezianer nach dem Abenteuer von Rom überdrüssig sei, sie zu verfolgen, bis Stradella eines Abends, als er auf den Stadtmauern von Turin Luft schnappen wollte, von drei Männer angegriffen wurde, die ihn mit einem Dolchstoß in der Brust zurückließen, weil sie ihn tot glaubten. Es waren der alte Römer, Hortensias Vater, und die beiden von ihm gedungenen Mörder; nach ihrem Verbrechen suchten sie Zuflucht im Palast des französischen Gesandten. Da Herr de Villars sie nach einem Mord, der in Turin die Neuigkeit des Tages war, weder beschützen noch der Justiz ausliefern wollte, nachdem sein Palast ihnen als Ort der Zuflucht gedient hatte, entschied er sich dafür, sie flüchten zu lassen.[13]

Entgegen allem Anschein genas Stradella dennoch von seiner Verletzung, er konnte aber nicht mehr singen. Der Venezianer mußte zum zweiten Mal mitansehen, wie seine Pläne scheiterten, gab das Vorhaben, sich zu rächen, deswegen aber nicht auf. Vorsichtig geworden durch den mangelnden Erfolg, nahm er allerdings zuerst einen unauffälligen Namen an; er ließ sich in Turin nieder und begnügte sich eine Zeitlang damit, Hortensia und ihrem Geliebten nachzuspionieren.

Vielleicht wundern Sie sich über die Hartnäckigkeit, aber so begriff man nun einmal die *Ehre* in der damaligen Zeit; hätte der vornehme Venezianer seinen Plan, sich zu rächen, aufgegeben, so hätte man ihn verachtet.[14]

So verging ein Jahr; immer tiefer gerührt vom Schicksal der beiden Liebenden, setzte die Herzogin von Savoyen alles daran, deren Beziehung zu legitimieren und durch den Stand der Ehe segnen zu lassen. Nach der Hochzeitszeremonie bekam Hortensia, die sich in ihrem Kloster langweilte, Lust, die Riviera von Genua zu sehen; Stradella führte sie dorthin. Am Tag nach ihrer Ankunft in Genua fand man die beiden erdolcht in ihrem Bett auf.

Zweiter Teil

20. Kapitel

La Cenerentola

Ich habe die *Cenerentola* zum ersten Mal in Triest gehört, göttlich gesungen von Madame Pasta, die in der Rolle des Aschenbrödels ebenso amüsant war wie sie in der des Romeo tragisch ist, von Zuchelli, dessen prachtvolle, reine Stimme das Pariser Publikum leider nicht genug zu schätzen weiß, und schließlich von dem herrlichen Buffo Paccini.

Man findet kaum eine besser inszenierte Oper. Dieser Meinung war jedenfalls das Publikum von Triest; statt der dreißig Vorstellungen der *Cenerentola*, die Madame Pasta geben sollte, verlangte es nämlich hundert.

Trotz des Talents der Schauspieler und der Begeisterung des Publikums, die für das musikalische Vergnügen so wichtig ist, bereitete mir die *Cenerentola* keinerlei Vergnügen. Am ersten Tag glaubte ich, ich sei krank; bei den folgenden Vorstellungen, die mich inmitten eines vor Freude trunkenen Publikums eiskalt ließen, mußte ich mir allerdings eingestehen, daß mein Unglück einen persönlichen Grund hat. Die Musik der *Cenerentola* scheint mir zu wenig vom *Ideal des Schönen* zu haben.

Es gibt Zuschauer, die wenig auf den Vorzug einer überwundenen Schwierigkeit achten und denen die Musik nur wegen der romantischen und glanzvollen Illusionen gefällt, in denen sie ihre Phantasie wiegt. Wenn die Musik schlecht ist, gibt sie der Vorstellungskraft nichts; wenn sie ohne *Ideal* ist, bringt sie Bilder, die als niedrig anstößig wirken, woraufhin die zurückgestoßene Phantasie anderswohin fliegt. Wenn ich die *Cenerentola* auf dem Plakat sehe, würde ich gerne wie der Marquis von Moncada sagen: Heute abend mische ich mich unter den Pöbel. Diese Musik lenkt meine Phantasie beständig auf Leiden und Freuden, die aus Eitelkeit entspringen, auf das Glück, in schönen Kleidern auf den Ball zu gehen oder von einem Prinzen zum Butler ernannt zu werden. Da ich nun aber in Frankreich geboren bin und dort lange Zeit gelebt habe, gebe ich zu, daß ich der Eitelkeit ebenso überdrüssig bin wie der Enttäuschungen aus Eitelkeit, der Prahlereien und der fünf- bis sechshundert Vaudevilles über enttäuschte Eitelkeit, die ich über mich ergehen lassen mußte. Seit dem Tod der letzten genialen Männer, d'Eglantine und Beaumarchais, dreht sich unser ganzes Theater immer nur um eines: die Eitelkeit. Die ganze Gesellschaft (oder zumindest über 90 Prozent und davon wiederum die gewöhnlichen Elemente) wird nur aus einem einzigen Beweggrund, der Eitelkeit, tätig. Ich glaube, man kann dieser Leidenschaft, die bei uns alle anderen ersetzt, ein wenig überdrüssig sein, ohne Frankreich deswegen nicht mehr zu lieben.

Ich ging nach Triest, um etwas Neues zu erleben; als ich die *Cenerentola* sah, glaubte ich, ich sei noch in Paris im *Gymnase*.

Die Musik vermag nicht *schnell zu reden*; sie kann die flüchtigsten Schattierungen der Leidenschaften schildern, die die größten Schriftsteller mit ihrer Feder nicht festhalten können; man kann sogar sagen, das Reich der Musik beginnt da, wo das Reich des Wortes aufhört; was sie schildert, kann sie aber nicht *nur halb* zeigen. Insofern hat sie dieselben Nachteile wie die Bildhauerei im Wettstreit mit ihrer Schwester, der Malerei; die meisten Gegenstände, die wir im wirklichen Leben erstaunlich finden, sind der Bildhauerei versagt, weil sie unglücklicherweise nichts *nur halb* darstellen kann. Ein berühmter Krieger in seiner Rüstung ist prachtvoll, wenn er von Paolo Veronese oder Rubens gemalt ist; aber nichts ist lächerlicher und schwerfälliger als derselbe Krieger als Skulptur. Schauen Sie sich die Statue Heinrichs IV. im Hof des Louvre an.[1]

Ein Tor berichtet hochtrabend und falsch über ein vorgebliches Gefecht, in dem er sich mit Ruhm bedeckt haben will; der Gesang ist *ehrlich* und schildert uns die glorreichen Taten, aber die Begleitung macht sich über ihn lustig. Cimarosa hat zwanzig Meisterwerke über Begebenheiten dieser Art geschrieben.

Die Melodie vermag also nicht, unsere Vorstellungskraft *nur halb* auf eine Schattierung der Leidenschaft zu lenken; dieser Vorzug ist der Harmonie vorbehalten, aber wohlgemerkt, die Harmonie kann nur *schnelle* und *flüchtige* Nuancen schildern. Wenn sie die Aufmerksamkeit zu lange in Anspruch nimmt, erschlägt sie den Gesang wie bei gewissen Passagen von Mozart; und wenn die Harmonie ihrerseits die Hauptrolle spielt, kann sie, was sie ausmalt, auch nicht *nur halb* schildern. Ich bitte Sie um Entschuldigung für diese kurze metaphysische Abschweifung, die ich mit einem Klavier etwas verständlicher darlegen könnte.[2]

Ich versuchte zu erklären, wieso die Musik sich nur schlecht eignet, die *Freuden der Eitelkeit* und all die anderen kleinen französischen Schwindeleien wiederzugeben, die den Pariser Theatern seit zehn Jahren so viele *äußerst amüsante* Stücke bescheren[3], die man sich aber keine drei Mal ansehen kann.

Die Freuden der Eitelkeit beruhen auf einem lebendigen und raschen Vergleich mit *den anderen*. Man braucht *die anderen* unbedingt; das allein genügt, um die Vorstellungskraft zu lähmen, denn deren mächtiger Flügel erhebt sich nur in der Einsamkeit und im vollkommenen Vergessen *der anderen*. Eine Kunst, die nur über die Phantasie wirkt, dürfte sich also nicht einfallen lassen, die Eitelkeit zu schildern.

Die *Cenerentola* ist aus dem Jahre 1817; Rossini schrieb sie in Rom für die Karnevalssaison im Theater Valle (vom 26. Dezember 1816 bis Mitte Februar 1817). Ihm standen ziemlich unbekannte Sänger zur Verfügung, die Damen Righetti und Rossi, der Tenor Guglielmi und der Buffo De Begnis.

Die Introduktion der *Cenerentola* besteht aus dem Gesang der drei Schwestern: die älteste versucht einen Tanzschritt vor ihrem großen, beweglichen Standspiegel; die zweite rückt eine Blume in ihrem Haar zurecht; das arme Aschenbrödel bläst getreu der Rolle, in der wir es seit unserer Kindheit kennen, das Kaminfeuer an, um Kaffee zu kochen. Diese Introduktion ist sehr amüsant; der Gesang von Aschenbrödel ist rührend, aber wie das ganze Drama nur rührend durch ein gemeines Unglück. All das scheint nach dem französischen Sprichwort: *Glissons, n'appuyons pas* (Gehen wir darüber hinweg, insistieren wir nicht) geschrieben zu sein. Diese Musik ist außerordentlich rossinisch. Nie haben Paisiello, Cimarosa oder Guglielmi diesen Grad von Leichtigkeit erreicht.

Una volta, e due, e tre!

Der Gesang zu diesen Worten kommt mir vollkommen trivial vor. In diesem Augenblick fängt die Musik der *Cenerentola* immer an, mir zu mißfallen, und dieser Eindruck, der nie ganz verschwindet, macht sich oft mit neuer Kraft wieder geltend. Um mich zu trösten, daß ich inmitten eines ganz fröhlichen Parketts traurig war wie ein Engländer, habe ich in Triest aus meinen Empfindungen geschlossen, daß die Musik auch ihr *Ideal des Schönen* hat; die Situationen, an die sie uns denken läßt, die Bilder, die sie unserer Vorstellungskraft aufdrängt, dürfen nicht zu gewöhnlich sein. Ich kann mich an die Komödien des Herrn Picard nicht gewöhnen, ich verachte seine Helden zu sehr; ich leugne zwar nicht, daß es viele *Philiberts* und *Jacques Fauvels* auf der Welt gibt, aber ich bestreite, daß ich jemals das Wort an sie richte.

Wenn ich den Gesang

Una volta, e due, e tre!

höre, glaube ich immer, ich befände mich im Hinterzimmer eines Ladens in der Rue Saint-Denis. Ein Pole oder ein Einwohner von Triest kann diese unangenehme Vorstellung gar nicht haben. Was mich betrifft, so wünsche ich von ganzem Herzen, man möge in den Hinterzimmern aller Läden Frankreichs glücklich sein, aber ich kann deren Bewohner nicht zu meiner Gesellschaft machen; ich würde ihnen noch mehr mißfallen als sie mir.

Wenn die Kavatine des Don Magnifico,

Miei rampolli feminini,

von Galli oder Zuchelli gesungen wird, dann herrscht die verschwenderische Fülle einer schönen Stimme. Dieses Stück hat viel Erfolg, weil es uns den Reiz schöner, voller und sonorer Baßtöne lebhaft spüren läßt, im übrigen ist es im Stil Cimarosas, allerdings ohne dessen Genie.

Das Duett von Ramiro, des verkleideten Prinzen in der *Cenerentola* tröstet mich einigermaßen für die Kavatine des Don Magnifico; die Anmut ist wieder ein wenig die der Ninas aus der Rue Vivienne, aber an einer schönen Frau gefällt einem alles, die Schönheit läßt sogar den vulgären Tonfall vergessen. Reizvoll ist auch

Una grazia, un certo incanto;

ich finde sehr viel Geist in

Quel ch'è padre non è padre
.....
Sta a vedere che m'imbroglio.[5]

Endlich lernen wir Rossinis Talent in seiner vollen Kraft und von seiner glänzenden Seite kennen. Wie sehr müssen Leute von feiner Empfindung es bedauern, daß er all seinem Geist nicht mehr Vornehmheit beigemischt hat! Man muß daran denken, daß diese Oper für die Römer geschrieben wurde, diejenigen Italiener, aus deren Bräuchen im Laufe von drei Jahrhunderten päpstlicher und weltlicher Herrschaft in der Art eines Alexander VI. und Ricci[5] jede Vornehmheit und Größe[6] verbannt worden sind.

Die Kavatine des Kammerdieners Dandini, der als Prinz verkleidet auftritt,

Come il ape ne' giorni d'aprile,

ist äußerst amüsant. Hier ist der Stil der Antichambre am Platz; Musik und Libretto haben gerade den Anstrich von Vulgarität, der nötig ist, um uns an Dandinis Stand zu erinnern, ohne anstößig zu wirken. Bei Cimarosa bekommen wir eher die Leidenschaften der subalternen Figuren zu sehen als die sozialen Gewohnheiten, die sie aufgrund ihrer Stellung in der Gesellschaft angenommen haben; nur kommen ihre Leidenschaften wegen ihrer niedrigen Stellung nicht so recht zum Zuge.

Diese Kavatine, ein gutes Konzertstück für eine Baßstimme, wird in Paris von dem ausgezeichneten Pellegrini oft herrlich gesungen. Mit unendlich viel Anmut und ganz und gar verführerischen *fioriture* singt er:

Galoppando s'en va la ragione
E fra i colpi d'un doppio cannone
Spalancato è il mio core di già,
(Ma al finir della nostra commedia ...)

Die Schnelligkeit, mit der er den letzten Vers singt, ist mitreißend. Der italienische Autor (Herr Feretti, Römer) war, wie man sieht, so klug, den französischen Geist seines Originals nicht einfach zu kopieren, das war mutig von ihm. Denn man weiß zur Genüge, daß *Cendrillon* eines der hübschesten Werke von Herrn Etienne ist.

Nach diesen, wenn nicht niedrigen, so doch äußerst gewöhnlichen Ideen, die diese Oper uns bislang präsentiert und die Rossini eher verstärkt als abgemildert hat, erquickt sich die Seele am Spiel der Madame Pasta und an ihrer kindlichen Leidenschaft; sie läuft ihrem Vater nach, hält ihn am Rockschoß seines bestickten Gewandes und singt dabei:

Signor, una parola!

Ich gestehe, daß dieses Quintett mir viel Vergnügen bereitet; wie in der Malerei so brauche ich auch in der Musik etwas Vornehmes, und ich habe die Ehre, in bezug auf die *Téniers* derselben Meinung zu sein wie Ludwig XIV.

Der Gesang

La bella Venere
Vezzosa, pomposetta!

mußte schon von Madame Pasta vorgetragen werden, damit ich ihm seine Trivialität verzeihen konnte.

Dieses unangenehme Kolorit verschwindet plötzlich in

(Ma vattene) Altezzissima!

Bei Don Magnifico kommt die Leidenschaft zum Ausbruch, und sofort übersehe ich die Trivialität seiner Gewohnheiten. Gallis schöne Stimme ist in dem Moment entzückend.

Sehr angenehm ist der Gesang:

Nel volto estatico
Di questo e quello,

obgleich er immer noch etwas gewöhnlich ist.

Der Abgang Don Magnificos in der folgenden Szene gab Galli noch einmal Gelegenheit, in dem Vers

Tenete allegro il re: vado in cantina.[7]

seine wundervolle Stimme bewundern zu lassen.

Er unterstrich die Bedeutung des Worts *cantina* (Keller), indem er mit seiner herrlichen Stimme bis zum tiefen *a* hinunterging.

Das Finale des ersten Akts beginnt mit einem Chor der Höflinge des Prinzen, die den halb betrunkenen Don Magnifico aus dem Keller hochtragen, und geht weiter mit der Arie von Don Magnifico; es ist voll und ganz im alten Buffo-Stil von Cimarosa, allerdings ohne dessen Leidenschaft. Ich habe vielleicht schon zu oft gesagt, daß das Fehlen der Leidenschaft bei niedrigen Charakteren plötzlich das Abstoßende, das ihr Stand an sich haben kann, zum Vorschein bringt, und ich gebe zu, daß ich Tiercelin im *Coin de Rue* oder im *Enfant de Paris* kein zweites Mal sehen kann.

Die Arie des Don Magnifico

Noi don Magnifico,

ist wie üblich geistreich statt leidenschaftlich, und in der Musik kann Geistreiches durchaus ein wenig platt wirken. Ich finde in dieser Arie nur schöne Töne, aber weder Schwung noch Genie; dabei meine ich, daß die Farce keine Mittelmäßigkeit duldet. Das folgende Duett ist dagegen hinreißend; in Triest sagte man, es sei das Meisterwerk der Oper. Ramiro fragt Dandini, seinen als Prinz verkleideten Kammerdiener, was er von dem Charakter der beiden Töchter des Barons halte:

Zitto, zitto; piano, piano.

Der Part des Tenors (Ramiro) ist von herrlicher Frische und voll und ganz im Einklang mit den Gefühlen eines jungen Prinzen, dem der ihn beschützende Zauberer enthüllt hat, daß eine der Töchter des Barons seiner Wünsche würdig ist; der Zauberer meint Aschenbrödel. Die Schnelligkeit dieses Duetts ist ebenso unnachahmlich wie seine Lebhaftigkeit, es ist ein Feuerwerk. Nie zuvor hat die Musik die Seele der Zuschauer so schnell und erfolgreich mit neuen und ungewöhnlichen Empfindungen überflutet.

Wenn jemand unter gewöhnlichen Umständen dieses Duett hört, kann er nicht umhin, fröhlich zu sein; er spürt, wie ihm die drolligsten Einfälle in den Sinn kommen oder vielmehr sein Entzücken über das Glück, in dessen Genuß ihn diese Ideen bringen. Das Quartett, das durch die Ankunft der beiden Schwestern zustande kommt, hat hübsche Passagen von großer dramatischer Wahrheit:

Con un' anima plebea!
Con un' aria dozzinale!

Anmutig und vor allem sehr geistreich ist die Arie der Cenerentola, als sie den Salon betritt:

Sprezza quei don che avversa.

Der zweite Akt beginnt mit einer Arie von Don Magnifico, in der er uns erzählt, wenn eine seiner Töchter die Frau des Prinzen werde, dann würden alle Güter dieser Erde auf ihn herabregnen:

Già mi par che questo e quello
Confinandomi a un cantone
E cavandosi il cappello
Incominci: Ser barone
Alla figlia sua reale
Porterebbe un memoriale?
Prendrà poi la cioccolata,
È una doppia ben coniata.
Faccia intanto scivolare
Io rispondo: Eh si vedremo;
Già è di peso?[8] *parleremo ...*

Der verliebte Ramiro singt eine angenehme und sehr amüsante Arie, in der er schwört, seine Schöne zu finden,

Se fosse in grembo a Giove;[9]

dieses brillante Stück für eine hübsche Tenorstimme paßt ausgezeichnet in ein Konzert. In diesem Zusammenhang möchte ich bemerken, daß die Nachahmer Rossinis Schnelligkeit übernommen haben – so etwas läßt sich in der Musik auch leicht kopieren –, aber sie haben es nie vermocht, seinen Geist nachzuahmen.

Das folgende Duett

Un segreto d'importanza

ist die Vollendung der Kunst der Nachahmung. Sehr wahrscheinlich gäbe es dieses Duett nicht ohne das

Se fiato in corpo avete

im zweiten Akt des *Matrimonio segreto*. Aber selbst wenn man das Duett aus der *Heimlichen Hochzeit* auswendig kennt, hört man dieses hier noch mit unendlich viel Vergnügen. Meine Behauptung läßt sich in Paris überprüfen; dort singen Zuchelli und Pellegrini dieses Duett hervorragend. Die Worte

Son Dandini, il cameriere!

bringen durch ihre äußerste dramatische Wahrheit und durch das plötzliche Unglück, das dem Baron in seiner übertriebenen Eitelkeit widerfährt, das Publikum jedesmal zum Lachen.

Leider kann ich dem Leser nur einen sehr unvollkommenen Eindruck von der Wirkung vermitteln, die der herrliche Buffo Paccini in der Rolle des Dandini in Triest erzielte. Man muß ihn gesehen haben, wie er die Dummheit des Barons genießt, als sie bei dem Duett gemeinsam auftreten, wie er ihn unmerklich aus dem Augenwinkel beobachtet, aber so aufmerksam, daß er immer im Begriff ist, sich neben den Stuhl zu setzen und zu Boden zu fallen, wenn er sich hinsetzen will; man muß ihn gesehen haben, wie er sich vergeblich bemüht, das irre Lachen zu unterdrücken, das ihn befällt, als er bemerkt, welche Bedeutung der Baron der Mitteilung beimißt, die er ihm machen wird; wie er dann seinen Kopf wegdreht, um das Lachen zu verbergen, was den Baron zur Verzweiflung bringt, weil er es für ein Zeichen der Ungnade von seiten des Prinzen hält, und wie er sich danach mit ernsthafter Miene dem armen Baron zuwendet, als er erstmals ernst bleiben kann. Kurz bevor er nicht mehr ernst bleiben konnte, zog er die Augenbrauen übermäßig hoch und bot damit wirklich einen grauenhaften Anblick, der bei dem Landedelmann aufs neue entsetzliche Befürchtungen aufkommen ließ. Der Schauspieler, der den Baron spielte, brauchte keinerlei Gesten zu machen. Die Zuschauer, die vor Lachen fast erstickten und sich die Tränen aus den Augen wischten, mußten ihm auch keinerlei Aufmerksamkeit schenken; daß er eine lächerliche Figur ist, stand mit den Gesten von Paccini ein für allemal fest. Sie waren so sehr die eines Mannes, der *gerade eben* die Gegenwart eines Dummen genießt, dem er mitspielt, daß die Rolle des Barons, auch wenn sie mit aller möglichen Vornehmheit von Fleury oder de' Marini, jenen großen Meistern in der Kunst der edlen Komik, gespielt worden wäre, unweigerlich lächerlich gewirkt hätte. Es lag in Paccinis Gesten zuviel Wahrheit, als daß man auch nur einen Moment lang daran gedacht hätte, daß ein Mensch mit diesem Gesichtsausdruck sich darüber täuschen könnte, daß er einen Dummen vor sich habe.

Und dieses erstaunliche Spektakel war jeden Tag anders; wie soll man eine Vorstellung vermitteln von der Unmenge schlechter Witze, von den Parodien auf Gesten seiner Kollegen, den Anspielungen auf ihre kleinen Abenteuer oder auf die Tagesanekdoten aus Triest, die in Paccinis Spiel enthalten waren?

Welch unauslöschliches Lachen von allen Seiten, als er eines Tages

Io vado sempre a piedi

zum Baron sagte und hinzufügte: *Per esempio verso la crociata!* Ich weiß, daß man *vom Lachen nicht erzählt*; denn um davon zu berichten, muß man es noch einmal erzeugen, und die kleinste Anekdote, für die man nur eine halbe Minute braucht, genau die Zeit, die ihr zusteht, nimmt drei bis vier Seiten ein, wenn sie gedruckt erscheinen soll; bei deren Anblick schämt man sich und streicht sie.

Paccini ist ein Vulkan voller schlechter Witze, wie Rabelais; und welche Wirkung seine Witze im Saal auch immer erzielen, er ist zweifelsohne derjenige, dem sie am meisten Vergnügen bereiten. Daran kann kein Zuschauer zweifeln, so viel Verve und Wahrheit liegt in seinen Gesten. Ich glaube, es ist diese *Wahrhaftigkeit*, diese offenkundige Naivität, weswegen man ihm die unzähligen burlesken und lächerlichen Dinge verzeiht, die er sich bei jeder Vorführung traut und für die er anderswo ins Gefängnis gesteckt werden würde. So feiert man in Triest zum Beispiel am 12. Februar den Geburtstag des

Herrschers; man singt eine Messe mit Instrumentalbegleitung in der Kathedrale, und das *Gloria in excelsis* ist, wie man weiß, eines der wichtigsten Stücke einer jeden vertonten Messe. Diese Worte müssen leidenschaftlich bewegt gesungen werden. In der Kirche können die Gläubigen singen, Paccini genauso wie jeder andere. Warum auch nicht? In Italien werden die Sänger mitnichten exkommuniziert. Paccini begibt sich also in die Kirche, allerdings mit weißgepuderten Haaren; er singt das *Gloria in excelsis* mit den Gläubigen, und zwar so gut und so ernsthaft wie nur möglich. Aber beim Anblick von Paccinis Gesicht, wie er singt und noch dazu ernsthaft, bricht die ganze Kirche in Lachen aus und die staatlichen Autoritäten als erste.

Ich habe für meinen Bericht mit Absicht einen der schlechtesten Witze von Paccini ausgesucht. In Paris würde dieser Witz natürlich nur Entrüstung oder Abscheu hervorrufen, statt des *allgemeinen Lachens*, dessen Zeugen wir in Triest waren. Genau auf diese Entrüstung möchte ich zu sprechen kommen. Würde Paccini in Frankreich spielen, so würde er nicht nur durch den verdammenswerten Witz, von dem oben die Rede war, sondern auch – ich behaupte es kühn – durch eine Vielzahl anderer *keineswegs tadelnswerter* Witze einen Sturm der Entrüstung entfachen.

Meiner festen Überzeugung nach hätte Paccini an der Italienischen Oper in London sicher den größten Erfolg, umgekehrt wäre er im Louvois entweder eingeschüchtert und wie gelähmt oder er würde erbarmungslos ausgepfiffen, wenn er wagen würde, er selbst zu bleiben. Man könnte fast sagen, daß das Lachen in Frankreich verboten ist[10]; daraufhin frage ich mich: Ist dieses Übel eines, das in allen fortgeschrittenen Zivilisationen anzutreffen ist? Muß ein Volk, wenn es zivilisierter wird, notwendig ein Stadium so exzessiver Eitelkeit durchlaufen? Oder haben wir es ganz einfach mit einer neuen Wirkung des Hofs von Ludwig XIV. auf den Geschmack der Franzosen und auf ihre Art der Wertschätzung von allem Möglichen zu tun? Wenn sich die förderative Republik Amerika in hundertfünfzig Jahren von der puritanischen Traurigkeit und der biblischen Grausamkeit befreit haben wird, gelangt sie dann auch zu einem Verbot des Lachens?[11]

Wenn wir Paccini schon nicht in Paris erleben durften, wenn es denn sogar *unmöglich* ist, daß wir ihn je bekommen, so haben wir immerhin Galli in der Rolle des Don Magnifico kurz erlebt. Man muß ihn jedoch in Mailand gesehen haben, wo er von einem Publikum geliebt wird, das das Lachen liebt, wie er seine ernsthafte Miene aufsetzt, wenn er den Salon inspiziert, ob jemand zuhört; allein schon an dieser Ernsthaftigkeit erkennt man den Dummen, der eine wichtige, vertrauliche Nachricht erhalten wird. Welches Feuer, welch bewundernswerte Lebhaftigkeit, wie er auf seinem Sessel hin und her rutscht, wenn er dem Prinzen zuhört! Er war vor Respekt derart gelähmt und dennoch so interessiert zuzuhören, daß er kraftlos war und sein Körper sich wie der einer Schlange bewegte und eine krampfhafte Bewegung machte, sobald der Prinz etwas sagte; man war zweifelsohne mit dem Extrem einer Leidenschaft, und zwar einer lächerlichen, konfrontiert. Galli war so vorsichtig, nur einen Teil seiner Gesten vor dem Pariser Publikum zum besten zu geben, vor dem die armen italienischen Sänger eine solche Angst haben. Sie wissen, daß man heutzutage nur in Paris europäischen Ruf erlangen kann. Ein Artikel über Musik in der *Pandore* ist für uns nur eine gut geschriebene Armseligkeit, die wir übergehen, für einen armen ausländischen Schauspieler hingegen eine wichtige Angelegenheit, denn er glaubt, darin die Stimme des ehrenwertesten Publikums von Europa zu entdecken. Ein Engländer sucht darin seinerseits einen Hinweis auf Talente, bei deren Anblick er *Wonderful! Quite amazing!* ausrufen muß. Und je frivoler und lächerlicher der Artikel ist, um so achtbarer erscheint er diesem Sklaven, der sich gegen das Ernsthafte auflehnt.

Auf das Duett

Un segreto d'importanza,

folgt bald ein Orchesterstück, das einen Sturm darstellt, währenddessen die Karosse des Prinzen umstürzt. Es ist mitnichten im deutschen Stil geschrieben; dieser Sturm ist gar nicht so wie der von Haydn in den *Vier Jahreszeiten* oder der beim Guß der verhängnisvollen Kugeln im *Freischütz* von Carl Maria von Weber. Dieses Gewitter wird nicht tragisch genommen, dennoch wird die Natur wahrheitsgetreu nachgeahmt; es hat seinen Moment des Schreckens, der sehr gut wiedergegeben ist. Schließlich bildet dieses Stück ohne große Prätention des Tragischen einen reizenden Kontrast in einer *Opera buffa*. Wenn man es hört (aber nicht im Louvois, sondern gespielt von einem Orchester, das ein Gefühl für die Nuancen hat, vom Dresdener oder vom Darmstädter zum Beispiel), ruft man zwanzigmal: *Wie geistreich!* Ich habe mit meinen deutschen Freunden schon viele Diskussionen über dieses Stück geführt; ich habe wohl erkannt, daß dieser Sturm in ihren Augen nur eine unscheinbare Miniatur ist. Um ihre Verachtung beurteilen zu können, muß man wissen, daß sie sich nur von den Fresken Michelangelos rühren lassen; sie lieben zum Beispiel den Höllenlärm am Ende des *Freischütz*, von dem ich eben schon sprach, bei dem die teuflischen Freikugeln gegossen werden. Ein neuerlicher Beweis dafür, daß das musikalische *Schönheitsideal* so verschieden ist wie die Klimata. In Rom, der Gegend, für die Rossini diesen Sturm geschrieben hat, ernähren sich äußerst leicht erregbare Menschen, die von lebhafter Sensibilität, über ihre Leidenschaften glücklich und über die ernsthaften Angelegenheiten des Lebens unglücklich sind, von Kaffee und Eis. In Darmstadt ist alles nur Biederkeit, Phantasie und Musik[12]; mit Vorsicht und häufigem Hutziehen vor dem Prinzen kann man sich ein hübsches Leben machen; im übrigen lebt man von Bier und Sauerkraut, und die Sicht ist sechs Monate im Jahr vom Nebel getrübt. In Rom blendete mich hingegen am 25. Dezember, dem Weihnachtstag, die Sonne, als ich zum Pontifikalamt in den Petersdom ging; es war wie an einem warmen Septembertag in Paris.

Nach dem Sturm kommt das reizende Sextett

Quest'è un nodo inviluppato;

von verblüffender Originalität. Früher habe ich es noch mehr bewundert; heute scheint es mir am Ende der *sotto voce* gesungenen Partie Längen zu haben. Dieses Sextett kann den Rang als Meisterwerk des Stücks dem reizenden Duett aus dem ersten Akt zwischen Ramiro und Dandini,

Zitto, zitto; piano, piano;

durchaus streitig machen, und wenn das Duett den Sieg davonträgt, dann wegen seiner bewunderungswürdigen Schnelligkeit, weil es eines der mitreißendsten Stücke ist, die Rossini im lebhaft-schnellen Stil geschrieben hat, in dem er allen großen Meistern überlegen ist.

Die große Schlußarie, die Aschenbrödel singt, ist etwas mehr als eine gewöhnliche Bravourarie; manchmal schimmert Gefühl hindurch:

Perchè tremar, perchè?
.....
Figlia, sorella, amica,
Padre, sposo, amiche! oh istante!

In Wahrheit ist die Melodie bei diesem aufflackernden Gefühl ziemlich gewöhnlich. Es ist eine der Arien, die ich von Madame Pasta am besten singen gehört habe; sie brachte einen der Situation (ein gutes Herz triumphiert und verzeiht nach langen Jahren des Elends) würdigen Tonfall herein und ließ so die unpassende Vorstellung von einer für das Konzert geschriebenen Bravourarie gar nicht erst aufkommen. Im Gegensatz dazu war diese Arie im Munde von Mademoiselle Esther Mombelli in Florenz im Jahre 1818 nur noch eine hervorragend gesungene Bravourarie. Nichts war reiner und perlender als der Klang dieser schönen Stimme, die mit der naiven Anmut der alten Methode geführt wurde. Man glaubte, in einem Konzert zu sein; niemand dachte an das Gefühl, von dem *Cendrillon* beseelt gewesen sein könnte und von dem die Musik nicht beseelt war. Wenn Madame Pasta Rossini singt, verleiht sie ihm genau die Qualitäten, die ihm fehlen.

Man kann feststellen, daß es nunmehr drei Opern sind, die Rossini mit einer großen Arie der Primadonna beendet: *Sigillara*, die *Italiana in Algeri* und die *Cenerentola*.

Ich muß hier wiederholen, daß ich in bezug auf die *Cenerentola* ein absolut inkompetenter Richter bin. Es ist in meinem Interesse, dies zu betonen, denn man würde sonst meine außerordentliche Feinfüligkeit in Sachen Musik bezweifeln, und ich kann in allem bescheiden sein außer bei meiner Sensibilität. Die *Cenerentola* ist eine der Partituren, die in Frankreich den meisten Erfolg gehabt hat, und ich bezweifle nicht, daß diese Oper nicht so erfolgreich gewesen wäre wie der *Barbier*, wenn die Direktoren aus irgendeiner Laune heraus Mademoiselle Mombelli, Mademoiselle Schiassetti oder eine andere gute Sängerin dafür engagiert hätten. Es gibt in der ganzen *Cenerentola* vielleicht keine zehn Takte, die mich an die liebenswerten oder vielmehr liebenswürdigen Torheiten erinnern, die meine Phantasie bestürmen, wenn ich das Glück habe, auf die *Sigillara* oder die *Pretendenti delusi*[13] zu stoßen. Es gibt in der *Cenerentola* vielleicht keine zehn aufeinanderfolgenden Takte, die nicht an das Hinterzimmer eines Ladens in der Rue Saint-Denis oder an den dicken, von Gold und prosaischen Vorstellungen trunkenen Finanzier erinnern, um dessentwillen ich einen Salon verlasse, wenn er ihn betritt. Die Sachen, die ich als anstößig empfinde, hätten in Paris als *komisch* gegolten, wenn sie schön gesungen worden wären. Man kann sagen, daß das Pariser Publikum sie nicht gesehen hat; sonst hätte dieses Publikum, das mit seinem Votum die *Marchande de Goujons*, das *Enfant de Paris* und die *Cuisinières* unterstützt, der *Cenerentola* zu einem durchschlagenden Erfolg verholfen. Diese Oper hätte zudem von dem ganzen Mechanismus des doppelten Stimmrechts profitiert; die Liebhaber der italienischen Musik hätten sie ebenso beklatscht wie diejenigen der derben Freuden der Variétés.

21. Kapitel

Velluti

Ich muß dem wohlwollendsten Teil des Publikums, den ich mir für diese Biographie erhoffe, eine betrübliche Mitteilung machen. Es kostet mich unendlich viel Überwindung; ich weiß, was ich aufs Spiel setze. Eine Reihe seltsamer Ansichten, die man mir in Paris bislang als folgenlose Abweichungen durchgehen ließ, werden sich plötzlich in unerträgliche, vielleicht sogar in verabscheuungswürdige und vor allem in grund- und zwecklose Paradoxa verwandeln. Da der Autor aber das sonderbare Gelöbnis abgelegt hat, über alles die Wahrheit zu sagen, auch auf die Gefahr hin zu mißfallen, sowohl dem einzigen Publikum, das seine Werke lesen kann, als auch dem großen Künstler, dessen Leben er beschreibt, muß er so fortfahren, wie er begonnen hat. Ein Mann von Welt, der in seinem Leben schon zweihundertmal in den *Bouffes* war, der anfängt, die *Académie royale de musique* nur noch wegen der Ballette zu mögen und der Feydeau nicht mehr beachtet, ist sicher der aufgeklärteste und wohlwollendste Leser, den ich mir erhoffen kann. Dieser Mann von Welt erinnert sich vielleicht daran, daß er einstmals, als die Zensur noch nachgiebig war, die glänzende Komödie *Hochzeit des Figaro* gesehen hat. Figaro gibt damit an, daß er Grundkenntnisse in der englischen Sprache habe: Er kennt das Wort *goddam*. Nun! da ich es riskieren muß, mich wegen eines einzigen Worts in Verderbnis zu bringen, komme ich geradewegs auf die Lage zu sprechen, in der sich ein Pariser Musikliebhaber in bezug auf ein wichtiges Mittel des Gesangs, die *fioriture* oder Agréments, befindet. Dieser Liebhaber müßte ein halbes Jahr lang Velluti oder Davide gehört haben, um auch nur eine Vorstellung von dieser für Pariser Ohren gänzlich neuen Region der Musik zu haben. Wenn man in ein unbekanntes Land kommt, ist man nach dem ersten durchaus wohlwollenden Blick sehr bald schockiert über die Vielzahl von fremden und ungewohnten Dingen, mit denen man es von allen Seiten notgedrungen zu tun bekommt. Der wohlwollendste und ausgeglichenste Reisende hat große Mühe, nicht ungeduldig zu werden. Den gleichen Effekt würde die herrliche Methode von Velluti bei unserem Pariser Musikliebhaber zunächst hervorrufen. Ich mache ihm den Vorschlag, sich so schnell wie möglich die Romanze der *Isolina*, von Velluti gesungen[1], anzuhören.

Eine hübsche Frau mit einer ausgezeichneten Figur, die an einem schönen Sonnentag im Dezember in ihren Pelzmantel eingehüllt die Terrasse des Feuillants entlangspaziert, ist ein sehr angenehmer Anblick. Noch schöner ist es aber, wenn diese Frau einen Augenblick später einen hübschen, blumengeschmückten Salon betritt, in dem durch kunstvoll arrangierte Luftschächte eine milde, gleichmäßige Temperatur herrscht, ihren Pelzmantel auszieht und im frischen Glanz einer Frühlingsgarderobe dasteht. Lassen Sie die Romanze der *Isolina* aus Italien kommen, hören Sie, wie sie von einer hübschen Tenorstimme gesungen wird, dann sehen Sie, wie die junge Dame auf der Terrasse des Feuillants erscheint, sie können aber nur die Eleganz ihrer Bewegungen und Formen beurteilen; die Frische und der letzte Schliff der Konturen bleiben für Sie noch unsichtbar. Wenn Velluti hingegen mit seiner herrlichen Stimme seine Lieblingsromanze singt, dann wird es Ihnen wie Schuppen von den Augen fallen, und bald schon werden Sie entzückt sein von den zarten Konturen, deren sinnlicher Reiz verführerisch auf Sie wirkt.

Der Tenor hat drei Takte gesungen; es ist die inständige Bitte eines Liebenden an die verärgerte Geliebte. Am Ende des kleinen Musikstücks bittet der von der Geliebten schlecht behandelte Liebende mit heftig erregter Stimme im Namen der reizenden Erinnerung an die Anfänge ihres Glücks um Vergebung. Velluti füllt die ersten beiden Takte mit *fioriture*, die zuerst die große Schüchternheit und bald schon die tiefe Niedergeschlagenheit zum Ausdruck bringen; er verziert die abwärts gehenden Tonleitern mit vielen Halbtönen, den *scale trillate*, und glänzt im dritten Takt plötzlich mit seiner einfachen, starken, verhaltenen und manchmal sogar *gelösten* Stimme. Eine liebende Frau kann diesem Ruf des Herzens unmöglich widerstehen.

Dieser Stil kann unmännlich wirken und nicht auf Anhieb

gefallen; aber jeder ehrliche französische Musikliebhaber wird zugeben, daß diese Art zu singen ihm nicht vertraut und für ihn wie ein fremdes Land ist, denn die Gesänge in Paris haben ihm davon keinerlei Vorstellung vermittelt. Wir haben hier sehr wohl Sänger, die Verzierungen korrekt ausführen, aber diese Stimmen bringen keine Töne hervor, die an sich, unabhängig von der Stelle, an der sie erklingen, angenehm sind. Außerdem ist diese Stimme antimusikalisch, sie fügt laufend Töne aneinander, die nicht harmonieren und sich durch ihr Nebeneinander gegenseitig schaden. Ohne sich über den Grund im klaren zu sein, ahnt ein Mensch, der für die Künste geschaffen ist und sein Ohr durch zweihundert Vorstellungen in den *Bouffes* geschult hat, dunkel, daß die Agréments, die man ihm präsentiert, nicht sehr reizvoll sind; sein Verstand weiß dies traurig zu würdigen, aber sein Herz bleibt kalt. Er wird das Gegenteil empfinden und sich noch dazu jeden Tag mehr vergnügen, wenn er Velluti an den Abenden hört, an denen dieser hervorragende Sänger seine künstlerischen Mittel voll zur Geltung bringen kann. Ein Kastrat von der Kapelle Seiner Majestät des Königs von Sachsen, der berühmte Sassarini, bereitete einem das gleiche Vergnügen bei Kirchengesängen. Davide kommt diesen herrlichen Empfindungen so nahe, wie eine einfache Tenorstimme dies vermag. Einige andere schöne Stimmen, die an die himmlischen Gefühle erinnern würden, die wir Velluti verdanken, nenne ich hier nicht, denn es könnte sein, daß der Zufall sie nicht nur mit einer wandlungsfähigen Stimme, sondern auch mit einem sensiblen Herzen ausgestattet hat. Diese schönen Stimmen, die der gewöhnliche Mensch bewundert und an denen seiner Meinung nach nichts auszusetzen ist, führen oft zufällig sehr gut Agréments aus, die die Bedeutung unterstreichen oder Schattierungen und Gegensätze ausmalen. Stellen Sie sich Talma vor, wie er, aus einem schrecklichen Alptraum aufgeschreckt, zwar verwirrt, doch mit seinem außerordentlichen Talent, jeweils zwei oder drei Verse aus seinen schönsten Rollen spricht. Auf vier Verse glühender Liebe des Orest aus der *Andromaque* folgen zwei Verse mit den hochgeistigen, erhabenen Überlegungen des Sévère aus dem *Polyeucte*; unmittelbar darauf folgen zwei Verse, die einen Tyrannen schildern, der sich in seiner Blutrünstigkeit kaum zügeln kann und den wir als Nero erkennen. Dem gewöhnlichen, seelenlosen Menschen, der von alledem nichts versteht, erscheinen diese Verse sehr gut deklamiert, und er spendet Beifall. Die meisten großen Sänger, Herr Martin zum Beispiel, machen es so.

Im Gegensatz dazu deklamiert Velluti nicht nur gut, sondern eine Folge von Versen, die alle *zur selben Rolle* gehören.

22. Kapitel

La gazza ladra

Dieses wahrhaft düstere und platte *Drama* hat Herr Gherardini aus Mailand für Rossini nach dem Boulevard-Melodrama geschrieben, das die Herren Daubigny und Caigniez verfaßt haben. Zu allem Überfluß hat es auch noch den Anschein, als sei die gemeine Geschichte, die diesem Stück zugrunde liegt, wirklich vorgefallen: Einstmals wurde in Palaiseau in der Tat eine arme Dienstbotin gehängt; in Erinnerung an dieses Ereignis hielt man alljährlich ein Totenamt, das die *Messe der Elster* hieß.

Die Deutschen, für die diese Welt ein ungelöstes Problem darstellt und die es lieben, die dreißig oder vierzig Jahre, die der Zufall sie in diesen tristen Käfig gesteckt hat, dessen Gitterstäbe zu zählen; die Deutschen, die das *Calas*-Drama, das auch von unserem Boulevard stammt, dem *Don Carlos* oder *Wilhelm Tell* von Schiller vorziehen, weil diese Dramen ihnen zu *klassisch* erscheinen; die Deutschen, die 1823 immer noch an Gespenster und an die Wunder des Prinzen von Hohenlohe glauben, wären entzückt über die hochgradige Düsterkeit, mit der die *Realität* das traurige *Drama* der *Diebischen Elster* übertrifft.

Als Mann von Geschmack sagt sich der Franzose: Diese Welt ist so schlecht; (. . .) fliehen wir die traurige Realität. Und er verlangt von den Künsten ein *Ideal des Schönen*, das ihn ganz schnell und so lange wie möglich diese Welt voller Niedrigkeiten vergessen läßt, in der La Harpes Ausspruch:

Der große Ajax ist tot, und Thersites am Leben.

gültig ist.

Sobald der Italiener von dem Pfaffen befreit werden kann, der ihn in seiner Jugend gequält hat, gibt er sich nicht mit derartigen Überlegungen ab; er würde das nicht überstehen, und die Polizei des Landes hindert ihn seit Jahrhunderten daran, die Logik zu erlernen; er hat Leidenschaften und gibt sich ihnen blind hin. Rossini schreibt eine schöne Musik zu einem abscheulichen Sujet; er genießt diese Musik, ohne sich lange beim Sujet aufzuhalten, und flieht sehr schnell vor dem *seccatore*, für den er den traurigen Kritiker hält, der ihn auf die Fehler seines Vergnügens aufmerksam machen will. Der Italiener läßt nur eine Art von Diskussion zu, und zwar eine solche, die darauf zielt, seine Vergnügungen sofort und in Bargeld zu verdoppeln.

Die *Gazza ladra* ist eines von Rossinis Meisterwerken. Er schrieb diese Oper im Jahre 1817 für die *stagione di primavera* (die Frühjahrssaison)[1] in Mailand.

Vierzehn Jahre Despotismus eines genialen Mannes hatten aus Mailand, einer Großstadt, die früher für ihre kulinarischen Genüsse berühmt war, die intellektuelle Hauptstadt Italiens gemacht; zum Mailänder Publikum gehörten 1817 noch vier- bis fünfhundert ihrem Jahrhundert überlegene, ausgezeichnete Männer, die von denen übrig geblieben waren, die Napoleon von Bologna bis Novara, vom Kirchenstaat bis Ancona rekrutiert hatte, um die Posten in seinem Königreich Italien zu besetzen. Diese ehemaligen Staatsangestellten, die aus Angst vor Verfolgungen und Liebe zur Großstadt in Mailand blieben, waren keineswegs bereit, dem Publikum von Neapel in irgendeiner Hinsicht Überlegenheit zuzugestehen. Am Abend der Uraufführung der *Gazza ladra* ging man also in die Scala mit der festen Absicht, den Komponisten des *Barbier*, der *Elisabetta* und des *Otello* auszupfeifen, wenn seine Musik irgendwie mißfalle. Rossini war diese ungünstige Stimmung wohl bekannt, und er hatte darum große Angst.

Der Erfolg war so durchschlagend, das Stück machte so sehr Furore – denn ich brauche hier die ganze Kraft der italienischen Sprache –, daß das Publikum jeden Augenblick in Massen aufstand, um Rossini mit Beifall zu überhäufen. Dieser liebenswürdige Mensch erzählte am Abend im Café der *Accademia*, abgesehen von seiner Freude über den Erfolg sei er vor allem von den Hunderten von Verneigungen todmüde gewesen, die er dem Publikum habe machen müssen, das die Vorstellung andauernd mit den Rufen *Bravo maestro!* und *viva Rossini* unterbrach.

Der Erfolg war also ungeheuer groß, und man kann sagen,

daß nie zuvor ein Maestro seinen Zweck so hervorragend erreicht hat. Die Beifallsstürme waren um so schmeichelhafter, als dieses Publikum im Jahre 1817, ich sagte es schon, noch aus der geistigen Elite der ganzen Lombardei bestand. Mailand war damals auch berühmt für die Meisterwerke von Viganò. Diese schöne Zeit endete um 1820 mit den Verhaftungen und der Carboneria.

Ich wohnte der Uraufführung der *Gazza ladra* bei. Es war einer der einmütigsten und glänzendsten Erfolge, die ich je erlebt habe, und diese Begeisterung hielt fast drei Monate lang an. Rossini hatte Glück mit seinen Schauspielern; Galli hatte damals die schönste, stärkste und akzentuierteste Baßstimme von Italien; er spielte die Rolle des Soldaten auf eine Keans oder De' Marinis würdige Weise. Madame Belloc sang die Rolle der armen *Ninetta* mit ihrer prachtvollen, reinen Stimme, die sich jedes Jahr zu verjüngen scheint; sie spielte diese leichte Rolle mit unendlich viel Geist. Ich erinnere mich, daß sie sie um vieles vornehmer gestaltete; sie spielte weniger die gewöhnliche Dienstbotin als die Tochter eines tapferen Soldaten, die wegen des unglückseligen Geschicks ihres Vaters eine Anstellung suchen muß. Monelli, ein angenehmer Tenor, spielte den jungen Soldaten *Giannetto*, der ins väterliche Haus zurückkommt, und Botticelli den alten Bauern *Fabrizio Vingradato*, eine Rolle, die Barilli in Paris so gut gespielt hat. Mit seiner herrlichen Stimme und seinem vollkommenen Spiel stellte Ambrosi den bösen *Bürgermeister* sehr gut dar; schließlich war Mademoiselle Galianis in der Rolle des Pippo unnachahmlich liebreizend und erzielte im Duett im zweiten Akt zwischen *Pippo* und *Ninetta* einen reizvollen Effekt. Alle Schauspieler wetteiferten, das Stück zu heben. Madame Fodor hat es hingegen ziemlich vulgarisiert.

Was soll man über die Ouvertüre der *Gazza ladra* schon sagen? Wem ist diese pittoreske Symphonie nicht gegenwärtig?

Die Einführung der Trommel als wesentlichem Instrument verleiht ihr eine Wirklichkeit, um diesen gewagten Ausdruck zu gebrauchen, die ich bei keiner anderen Musik empfunden habe[2], es ist beinahe unmöglich, sie zu überhören. Ebensowenig könnte ich die Beifallsstürme und die Raserei des Parketts in Mailand wiedergeben, wenn dieses Meisterwerk gespielt wurde. Nachdem fünf Minuten lang bis zum Exzeß Beifall geklatscht, geschrien und aller nur vorstellbare Lärm gemacht worden war – danach hatte niemand mehr die Kraft weiterzubrüllen –, stellte ich fest, daß ein jeder mit seinem Nachbarn redete, ein Phänomen, das dem üblichen italienischen Mißtrauen total widerspricht. Die gefühllosesten, hochbetagten Menschen riefen in ihren Logen: *O bello! o bello!* und das zwanzigmal hintereinander. Diese Worte waren an niemanden gerichtet, sie so oft zu wiederholen, wäre auch lächerlich gewesen; man wußte schon gar nicht mehr, daß man Nachbarn hatte, jeder führte Selbstgespräche. Diese Beifallsstürme hatten die ganze Lebhaftigkeit, den ganzen Reiz einer Versöhnung. Das eitle Mailänder Publikum erinnerte sich an den *Turco in Italia*. Ich weiß nicht, ob der Leser sich auch noch daran erinnert, daß diese Oper ausgepfiffen worden war, weil sie zu wenig Neues zu bieten hatte. Rossini wollte diese Scharte auswetzen, und seine Freunde fühlten sich geschmeichelt, daß er für sie etwas Neues komponiert habe. Aus dieser moralischen Situation des Maestro erklärt sich die Anwendung der Trommel und der deutsch angehauchte Lärm der Ouvertüre; Rossini mußte gleich von Anfang an einen starken Reiz anbringen. Man hatte noch keine zwanzig Takte dieser schönen Symphonie gehört, da war die Versöhnung schon erfolgt; man war noch nicht am Ende des ersten *presto*, da schien das Publikum schon vor Vergnügen zu rasen, alle Zuschauer begleiteten das Orchester. Von da an war die erfolgreiche Oper nur noch ein einziger Begeisterungssturm. Bei jedem Stück mußte Rossini mehrmals von seinem Platz am Klavier aufstehen, um das Publikum zu begrüßen; und er schien des Grüßens früher überdrüssig zu werden als das Publikum des Klatschens.

Diese Ouvertüre, die mit der Rückkehr des jungen ruhmreichen Soldaten in seine ländliche Familie beginnt, spiegelt aber bald schon den traurigen Charakter der folgenden Ereignisse wider; aber es ist eine sehr lebhafte, feurige Traurigkeit, die Traurigkeit junger Leute – die Helden des Stücks sind denn auch junge Leute. Die Introduktion ist glänzend schwungvoll und feurig; sie erinnert mich an die schönen

Haydn-Symphonien und das überaus Kraftvolle, das den Stil dieses Komponisten auszeichnet. Mit Witz und Verstand wird die Aufmerksamkeit auf die *Elster* gelenkt:

Brutta gazza maledetta
Che ti colga la saetta!

Ich finde hier schon im ersten Takt etwas rustikal Kraftvolles, eine ländliche Färbung, und vor allem fehlen die Raffinessen des Stadtlebens vollkommen, das verleiht dieser Introduktion eine ganz andere Färbung, als die, die zum Beispiel der *Barbier* hat. Ich stelle mir vor, daß eine nationale und nicht bloß nachgeahmte Musik in Washington und Cincinnati ebenfalls ganz ohne übertriebene Eleganz wäre.[3]

Diese rustikal-kraftvolle Färbung durchzieht den ganzen ersten Akt. Die Barschheit der Bäuerin Lucia oder vielmehr die traurigen Wirkungen, die dieser Charakterfehler zeitigen wird, werden mit einem äußerst imposanten Stück angekündigt:

Marmotte, che fate?

Man merkt sofort, daß ein großes Talent am Werk ist. Es verliert sich nicht in Einzelheiten, sondern entwickelt eine große Idee perfekt. Man sieht, daß der Komponist den Mut hatte, seiner Angst zu langweilen zu trotzen und die kleinen gefälligen Phrasen wegzulassen; daher das Grandiose.[4]

Die Antwort auf Lucias Frage, wo ihr Mann sei, die Gegenfrage

Tuo marito?

die kleine Arie des Fabrizio, der mit der Flasche in der Hand aus dem Keller kommt, all das ist überaus fröhlich, rustikal, kraftvoll und erinnert mehr und mehr an den Stil von Haydn. Wiederum muß die Elster dem Publikum den Schatz des jungen Soldaten ankündigen; seine Mutter sagt:

Egli dee sposar …,

die Elster unterbricht sie mit dem Schrei

Ninetta! Ninetta!

Erstaunlich feurig ist das *Tutti: Noi l'udremo narrar con diletto*. Ich stelle jedenfalls fest, daß die lebhafte Freude und das Brio um so leichter fallen, je weniger man distinguiert und vornehm zu bleiben sucht. Es gibt hier zwei hübsche, recht militärische Verse:

Or d'orgoglio brillar lo vedremo,
Or di bella pietà sospirar.

Die Kavatine von Ninetta

Di piacer mi balza il cor

ist wie die Ouvertüre einer der schönsten Einfälle von Rossini: Wer kennt sie nicht? Sie bringt die lebhafte und ehrliche Freude einer jungen Bäuerin zum Ausdruck. Vielleicht war Rossini nie brillanter und zugleich dramatischer, wahrer und wortgetreuer. Diese Arie ist von der Kraft eines Cimarosa, und sie ist am Anfang so lebhaft, wie dies bei Cimarosa nur selten der Fall ist.

Vielleicht könnte man der Kantilene vorwerfen, daß sie etwas gewöhnlich und bäurisch ist. Wohlgemerkt, sobald Rossini expressiv sein will, muß er auf den periodischen Gesang zurückgreifen. Die Phrase *di piacere* hat acht Takte, was bei diesem Meister selten vorkommt.[5] Die rührende Färbung wird unendlich kunstvoll eingeführt, und zwar in

Dio d'amor, confido in te,

vor der Reprise. Man überhört die unpassende Formulierung *Gott der Liebe* im Munde einer jungen Bäuerin. Der Verfasser des Librettos ist offenkundig ein *Klassiker*. Madame Fodor hat diese Kavatine in Paris gesungen, ihre Stimme war über jedes Lob erhaben, aber an deren Schönheit gemessen ließen die Feinfühligkeit und der Tonfall zu wünschen übrig. Wie alle Künstler, die nicht durch ihre Sensibilität und ihr inneres Feuer glänzen, wie die Maler sagen, brachte Madame Fodor diese Kavatine *reichhaltig* dar, weil sie sie nicht *schön* singen kann. Sie überhäufte die Einfälle des Maestro so sehr mit ausgezeichnet ausgeführten Rouladen und Verzierungen, daß sie in den Hintergrund rückten. Ein hübscher Triumph! Hätte Rossini ihr zugehört, so hätte er ihr dasselbe gesagt wie dem berühmten Velluti anläßlich der ersten Vorstellung des *Aureliano in Palmira* (Mailand 1814): *Non conosco più le mie arie*. Ich erkenne meine Arien nicht wieder.

Daß ein lebhafter, ehrlicher dramatischer Ausdruck dennoch vollendet schön ausfällt, ist bei Rossini ziemlich selten, so daß diese Stelle erwähnenswert ist. Die erste Phrase von

Di piacer mi balza il cor

muß vollkommen ohne Verzierungen und Rouladen gegeben werden; man muß sie für das Ende der Arie aufsparen, wo Ninetta über das Übermaß an Glück nachzudenken scheint. Die fröhlichen und brillanten *fioriture* passen sehr gut zu den Worten

Ah! Gia dimentico
I miei tormenti,

die die hübsche, kleine Cinti verführerisch singt.

In Mailand hat Madame Belloc diese wie auch alle anderen Nuancen sehr gut erfaßt. Ich fürchte, ich würde den Leser langweilen, wenn ich ihm schon wieder von den Beifallsstürmen des Publikums beim Beginn dieser so schlichten, natürlichen, leicht verständlichen Arie erzählte. Das ist das Erhebende des ländlichen Wesens. Ärgerlicherweise spielt diese Szene nicht in der Schweiz; diese Arie würde gut zur *Lisbeth*[6] passen. Die Zuschauer im Parkett waren auf die Bänke gestiegen; sie ließen Madame Belloc die Arie noch einmal singen und hörten sie stehend an. Sie forderten, die Kavatine ein drittes Mal zu hören, da sagte Rossini von seinem Platz am Klavier aus zu den Zuschauern in den ersten Parkettreihen: »In der Rolle der Ninetta wird sehr viel gesungen; Madame Belloc wird nicht bis zum Ende durchhalten können, wenn Sie sie derart überfordern.« Diese Begründung, die im Parkett die Runde machte und diskutiert wurde, tat nach einer Viertelstunde Unterbrechung endlich ihre Wirkung. Alle meine Nachbarn diskutierten begeistert und offen miteinander wie alte Bekannte. So unvorsichtig habe ich die Italiener nie wiedergesehen. Ein Spitzel kann sich auf eine solche Unterhaltung berufen, um den Anschein zu erwecken, er sei mit einem gut bekannt, und einen danach erfolgreich denunzieren.

Nach dieser Kavatine, die die Freude und Frische der Wälder atmet, führt uns der Komponist in die Zivilisation zurück, und zwar in eine ihrer schändlichsten Ecken mit der Arie des Juden; sie erinnert mich immer an die polnischen Juden, für mich die abscheulichste Rasse des Universums.[7] Diese Arie ist dennoch sehr schön. Durch geistreiche Behandlung hat Rossini den an die Realität gemahnenden Gegenstand erträglich gemacht. Der Chor, der Giannettos Ankunft ankündigt:

Bravo! bravo! ben tornato!

ist von unglaublichem musikalischen Reichtum, von unendlichem Überfluß, von einer *luxuriancy* an Genie, wie die Engländer sagen würden.

Die Arie dieses jungen Soldaten, der ruhmreich von der Armee in sein Dorf zurückkehrt, wo die Zeitung schon von ihm berichtet hat, ist schwach und platt und außerdem deplaziert. Der junge Soldat nähert sich *sans façon* seiner Geliebten und läßt seinen Vater, seine Mutter und das ganze Dorf im Hintergrund der Bühne einfach stehen, sie schauen ihm bei seiner Liebeserklärung zu. Diese Leidenschaft hat aber ihren ganzen Reiz verloren, wenn man sie der Scham beraubt.

Anco al nemico in faccia

ist nicht schlecht, aber blasiert. Sanfte und zärtliche Freude, das Gegenteil des Feuers und der rasenden französischen Leidenschaft, die hier angebracht wären, liegt in

Ma quel piacer che adesso

und vor allem in dem Ritornell, das diesen Vers ankündigt. Hier bräuchte Rossini unbedingt einen Sänger, der das Feuer, die Leidenschaft und den Tonfall des Herzens hat, die seiner Komposition abgehen. Madame Pasta müßte sich dieser Rolle ebenso annehmen wie aller anderen leidenschaftlichen Rollen dieses Meisters; sie würde ihnen denselben Dienst erweisen wie der des Tancredi.

Galli spricht die Worte

No, non m'inganno,

als er den Hügel hinuntergeht. Damit wird es tragisch; die Fröhlichkeit ist für immer dahin.

Als Rossini die *Gazza ladra* komponierte, hatte er sich mit Galli überworfen, weil dieser bei der M *** erfolgreich war im Unterschied zu ihm. Nun muß man wissen, daß Galli mit seiner wunderschönen Stimme zwei oder drei Noten hat, die er nur dann trifft, wenn er sie schnell übersingen kann, die er aber falsch singt, wenn er dabei verweilen muß. Rossini mußte ihm natürlich ein Rezitativ schreiben, in dem er genau bei den Noten verweilen muß, die er nicht richtig singen kann (in dem Rezitativ erzählt er seiner Tochter den Streit mit seinem Hauptmann). Galli ist in dieser Rolle in Paris gut herausgekommen, bis er sagte:

Sciagurato
Ei grida; e colla spada
Già, già, m'è sopra[8].

Galli, der überall sonst seiner prachtvollen Stimme sicher war, wollte nicht klein beigeben und sang daher bei der Vorstellung die vorgeschriebenen Noten, obwohl nichts einfacher gewesen wäre, als andere Noten zu singen. Durch diese Dickköpfigkeit verpatzte er diesen Auftritt in Rom, Neapel und Paris; und da es dem strengen und gefühlsarmen Geschmack dieser Hauptstadt eher entspricht, wenn kein Fehler[9] gemacht wird, als wenn erhabene Schönheiten ein paar Unvollkommenheiten aufweisen, fiel Gallis Erfolg nie so enthusiastisch aus, wie er hätte sein müssen.

Auf die Pst! im Publikum reagierte Galli so, daß er erst recht keine Note ändern wollte; und da die Schüchternheit trotz seiner Bemühungen seine Stimme beeinträchtigte, wurde der erste Auftritt in einer so schönen Rolle immer wieder durch drei bis vier gewagte Töne verpatzt. In Neapel war dieses Rezitativ ein Triumph für Nozzari, der es unnachahmlich mit all seinen Besonderheiten sang.

Galli ist schon am Ende des Stücks:

Amico mio,
Ei disse, e dir non più poteva: Addio!

mitten in der schönsten Tragödie. Absurderweise kommt Galli, der vor seinem Regiment flieht, wo er zum Tode verurteilt wurde, so auf die Bühne, daß seine Uniform unter einem großen Mantel noch überall hervorlugt; das wäre das sicherste Mittel, sich vom erstbesten Dorfbürgermeister als Deserteur verhaften zu lassen. Das ist eine Frage der *Inszenierung*, einer Kunst, die mit der Malerei zu tun hat. Wenn Galli in Lumpen aufträte, wie es im Libretto steht,

Il prode Ernesto
Di questi cenci mi coperse,

bekäme die Rolle vielleicht eine unangenehme Färbung; in der Oper muß man aber das Auge ansprechen. In der Wirklichkeit hätte der zum Tode verurteilte Galli seiner Tochter beim Wiedersehen zwei- bis dreitausend Worte gesagt; die Musik wählt etwa hundert aus und legt das Gefühl in sie, das in der Wirklichkeit in den dreitausend Worten zum Ausdruck käme. Man spürt sehr wohl, daß sie zunächst alle Worte tilgen muß, die auf Einzelheiten gehen; also muß man das Auge ansprechen.

Das Duett, das auf das von Galli gesungene Rezitativ folgt,

Come frenar il pianto?

ist ein Meisterwerk im prächtigen Stil.[10] Das kleine Orchesterstück danach:

È certo il mio periglio;
Solo un eterno esiglio,
O Dio! mi può salvar.[11]

läßt einen buchstäblich erbeben. Es gibt eine kurze, sehr rührende Passage nach den Worten

Più barbaro dolor.

Gegen Ende der Reprise des Duetts klingen die Worte

Tremendo destino

furchterregend. Im Schlußritornell gibt es ein wenig von dem *idealen Schönen*, das einen ausruhen läßt, indem es vom Unglück ablenkt.

Die Kavatine des Bürgermeisters,

Il mio piano è preparato,

ist ein brillantes Stück für eine schöne Baßstimme. Ambrosi sang es in Mailand so kraftvoll, daß die Augen des Zuschauers unangenehmerweise auf den gräßlichen Charakter des Bürgermeisters fixiert waren. Pellegrinis Interpretation in Paris ist besser für das Stück, denn er singt diese Kavatine unendlich anmutig mit der ganzen Leichtigkeit seiner reizenden Stimme. Dieses Stück ist im übrigen viel zu lang.

Der Bürgermeister läßt Ninetta den Steckbrief des Deserteurs vorlesen, weil er seine Brille verloren hat – das ist eine Szene, in der man eindringlich die Grausamkeit des Dramas vorgeführt bekommt; es ist ein Unglück, das durch kein *Ideal des Schönen* abgemildert wird, genau das, was man in Deutschland liebt. Dieser Moment ist zwar lebendig, aber damit ist die Fröhlichkeit für immer dahin.

Das folgende Terzett:

Respiro – partite,

ist erhaben; schon zu Anfang findet sich das bewundernswerte Gebet:

Oh! nume benefico!

Winter hatte in Mailand gerade eine Oper *Mahomet* (nach der Tragödie von Voltaire) herausgebracht; darin gab es ein wundervolles, dreistimmiges Gebet: *Zopire* betet im Hintergrund des Tempels, und ihre zwei Kinder, die ihr gerade den Todesstoß versetzt haben, beten auf der Vorderbühne. Rossini verlangte natürlich vom Librettisten auch ein Gebet, und er schrieb *con impegno*.

Der Bürgermeister, der gesehen hat, daß der Soldat weggegangen ist, wähnt sich alleine mit Ninetta und sagt zu ihr:

Siamo soli. Amor seconda
Le mie fiamme, i voti miei.
Ah! se barbara non sei,
Fammi a parte nel tuo cor.[12]

Das ist wundervoller tragischer Stil – in der Musik, versteht sich. Dieses Terzett ist über alles Lob erhaben. Es weist Rossini ein für allemal als den Komponisten aus, der allen seinen Zeitgenossen überlegen ist.

Die Rückkehr von Ferdinand ist so feurig wie möglich:

Freme il nembo...
Uom maturo e magistrato,
Vi dovreste vergognar.

Es liegt darin noch immer sehr viel mehr Kraft und Energie als Eleganz und vornehme Sensibilität, und das Orchester ist recht laut:

Non so quel che farei,
Smanio, deliro e fremo,

ist ein Vulkan. Hier scheint die natürliche Schnelligkeit von Rossinis Stil sein unglaubliches Feuer noch anzufachen. Dieses Terzett ist eines der schönsten Stücke, die der Maestro jemals in seiner zweiten Manier (dem starken Stil) geschrieben hat. Die Gruppen sind unendlich kunstvoll arrangiert; es hat eine in den schönsten bekannten Stücken sehr selten anzutreffende Eigenschaft, das ist das erstaunliche *Fortschreiten*. Am Ende des Terzetts fühlt man sich irgendwie weiter als am Anfang.

Nach dieser Szene sieht man, wie die Elster über die Bühne fliegt; sie stiehlt den verhängnisvollen Löffel. Der Augenblick ist gut gewählt; der Zuschauer ist zu bewegt, um diesen Diebstahl für einen amüsanten Einfall zu halten, und da niemand auf diesen Vorfall gefaßt ist, bleibt keine Zeit aufzupassen, wie er vor sich geht. Nach dem großen tragischen Stück, das wir gerade eben so unvollkommen analysiert haben, gewinnt die Musik ihre ganze Leichtigkeit und hier noch mögliche Fröhlichkeit wieder und sogar eine bislang nicht dagewesene Eleganz; und das alles geschieht beim Protokoll des Verhörs der armen Ninetta:

In casa di messere ...

Dieses Stück ist herrlich; ich glaube nicht, daß ein lebender Maestro ein ebenbürtiges Stück schreiben könnte. Die reizendste Kantilene, die die Kunst hervorbringen kann, vertont die schändlichsten Worte des Verhörs. Als der junge Militär zu Recht zu bedenken gibt, der gesuchte Gegenstand sei

Rapito! no, smarrito
(Geraubt! nein, verlegt)

worden, antwortet ihm der Bürgermeister mit vollendeter Anmut:

Vuol dir lo stesso.
(Das heißt dasselbe.)

Es stimmt, daß diese bewundernswerte Leichtigkeit, dieses liebenswürdige, ganz und gar monarchische Scherzen in der letzten Zeit mehrfach anzutreffen war bei Richtern, Männern von Welt, die die Gegner der Macht spielend in den Tod schickten oder vielmehr ohne das Spiel ihres angenehmen, sorglosen Lebens zu unterbrechen. Rossinis Musik wäre sehr wohl am Platze in einer Komödie mit dem Titel *Karl II.*[13] oder *Heinrich III.*; der Dichter hätte sich für die Darstellung der gedeihlichen Jahre dieser Herrscher den Genius geborgt, der Herrn Lemercier den *Pinto* eingegeben hat. Ich muß an dieser Stelle einen Augenblick innehalten, um dem Leser, der in Ländern geboren ist, in denen die Justiz, wie jeder weiß, all unseren Respekt verdient, darauf aufmerksam zu machen, daß Rossini in der Romagna geboren und an Richter gewöhnt ist, die von Priestern ernannt werden, und insofern in der *Gazza ladra* ein naturgetreues Porträt eines Bürgermeisters geschaffen hat. Indem er so viel Fröhlichkeit, Sorglosigkeit und Leichtigkeit in Ninettas Verhör legt, berücksichtigt er den Charakter der Hauptfigur des Richters, eines alten, spöttischen und liederlichen Schurken und die Lösung des Knotens der Handlung in seiner Oper, von der er wußte, daß sie wie die von Metastasio *di lieto fine* sein sollte. Ich habe gehört, wie Rossini sehr frohgemut die Kritiken an seinem Bürgermeister zurückwies, und zwar in Mailand, dem Ort, wo Napoleon (von 1797 bis 1814) die Justiz ein wenig Anstand gelehrt hat. »Der junge Militär ist, obwohl Franzose, ein Trottel«, sagte Rossini. »An seiner Stelle hätte ich, der ich weder einen Feldzug mitgemacht noch eine Fahne erobert habe, beim Anblick meiner angeklagten Geliebten gerufen: Ich war's, der den verhängnisvollen Löffel genommen hat! In dem Libretto, das man mir gegeben hat, kann Ninetta – dadurch verwirrt, daß alle äußeren Anzeichen gegen sie sprechen – nur antworten: Giannetto ist ein Dummkopf. Die Hauptperson in meinem Finale ist also der Richter, ein alles andere als trauriger Spitzbube, der keine Ahnung hat, daß er Ninetta ins Verderben stürzt; während des ganzen Verhörs denkt er vielmehr nur daran, wie und um welchen Preis er ihr seine Gnade verkaufen könnte.«[14] Da er sehr vorsichtig ist und sich an Cimarosas Tod erinnert, sagt Rossini nicht: Sehen Sie sich doch die Urteile an, die in meiner Heimat in Ferrara, in Rimini jeden Tag gefällt werden. Versetzen Sie sich doch einmal in die Lage, daß man Sie in einem Prozeß anklagt, Sie hätten vor ein oder zwei Jahren an einem Freitag Huhn gegessen. Die Pfaffen schicken ihre Späher in die Gärten der Palazzi, um nachzusehen, ob am Freitag Hühnerknochen weggeworfen werden. Die Kammerzofe des Hauses bekommt Ostern nicht die Absolution, wenn sie die im geheimen verspeisten Hühner nicht anzeigt. Nun ist aber eine Kammerzofe in Imola oder Pesaro, die Ostern nicht die Absolution bekommt, ein gefallenes Mädchen. Das muß man sich mal vorstellen, in einer Stadt von zwanzigtausend Seelen wie Ferrara gibt es einen Präfekten, sieben bis acht Unterpräfekten, ein Dutzend Polizeikommissare, die nichts anderes auf der Welt zu tun haben als herauszufinden, ob Herr X am Freitag Huhn ißt! Der Legat, seine Sekretäre und Geheimagenten – ich habe ihnen eben die französischen Titel verliehen – sind Pfaffen. Sie haben die Verwaltung inne; aber in allem wird gegen sie gearbeitet, und die kirchliche Autorität, der Bischof, seine Großvikare, die Kanoniker usw., lauter geschworene Feinde der Autoritäten auf dem Gebiet der Verwaltung, hassen sie bis auf den Tod und denunzieren sie laufend in Rom, sie würden zu lasch sein. Diese Denunziationen können verhindern, daß der Legat schon bei der ersten Ernennung Kardinal wird. Und nun können all diese großen Interessen, all diese Rivalitäten, alle Vorsichtsmaßregeln dadurch beachtet bzw. befriedigt werden, daß ein armer Teufel von Bürger in Ferrara denunziert wird, er sei der Versuchung erlegen, am Freitag

Huhn zu essen. Ich könnte noch zwanzig Seiten lang Einzelheiten schildern, dabei hätte ich nur die Sorge, daß die Farben dann weniger kräftig ausfielen und die Wahrheit in einem milderen Licht erschiene. Ich möchte aber nicht ins Abscheuliche abgleiten, denn das wäre eine Todsünde für ein frivoles Buch.[15] Die Schlußfolgerung aus all diesen Anekdoten, die ich über die Romagna erzählen könnte, wäre immer dieselbe: Wenn Rossini seinen liederlichen Bürgermeister so fröhlich und leichtfertig darstellt, hat er nicht daran gedacht, ein scharfes Epigramm à la Juvenal zu schreiben. Es ist in Italien im allgemeinen sehr unüblich, sich schriftlich über Schurkenstreiche zu empören, denn so etwas macht traurig und gehört nicht zum guten Ton.

Der gelassene Charakter des bemitleidenswerten Geliebten von Ninetta kommt in dem Gesang:

Tu dunque sei rea!
(Ed io la credea
L'istessa onestà.)

gut zum Ausdruck. Die ganze Albernheit, die das empfindsame Herz der Bewohner der Rue Saint-Denis auf ihr liebes Melodram überträgt, bricht aus, wenn Ninetta sich verwirren läßt,

Non v'è piu speme,

weil der Jude erklärt, auf dem Tafelsilber, das man ihm verkauft hat, seien ein F und ein V gewesen. Dabei hat sie gerade gesagt, daß ihr Vater Ferdinand Villabella heißt, woraus der Bürgermeister natürlich geschlossen hat, daß dieser Vater der Mann ist, der mit ihr zusammen war und für den sie einen falschen Steckbrief vorgelesen hat! Ninetta hütet sich davor, dem Dichter den üblen Streich zu spielen, einfach zu sagen: Dieses Besteck hat mir mein Vater gegeben, und die Buchstaben F V sind sein Monogramm. Das arme Mädchen zieht es vor zu sterben. Es ist bedauerlich, daß in diesem Libretto alle Personen gewöhnliche Menschen sind. Dieser Fehler wird in deutschen Opern nie gemacht: Sie haben der Phantasie immer etwas zu bieten.

Dieses Finale ist voll Bewegung, Auf- und Abtritte, an denen der Zuschauer lebhaft Anteil nimmt. Es gibt viele *a soli* und kleine, sehr rührende Ensemblestücke. Es ist unmöglich, die Gruppen eines so großen Gemäldes besser zu verteilen. Der Text ist nicht schlecht. Ich wünschte, das Gegenteil wäre der Fall, die Situation schön und natürlich und der Text ganz lächerlich, denn wer achtet schon auf den Text? In Neapel fand man in diesem Finale einige Längen; die etwas ruhigeren Mailänder bewunderten es. Was mich betrifft, so schlage ich mich auf die Seite der guten Mailänder. Der Ausdruck ist lebhaft, stark, natürlich, aber immer rustikal, mit Ausnahme einiger herrlicher Takte am Anfang des Verhörs. Dieser erste Akt erinnert mich in jedem Augenblick an die Art von Fröhlichkeit, die Haydn in den Herbst seiner *Vier Jahreszeiten* gelegt hat, wenn er das fröhliche Treiben bei der Weinernte schildern will.

Mozart hätte dieses Finale schrecklich und absolut unerträglich gestaltet, indem er die Worte tragisch genommen hätte; seine zarte Seele hätte nicht umhin können, für Ninetta und die Menschlichkeit Partei zu ergreifen, statt an den Bürgermeister und seine eher liederlichen als blutrünstigen Vorhaben zu denken, die in seinen letzten Worten beim Abgang von der Bühne klar zum Ausdruck kommen:

Ah, la gioia mi brilla nel seno!
Più non perdo sì dolce tesor.[16]

23. Kapitel

Fortsetzung der Gazza ladra

Zweiter Akt

Alle Personen, die man in Paris auf der Straße trifft, bieten das amüsante Bild einer kleinen Variante irgendeiner Leidenschaft, bei den Männern von vierzig Jahren ist es gewöhnlich der geschäftige Egoismus, bei den jungen Männern die Affektiertheit des *militärischen Gehabes*; bei den Frauen der Wunsch zu gefallen oder einem zumindest zu zeigen, welcher Gesellschaftsklasse sie angehören. Nie sieht man den unmittelbaren Ausdruck von Langeweile, das wäre in Paris lächerlich; dort erblickt man Langeweile nur auf den Gesichtern von Fremden und Neuankömmlingen, abwechselnd mit schlechter Laune, jedoch niemals die dunklen Leidenschaften. In Italien erlebt man oft, zu oft die Langeweile aus *Mangel an Wahrnehmungen*, manchmal eine Freude, die etwas von Raserei hat, ziemlich häufig die dunklen, tiefen Leidenschaften. Der in Paris lebende Franzose geht mit einer schon von tausend Schattierungen von Leidenschaften verbrauchten Seele zum abendlichen Schauspiel; der Italiener aus Parma oder Ferrara mit einer jungfräulichen Seele, die den ganzen Tag über von nichts berührt wurde, und zudem mit einer Seele, die der heftigsten Gefühle fähig ist. Der Italiener verachtet die Passanten auf der Straße oder sieht sie nicht; der Franzose möchte ihre Anerkennung.

Man kann das, was man hat, nicht zweimal ausgeben. Sobald der Bewohner von Paris am Morgen aus dem Haus geht, hat er hundert Dinge zu erledigen und entdeckt hundert kleine Gefühle. Seit Napoleons Sturz stört nichts mehr die Totenstille einer italienischen Kleinstadt; höchstens alle halbe Jahre die Verhaftung eines Carbonaro. Das scheint mir der tiefere Grund für die triumphalen Erfolge zu sein, die es jenseits der Alpen so oft und in Frankreich nie gibt. In den Herzen brennt nicht nur ein viel stärkeres Feuer, sondern es wird auch noch dadurch größer, daß es sich nicht verzehrt. In

Frankreich haben wir zehn verschiedene Arten von Vergnügungen, um uns am Abend zu amüsieren; in Italien nur eine, die Musik. Beim Pariser Publikum beruht ein triumphaler Erfolg auf der Neugier, ein Urteil über ein Stück zu fällen, über das einen Monat lang gesprochen wird; man läuft hin, um es zu beurteilen, und nicht, um in Begeisterung und Tränen auszubrechen.[1]

Im Gegensatz dazu gab es Tränen und Begeisterungsausbrüche bei den guten Mailändern nach dem Finale des ersten Aktes der *Gazza*. Sie dachten vornehmlich an ihr Vergnügen und ihre Empfindungen und sehr wenig an den Ruhm, den Rossini damit ernten könnte. Der Beginn des zweiten Akts erschien ein wenig blaß. Die Rolle von Pippo wurde hingegen von Mademoiselle Galianis gespielt, einer jungen Schauspielerin mit einem sehr edlen Gesicht, die mit ihrer schönen Altstimme Pippos Duett

Ebben, per mia memoria,
Lo serberai tu stesso,

mit Ninetta im Gefängnis sehr gut sang.

Fin che mi batte il cor, ...
Vedo in quegli occhi il pianto,

sind rührende Passagen; aber am Ende des Duetts registriert man schmerzlich einen gewissen, sehr deplazierten Theaterdonner; er bringt einem das musikalische Handwerk in Erinnerung in einem Augenblick, wo der Zuschauer einzig seinen Schmerz genießen möchte. Dieses Duett erinnert mich an die wenig sensiblen Menschen, die eine Trauermiene aufsetzen, wenn sie unbedingt traurig sein wollen und die Gelegenheit es erfordert.

Als ich Mademoiselle Stephens in London hörte, kam mir der Gedanke, Rossini hätte dieses Stück in der Art der englischen Vokalmusik schreiben sollen. Diese Musik hat kaum mehr etwas mit dem Reich des Takts zu tun; sie hört sich an wie die Klänge von Hörnern, die in der Nacht aus weiter Ferne herüberschallen und bei denen oft einige Zwischentöne verlorengehen. Nichts ist rührender und vor allem nichts gegensätzlicher zur restlichen Musik der *Gazza ladra*.

Die Arie des Bürgermeisters und vor allem der Chor an ihrem Ende hätten den Ruhm eines weniger einfallsreichen Komponisten als Rossini begründet. Das gilt nicht für das Duett von Giannetto:

Forse un dì conoscerete.

Angesichts der Gewöhnlichkeit, die in einigen Kantilenen zum Vorschein kommt, könnte man fast sagen, daß Rossini sich ganz und gar in einen deutschen Komponisten verwandeln und wie Weigl oder Winter schreiben wollte. Deswegen ist die *Gazza* in Deutschland am erfolgreichsten; ihre Fehler sind in Darmstadt unsichtbar, und vielleicht werden andere Qualitäten sichtbar, während man den *Tancredi* als keine große Musik abtut. Man muß den guten Deutschen mit großen Kalibern kommen. Mit der Ankunft des Soldaten bekommt dieser zweite Akt wieder das düstere Feuer, das den ersten beseelt. Galli spielt das ganze Ende des Dramas besser als de' Marini oder Iffland. Wir haben in Frankreich keinen Schauspieler, der dieser Art von Talent nahekommt; selbst Talma ist recht mittelmäßig in *Falkland* und im *Meinau* in *Misanthropie et Repentir*.

Die Arie von Galli,

Oh colpo impensato!

ist ziemlich gewöhnlich. Als Rossini sah, daß Galli in Neapel wenig Erfolg hatte, versöhnte er sich wieder mit seinem alten Rivalen und schrieb ihm diese Arie ganz auf den Leib.

Der Beginn des Rezitativs:

Che vuol dire quel pianto?

ist gut. Tragisch-düstere Gefühle liegen in den Worten

M'investe, m'assale.

Wir werden weich gestimmt durch das Licht des *idealen Schönen*, das auf

Per te, dolce figlia,

fällt; aber das *perchè amica spemè?* ist abscheulich; es ist schlechter Rossini-Stil, es sind Konzertverzierungen statt pathetischer Musik und zu allem Unglück Verzierungen, die nur Reminiszenzen an die *Opera buffa*[2] sind.

Die Arie endet mit schönen tragischen Akzenten auf

Scoperto, avvilito,
Proscritto, inseguito.

Zuchelli singt diese Arie hervorragend; er verkörpert so richtig die Verzweiflung einer zarten Seele. Das Publikum ist auf die Vorzüge dieses Sängers noch nicht so recht *aufmerksam* geworden.

So wie die Versöhnungsarie ausgefallen ist, die Rossini für Galli geschrieben hat, würde ich eher meinen, daß er noch beleidigt war. Die Gelehrten stellen als Neuheit heraus, daß das Orchester am Ende sehr viel lauter[3] spielt als der Gesang und ihn dennoch nicht übertönt; man spürt an allen Ecken und Enden, zum Beispiel wenn so einfache Dinge als Neuheiten gefeiert werden, daß die Wissenschaft von der Musik noch in den Kinderschuhen steckt.

Der Chor der Richter:

Tremate, o popoli,

ist wundervoll. Wie man sieht, liegt der Triumph des prächtigen Stils im *Schrecken*.[4] Dieser Chor ist so imposant, daß ich im Louvois nie jemand lachen gesehen habe beim Anblick eines ganzen Gerichtshofs erster Instanz, der mit der Mütze auf dem Kopf zu singen anhebt. Es heißt, dieses Stück ähnle ein wenig einem Chor in Glucks *Orfeo*; ich glaube eher, daß Haydn nachgeahmt wird, wenn es denn überhaupt eine Imitation ist.

Ninettas Ankunft und das Verlesen ihres Todesurteils sind schreckliche Augenblicke, an die ich den Leser nicht erinnern möchte; ich wäre glücklich, wenn ich die Analyse der *Gazza ladra* hier beenden könnte, aber das wäre Rossini gegenüber zu ungerecht.

Già d'intorno
Ulular la morte ascolto,

läßt einem das Blut in den Adern stocken, vor allem das Wort *ulular*; nervösen Menschen bekommt das nicht gut. Gallis Auftritt ist erhebend:

O là! fermate.

Mit Ausnahme von Mademoiselle Mars hatte die französische Bühne seit Monvel nichts Vergleichbares zu bieten. In Italien habe ich bei *de' Marini* und vor allem bei *Pallerini* mindestens ebenso schöne Augenblicke erlebt. Iffland hatte im Jahre 1807 ein oder zwei Auftritte, die sich mit denen von Galli vergleichen lassen.

In Extremsituationen ist kein Platz mehr für die Kantilene, das Rezitativ genügt. Die folgenden Worte von Galli:

Son vostro prigioniero,
Il capo mio troncate[5]

sind ein Beweis für diese eigentümliche Wahrheit, die so ganz im Gegensatz zu den landläufigen Theorien steht. Es scheint mir, die Zuschauer sind so gerührt, daß sie genau spüren, welches der echte Schrei der Natur ist. So hochgradig erregte Zuschauer sind gefährlich; mit Grausen lehnen sie jeden Versuch der Kunst ab, die Natur zu verschönern.[6]

Die Musik paßt zu den folgenden schrecklichen Versen, die die Richter und der Prätor in der eindrucksvollen Art zahlreich versammelter Baßstimmen singen:

L'uno in carcere,
E l'altro sul patibolo.[7]

Galli war über jedes Lob erhaben und dürfte selbst in Paris eine bleibende Erinnerung hinterlassen in

Un padre, una figlia
.....
A tante sciagure
Chi mai reggerà?

Diese prachtvolle Szene, die stärkste der modernen italienischen Oper und von Rossinis Werk, endet würdig mit

Ah! neppur l'estremo amplesso,
Questa è troppa crudeltà.

Ich muß hier ein Prinzip zugunsten Rossinis heranziehen: Der Takt des Walzers erinnert an die Schnelligkeit der schrecklichen und unvermeidlichen Schläge des Schicksals.

Daß die Zeit so schnell vergeht, ist nämlich das schrecklichste Gefühl eines zum Tode Verurteilten, der in einer Dreiviertelstunde hingerichtet werden soll.

Die Musik kann nichts dafür, daß wir die Gewohnheit angenommen haben, Walzer zu tanzen. Diese Mode wird vielleicht in dreißig Jahren vorbei sein; die Art und Weise, wie der Walzer das schnelle Fortschreiten der Zeit ausdrückt, bleibt jedoch in Ewigkeit.

Dieser Grund genügt in meinen Augen zur Rechtfertigung mehrerer Walzertempi oder walzerähnlicher Tempi im zweiten Akt der *Gazza ladra*; aber nichts auf der Welt vermag den Gesang:

Sino il pianto è negato al mio ciglio
Entro il seno s'arresta il sospir,
Dio possente, mercede, consiglio!
Tu m'aita il mio fato a soffrir;

zu rechtfertigen, und dieses sehr fröhliche Stück wird zudem in einigem Abstand wiederholt.

Bei der vierten oder fünften Vorstellung der *Gazza ladra* erhob sich ein allgemeiner Aufschrei gegen diese Absurdität. Einer der liebenswürdigsten jungen Männer aus der liebenswerten Mailänder Gesellschaft, dessen Verlust die Künste heute zu beklagen haben, ritt eine bewunderswerte Attacke gegen Rossini wegen dieses *Allegro*. Wenn er noch lebte, hätte er mir sicher aus Freundschaft einige Seiten für diese Broschüre geschrieben, dann wäre sie der Aufmerksamkeit des Publikums nicht ganz unwürdig.

Diejenigen, die für Rossini Partei ergriffen (es gab nämlich zwei stark ausgeprägte Parteien) sagten, man müsse ihm dafür dankbar sein, daß er das schreckliche Sujet mit der Leichtigkeit seiner Kantilenen überspielt habe. Hätte Mozart die Musik der *Gazza ladra* so eingerichtet, wie sie geschrieben werden muß, das heißt im Stil der ernsthaften Partien des *Don Giovanni*, dann hätte dieses Stück Schrecken verbreitet, und man hätte die Aufführung nicht ausgehalten.

Tatsache ist, daß Rossini in keiner seiner Opern so viele *Sinnfehler* gemacht hat wie in der *Gazza ladra*. Er fürchtete sich vor dem Mailänder Publikum das ihm seit dem *Turco in*

Italia grollte. Er wollte dieses Publikum überwältigen, eine Vielzahl neuer Stücke schreiben und gab sich weniger denn je die Mühe, die Partitur noch einmal durchzulesen. Ricordi, Italiens erster Musikhändler, der Rossinis Erfolgen ein großes Vermögen verdankt, erzählte mir in Florenz, Rossini hätte eines der schönsten Duette der *Gazza ladra* im Hinterzimmer seines Ladens komponiert, inmitten der Schreie und des fürchterlichen Lärms von zwölf bis fünfzehn Kopisten, die sich wechselseitig ihre Kopien diktierten oder sie kollationierten, noch dazu in weniger als einer Stunde.

Das große Stück, das mit dem Chor *Tremate, o popoli* beginnt, kommt mir viel zu lang vor.

Der Chor des Volkes, als Ninetta, von Gendarmen umringt auf ihrem Weg zur Hinrichtung an uns vorüberzieht, ist vortrefflich. In Italien, wo die argwöhnische und erbarmungslose Tyrannei[8] (das Gegenteil der Regierung Ludwigs XV.) die Entwicklung zarter Gefühle unterdrückt hat, marschiert der Henker mit der Polizeimütze neben Ninetta und ist ihr beim Aufstehen behilflich, nachdem sie vor der Kirche in ihrem Dorf gebetet hat. In der Scala war das Bühnenbild von Herrn Peregro ergreifend; die Dorfkirche war rührend und düster und hatte dennoch genug Erhabenes, um dem traurigen Schauspiel, dessen Zeugen wir sind, ein wenig von seinem Schrecken zu nehmen. Im Louvois ist das Bühnenbild *hübsch* und *fröhlich*; und als würdige Ergänzung gibt es inmitten der Wolken Bäume, die nirgendwo am Boden einen Halt haben. Der pittoreske Geschmack des Publikums im Louvois ist zu ungebildet, als daß er auf solche Bagatellen Wert legte.[9]

Nie zuvor war ein Vaudeville besser plaziert als das am Ende:

Ecco cessato il vento,
Placato il mare infido.

Galli sang es mit viel Verve und Seligkeit, Zuchelli gibt es mit vollendeter Grazie, und aus seinem Munde ist dieses Vaudeville wirklich ein sehr bemerkenswertes Gesangsstück. Ich möchte diesen großen Sänger gern in einer Bariton-Rolle, zum Beispiel in der des Don Giovanni, erleben.

Nach der *Gazza ladra* geht man erschöpft und benommen

aus dem Louvois. So mitgenommen ist man, weil es zwischen den beiden Akten der Oper nicht eine Stunde Ballett gibt. In Mailand wohnten wir *Myrrha* oder der *Rache der Venus* bei, einem Meisterwerk von Viganò. Die mythologischen Vorstellungen wirkten echt wohltuend nach den *allzu wirklichen* Schrecken, in die uns der Richter von Palaiseau und seine Gendarmen versetzt hatten. Vielleicht hat es noch nie ein Orchester gegeben, das gelehrter, exakter ist und erbarmungsloser erfüllt, was es für seine Aufgabe hält, als das des Louvois; auch hat man so viel Mangel an musikalischem Gefühl noch nie erlebt. Da etwas zu *fühlen*, nicht im Bereich des Möglichen zu liegen scheint, hoffen wir, man wird mit der Zeit in der Rue Bergère *lehren*, daß ein Crescendo sanft anfangen muß und daß es gewisse Nuancen, *piano* genannt, gibt. Wo sind unsere ungeschickten Musiker von Capua und Foligno! Wenn sie Fehler machen, dann immer nur aus Unkenntnis, weil sie nicht genügend Fingerfertigkeit besitzen, um eine bestimmte Note zu spielen; aber welch ein Feuer! welche Feinfühligkeit! wie seelenvoll, welch musikalisches Gefühl! Die eine oder andere Note wird zu stark, zu gewagt, zu *frech* gespielt, das beweist, daß derjenige, der damit das Ohr des Publikums beleidigt, auf immer unwürdig ist, in einem anderen Orchester als dem der großen Opéra zu spielen.

Für sich genommen ist vielleicht jeder Künstler im Orchester unseres Louvois, vor allem jeder Geiger, den Künstlern in den Theatern von Dresden, München oder Darmstadt überlegen. Dennoch, welch ein Riesenunterschied im *Effekt*! Diese Herren sind nur in manchen Haydn-Symphonien überlegen, wo alles *hart* ist; sobald ein anmutiger und zarter Takt kommt, mißlingt er ihnen. Man beachte die so gearteten Passagen in der Ouvertüre der *Gazza ladra* sowie die Art und Weise, wie sie die Ouvertüre der *Horatier* von Cimarosa behandeln.

Als ich die *Gazza ladra* das erste Mal im Louvois hörte, war ich entrüstet. Der Orchesterleiter, übrigens ein talentierter Mann, ein geschickter Geiger, der das Orchester – das französische System einmal vorausgesetzt – sehr gut dirigiert, hat die meisten *Tempi* von Rossini verändert. Wenn dieser Maestro je in Paris vorbeikommt und sich nicht gerade dafür entscheidet, verkehrte Ratschläge zu erteilen (einen Spaß, den er einmal vor meinen Augen unendlich liebreizend und mit dem größtmöglichen Erfolg gemacht hat; die Sänger, denen er falsche Ratschläge gab, fielen hundertprozentig darauf rein), dann wird er eine Auseinandersetzung mit dem Herrn Orchesterleiter des Louvois nicht vermeiden können. Armer Rossini! Man wird ihn von A bis Z schlagen, weil er alles andere als *gelehrt* ist.

Das Tempo ist von überragender Bedeutung für den Ausdruck. Wenn *Enfant chéri des dames*, jene liebenswürdige Melodie, die Devième einst Mozart stahl, *adagio* gesungen wird, dann könnte man in Tränen zerfließen. Zu den vom Orchesterleiter des Louvois sonderbar veränderten Stücken gehört, wie ich feststellen muß, das Duett zwischen Ninetta und Pippo im Gefängnis:

E ben per mia memoria.

Mal werden die Pianos zu Allegros; da man aber korrekt sein muß und es für alles einen Ausgleich gibt, wird einen Augenblick später ein hübsches Allegro vivace in ein sehnsüchtiges Andante verwandelt, und das trotz der Situation und des Schreis des Librettos, um mich so gewagt auszudrücken:

Guarda, guarda; avisa, avisa!

in dem Moment, als Pippo hoch oben auf dem Glockenturm das Silberbesteck im Versteck der Elster wiederfindet. Dieses Allegro, das in Mailand unter der Leitung des Komponisten auch so ausgeführt wurde, wird im Louvois langsam gespielt, was zu einer Parodie bestens passen würde.[10]

In acht bis zehn Jahren, wenn die Revolution in der Musik vollendet sein wird und unsere hübschen, kleinen, zwölfjährigen Mädchen Hausfrauen sein werden, wird das Publikum des Louvois, das dann vor allem *schöne Gesänge* und keine Symphonien wünscht, aus dem Orchesterleiter von damals den Sklaven der Sänger machen, der sich ihnen in bezug auf das *Tempo* unterzuordnen hat. Wie mittelmäßig der Sänger auch immer sein mag, wenn er auf der Bühne steht, müssen ihm alle folgen, sicher nicht aus Achtung vor seiner Persönlichkeit, sondern aus Respekt vor den Ohren des Publikums.

24. Kapitel

Von der Bewunderung in Frankreich oder von der großen Opéra

Ich war heute abend im *Devin du Village* (5. März 1823), eine ziemlich linkische Nachahmung der Musik, die um das Jahr 1730 in Italien modern war. Diese Musik ebnete einst den Meisterwerken von Pergolesi und Logrosino den Weg, die durch die Werke von Sacchini und Paccini abgelöst wurden, die wiederum den Werken Guglielmis und Paisiellos wichen, welche ihrerseits vor Rossini und Mozart verblassen.

In Frankreich geht es langsamer zu; nichts allgemein Anerkanntes kann sich *allmählich* durchsetzen. Dazu bedarf es des *Kampfes*. Ich will heute bewundern, was ich gestern bewundert habe; mit anderen Worten: Wovon soll ich morgen reden? Ist etwas als Meisterwerk anerkannt, mag es mich noch so langweilen, so ist es nichtsdestotrotz herrlich; ich bin im Unrecht, wenn ich mich langweile. Der Kammerdiener in meinem Elternhaus sagte uns schon im Alter von zehn Jahren, wenn er uns die Lockenwickler ins Haar drehte: »Monsieur, um schön zu sein, muß man leiden.«

Alles verändert sich in Europa, alles ist umgestürzt worden; allein dem Opernpublikum gebührt das Verdienst, unbeweglich geblieben zu sein. Ehedem leistete Europa Rousseau ziemlich viel Widerstand. Die Geiger wollten ihn tapfer umbringen als einen Feind der *nationalen Ehre*.[1] Ganz Paris ergriff Partei; es war sogar von einem königlichen Geheimbefehl zur Verhaftung die Rede. Es war wie vor einem Jahr an der Porte Saint-Martin; die liberalen Zeitungen überzeugten die Ladenschwengel, sie müßten Shakespeare auspfeifen, weil er ein Ordonnanzoffizier des Herzogs von Wellington sei.

Unser *gesunder Menschenverstand in Sachen Literatur* hat seit 1765 keinerlei Fortschritte gemacht; immer noch stützt sich unsere Eitelkeit auf die nationale Ehre. Wir sind so eitel wie ehrgeizig.

Sehen wir uns die Veränderungen an, die seit 1765 im Staat erfolgt sind: Ludwig XVI. beruft die Philosophie in seinen

Rat, sie erscheint dort in Form des unsterblichen Turgot; auf ihn folgt die kindische Leichtigkeit des alten Maurepas; danach kommt der finanzielle Einfluß und die bourgeoise Selbstgefälligkeit des ehrenwerten Necker; unter Mirabeau will Frankreich die konstitutionelle Monarchie; unter Danton geht es zur Schreckensherrschaft über, das Fremde hat keinen Zutritt. Etwa fünfzig Gauner übernehmen das Staatsruder. Die schönen Tage von Frascati beginnen. Währenddessen hatten unsere Militärs das Vergnügen, eifrig Schlachten zu gewinnen und die Österreicher in die Flucht zu schlagen.

Wir waren in den Konzerten der Rue Cléry, als ein junger Held sich Frankreichs bemächtigte und binnen drei Jahren sein Glück machte. Ein liebenswürdiger Mensch präsentiert ihm einen Brief auf der Krempe seines Federhutes; der große Mann verliert den Kopf und brüllt: *Nur solche Leute können wirklich dienen*! Dieser Brief bereitet ihm mehr Vergnügen als zehn Siege. Also beschließt er, die zerschlissenen Uniformen der Monarchie à la Ludwig XIV. wiedereinzuführen. Ganz Frankreich läuft den Baronien und Ehrenbändern nach. Der Unverschämtheit der Grafen des Kaiserreichs überdrüssig, empfängt Frankreich Ludwig mit Begeisterung ... Welche Vielzahl von Veränderungen! Die öffentliche Meinung hat sich seit 1765 mindestens zwanzigmal geändert. Eine einzige Klasse ist unbeweglich geblieben, als wolle sie den *nationalen Ehrgeiz* trösten: Es ist das Publikum der Opéra. Es allein kann mit Fug und Recht die fatale Wetterfahne ablehnen, die sich jetzt auf so vielen Köpfen dreht. Ansonsten wurde heute abend dort genauso falsch gesungen wie vor sechzig Jahren.

Als ich heute abend vom *Devin du Village* zurückkam, habe ich ganz automatisch ein Buch des emphatischen Rousseau aufgeschlagen: seine Schriften zur Musik. Ich war erstaunt; alles, was er 1765 schrieb, ist im Jahre 1823 noch frisch und wahr. Das französische Orchester, das sich immer noch für das beste Orchester der Welt hält, kann heute ebensowenig ein Crescendo von Rossini ausführen wie damals. In Anpassung an die pergamentgefütterten Ohren unserer tapferen Vorväter stirbt es noch immer vor Angst, es könnte zu leise beginnen, und verachtet die *Nuancen* als Belege für Mangel an Kraft. Im *Technischen* hat sich das Talent geändert. Zweifelsohne führen unsere Geiger, unsere Cellisten, unsere Baßgeiger heute Sachen aus, die 1765 unmöglich gewesen wären; aber die *moralische Seite* des Talents, wenn ich mich so ausdrücken darf, ist noch dieselbe. Es verhält sich genauso wie mit einem Mann ohne Vermögen, der von einem in Indien verstorbenen Verwandten eine riesige Erbschaft macht. Seine Mittel, zu handeln und Einfluß auszuüben, haben sich verändert, aber sein Charakter ist derselbe geblieben; durch seinen neuen großen Reichtum ermutigt, kommt dieser Charakter vielmehr nur noch unverschämter zur Geltung. Unsere Musiker haben das Talent der Fingerfertigkeit geerbt. Rossini wird auf dem Weg nach London in Paris vorbeikommen; man wird sehen, wie unsere Musiker ihm das *Tempo* der Stücke bestreiten, die er komponiert hat, und wie sie es besser wissen als er. Individuell betrachtet sind sie Künstler und vielleicht sogar die geschicktesten von Europa; in ihrer Gesamtheit sind sie aber immer noch das Orchester aus dem Jahre 1765. Die Wissenschaft von der Musik überschwemmt uns mit jeder Menge von Traktaten, und beim Gefühl ist Ebbe. Zehneinhalbjährige Wunderkinder verfolgen mich, und wenn man aus den großen Geigern ein Orchester bildet, können sie nicht einmal die Begleitung des Duetts der *Armida* ausführen.

Der Mechanismus wird immer perfekter[2], und die Kunst ist im Niedergang begriffen. Man könnte sagen, je gelehrter diese Menschen werden, um so mehr verhärten sich ihre Herzen. Was Rousseau über die Politik und die Organisation der Gesellschaften geschrieben hat, ist veraltet; aber was er über die Musik, die für Franzosen schwierigste Kunst, geschrieben hat, ist noch immer frisch und wahr. Ein *alter Metromane* erklärt, Spontini und Nicolo seien die französischen Musiker schlechthin, und er kommt nicht einmal bei diesen Namen auf die Idee, daß der eine aus Jesi und Nicolo aus Malta stammt und daß sie erst nach Frankreich gekommen sind, nachdem sie in Italien bereits zwanzigmal aufgetreten sind. Überall kämpft die Absurdität mit dem Ehrgeiz; aber der Ehrgeiz bleibt Sieger.

Sollte es wirklich wahr sein, daß das französische Volk eines der oberflächlichsten des Universums ist? Sind die Philosophen, die es so oft als *oberflächlich* bezeichnet haben, je weiter vorgedrungen als bis zum Schnitt seines Gewandes oder seiner Frisur?

Die Deutschen, die wir ernst nennen, um uns lustig zu machen, haben in den letzten dreißig Jahren mindestens dreimal die Philosophie und das dramatische System gewechselt. Und wir, wir sind immer noch für das *französische System von Spontini* und die *nationale Ehre* und berufen uns auf sie, um den Lütticher Grétry gegen den Pesareser Rossini zu verteidigen.

Im Jahre 1765 sagte Ludwig XV., ein durchaus geistreicher Mensch, zum Herzog von Ayen, als dieser sich über die *Belagerung von Calais*, eine Tragödie von Du Belloy, lustig machte: *Ich hielt Sie für einen besseren Franzosen*. Die Antwort des Herzogs ist bekannt. Napoleon selbst hält es in seinen Memoiren gemäß der guten alten Gewohnheit zu lügen, für tadelnswert, wenn ein geschichtsschreibender Franzose Dinge zugibt, die Frankreich nicht gerade zur Ehre gereichen (Anmerkungen über das Werk von General Rogniat). Hätte er weiterregiert, so hätte er *alle Denkmäler* der Militärgeschichte seiner Zeit *zerstören lassen*, um im *Alleinbesitz* der Wahrheit zu sein – eine seltsame Anekdote von der Schlacht bei Marengo. General Vallongue, der tapfere Militär, der sie mir erzählt hat, spricht nicht, und zwar aus Feingefühl. Was mich betrifft, so liebe ich den Helden zärtlich und verachte den Despoten, der seinen Polizeichef empfängt.

Bei den Revolutionen des Staates war den Franzosen Leichtfertigkeit fremd; beharrlich interessierten sie sich für das Geld[3]; in der Literatur interessierten sie sich beharrlich für die Eitelkeit. Man kann sicher sein, nicht ausgepfiffen zu werden, wenn man einen Satz von La Harpe wiederholt; und man gilt selbst im Marais als ein unendlich geistreicher Mensch, wenn man ihn leicht abgewandelt zitieren kann. Was ich gestern bewundert habe, will ich heute auch noch bewundern, meine Bewunderung ist mein Besitz; sonst müßte ich jeden Tag den Grundstock meiner Konversation ändern und würde mich nicht vorhersehbaren Einwänden aussetzen, auf die ich möglicherweise nichts mehr zu sagen weiß; welch schreckliche Gefahr!

In Frankreich bewundern die niederen Klassen einfach das, was Paris bewundert, und früher, was der Hof bewunderte. In den Privatgesellschaften, die nicht modebestimmend sind, hütet man sich davor, eine *echte Diskussion* darüber zuzulassen, was man als *guten Ton* akzeptiert hat. Man bekommt seine Meinungen aus Paris geliefert, aus jener Stadt, die die Provinz stillschweigend und respektvoll verabscheut. Im übrigen sind all diejenigen, die in Paris mit einer gewissen Energie auftreten, in der Provinz geboren und brechen von dort mit siebzehn Jahren als fanatische Anhänger der Ansichten über Literatur auf, die 1760 modern waren.

Wie man sieht, schließen sich in den Künsten äußerste Eitelkeit und Leichtigkeit wechselseitig aus; *man muß leiden, um schön zu sein.* Niemand wagt, sich auf seine eigene Empfindung zu berufen, vor allem in der Provinz, wo dieses Verbrechen unverzeihlich ist.

Diese unschicklichen und gewagten Gedanken gingen mir heute abend in der Oper durch den Kopf, als ich sah, daß einige Zuschauer, Menschen mit Geschmack, die der *Devin* tödlich langweilte, nicht Mann genug waren, sich selbst gegenüber ehrlich zu sein.[4] So schlimm ist es in Frankreich, mit der eigenen Meinung alleine dazustehen!

Im letzten Sommer ging ich eines Abends zu Tortoni. Die Eisliebhaber saßen dort dicht gedrängt. Verärgert, da ich keinen kleinen Tisch mehr bekam, sagte ich zu Tortoni, mit dem ich befreundet bin: »Sonderbar, daß Sie nicht auch noch die Nachbarhäuser mieten; dann könnte man sich bei Ihnen wenigstens hinsetzen. – *Non son così matto*! Ich kenne doch die Franzosen, sie sind nur dort gern, wo man erstickt; schauen Sie sich vor meiner Tür die Promenade des Boulevard de Gand an.«

Durch diese kluge Antwort des Italieners in meiner Meinung bestätigt, sagte ich vor kurzem zu einem der Direktoren der *Opera buffa*: »Ihr Theater stirbt an Monotonie; engagieren Sie drei Sänger mehr für dreißigtausend Francs, und spielen Sie einmal die Woche in der großen Opéra. – Wir würden keinen Hund hinter dem Ofen hervorlocken; unsere Bänke blieben gähnend leer, niemand würde unsere Logen wollen, das hieße, eigenhändig der Mode den Garaus machen, der wir es verdanken, daß wir für unsere teure französische Opéra das Geld ausgeben können, das in unserem ärmlichen Budget für die *Opera buffa* vorgesehen ist.«[5]

Ich glaube, es ist schwer, zwei belanglosere Feststellungen über die Sitten zu machen als die eben getroffenen. Man läuft zu Tortoni, wo man erstickt, wie man ins *Français* geht, wo man gähnt; es ist dasselbe Prinzip. Zu zwei verschiedenen Tageszeiten wird derselbe Mensch von derselben Neigung getrieben; wenn er um sieben Uhr beim Français vorbeikommt, sagt er sich: Schauen wir uns die bewunderswerte *Iphigénie* noch einmal an. Er kauft sich eine Karte und wiederholt dabei halblaut:

> *Weit größer als der Tränenbäche Zahl,*
> *Die wir um Iphigenien vergossen,*
> *Denn die vordem in Griechenland geflossen,*
> *Als Agamemnon seufzt' in Leid und Qual.*
> (Boileau, Trostbrief an Racine)

Wie soll man es nach einem so berühmten Urteil noch wagen, *ein nutzloses Ruder* lächerlich zu finden, das vergeblich in *ein unbewegliches Meer* eintaucht? (...)

Ein Pariser der alten Schule geht nicht einfach Eis essen zu Tortoni, weil es heiß ist – welch ein vulgäres Motiv! –, sondern um etwas zu tun, was zum guten Ton gehört, um an einem Ort gesehen zu werden, an dem sich die vornehme Gesellschaft trifft und zuletzt, aber wirklich zuallerletzt, weil es ein klein wenig Spaß macht, Eis zu essen, wenn das Thermometer 25 Grad anzeigt.

Nehmen wir an, im Louvois gäbe es um acht Uhr noch ein paar Plätze; dann wäre das also nicht mehr der Ort, wo die gute Gesellschaft erstickt, sondern nur noch ein bequemes Theater: Dahin gehe ich nicht.

In Spanien oder Italien verachtet jeder seinen Nachbarn und hat den großen Ehrgeiz, eine eigene Meinung zu haben. Deswegen versteht man es dort nicht zu leben.

Alles Vorhergehende ist auch ein Hinweis auf die Geschichte, wie man Rossini in Frankreich empfangen hat; von dem Tag an, an dem ein geschickter Direktor die *Italiana in Algeri* entstellte, bis zu dem, an dem man Rossinis *Barbier von Sevilla* geschickt dem von Paisiello gegenüberstellte, hoffte man, uns Rossini zu verleiden. Der Coup war geschickt arrangiert und wohlberechnet auf die literarischen Gepflogenheiten dieser Nation. Die Literaten, die das Privileg, über Gemälde und Musik urteilen zu dürfen, wie eine Zugabe zu ihrem Titel betrachten, handelten getreu den Regeln ihres Metiers und verfaßten wutschnaubende Artikel zugunsten des Komponisten von vor dreißig Jahren gegen den von heute. Paisiello schien ihnen noch von Racine und Boileau zu sprechen, den Antipoden von Schiller und Byron. Immer wieder kamen sie auf die dreiste Vermessenheit eines jungen Mannes zu sprechen, der es gewagt hat, den Ruhm eines Alten in Frage zu stellen.[6] Rossini hatte das Glück, daß die Zeiten von Geoffroy vorbei waren; keine Zeitung hatte die Publikumsgunst für sich gepachtet, und die armen ehrenwerten Literaten waren, ohne den Vorzug, allein reden zu dürfen, ganz erstaunt, daß das Publikum sich über sie lustig machte.

Der Barbier von Sevilla hat Rossini in Paris bekanntgemacht, *neun Jährchen* nachdem dieser Komponist dem italienischen und einem Großteil des deutschen Publikums viel Freude bereitet hatte. *Tancredi* war in Wien unmittelbar nach dem Kongreß gegeben worden. Drei Jahre später feierte die *Gazza ladra* einen triumphalen Erfolg in Berlin, wo man ganze Bände für und wider die Ouvertüre veröffentlichte.

Die eine Hälfte von Rossinis Qualitäten erlebten die Pariser Theaterbesucher zur Verzweiflung gewisser Personen, als Madame Fodor im *Barbier* die Rolle von Madame de Begnis übernahm, die andere Hälfte, als Madame Pasta im *Otello* und *Tancredi* sang.

25. Kapitel

Zwei Arten von Musikliebhabern

Vor einiger Zeit hat man mich einem alten Expedientenkommis vom Kriegsamt vorgestellt, der ein so absolutes Gehör hat, daß er sofort mit unfehlbarer Sicherheit angeben kann, welche Töne zwei Steine erzeugen, wenn sie von zwei Arbeitern mit dem Hammer behauen werden. Man braucht nur mit ihm an einem Steinmetzatelier in der Nachbarschaft eines großen Gebäudes vorbeizugehen und ihn zu bitten, diese Töne genau zu bestimmen; ohne zu zögern nennt er sie dann auch noch beim richtigen Namen. Wenn dieser Mann eine Drehorgel hört, die wie üblich falsch spielt, gibt er nach und nach die Noten an, die dieses verhängnisvolle Instrument spielt. Ebenso erfolgreich bestimmt er das Kreischen einer Rolle, die oben an einem Kran falsch angebracht ist, der mühsam ein beträchtliches Gewicht hochzieht, oder das Quietschen eines schlecht geschmierten Rades an einem Bauernkarren. Überflüssig hinzuzufügen, daß mein neuer Freund den kleinsten Fehler eines großen Orchesters sofort angeben kann; er sagt, welche Note falsch gespielt worden ist und welches Instrument den Fehler gemacht hat. Die Person, die mich vorstellte, veranlaßte mich, eine Melodie zu singen; ob Zufall oder Absicht, jedenfalls hatte diese Melodie mehrere zweifelhafte Töne, die ein anwesender Musiker voller Erstaunen in der von dem alten Expedienten notierten Melodie wiedererkannte, die dieser dem unglückseligen Sänger zwei Minuten später präsentierte. Dieser einzigartige Mann schreibt eine gerade gesungene Melodie auf wie ein Kind eine Fabel von La Fontaine, wenn irgendein Freund der Familie dies von ihm verlangt, um sein Wissen zu überprüfen. Wenn die Melodie, die man singt, lang ist, bittet der Expedient, der Teile zu vergessen fürchtet, man möge unterbrechen, damit er das bereits Gehörte aufschreiben könne. Weitere Prüfungen, die mein Freund gleichfalls glänzend besteht, führe ich erst gar nicht an. Alle Töne der Natur sind für ihn nur eine (in bezug auf den Ton) sehr deutliche Sprache, in der er mühelos schreiben kann, allerdings ohne irgend etwas davon zu verstehen. Es ist, glaube ich, schwer, ein besseres Gehör anzutreffen, das zugleich so stumpf ist gegenüber dem Charme, den die Töne haben können.

Der arme Expedient, der wie Herr Bellemain aus dem Stück *Intérieur d'un Bureau* einen gutmütigen, ruhigen und glücklichen Gesichtsausdruck und dreißig bis vierzig Jahre gewissenhafter Arbeit hinter sich hat, ist der gefühlloseste Mensch, den ich kenne. Die Töne sind für ihn nur Geräusche; die Musik ist eine Sprache, die er sehr gut hört, die für ihn aber keinerlei Sinn hat. Ich glaube, er zieht das Geräusch großer Steine, die von Steinmetzen mit Hämmern bearbeitet werden, allen Symphonien vor. Man hat ihn auf die Probe stellen wollen und ihm an ein und demselben Tag Eintrittskarten für das Louvois und das Odéon, die große Opéra und die Porte Saint-Martin gegeben; er hat das Sprechtheater immer vorgezogen. Ich habe den Eindruck, als mache ihm die Musik keinerlei Spaß, außer als Übungsfeld für sein Talent, die Töne exakt zu bestimmen. Diese Kunst sagt seiner Seele gar nichts, und im übrigen hat er gar keine Seele. Sobald man ein etwas niveauvolleres Gespräch mit ihm beginnt und etwas nicht ganz Geläufiges zitiert, wiederholt er in aller Schlichtheit mehrfach das Wort: Romantisch! romantisch! Er ist der *prosaische* Mensch schlechthin.

Das Gegenteil war Graf C***, den am Hof von Prinz Eugen, dem Vizekönig von Italien, jedermann kannte. Er war ein junger Venezianer von heldenhafter Tapferkeit, der aufgrund seiner vielen schönen Taten Ordonnanzoffizier des Prinzen geworden war. Dieser liebenswürdige junge Mann war nicht nur außerstande, die Töne zu bestimmen, sondern konnte keine vier Noten nacheinander herausbringen, ohne furchtbar falsch zu singen. Erstaunlicherweise liebte er, der so falsch sang, die Musik mit einer selbst für Italien bemerkenswerten Leidenschaft. Bei all den Erfolgen, die er auf vielen Gebieten hatte, sah man doch, daß die Musik einen notwendigen und erheblichen Teil seines Glücks ausmachte. Man versichert mir, daß es dem Herrn Grafen von Gallenberg – der im San Carlo, während Rossini dort mit der Musik seiner Opern triumphierte, die Musik für die Ballette komponierte, die zwischen den zwei Akten der Opern von Rossini gespielt wurden, und dessen Erfolge mit denen des jungen Maestro beinahe vergleichbar waren – äußerst schwerfällt, einen falschen von einem richtigen Ton zu unterscheiden.

Diese Extremfälle sind selten, aber zusammen mit den dazwischenliegenden Abstufungen bilden sie alle möglichen Arten von Musikliebhabern. Die einen, und das sind die Pedanten in der Musik, die genauso pedantisch sind wie ein Gelehrter auf dem Gebiet der *Sitten*, der sich ganz der Eitelkeit, dem Geld und der Arbeit verschrieben hat, diese einen haben eine erstaunliche Fähigkeit, Töne und ihre verschiedenen Modi wahrzunehmen. Diese Töne bewirken aber bei ihnen keinerlei Gefühlsregung, sie erinnern sie an keinerlei Leidenschaft oder Schattierung derselben. Diese Menschen sind in der Musik die gelehrtesten und unerschütterlichsten Kenner; da sie sich keinen Augenblick mitreißen und dadurch in die Irre führen lassen, werden sie nie abgelenkt von dem, was sie einmal gelernt haben, und vor allem brauchen sie über gewisse Übertreibungen nie zu erröten, die, vor unpassenden Leuten geäußert, den echten Musikliebhabern anschließend so viel Schande machen.

Letztere nehmen sich nämlich in den Augen ersterer wie Ignoranten aus, und es gibt auch Augenblicke, in denen sie ziemlich lächerlich wirken, und zwar dann, wenn sie außerordentliche Anstrengungen auf dem Gebiet der Pedanterie und Heuchelei unternehmen, um den Eindruck zu erwecken, als würden sie sich bei den *Noten* und der Einteilung der Töne auskennen. In Frankreich machen sie kaum den Mund auf, um von der göttlichen Kunst zu sprechen, der sie ihr lebhaftestes Vergnügen verdanken, ohne einem gelehrten Tölpel eine Angriffsfläche für einen Witz zu bieten; im allgemeinen handelt es sich um irgendeine Vorstellung, die sie aus dem *Reicha* haben, an die sie sich aber nur halb erinnern. Im Louvois kann ich diese zwei Klassen von Musikliebhabern schon von weitem erkennen. Der *dilettante* ist zum Beispiel nie besonders ordentlich gekleidet, während die Aufmachung des Pedanten ein Meisterwerk von Ordnungssinn und Gepflegtheit ist, selbst am Tag der ersten Vorstellung, wo man sich ganz schön anstrengen muß, um einen einigermaßen guten

Platz zu bekommen. Der arme sensible Musikliebhaber ist gewöhnlich so unvorsichtig, immer dann zu sprechen, wenn ihn das Gefühl überkommt, womit er sich den triumphierenden Witzen der gefühllosen Menschen aussetzt. Seine Wut macht sie doppelt glücklich; die Namen, die Daten, nichts weiß er, während der trockene Pedant neben ihm und auf seine Kosten damit glänzt, daß er weniger plump als gewohnheitsmäßig den geschichtlichen Überblick, alle Einzelheiten des Gesangs der Schauspielerinnen, die in den letzten zwanzig Jahren im italienischen Theater aufgetreten sind, alle Daten der Debüts bzw. Inszenierungen usw. usf. aufsagt. Der arme sensible Musikliebhaber gibt sich der Lächerlichkeit preis, weil er noch etwas vom französischen Charakter hat. Wozu reden? Wozu soll man mit diesen Leuten kommunizieren, die jede Begeisterung und Feinfühligkeit im Keim ersticken? *Die anderen*. Schauen Sie sich hingegen den Musikliebhaber aus dem San Carlo oder der Scala an; ganz seinem Gefühl hingegeben, denkt er nicht daran zu *urteilen* und noch weniger daran, einen hübschen Satz über das zu formulieren, was er gerade hört. Er kümmert sich überhaupt nicht um seinen Nachbarn und denkt kaum je, wie er zu beeindrucken sei; er weiß nicht einmal, ob jemand neben ihm sitzt. In kontemplativer Ekstase versunken, hätte er für die *anderen*, die ihn daran hindern würden, aus ganzer Seele zu genießen, nur Wut und Ungeduld übrig. Manchmal entschlüpft ihm ein Ausruf, dann verfällt er wieder in tiefes Schweigen. Wenn er den Takt mitschlägt, eine Bewegung macht, dann nur, weil das bei manchen Passagen das Vergnügen steigert. Sein Mund ist halboffen, seine Gesichtszüge tragen alle Anzeichen von Erschöpfung oder besser gesagt, sie sind leblos; seine ganze Seele liegt in seinen Augen, und wenn man ihn auf diese Wahrheit aufmerksam macht, verdeckt er seine Augen mit der Hand aus Haß auf *die anderen*.

Viele berühmte Sänger gehören zu der Art von Musikliebhabern, deren Prototyp ich in dem Kommis vorgestellt habe, der darauf eingeschworen ist, die Töne zu bestimmen, die große Steine von sich geben. Es sind gewöhnliche Menschen, die zufällig ein gutes Gehör, eine wundervolle Stimme und einen kräftigen Brustkasten haben.

Wenn sie sich mit der Zeit etwas Geist aneignen, dann tun sie so, als hätten sie Gefühl und Begeisterung; sie nehmen oft das Wort *Genie* in den Mund und stellen eine Mozartbüste auf ihren Mahagonischreibtisch. In Paris brauchen sie noch nicht einmal Geist zu haben, um sich ein solches Gehabe zuzulegen; ihre Phrasen werden ihnen von der Zeitung vorgesagt, und die Büste ist Sache des Möbelhändlers.

Im Gegensatz dazu kennt besagter Musikliebhaber sich mit Noten überhaupt nicht aus; und dennoch sind die meisten ihrer Kombinationen, selbst die einfachsten, in seinen Augen *kraftvolle und deutliche* Ausdrücke einer Schattierung der Leidenschaft. *Für ihn* gibt es nichts, was dieser Sprache in ihrer Evidenz ebenbürtig wäre; und da er sich nicht gerade durch sehr viel Willenskraft auszeichnet, ist dieser arme *dilettante* außerstande, ihrer mitreißenden Kraft zu widerstehen. Mozart ist der souveräne Gebieter über seine Seele; zwanzig Takte genügen, um ihn zum Träumen zu verleiten und dazu, daß er die einfachsten Vorfälle der Welt – zum Beispiel einen von einer Droschke überfahrenen Hund in der Rue de Richelieu – von ihrer zarten und rührenden Seite sieht.

26. Kapitel

Mosè

In Neapel besuchte ich manchmal nach der Oper, gegen Mitternacht oder ein Uhr, eine Gesellschaft alter Musikliebhaber, die sich auf einer Terrasse des *Chiaja*-Kais oberhalb des Palastes trafen. Man hatte ziemlich große Orangenbäume auf dieser kleinen Esplanade aufgestellt; wir saßen hoch über dem Meer und den Häusern von Neapel; vor uns lag der Vesuv, der die Zuschauer jeden Abend mit irgendeinem neuen Ausbruch unterhielt. Auf dieser sehr hochgelegenen Terrasse warteten wir auf die herrliche Brise, die fast immer kurz nach Mitternacht aufkommt. Das Geräusch der Wellen, die zwanzig Schritte vor dem Tor des Palastes brechen, tat in diesem brennend heißen Klima ein übriges, daß wir uns wohlfühlten. Wir waren genau in der richtigen Stimmung, um über Musik zu reden und ihre Wunder ins uns wachzurufen, sei es durch die lebhafte und von Herzen kommende Diskussion, die sozusagen für eine Wiedergeburt der Empfindungen sorgt, sei es durch das direktere Mittel des Klaviers, das in einer Ecke der Terrasse zwischen drei Kübeln mit Orangenbäumen verborgen stand. Cimarosa war mit den meisten dieser alten Musikliebhaber befreundet gewesen; sie sprachen oft von den Gemeinheiten, die Paisiello ihm antat, als diese beiden großen Künstler sich in die Gunst von Neapel und Italien teilten; Paisiello, dieses Genie in der Anmut, war nämlich ein bösartiger Mensch, und Cimarosa hat nie soviel Glück gehabt wie Rossini, der wie ein Gott ganz Italien und die musikalische Welt beherrscht. Meine Freunde bewunderten diese erstaunliche Publikumsgunst; sie versuchten, eine Erklärung dafür zu finden. Sie hielten Rossini für viel weniger bedeutend als die großen Meister vom Ende des letzten Jahrhunderts: Anfossi, Piccini, Galuppi, Guglielmi, Portogallo, Zingarelli, Sacchini usw. Man gestand Rossini fast nur *Stil* zu, die Kunst, auf eine *gegenwärtig amüsante* Weise zu schreiben; aber was die Ideen, den Grund der Dinge anbelangt, könne er den meisten alten Meistern nicht das Wasser reichen. Ich kenne deren

Werke überhaupt nicht; wo soll man denn heutzutage auch Stimmen finden, die so etwas singen können?[1] Ich habe nur einige ihrer berühmtesten Arien gehört. Ich gestehe, daß es mir mit den meisten dieser großen Künstler genauso geht wie mit Garrick und Le Kain. Ich höre jeden Tag, wie Menschen, deren Geist und Verstand ich sehr achte, sie in den Himmel heben; aber trotzdem kann ich in den Künsten nicht von einer alten Gewohnheit lassen, die ich mir in der Politik angeeignet habe: Man kann über vieles reden, aber glauben kann man nur das, was man gesehen hat. Zum Beispiel hielt ich, bevor ich in England war, Talma für den besten Schauspieler unseres Zeitalters; aber dann habe ich Kean gesehen.

Wir befanden uns in Neapel mitten in unseren Diskussionen über die jeweiligen Qualitäten Rossinis und der alten Komponisten, die besser waren, aber weniger Glück hatten, als man uns (1818) den *Mosè*, ein geistliches Sujet, im Theater San Carlo ankündigte. Ich gebe zu, daß ich mich mit großen Vorurteilen gegen die ägyptischen Plagen ins San Carlo begab. Die Stoffe aus den Heiligen Schriften können in einem biblischen Land wie England[2] angenehm wirken oder auch in Italien, wo sie durch die entzückendsten Darstellungen in den schönen Künsten geheiligt sind durch die Erinnerung an die Meisterwerke von Raffael, Michelangelo und Correggio. Ich persönlich schätze die Bücher der Heiligen Schrift, literarisch und menschlich gesprochen, als eine wegen ihres hohen Alters, der Ursprünglichkeit der Sitten und vor allem wegen ihres *grandiosen Stils* sehr merkwürdige Art von Geschichten. Politisch betrachtet, habe ich große Achtung vor ihnen als den Stützen der Aristokratie und der schönen Livreen von so vielen englischen Pairs; aber da urteilt noch immer mein Geist. Die ägyptischen Plagen, König Pharao und das Massaker an den Erstgeborenen Ägyptens, das der Engel des Herrn *nächtens veranstaltet* hat, sind in meinem Herzen untrennbar verbunden mit der Erinnerung an die zwölf bis fünfzehn Priester, in deren Gesellschaft ich meine Jugend während der Zeit der Schreckensherrschaft verbracht habe.

Ich kam also ganz schlecht aufgelegt im San Carlo an wie ein Mann, den man mit dem Schauspiel der Scheiterhaufen der Inquisition erheitern will, die dank der Kunststücke des Herrn Comte mit Opfern versorgt sind.

Das Stück beginnt mit der *Plage der Finsternis*, einer Plage, die auf der Bühne etwas zu leicht zu inszenieren ist und von daher ziemlich lächerlich wirkt; es genügt, die Bühne zu versenken und den Lüster zu verhüllen. Ich lachte, als der Vorhang hochging; die armen Ägypter, die von der Plage des ausgelöschten Lichts betroffen in Gruppen auf einer riesigen Bühne stehen, sind ins Gebet vertieft. Ich hatte aber noch keine zwanzig Takte dieser sehr schönen Introduktion gehört, da sah ich schon nur noch ein großes, schmerzerfülltes Volk; so war zum Beispiel ganz Marseille ins Gebet vertieft, als 1720 der Ausbruch der Pest verkündet wurde. Von den Seufzern seines Volkes überwältigt ruft der König Pharao:

Venga Mosè!

Benedetti, der den Moses spielte, erschien in einem schlichten und erhabenen Kostüm, das er sich nach der Michelangelo-Statue in *San Pietro in Vincoli* in Rom hatte schneidern lassen. Er hatte noch keine zwanzig Worte zum Ewigen gebetet, da schaltete sich mein Verstand aus; ich sah nicht mehr den Scharlatan, der seinen Stock in eine Schlange verwandelt und einen Dummen zum Narren hält, sondern einen großen Mann, den Diener des Allmächtigen, der einen schändlichen Tyrannen auf seinem Thron erzittern läßt. Ich erinnere mich noch an die Wirkung der Worte:

Eterno, immenso, incomprensibil Dio.

Dieser Auftritt von Moses erinnert vielleicht sogar zu sehr an die erhabensten Stellen bei Haydn. Damals hatte Rossini noch nie so etwas Gelehrtes geschrieben wie diese *Introduktion*, die bis zur Hälfte des ersten Aktes geht und in der er es wagt, sechsundzwanzigmal nacheinander dieselbe Art von Gesang zu wiederholen. Diese kühne Passage voller Geduld muß einem so lebhaften Genie unheimlich schwer gefallen sein. In diesem Stück befolgt Rossini alle Regeln von Winter oder Weigl und verbindet sie mit einem Ideenreichtum[3], der die guten Deutschen in Schrecken versetzen würde; sie würden glauben, sie seien verrückt geworden. Mit seinem Genie scheint Rossini die Regeln eher erraten als gelernt zu haben, so kühn beherrscht er sie. Der Erfolg dieser Oper war in

Neapel ungeheuer groß und *eminent französisch*. Denn jeder gute Pariser Theaterbesucher genießt es in seinem Inneren, wenn er eine Szene von Racine oder Voltaire mit Beifall überhäuft, und er beklatscht sich noch viel mehr wegen seiner Literaturkenntnisse und der Sicherheit seines Geschmacks. Bei jedem Vers von Racine läßt er all die guten Gründe Revue passieren, die ihm die französichen Rhetoren, die Herren de La Harpe, Geoffroy, Dussault usw. an die Hand gegeben haben, um ihn für ausgezeichnet zu befinden. In Neapel ist man nicht sehr gelehrt, außer in Sachen Musik; deswegen genoß es die Eigenliebe der Neapolitaner, nachdem eine sehr gelehrte Oper angekündigt war, der Gelehrsamkeit Beifall zu zollen. Um mich herum sah ich in zwanzig verschiedenen Formen, wie entzückt die Eitelkeit war, daß sie ihr Wissen vorbringen konnte. Der eine erhob laut Einspruch gegen einen Cello-Akkord, ein anderer gegen eine richtig gespielte Horn-Note; einige, die auf Rossini schon neidisch waren, hoben seine Introduktion zwar in den Himmel, ihr Applaus war aber schon voller Hinterlist, als wollten sie zu verstehen geben, er könnte sie sehr wohl einem deutschen Meister entwendet haben. Das Ende des ersten Aktes verlief ohne Zwischenfälle; es handelt sich um die Plage des Feuers, die durch ein kleines Feuerwerk dargestellt wurde. Der zweite Akt, der sich um ich weiß nicht mehr welche Plage dreht, wurde wohlwollend aufgenommen; ein prachtvolles Duett wurde in den Himmel gehoben; *bravo maestro, evviva Rossini* ertönte es aus allen Ecken des Saales. Der königliche Prinz, der Sohn des Pharaos von Ägypten, liebt heimlich eine junge Jüdin; als Moses sein ganzes Volk auswandern läßt, sagt die junge Jüdin ihrem Geliebten für immer Lebewohl. Das ist eines der großen Sujets für Duette, mit denen die Natur die Musik ausgestattet hat. Auch wenn Rossinis Musik in

Principessa avventurata

nicht ganz der Situation angemessen ist, so legt sein Versuch sie dem Zuschauer doch zumindest lebhaft ans Herz. Mademoiselle Colbrand und Nozzari sangen mit sehr viel Talent und Geschick; wie dem Maestro fehlte es auch ihnen ein wenig an Mitreißendem und Pathetischem.

Im dritten Akt weiß ich nicht mehr, wie der Dichter Totola den Durchgang durchs Rote Meer herbeigeführt hatte, ohne zu bedenken, daß dieser Durchgang nicht so einfach zu bewerkstelligen ist wie die Plage der Finsternis. Wegen des Effekts, den die Lage des Parketts mit sich bringt, können die Zuschauer im Parkett das Meer in jedem Theater nur in weiter Ferne sehen; hier mußte es unbedingt im Mittelgrund sein, weil es darum geht, es zu durchqueren. Der Bühnenmeister des San Carlo war in der Absicht, ein unlösbares Problem zu lösen, in unbegreifliche Albernheiten verfallen. Vom Parkett aus sah man das Meer fünf bis sechs Fuß oberhalb seiner Küsten; die Zuschauer in den Logen, die auf den Wellen schwammen, konnten die kleinen *lazzaroni* sehen, die die Wellen auf Moses' Befehl hin zerteilten. In Paris wäre das kein Problem[4]; aber in Neapel weigert sich die für diese Art von Schönheit aufgeschlossene Seele, allzu grobe Absurditäten über sich ergehen zu lassen, und reagiert sehr empfindlich auf Lächerliches. Man lachte viel. Die Freude war so ehrlich, daß man weder sich ärgern noch pfeifen konnte; alle kamen wieder auf die hervorragende Introduktion zu sprechen.

Am darauffolgenden Tag kam die Bestätigung, sie sei von irgendeinem, ich weiß nicht mehr welchem, deutschen Meister. Was mich anbelangt, so erinnere ich mich sehr gut daran, daß ich in ihr zu viel Geist und zu unbekümmert geschriebene Orchesterpassagen – man möge mir dieses Wort durchgehen lassen, das im Zusammenhang mit Rossini so angebracht ist – entdeckt hatte, um sie für *germanisch* zu halten. Dennoch zweifelte ich wie die anderen auch, da man in Sachen Plagiat am Vorabend einer Premiere bei Rossinis Faulheit nichts ausschließen kann. Sechs Wochen später traf dann die Antwort des armen Teufels von einem deutschen Komponisten ein, dessen Namen ich vergessen habe; er protestierte mit der ganzen Treuherzigkeit eines Deutschen, er habe sein Lebtag nicht das Glück gehabt, eine so schöne Introduktion zu schreiben, wie die, die man ihm geschickt habe. Darauf war der Erfolg des *Mosè* ungeheuer groß, und die Neapolitaner freuten sich immer mehr darüber, daß sie die Gelehrsamkeit und die Harmonie beklatschen durften.

In der darauffolgenden Saison gab es eine Wiederaufnahme

des *Mosè*, wie man mir sagte, mit den gleichen Begeisterungsstürmen für den ersten Akt und den gleichen Lachsalven beim Durchgang durchs Rote Meer. Ich war nicht anwesend. Ich befand mich wieder in Neapel, als es um die dritte Wiederaufnahme ging. Am Vorabend des Tages, an dem *Mosè* gegeben werden sollte, fand sich einer meiner Freunde gegen Mittag bei Rossini ein, der wie gewöhnlich in seinem Bett herumfaulenzte und etwa zwanzig Freunde um sich geschart hatte, als zur großen Freude der Gesellschaft der Dichter Totola erschien und ohne zu grüßen rief: *»Maestro! maestro! ho salvato l'atto terzo.« – »E che hai fatto*?« usw. »Meister! Meister! Ich habe den dritten Akt gerettet.« – »He! Was zum Teufel hast du getan, mein armer Freund?« antwortete Rossini in halb burlesker, halb pedantischer Nachahmung des Literaten, »man wird uns wie gehabt frech ins Gesicht lachen.« – »Maestro, ich habe für die Hebräer ein Gebet vor dem Durchgang durchs Rote Meer geschrieben.« Daraufhin zieht der arme, dreckige Poet einen großen Stapel Papiere, die wie Gerichtsakten zusammengelegt waren, aus der Tasche; er gibt sie Rossini, der ein paar Kritzeleien am Rande des Haupttextes zu lesen beginnt. Der arme Poet grüßt lächelnd, während Rossini liest: *»Maestro, è lavoro d'un' ora«*, wiederholt er leise jeden Augenblick. Rossini schaut ihn an: *»È lavoro d'un' ora, he!«* Der arme Dichter macht sich ganz klein, er zittert am ganzen Leib und fürchtet sich mehr denn je vor einem schlechten Witz; mit einem gezwungenen Lächeln antwortet er: *»Sì signor, sì signor maestro*!« – »Nun gut, wenn du eine Stunde gebraucht hast, um dieses Gebet zu schreiben, dann mache ich die Musik dazu in einer Viertelstunde.« Bei diesen Worten springt Rossini aus seinem Bett auf, setzt sich im Hemd an einen Tisch und komponiert die Musik zu Moses' Gebet in höchstens acht bis zehn Minuten, ohne Klavier, während seine Freunde ihre Unterhaltung fortsetzen, und zwar sehr laut, wie das landesüblich ist. »Da hast du deine Musik«, sagt er zu dem Dichter, der sich entfernt. Daraufhin springt er in sein Bett zurück und lacht mit uns über die verstörte Miene von Totola.

Am nächsten Tag begab ich mich selbstverständlich ins San Carlo. Die gleichen Begeisterungsausbrüche im ersten Akt;

im dritten Akt, als der berühmte Durchgang durchs Rote Meer bevorsteht, die gleichen Witze und die gleiche Lust zu lachen. Das Lachen begann schon, sich im Parkett auszubreiten, als man sah, daß Moses eine neue Arie zu singen begann:

Dal tuo stellato soglio.

Es war ein Gebet, das nach Moses das ganze Volk im Chor wiederholte. Überrascht von diesem neuen Stück horchten die Zuschauer im Parkett auf, und die Lacher verstummten. Dieser sehr schöne Chor war in Moll gehalten. Aaron betet weiter, nach ihm singt wieder das Volk. Schließlich richtet Elcia die gleichen Bitten an den Himmel, das Volk antwortet; in diesem Augenblick fallen alle auf die Knie und wiederholen mit Begeisterung das Gebet. Das Wunder ist vollbracht, das Meer teilt sich und ebnet dem Volk des Herrn die Bahn. Dieser letzte Teil ist in Dur geschrieben.[5] Man kann sich den Donnerschlag nicht vorstellen, der durch den ganzen Saal ging; es war, als stürzte er ein. Die Zuschauer in den Logen riefen stehend und zum Applaudieren vorgebeugt: *bello! bello! o che bello!* Nie habe ich solch einen tosenden Beifall erlebt, zumal man ursprünglich lachen und sich lustig machen wollte. Obwohl der Erfolg der *Gazza ladra* in Mailand auch ungeheuer groß war, war er doch wegen des Klimas sehr viel ruhiger ausgefallen. Glückliches Volk! Das war kein Beifall *à la française* mehr oder aus *befriedigter Eitelkeit* wie im ersten Akt. Das waren von Vergnügen übervolle Herzen, die dem Gott dankten, der ihnen mit vollen Händen das Glück zuteil werden ließ. Soll doch, wer will, nach einem solchen Abend leugnen, daß die Musik unmittelbar körperlich auf die Nerven wirkt! Mir kommen schon fast die Tränen, wenn ich nur an dieses Gebet denke.

Die Deutschen halten den *Mosè* für Rossinis Meisterwerk; nichts ist aufrichtiger als dieses Lob; der italienische Meister geruhte, ihre Sprache zu sprechen; er ist gelehrt geworden und hat der Harmonie Tribut gezollt.

Was mich betrifft, so finde ich den *Mosè* oft langweilig. Ich leugne nicht, daß ich bei den ersten zehn Vorstellungen viel Vergnügen hatte und daß mir diese Oper einmal im Monat, wenn ich gut aufgelegt bin und sie *hervorragend gesungen* ist, einen angenehmen Abend bereiten würde; aber sie scheint mir wenig dramatisch. Die Leidenschaften werden da nicht mit einer bestimmten Folge gezeigt, und ich weiß nicht, für wen ich mich interessieren soll.[6] Die guten Opern von Rossini bereiten mir, selbst wenn sie mittelmäßig gesungen sind, dreißigmal hintereinander lebhaftes Vergnügen.

Ich glaube, daß diese Oper, trotz der deutschen Schule, die im Pariser Konservatorium eine Filiale hat, und trotz der germanischen Namen, von denen die Orchester und die Salons voll sind, die Hälfte ihres Erfolgs einzig Madame Pasta verdankt, die die Rolle der jungen Jüdin Elcia besser dargestellt hat, als sie geschrieben ist. Ihr Turban machte Furore; sie hat das Duett

Ah! se puoi così lasciarmi![7]

hervorragend gesungen.

Die Introduktion war ein Erfolg dank des herrlichen Gesangs von Zuchelli und der schönen Stimme von Levasseur in der Rolle des Moses. Von dem Gebet waren alle Herzen hingerissen; an den Tagen, an denen man gut aufgelegt ist, kann man nicht umhin, halblaut den ganzen Abend dieses Gebet zu singen.

Mosè war die erste Oper von Rossini, für die er angemessen bezahlt wurde; sie brachte ihm 4 200 Francs ein, für den *Tancredi* hatte er nur 600 Francs bekommen und für den *Otello* 100 Louis. In Italien ist es Brauch, daß eine Partitur zwei Jahre lang das Eigentum des Impresario bleibt, der den Komponisten für sich arbeiten ließ; danach wird sie erst frei. Aufgrund dieser lächerlichen Gesetzgebung hat sich der Musikhändler Ricordi aus Mailand an Rossinis Opern bereichert, während ihr Komponist darüber ziemlich arm geblieben ist. Weit davon entfernt, einen jährlichen Gewinn aus seinen Opern zu beziehen, wie das in Frankreich der Fall wäre, ist Rossini auf die Gefälligkeit der Impresari[8] angewiesen, wenn er während der ersten zwei Jahre will, daß seine Opern an einem anderen Theater gegeben werden als dem, für das sie geschrieben sind, und diese Wiederaufnahme bringt ihm im übrigen nichts ein.

Es kann keinen Zweifel daran geben, daß Rossini eine Feydeau-Oper mit vielen (8–9) Gesangsstücken in drei Tagen komponieren würde. Man hat ihm oft geraten, er solle nach Frankreich kommen und die Musik aller komischen Opern von Sedaine, Hèle, Marmontel und anderen guten Schriftstellern mit Situationen in ihren Dramen neu schreiben. In einem halben Jahr hätte Rossini sich ein Vermögen geschaffen, das 200 Louis Rente abwirft, eine Summe, die für ihn vor seiner Hochzeit mit Mademoiselle Colbrand sehr bedeutend gewesen wäre. Im übrigen war der Rat, nach Paris zu kommen, abscheulich. Wenn Rossini sechs Jahre unter uns gelebt hätte, wäre er nur noch ein gewöhnlicher Mann; er hätte drei weitere Auszeichnungen, wäre sehr viel weniger fröhlich und hätte gar kein Genie mehr; seine Seele hätte ihre Triebkraft verloren. Sehen Sie sich die großen Künstler an, nein, nicht unsere, ich will ja keine Satire schreiben, sondern zum Beispiel Goethes Autobiographie und davon insbesondere die *Kampagne in Frankreich 1792;* da sieht man, was geniale Menschen davon haben, daß sie sich dem Hof nähern. Canova hat sich geweigert, am Hofe Napoleons zu leben, Rossini hätte in Paris dauernd in enger Beziehung zum Hof stehen müssen. Bisher hat er es nur mit Impresari und Sängern zu tun, und dieser arme italienische Künstler Rossini ist in seiner Art zu denken hundertmal würdevoller und mit hundertmal mehr Recht stolzer als Goethe, der berühmte Denker. Ein Prinz ist für ihn nur ein Mann in einem mehr oder weniger hohen Amt, das er mehr oder weniger gut ausübt.

In Frankreich müßte Rossini ein schlagfertiger Mann sein, einer, der liebenswürdig zu den Frauen ist. Was weiß ich? Ein Politiker. In Italien hat ihm die Gesellschaft gestattet, nur eines zu sein: ein Musiker. Von seiner Kleidung – einer schwarzen Weste, einem blauen Frack und allmorgendlich einem frischen Halstuch – würde er auch nicht ablassen, wenn man ihn der wichtigsten Prinzessin der ganzen Welt vorstellte. Trotz dieser Barbarei mögen ihn die Frauen; in Frankreich würde man ihn einen Bären nennen. Deshalb haben wir in Frankreich so charmante Künstler, die alles auf der Welt sind, nur keine *Macher von Meisterwerken.*

27. Kapitel

Von der Revolution, die Rossini beim Gesang bewirkt hat

Die Zeiten von Gabrielli, Todi, de' Amicis, Banti sind vorbei,[1] und von diesen bezaubernden Talenten bleibt nur noch der jeden Tag schwächer werdende Widerhall der Lobeshymnen ihrer Zeitgenossen; diese berühmten Namen, die jeden Tag zitiert werden, aber jeden Tag seltener und die immer weniger deutliche Vorstellungen wachrufen, werden schließlich jüngeren Berühmtheiten weichen. Das ist das Schicksal, das auch Le Kain, Garrick, Viganò, Babini, Giani, Sestini und Pacchiarotti ereilen wird. Genauso ergeht es den Eroberern, was bleibt von Ihnen? Ein Name, ein Gerücht, eine niedergebrannte Stadt, nicht viel mehr als von einem berühmten Schauspieler. Wie man sieht, zählt für mich der aus einer Mischung von Ausschmückungen und Macht geborene Enthusiasmus der gewöhnlichen Seelen[2] nur sehr wenig, die einen König verehren, weil er König war, selbst wenn er schon dreitausend Jahre im Grab liegt. Solche Leute nehmen ihren Hut ab, wenn sie das *ägyptische Grabmal* des Königs Psami betreten. Um auf die des Ruhmes würdigen Männer zurückzukommen: Wissen wir eigentlich viel mehr über Marcellus, das *Schwert* Roms, als über Roscius? Und wird der Herr Marschall Lovendhal in fünfzig Jahren genauso berühmt sein wie Le Kain? Beim Ruhm der großen Feldherren muß man auch noch berücksichtigen, welche Rolle Gelegenheiten und bequeme Bedingungen gespielt haben, was dem Ruhm nicht gerade gut tut. Wäre Desaix der höchste Beamte Frankreichs gewesen, wäre er dann nicht schlichter, vornehmer, erhabener gewesen als Napoleon? Kann man nicht sagen: Napoleon verdankt die Hälfte seines militärischen Ruhms, die Ergebenheit seiner Gardisten zum Beispiel und die Eilmärsche, die er ihnen 1809 abverlangte, seiner Eigenschaft, Herrscher zu sein, die es ihm gestattete, aus einem Oberst, der ihm gefiel, in drei Monaten einen Divisionsgeneral zu machen.

Nach dieser kleinen Ansprache an die soliden Menschen,

die ihre Kreuze streicheln und vornehm tun, weil sie die Künstler verachten, komme ich wieder auf jene erhabenen Seelen zu sprechen, die in der Lage waren, das Vorzimmer zu verachten, die die edelsten Leidenschaften des menschlichen Herzens kraftvoll fühlten und dadurch ihre Zeitgenossen bezauberten.

Wir haben die Geburt mehrerer Wissenschaften und einiger Künste erlebt; zum Beispiel war die Vorliebe für das Pittoreske bei den Landschaften und Kunstgärten zu Voltaires Zeiten noch unbekannt, und unsere traurigen, unter Ludwig XV. erbauten Schlösser mit ihren gepflasterten Höfen und ihren Avenuen mit den gestutzten Bäumen legen davon ein trauriges Zeugnis ab. Es ist recht natürlich, daß die zartesten Künste, diejenigen, die den vornehmsten Seelen zu gefallen streben, zuletzt aufkommen.

Vielleicht entdeckt man in unseren Tagen die Kunst, das Talent von Mademoiselle Mars oder Madame Pasta genau zu beschreiben, so daß die Menschen in hundert Jahren eine deutliche Vorstellung von diesen erhabenen Talenten haben.

Wenn es gelänge, ein genaues und originaltreues Porträt des Talents der großen Sängerinnen zu zeichnen, dann gewännen damit nicht nur sie selbst an Ruhm, auch die Kunst würde alsbald ungeheure Fortschritte machen. Große Philosophen haben gedacht, was den Geist des Menschen vom vortrefflichen Instinkt bestimmter Tiere unterscheide, sei die jedem Individuum der Gattung Mensch gegebene Fähigkeit, seinen Nachfahren auch die geringsten Fortschritte zu überliefern, die es zur Kunst, zur Industrie bzw. zu dem Beruf, den es sein Leben lang ausgeübt hat, beigetragen hat. Diese Überlieferung ist für große Geister wie Euklid und Lagrange völlig gewährleistet, nur noch bedingt für die Kunst Raffaels, Canovas und Morghens. Wird man sie eines Tages für die Kunst Davides[3], Vellutis und Fodors begründen können? Um ein paar Schritte auf diesem Weg zu gehen, muß man sich trauen, deutlich und ohne Emphase von der Kunst des Gesangs zu sprechen. Das werde ich auf den folgenden Seiten versuchen.

Um in den schönen Künsten Vergnügen empfinden zu können, muß man vor allem starke Gefühle haben. Nebenbei stelle ich fest, daß die Menschen, die für ihre Weisheit berühmt sind, ob in einer Nation oder einer privaten Gesellschaft, nie zu denen gehören, die vom Himmel die Gabe, stark zu fühlen, erhalten haben. Nur eine sehr kleine Zahl dieser bevorzugten Wesen, wie zum Beispiel Aristoteles bei den Alten, verfügt über die erstaunliche Fähigkeit, heute vollendet genau die mächtige Empfindung zu analysieren, die ihm gestern das lebhafteste Vergnügen bereitete. Was die gewöhnlichen Philosophen anbelangt, die über eine vortreffliche Logik verfügen und deswegen bei allen anderen Gegenständen des Wissens oder der Forschung des Menschen Fehler vermeiden können, wenn sie sich mit den *schönen Künsten* befassen, wo man zunächst und vor allem starke Gefühle gehabt haben muß, dann machen sie sich unweigerlich lächerlich. Das war bei uns das Los von d'Alembert und so vielen anderen weniger bedeutenden Philosophen.

Was die Nationen in bezug auf die Malerei, die Musik, die Architektur usw. unterscheidet, ist die mehr oder weniger große Zahl von reinen und spontanen Empfindungen, die selbst die gewöhnlichen Individuen bei diesen Künsten haben.[4] Diejenigen, die eine schlechte Musik leidenschaftlich mögen, wären dem guten Geschmack näher als weise Menschen, die mit gesundem Menschenverstand und *Mäßigung* die perfekteste Musik lieben, die es jemals gegeben hat. So wird ein Priester einen fanatischen, abergläubischen und rasenden Sektierer, einen Anhänger des Gottes *Fo*, des Gottes *Apis* oder irgendeiner anderen lächerlichen Gottheit einem vollkommen vernünftigen Philosphen vorziehen, der vor allem ein Freund des Glücks der Menschen ist – mit welchen Mitteln er sich dieses auch immer verschafft – und über seinen Verstand zu der Erkenntnis gelangt ist, daß es einen Gott gibt, der die Menschen belohnt und bestraft.

Canova erzählte eine kleine Geschichte, die von einem seiner Bewunderer aus Amerika stammt. Es geht um einen Wilden, der vor einigen Jahren in *Cincinnati* einem Kopf mit Perücke gegenüberstand. Canova zeigte einen kleinen Zettel mit acht Zeilen vor; es war die Übersetzung der Ausdrücke des Erstaunens und der Begeisterung, die dem Wilden beim Anblick dieses hölzernen Kopfes entschlüpften, der ersten

Nachbildung des menschlichen Gesichts, der er jemals begegnet war. Was Canova, dieser so sanfte und schlichte Mensch aus Bescheidenheit nicht dazugesagt hat, sprechen wir für ihn aus. Wenn ein Mann mit Geschmack seine erhabene Gruppe ›Venus und Adonis‹ beim Herrn Marquis Berio in Neapel sieht, in der der Bildhauer uns die Göttin zeigt, wie sie von einer verhängnisvollen Vorahnung geplagt, ihrem Geliebten, der auf die Jagd geht, auf der er sterben wird, zum letztenmal Lebewohl sagt; wenn ein Mann von erlesenstem Geschmack dieses Meisterwerk der göttlichsten Anmut und des zartesten Gefühls[5] sieht, bringt er seine Bewunderung mit denselben Begriffen zum Ausdruck wie der Wilde, und zwar deswegen, weil die äußerste Bewunderung dieser beiden Menschen, die Wirkung auf ihre Seele absolut die gleiche ist. Von dieser Regel gibt es keine Ausnahme, außer in dem nur allzu gewöhnlichen Fall, daß der Bewunderer von Canova zufällig ein Pedant ist, der vor allem bestrebt ist, sich bewundern zu lassen. Der ganze Unterschied liegt in dem *äußeren Gegenstand*, der den gleichen Grad von Bewunderung und Entzücken bei ansonsten so verschiedenen Wesen hervorruft. Es ist nur zu offenkundig, daß die Worte der Bewunderung in den Künsten nur etwas über den Grad des Entzückens besagen, in dem der Bewunderer verharrt, und mitnichten etwas über die Vorzüge des bewunderten Gegenstands.

Wenn jemand zu Ihnen sagt, er bewundere eine große Sängerin, Mademoiselle Belloc oder Mademoiselle Mariani (letztere ist für mich die schönste Altstimme, die es gibt), müssen Sie sich als erstes danach erkundigen, ob er einer Religion angehört, bei der man in der Kirche gut singt. Denn wie soll selbst derjenige, der sehr begabt ist, sich von den *Tönen* entzücken lassen und Davide bewundern, wenn er in Nevers geboren ist? Er wird Dérivis oder Nourrit vorziehen. Es ist ganz einfach so, daß er drei Viertel der *fioriture* von Davide ganz einfach nicht wahrnimmt. Dem übrigens sehr ehrenwerten Bewohner von Nevers, der in seiner Stadt nicht die Gelegenheit hat, einmal im Jahr guten Gesang zu hören, geht es mit Davide genauso wie uns in Berlin mit einem Maler, der auf einem Stück Elfenbein von der Größe einer Zwanzig-Francs-Münze die Schlacht von *Torgau* dargestellt hatte, einen der Siege Friedrichs des Großen. Ohne Lupe konnten wir nichts unterscheiden. Die Lupe, die dem Bewohner von Nevers fehlt, ist das Vergnügen, fünfzig Vorstellungen des *Barbiers von Sevilla* mit der wundervollen Stimme der Madame Fodor applaudiert zu haben. Der junge Deutsche aus dem Städtchen Sagan in Schlesien hört zweimal die Woche in der Kirche und auf den Straßen seiner Stadt, wenn man so will, nicht gerade geniale Musik, aber doch klar und deutlich und genau ausgeführt, Qualitäten, die für die Schulung des Ohres genügen. Das fehlt dem Bewohner von Nevers, einer im übrigen viel größeren und bedeutenderen Stadt als Sagan.

28. Kapitel

Allgemeine Betrachtungen: Die Geschichte von Rossinis Verhältnis zum Gesang

An dem Tag, an dem die Mehrheit der Zuschauer ihren Applaus ganz einfach mit einem: *Dieses Stück gefällt mir*[1] begründet, kann die Musik stolz darauf sein, in Frankreich einen Riesenschritt vorwärts gemacht zu haben. Genauso hätten zweifelsohne die Athener geantwortet, wenn irgendein Fremder sie nach dem Grund ihrer leidenschaftlichen Reaktionen auf die Tragödien des Äschylos gefragt hätte; die Abhandlungen des Aristoteles hatten die Leute, die nichts zu sagen haben, noch nicht zum Reden gebracht. Bei uns beansprucht im Gegenteil jedermann, das *Warum* seines Enthusiasmus zu sagen, und man hätte in den Logen des Louvois nur Verachtung übrig für den Zuschauer, der schlicht antworten würde: *Ich fühle so.* Aber das ist noch nicht alles; unser Unglück ist weitreichender. Diese Zuschauer, die trotz Mangels an Gefühl urteilen, haben Scharen von Künstlern geprägt: Dichter, die ihren La Harpe befolgen, oder Musiker, die das Konservatorium absolviert haben. Die Pariser Gesellschaft ist voll von diesen armen Menschen, die den Künsten in ihrer Jugend nur die Einfälle einer spröden Seele zu bieten haben und später nur die Seufzer eines gereizten, vom brennenden Hauch unglückseliger Eitelkeit bösartig gewordenen Herzens und den traurigen Effekt von fünf bis sechs schmachvollen Niederlagen. Einige dieser armen Künstler – ich halte sie wirklich für die unglücklichsten Menschen – werden, entmutigt vom dauernden Lärm der Pfiffe, zu Kunstrichtern; sie veröffentlichen, und wir lesen im *Miroir* den amüsanten Ausdruck: *die Grabesstimme der Madame Pasta.* In Sachen Musik ist das, als leugne man die Existenz des Lichts.

Was bei einer Nation die Entwicklung der Künste beenden kann oder sie erst gar nicht entstehen läßt, ist die Quantität solcher Richter, deren Seele es an Sensibilität und *romantischer Verrücktheit* mangelt, die aber im übrigen mit mathematischer Genauigkeit und der Beharrlichkeit eines fühllosen

Charakters alles studiert haben, was über die unglückselige Kunst gesagt oder geschrieben worden ist, die sie mit ihrem Kult betrüben. Wir finden hier in der Natur die Realität eines Bildes, das in unseren Theorien der Poesie zum Gemeinplatz geworden ist, daß nämlich ein Übermaß von Zivilisation die Fortschritte der schönen Künste aufhält.[2] Ich versage mir die gehässige Anwendung dieser allgemeinen Betrachtungen auf einzelne Fälle und komme ganz unvermittelt auf Rossinis Geschichte zu sprechen. Als dieser große Komponist seine Laufbahn begann (1810), war der Gesang von allen schönen Künsten diejenige Kunst, die die verhängnisvollen Auswirkungen einer Epoche hehrer Kriege und grausamer Reaktionen am meisten zu spüren bekommen hatte. In Oberitalien – in Mailand, Brescia, Bergamo, Venedig – dachte man seit 1797[3] an alles andere als an Musik und Gesang. Das Konservatorium von Mailand hatte 1810 noch keinen bedeutenden Künstler hervorgebracht.

In Neapel gab es kein einziges der früher so berühmten *Konservatorien* mehr, die Europa schon so lange die Maestri und Sänger lieferten, die Begeisterungsstürme entfachen und die Macht der Musik zeigen konnten. Gesang wurde nur noch in einigen finsteren Kirchen gelehrt; und die zwei letzten genialen Männer, die Neapel hervorgebracht hat, die Komponisten Orgitano und Manfrocci, waren bereits zu Beginn ihrer Karriere gestorben. Es waren keine Nachfolger da, und man fand an den Ufern des Sebeto nur mehr die Bedeutungslosigkeit oder die blutleeren Versuche der unverbesserlichen Mittelmäßigkeit.

Babini, dieser große Sänger, der unübertroffen geblieben ist, hat Rossini noch gesehen; aber seine altersschwache Stimme konnte ihm nur mehr von den Wundern erzählen, die sie einstmals vollbracht hatte. Crescentini glänzte in Saint-Cloud, wo er Napoleon[4] dazu veranlaßte, die einzige unüberlegte Handlung zu begehen, die dieser große Mann sich während seiner Zivilregierung zuschulden kommen ließ; der Sänger war zwar Ritter der Krone des eisernen Kreuzes, aber für Italien verloren.

Marchesi war nicht mehr am Theater.

Der erhabene Pacchiarotti erlebte unter Tränen den Niedergang einer Kunst, die den Reiz und den Ruhm seines Lebens ausgemacht hatte. Von welcher Geringschätzung mußte die Seele dieses echten Künstlers erfüllt sein, der sich nie einen Ton oder ein Tempo erlaubt hatte, ohne sie auf die *momentanen* Bedürfnisse der Seele des Zuschauers abzustellen – das einzige Ziel seiner Bemühungen –, als er einen Sänger sah, der keinen anderen Ehrgeiz hatte als die mechanische Übung, der erfolgreiche Rivale einer Geige[5] zu werden in einer Variation mit zweiunddreißig *biscrome*[6] pro Takt! Die ehedem rührendste Kunst wird vor unseren Augen friedlich zu einem simplen Beruf. Nach Babini, Pacchiarotti, Marchesi und Crescentini ist die Gesangskunst so tief gesunken, daß sie heute nur noch in der *getreuen* und leblosen Ausführung der Note besteht. Das ist im Jahre 1823 das Äußerste an Geschick, das ein Sänger zu bieten hat. Aber der *ottavino*[7], die große Trommel, der Schwärmer in den Kirchen haben den gleichen Ehrgeiz und erreichen ihr Ziel in etwa genauso. Man hat die augenblickliche Erfindung aus einer Kunst verbannt, in der sich die schönsten Effekte oft durch die Improvisation des Sängers erzielen lassen; und ich klage Rossini an, daß er diese große Veränderung bewirkt hat.

29. Kapitel
Revolution

Ich kann nicht dafür garantieren, daß die folgenden Kapitel nicht zu den langweiligsten des ganzen Werks gehören. Ich habe hier absichtlich alles vereint, was ich über die Gesangskunst sagen muß, damit man es leichter überspringen kann. Ich muß vorausschicken, daß die folgenden Erörterungen absolut uninteressant sind für Leute, die nicht sehr oft ins Louvois gehen.

Wir haben gesehen, daß Rossini aufgrund der Auswirkungen der politischen Umstände am Beginn seiner Laufbahn nur sehr wenige gute Sänger vorgefunden hat, die überdies gerdade dabei waren, das Theater zu verlassen. Trotz dieses Zustands der Armut und des Niedergangs, dem Gegenteil des Reichtums und Überflusses, aus dem die alten Komponisten schöpfen konnten, schrieb Rossini seine ersten Werke ganz im *Stil* seiner Vorgänger; er respektierte *die Stimmen* und suchte einzig, dem *Gesang zum Triumph* zu verhelfen. Das ist das Prinzip, nach dem *Demetrio e Polibio,* der *Inganno infelice,* die *Pietra del paragone, Tancredi*[1] usw. komponiert sind. Rossini standen die Marcolini, die Malanote, die Manfredini, die Familie Mombelli als Sänger zur Verfügung. Warum hätte er dem Gesang nicht zum Triumph verhelfen sollen, er, der ein so guter Sänger war, er, der, wenn er sich ans Klavier setzt, um eine seiner Melodien zu singen, vor unseren Augen seine eigenen Kantilenen genial wiedergibt? Da trat ein kleines Ereignis ein, das plötzlich die Sichtweise des jungen Komponisten veränderte und seinem Genie Eigenschaften verlieh, deren Übertreibung seinen ehrlichsten Bewunderern große Sorgen macht.

Rossini kommt 1814[2] nach Mailand, um *Aureliano in Palmira* zu schreiben; er trifft dort Velluti, der in seiner Oper singen sollte. Velluti, der damals in der Blüte seiner Jugend und seines Talents und einer der hübschesten Männer des Jahrhunderts ist, mißbraucht aus purem Vergnügen seine wunderbaren Möglichkeiten. Rossini hat diesen großen Sänger bisher noch nie gehört, er schreibt für ihn die *Kavatine* in seiner Rolle.

Bei der ersten Probe mit dem Orchester singt Velluti, und Rossini erstarrt in Bewunderung. Bei der zweiten Probe beginnt Velluti zu verzieren *(fiorire)*, Rossini entdeckt passende und sehr schöne Effekte, er heißt es gut. Bei der dritten Probe sind die Grundzüge der Kantilene vor lauter Verzierungen kaum mehr wahrzunehmen. Endlich kommt der Tag der Uraufführung. Die *Kavatine* und die ganze Rolle von Velluti machen Furore; aber Rossini, der schon kaum mehr erkennen kann, was Velluti singt, hört nicht mehr die Musik, die er komponiert hat. Vellutis Gesang ist gleichwohl voller Schönheiten und kommt beim Publikum wunderbar an[3], das schließlich durchaus recht hat, das zu beklatschen, was ihm so viel Freude bereitet.

Die Eigenliebe des jungen Komponisten war schwer verletzt; seine Oper fiel durch, und nur der Sopran war erfolgreich. Mit seinem lebhaften Geist stellte Rossini sofort alle angesichts eines solchen Ereignisses notwendigen Überlegungen an.

»Durch einen glücklichen Zufall«, so sprach er zu sich, »hat Velluti Geist und Geschmack; aber wer sagt mir, daß ich nicht im erstbesten Theater, für das ich komponiere, einen anderen Sänger treffe, der mir mit einer ähnlich wandlungsfähigen Stimme und derselben Manie, *fioriture* zu machen, meine Musik nicht nur für mich unkenntlich macht, sondern auch langweilig für das Publikum oder allerhöchstens bemerkenswert wegen einiger Details in der Ausführung? Diese Gefahr für meine Musik ist um so bedrohlicher, als es in Italien keine Gesangsschulen mehr gibt. Die Theater sind voll mit Leuten, die die Musik von irgendeinem schlechten Musiklehrer auf dem Lande gelernt haben. Diese Art, *Violinkonzerte* zu singen, Variationen ohne Ende, wird nicht nur das Talent des Sängers zerstören, sondern auch den Publikumsgeschmack verderben. Alle Sänger werden Velluti nachahmen, jeder nach dem eigenen Stimmumfang. Wir werden keine schlichten Kantilenen mehr hören; sie würden sich ärmlich und frostig ausnehmen. Alles wird sich ändern, bis hin zur Natur der Stimmen; einmal daran gewöhnt, auszuschmücken und eine Kantilene immer mit großen Verzierungen zu befrachten und so das Werk des Komponisten zu ersticken, werden sie bald die Gewohnheit verloren haben, die Töne zu halten und sich entwickeln zu lassen und infolgedessen außerstande sein, *spianato e sostenuto* zu singen; also muß ich eilends nach einem anderen System arbeiten als bisher.

Ich kann singen; jedermann billigt mir dieses Talent zu; meine *fioriture* werden geschmackvoll sein; im übrigen werde ich auf der Stelle die Stärken und Schwächen meiner Sänger entdecken und für sie nur schreiben, was sie auch ausführen können. Die Sache ist entschieden, ich werde ihnen keinen Raum mehr für die geringste *appoggiatura*[4] lassen. Die *fioriture*, die Verzierungen, werden ein *integraler* Bestandteil des Gesangs sein, und *alle* in der Partitur geschrieben stehen.

Und was die Herren Impresari anbelangt, die mich zu bezahlen vorgeben, indem sie mir für sechzehn bis achtzehn Stücke für die ersten Rollen so viel versprechen wie meine Vorgänger für vier bis sechs Stücke allerhöchstens bekommen haben, so habe ich ein perfektes Mittel, diesen schlechten Scherz zu vereiteln. In jeder Oper werden nur drei bis vier Stücke neue Variationen haben, die ich selbst schreiben werde. Statt daß sie von einem schlechten, geistlosen Sänger erfunden werden, schreibe ich sie geschmackvoll und gelehrsam auf; der Vorteil wird wiederum ganz bei den Spitzbuben von Impresari liegen.«

Sie werden schon gemerkt haben, daß ich in meiner Eigenschaft als Historiker Titus Livius nachgeahmt habe. Ich habe meinem Helden eine Rede in den Mund gelegt, von der er mir ganz sicher nie etwas erzählt hat; aber es ist unmöglich, daß Rossini zu irgendeinem Zeitpunkt in den ersten Jahren seiner Karriere nicht diesen inneren Monolog gehalten hat, seine Partituren beweisen das.

Später in Neapel, als Mademoiselle Colbrand für alle seine Meisterwerke[5] nur noch eine abgenutzte Stimme zu bieten hatte, mußte er den *spianato*-Gesang noch mehr meiden und sich noch verbissener auf die *gorgheggi* stürzen, die einzige Art von Gesang, die Mademoiselle Colbrand einigermaßen ehrenvoll über die Bühne bringen konnte. Ein aufmerksames Studium der Partituren, die Rossini in Neapel geschrieben hat, zeigt, wie weit seine Leidenschaft für die Primadonna ging; es findet sich darin kein einziges *cantabile spianato* mehr, weder für sie noch für die anderen Rollen, die sie ja auf keinen Fall in den Schatten stellen durften. Rossini dachte kaum an den Ruhm; von allen Künstlern ist er vielleicht derjenige, der daran am wenigsten gedacht hat. Eine fatale Konsequenz dieser Gefälligkeiten gegenüber Mademoiselle Colbrand besteht darin, daß seine neun in Neapel komponierten Opern unheimlich viel einbüßen, wenn sie anderswo gesungen werden. Rossini hat übrigens schon immer die Gewohnheit gehabt, seine Gedanken zusammenzufassen und daraus *cabalette* zu machen.

Hätte Mademoiselle Colbrand nur eine Stimme von außerordentlichem Umfang gehabt, hätte man noch die Möglichkeit gehabt, in den Theatern, wo sie nicht war, die Rollen zu transponieren *(puntare)*, und man hätte durch dieses einfache Verfahren einige Noten verschwinden lassen können, die zu dem einzigartigen Stimmumfang gehörten, für den der Maestro geschrieben hat. Mittels der Transposition können zwei gute Sängerinnen auch mit verschiedenen Stimmen oft einen großen Effekt in derselben Rolle erzielen.[6]

Unglücklicherweise gilt das nicht für die Musik, die Rossini in Neapel geschrieben hat. Man hat nicht nur mit dem *Umfang* der Stimme zu kämpfen, sondern auch mit der *Qualität und Natur der Verzierungen*, und dieses Hindernis ist schrecklich und fast immer unüberwindlich. Davon kann jeder Musikliebhaber ein Lied singen, der schon einmal eine Rolle *(una parte)* von Davide oder der Colbrand gelesen hat.

So ließ Velluti in Mailand im *Aureliano in Palmira* bei Rossini die Idee von der Revolution aufkommen, die er später herbeigeführt hat, und Mademoiselle Colbrand zwang ihn in Neapel, diese Revolution so weit zu treiben, daß sie sich meines Erachtens verhängnisvoll auf seinen Ruhm auswirken wird. Alle in Neapel geschriebenen Opern machen das Wesen von Rossinis zweitem Stil aus.

30. Kapitel

Ein Talent, das 1840 überholt sein wird

Ich schreibe dieses Kapitel aus dem Gefühl zärtlichen Mitleids für mehrere junge Damen zwischen zwölf und fünfzehn Jahren, die sich abmühen, das *Ideal des Schönen* in der Musik mittels des Klaviers zu erreichen. Vergeblich hat man einigen von ihnen, die keine schlechte Stimme hatten, geraten, singen zu lernen; sie haben dieses Ansinnen von sich gewiesen. Daraus folgt, daß sie in zwölf bis fünfzehn Jahren ein Talent haben werden, das dann ebenso überholt sein wird wie heute schon das ihrer Großmütter, die vor zwanzig Jahren auf dem Spinett ganz ordentlich rhythmisch skandierte kleine Arien spielen konnten. Da sie heute einigermaßen bedeutende Pianistinnen sind, genießen die jungen Damen, von denen ich rede, zweifelsohne die schönen Freuden des Ehrgeizes; aber das ist ein himmelweiter Unterschied zu dem sanften Vergnügen, das die Musik bereiten soll. Die jungen Leute, die nur gut Klavier spielen und so schnell Noten lesen können wie andere einen normalen Text, verstehen nichts von all den *Nuancen* des Gesangs; die *rührende* Seite der Musik bleibt für sie ein weißer Fleck auf der Landkarte. Dabei schreitet die Revolution, die sich vor unseren Augen abspielt, so schnell voran, daß dieser heute noch weiße Fleck in fünfzehn Jahren der einzig moderne sein wird. Man beschwert sich schon über die erschreckend große Zahl guter Pianisten.

Die jungen Leute, die ein wenig von Musik verstehen, werden leicht begreifen, daß es die zum Teil nach den momentanen Forderungen der Zuschauer improvisierten *Nuancen*[1] nur im Gesang geben kann und daß es diese Nuancen sind, die die Wunder der Musik vollbringen, Wunder, die man dann im *gewöhnlichen Gespräch* den Instrumenten zuschreibt, die sie aber gar nicht bewirken können. Hat man denn je schon eine Sonate wiederholen lassen? Die Instrumente wirken kaum rührend; sie lassen nur selten Tränen fließen; sie stiften hingegen das kalte Vergnügen der Bewunderung für die gemeisterte Schwierigkeit, daher kann auch jedermann einem Konzert

Beifall klatschen. Das fühlloseste Herz, das zugleich den methodischsten Kopf und eine deutsche Geduld hat, wird am Klavier hundertmal erfolgreicher sein als die Seele von Pergolesi. Ich getraue mich zu sagen, daß man eher ein Musiker in der wahrsten Bedeutung dieses Wortes ist, wenn man die Romanze von Blondel in *Richard Löwenherz* gut singen, als wenn man eine große Phantasie von Hertz oder Moscheles vom Blatt spielen kann. Wenn man diese Romanze perfekt singen kann, versteht man alle Opern von Rossini; man achtet dann auf die geringsten Veränderungen in der Stimme von Madame Fodor oder Pasta. Durch das Klavierspielen, wie gut man es auch immer beherrscht, achtet man auf Rossinis Orchester und auf die Violinkonzerte.

31. Kapitel

Wiederholt sich Rossini öfter als ein anderer? Einzelheiten des Gesangs

Das System der Variationen *(variazoni)* hat Rossini oft dazu verleitet, sich selbst zu kopieren; und wie alle Diebe, hoffte er, seine Taten geheimhalten zu können.

Warum soll es einem armen Maestro, der in sechs Wochen eine Oper komponieren muß, ganz gleichgültig, ob er krank ist oder nicht, ob er gut oder schlecht aufgelegt ist, eigentlich nicht erlaubt sein, zu dieser Notlösung zu greifen in den Augenblicken, in denen die Inspiration schweigt? Mayr zum Beispiel oder ein beliebiger anderer Komponist, den ich namentlich nicht nennen will, kopiert sich zwar nicht, aber er versetzt uns zuerst in einen Zustand der Apathie, und dann schlafen wir schließlich bald ganz ein. Im Gegensatz dazu gibt Rossini uns keinen einzigen Augenblick weder Frieden noch Erholung; man kann bei seinen Opern ungeduldig werden; aber sicher schläft man nicht; ob der Eindruck noch ganz neu oder nur eine angenehme Erinnerung ist, immer jagt ein Vergnügen das andere; nie gibt es einen Augenblick der Leere wie zum Beispiel im ersten Akt der *Rosa bianca.*

Alle Welt ist sich einig, daß Rossini eine äußerst produktive Phantasie hat, und dennoch wiederholen vier oder fünf obskure Zeitungen jeden Morgen ihrem halbgebildeten Publikum, daß Rossini sich wiederholt, daß er sich kopiert, daß es ihm an Einfällen mangelt usw.; daraufhin nehme ich mir die Freiheit, folgende Fragen zu stellen:

1. Wie viele bedeutende Stücke haben die großen Meister von einst für jedes ihrer Werke geschrieben?
2. Auf wie viele dieser Stücke hat das Publikum geachtet?
3. Wie viele davon waren erfolgreich?

Paisiello hat wahrscheinlich erlebt, daß achtzig bedeutende Stücke aus seinen hundertfünfzig Opern mit Beifall bedacht wurden. Rossini käme leicht auf hundert wirklich verschiedene Stücke in seinen vierunddreißig Opern. Ein Dummer, der zum ersten Mal Negersklaven sieht, glaubt, daß sie sich alle ähnlich sehen; dumme Leute halten die hübschen Arien von Rossini für Neger.

Der größte Fehler des Publikums im Louvois, der letzte Schleier, den es von seinen Augen nehmen muß, um die Sicherheit im Geschmack zu erreichen, die das Publikum im San Carlo oder in der Scala schon hat, ist der Wunsch, alles hören zu wollen; es will sozusagen *für sein Geld etwas haben,* es will nichts auslassen; alles muß gleich stark sein; eine Tragödie muß vom Anfang bis zum Ende aus Schlagworten wie dem *qu'il mourût!* der *Horatier* oder dem *moi!* der *Medée* bestehen.

Diese Forderung ist ganz einfach wider die *Natur des menschlichen Herzens,* kein *kunstsinniger* Mensch könnte an drei erhabenen Stücken unmittelbar nacheinander Vergnügen finden.

Man darf nicht ungerecht sein; sehr hinderlich für die Entwicklung des guten Geschmacks beim Publikum des Louvois sind:

1. die Enge des Saals,
2. die zu helle Beleuchtung,
3. das Fehlen separater Logen.

In einem *kleinen* Saal geht der Enthusiasmus bald in einen unerquicklichen, nervösen Zustand über.[1]

Es tut mir leid, weil es unseren Vorstellungen von Anstand zuwiderläuft, aber die menschliche Seele braucht nun einmal vier Minuten halblaute Konversation, um sich von einem erhabenen Duett zu erholen und um fähig zu sein, an der folgenden Arie Vergnügen zu finden.

In den Künsten wie in der Politik kann man nie ungestraft der Natur der Dinge zuwiderhandeln. Es kann sein, daß man an den Gepflogenheiten, die ich angreife, aus Eitelkeit noch zehn Jahre festhält, und die Leute aus diesem Grund davon überzeugt sind, daß man sich selbst zu einem nicht besonders leidenschaftlichen Musikliebhaber abstempelt, wenn man in der Oper redet. Und was wird aus der peinlich genau eingehaltenen Ruhe und der *ständigen* Aufmerksamkeit? Daß sich im Louvois weniger Leute amüsieren. Die Zuschauer, die wegen physischen Unbehagens ausgeschlossen sind, werden gerade diejenigen sein, die dafür geschaffen sind, den schönen

Gesang und alle Feinheiten der Musik so richtig zu genießen. Im Louvois wird eine Oper, die nur aus sechs sehr schönen Stücken besteht, in den Himmel gehoben. Wenn diese erhebenden Stücke von sieben bis acht weniger hervorragenden umgeben sind, die unserer Entspannung dienen und damit unser Vergnügen noch steigern würden, wenn es die Pedanten nicht gäbe, hat die Oper keinen Erfolg. Das Publikum will es nicht auf sich nehmen, sich nur für das zu interessieren, was interessant ist; denn dann müßte es bei der Uraufführung wie ein großer Junge ein eigenes Urteil fällen.

Wenn man Rossinis Partituren zum ersten Mal aufschlägt, würde man sagen, die mit der Ausführung des Gesangs verbundenen Schwierigkeiten sind so groß, daß diese Partituren dazu verdammt sind, nur von wenigen Interpreten gesungen zu werden. Aber man merkt bald, daß diese Musik so viele Möglichkeiten zu gefallen[2] in sich vereint, daß sie auch noch gefällt, wenn nur die Hälfte von Rossinis Verzierungen gesungen wird oder wenn die *fioriture* anders angeordnet werden. Ein mittelmäßiger Sänger kann, wenn er *gewandt* ist, ein Rossini-Stück immer erfolgreich *im Sinne des Meisters* ausführen. Das verführerische Agrément der Kantilene, das nie hart oder gewaltsam ist *aus Übermaß an Kraft*, die Lebhaftigkeit, der sanfte Rhythmus der Begleitungen bereiten von sich aus so viel Vergnügen, daß, welche Veränderungen der Sänger wegen des begrenzten Umfangs seiner Stimme auch immer an den *Agréments* der Gesänge von Rossini vornehmen muß, seine Musik auch in dieser verstümmelten Form noch immer amüsant und sehr angenehm wirkt. Früher, zu Zeiten von Aprile und Gabrielli[3], war dem nicht so, als der Maestro dem Sänger in seinen Arien allen möglichen Raum ließ und ihm in jedem Augenblick Gelegenheit gab, sein Talent zum besten zu geben. Wenn der Sänger mittelmäßig und nur gewandt war, eine Eigenschaft, die bei weitem nicht hinreicht, um im Gesang perfekt zu sein, waren die Arie und der Sänger ein Fiasko.

Man kann sich also fragen: Hätte Rossini 1814 eine Vielzahl guter Sänger vorgefunden, hätte er dann an die Revolution gedacht, die er herbeigeführt hat, und das System, alles aufzuschreiben, überhaupt eingeführt?

Aus Eigenliebe hätte er vielleicht daran gedacht, aber die Sänger hätten sich aus dem gleichen Grund heftig dagegen gewehrt, genauso wie Velluti heutzutage seine Musik nicht singen will.

Man könnte noch weiterfragen: Welches der beiden Systeme ist vorzuziehen? Meine Antwort lautet: das alte System, ein wenig modernisiert. Man müßte, so scheint mir, nicht alle Agréments aufschreiben, aber andererseits auch die Freiheit des Sängers einschränken. Es ist nicht gut, daß Velluti die Kavatine aus dem *Aureliano* so singt, daß der Komponist persönlich sie nur sehr schwer wiedererkennt; dann ist nämlich Velluti faktisch der Autor der Arien, die er singt, und es ist besser, man trennt zwei so verschiedene Künste voneinander.

32. Kapitel

Einzelheiten über die von Rossini bewirkte Revolution

Der *schöne Gesang* begann 1680 mit Pistocchi; Bernacchi, sein Schüler, brachte ihn ungeheuer voran (1720). Die Vollendung dieser Kunst war 1778 das Werk von Pacchiarotti. Seither hat es keine Soprane mehr gegeben, daraufhin begann ihr Niedergang.

Millico, Aprile, Farinelli, Pacchiarotti, Ansani, Babini, Marchesi verdankten ihren Ruhm dem System der alten Komponisten, die ihnen in bestimmten Teilen der Oper nur ein *Gerüst*[1] vorgaben; und wahrscheinlich verdankten die Zeitgenossen allen diesen großen Sängern die Entdeckung des Talents von zwei bis drei ausgezeichneten Sängerinnen. In der Geschichte der Gabrielli, de' Amicis, Banti, Todi sind die Namen der berühmten Soprane verzeichnet, die ihnen die Kunst der Stimmführung zeigten.

Einige der besten Sängerinnen von heute wurden von Velluti gefördert (Mademoiselle Colbrand zum Beispiel).

Das Talent der Soprane und ihrer Schüler glänzte vor allem in der Ausführung des *largo* und des *cantabile spianato*. Wir haben im Gebet von *Romeo* ein schönes Beispiel für diese Art von Gesang. Und das ist genau der Typus von Kantilenen, den Rossini sorgfältig aus seinen Opern verbannt hat seit seiner Ankunft in Neapel und seitdem er sich angewöhnt hat, was man in Italien seinen *zweiten Stil* nennt. Ein Sänger arbeitete früher sechs bis acht Jahre, um das *Largo* singen zu können, Bernacchis Geduld ist in der Musikgeschichte berühmt. Sobald er einmal diesen Grad an Perfektion, Reinheit und *Sanftheit* des Klangs erreicht hatte, der 1750 einen guten Sänger charakterisierte, brauchte er nur noch die Früchte seiner Arbeit zu ernten, sein Ruf und sein Vermögen waren eine ausgemachte Sache. Seit Rossini denkt niemand mehr daran, ein *Largo* gut oder schlecht zu singen, und wenn man dem Publikum eines dieser Stücke präsentierte, würde es einen zum Teufel jagen. Das Publikum würde vor Langeweile sterben, und zwar weil man es in einer fremden Sprache anredet, die es zu kennen glaubt, in Wirklichkeit aber erst lernen muß.

Der alte Gesang rührte die Seele, machte aber manchmal einen schleppenden Eindruck. Rossinis Gesang gefällt dem Geist und langweilt nie. Es ist hundertmal leichter, die Fähigkeit zu erwerben, ein großes Rondo von Rossini, zum Beispiel das aus der *Donna del lago*, als diejenige, eine große Arie von Sacchini gut zu singen.

Die Nuancen in der Stimmführung, das Portamento[2], die Kunst, die Stimme so zu halten, daß sie im *Legato* gleichmäßig dahinfließt, die Kunst, unmerklich weiterzuatmen, ohne die lange Vokalperiode der Arien der alten Schule zu unterbrechen, waren früher der schwierigste und wichtigste Teil der Ausführung. Die mehr oder weniger brillante Gewandtheit des Organs wurde nur für die *gorgheggi* eingesetzt, das heißt, man verwandte sie nur für den Luxus, den Prunk, mit einem Wort für das Glänzende, und nie für das, was die Herzen erfreut. Es gab am Ende jeder Arie, in der *cadenza*, zwanzig Takte, die ausschließlich dazu da waren, um die Stimme des Sängers glänzen zu lassen, um *gorgheggi* zu machen.

Rossinis aufrichtigste Freunde werfen ihm zu Recht vor, daß er mit seiner Revolution der Musik die Grenzen des Gesangs enger gezogen und die *rührenden* Qualitäten dieser schönen Kunst *verringert* hat, daß er bestimmte Übungen überflüssig gemacht hat, die die Grundlage dafür waren, daß die Sänger dann in der Vorstellung die *rasenden Begeisterungsstürme* und die Glücksgefühle erzeugten, die in der Biographie Pacchiarottis und in der Geschichte der alten Musik so häufig vorkamen und heute so selten sind. Diese Wunder wurden durch die *Stimmgewalt* vollbracht.

Rossinis Revolution hat die Sänger ihrer Originalität beraubt. Was nützt es ihnen jetzt noch, wenn sie sich unendlich viel Mühe geben, um dem Publikum 1. die *individuellen* und *angeborenen* Qualitäten ihrer Stimme zu Gehör zu bringen und 2. den besonderen Ausdruck, den ihre Art zu fühlen ihr verleihen kann? Sie finden in den Opern Rossinis und seiner Nachahmer nie und nimmer auch nur eine einzige Gelegenheit, dem Publikum jene Qualitäten vorzuführen, die sie nur durch jahrelange gewissenhafte Arbeit erwerben können. Im übrigen nimmt ihnen die Gewohnheit, in der Musik, die sie singen sollen, alles durchkomponiert und niedergeschrieben vorzufinden, jeglichen Erfindungsgeist und macht sie faul. Mit ihren jetzigen Partituren verlangen die Komponisten von ihnen nur noch eine sozusagen *materielle* Ausführung wie von einem *Instrument*. Durch das *lasciatemi fare* (ich kümmere mich um alles), das Rossini im Umgang mit seinen Sängern an den Tag legte, ist es so weit gekommen, daß letztere nicht einmal mehr über die Fähigkeit verfügen, eine *Kadenz* zu komponieren; sie entdecken fast immer, daß Rossini sie auf seine Weise ausgeschmückt hat.

Früher haben Babini, Marchesi, Pacchiarotti die komplizierten Verzierungen erfunden. Sie verwandten insbesondere, je nachdem wie ihr Talent und *ihre Seele* sie inspirierten, die einfachsten Verzierungen, wie zum Beispiel die *appoggiature*, die *gruppetti*, die *mordenti* usw. Die ganze Ausschmückung des Gesangs (*i vezzi melodici del canto*, wie Pacchiarotti 1816 in Padua sagte) fiel zu Recht in die Domäne des Sängers. Crescentini legte in seine Stimme und deren leichte Veränderungen eine vage, allgemeine Färbung der *Zufriedenheit* in der Arie: *ombra adorata, aspetta*. Er spürte es *in dem Moment, wo er sang*, daß so das Gefühl eines leidenschaftlichen Liebhabers sein muß, der bald seine Geliebte sehen wird. Velluti, der die Situation auf andere Weise erfaßt, legt Melancholie und eine traurige Reflexion über das gemeinsame Los der beiden Liebenden darein. Nie wird es einem Maestro, und sei er auch noch so geschickt, gelingen, genau die *winzigen Nuancen* zu notieren, die die Vollendung des Gesangs in dieser Arie von Crescentini ausmachen und im übrigen verschieden ausfallen, je nachdem in welchem Zustand sich die Stimme des Sängers befindet, von welchem Enthusiasmus er beseelt ist und wie weit er sich in seine Rolle hineinsteigert. An einem Tag ist er zu kraftlosen Verzierungen voller *morbidezza* aufgelegt; an einem anderen Tag kommen die kraftvollen *gorgheggi*, sobald er die Bühne betritt. Um perfekt zu singen, muß er seinen augenblicklichen Eingebungen folgen. Ein großer Sänger ist seiner Natur nach nervös. Um gut Geige[3] zu spielen, braucht man das gegenteilige Temperament; schließlich darf der Maestro nicht alle Verzierungen niederschreiben, denn es bedarf einer intimen und vollständigen Kenntnis der Stimme, die da singen soll, und die hat meistens nur der Künstler, dem sie gehört, und der zwanzig Jahre seines Lebens damit verbracht hat, sie zu studieren und beweglich zu machen.[4] Ein nicht gerade schlecht, aber lasch, ohne Brio ausgeführtes Agrément zerstört in einem Augenblick den Zauber der Musik. Man schwebt im siebten Himmel, und plötzlich fällt man in eine Opernloge und manchmal sogar in eine Gesangsklasse herab.

33. Kapitel

Entschuldigungen – Auslöschung der Originalität der Stimmen

Da es nichts Belangloseres gibt als die Musik, spüre ich sehr wohl, daß der Leser sich vielleicht darüber empört, wenn ich ernsthaft eine Unzahl von kleinen Anmerkungen mache oder einige Anekdoten ohne Pointe erzähle und im übrigen beides mit so großen, viel zu oft gebrauchten Worten wie dem *Ideal des Schönen*, dem *Glück*, dem *Erhabenen*, der *Sensibilität* überlade.

Dieses Fehlen eines ernsthaften Interesses gefällt mir aber gerade an der Musik; ich bin der ernsthaften Interessen überdrüssig und traure der Zeit nach, als die Obersten noch Wandteppiche machten und man in den Salons Bilboquet spielte. Ich habe mein Jahrhundert kennengelernt, es ist vor allem *verlogen*[1]; gemäß dieser Idee habe ich mich, wenn überhaupt, dann ständig um eines bemüht, nichts *durch den Stil zu übertreiben* und vor allem zu vermeiden, daß irgendein Effekt durch eine Folge von Betrachtungen und Bildern von leicht gezwungener Herzlichkeit erzielt wird, zu denen man am Ende des Abschnitts sagt: Das war aber eine schöne Seite. Erstens hat mich, der ich mich sehr spät auf das Feld der Literatur begeben habe, der Himmel mit keinerlei Talent begabt, eine Idee auszuschmücken und anmutig zu übertreiben; zweitens gibt es in meinen Augen nichts Schlimmeres als die Übertreibung in den zarten Angelegenheiten des Lebens. Man erzielt einen momentanen Effekt, der eine Viertelstunde später ein Gefühl des Widerwillens erzeugt. Am nächsten Tag schlägt man das Buch nicht wieder auf; fast sagt man zu sich: Ich bin heute nicht gut genug aufgelegt (ohne *high spirits)*, um Gefallen daran zu finden, daß ich geistreich getäuscht werde. Mir scheint's, als wären die schönen Künste nicht dazu geschaffen, um die Seele in den Augenblicken zu erfreuen, wo sie von Begeisterung und Glück erfüllt ist. In solchen Augenblicken weiß man mit ihnen nichts anzufangen, und nur ein Dummkopf schlägt ein Buch auf, wenn er glücklich ist. Die

Aufgabe der schönen Künste ist viel längerfristiger und sehr viel besser auf die gewöhnlichen Chancen des Lebens berechnet. Die schönen Künste sind zum Trost geschaffen. Wenn die Seele trauert, wenn die ersten traurigen Stimmungen in den Herbsttagen des Lebens aufkommen, wenn überall wie ein verhängnisvolles Gespenst Mißtrauen auftaucht, dann ist es gut, zur Musik Zuflucht zu nehmen.

Nun ist das, was man in einer solchen Seelenlage am meisten verabscheut, die Übertreibung. Überall, wo ich auf eine Idee gestoßen bin, aus der ich einen Abschnitt mit einer brillanten Pointe hätte machen können, habe ich das, was mir die Wahrheit zu sein scheint, abgeschwächt, damit das kleine augenblickliche Vergnügen nicht eine Viertelstunde später Mißtrauen und Ekel erregt. Eine feinfühlige, geistreiche Frau, die einen engen Freund verloren hatte, wagte es, einem verbliebenen Freund in aller vertrauten Offenheit zu sagen: Der Geist des Herrn Soundso war für mich, wenn ich Kummer hatte, wie ein gut gefedertes Samtsofa, auf dem man sich so gern niederläßt und wohlfühlt, wenn man müde ist. Das ist ungefähr die Art von Vergnügen und Trost, die ich in der Musik gefunden habe. Diese Kunst erfüllt einen mit zärtlichen Schmerzen, indem sie einem den *Anblick des Glücks* verschafft, und einem das Glück zeigen, wenn auch nur im Traum, ist fast gleichbedeutend damit, Hoffnung zu schenken. Zwanzigmal habe ich die Bücher eines der wenigen Männer wieder weggelegt, die Frankreich hervorgebracht hat. Ich sagte mir: Er ist nur ein Rhetor. Da ich nicht den kleinsten Funken seiner außergewöhnlichen Beredsamkeit besitze, habe ich vor allem den Fehler zu meiden gesucht, der Rousseau[2] für mich unlesbar macht. Aber kommen wir auf die reizende Kunst zurück, für die er sich in Schriften von glühender Begeisterung eingesetzt hat.

Die leidenschaftlichen *dilettanti,* die zu Rossinis Zeiten geboren und sozusagen die Söhne seiner Revolution sind, werden es mir gestatten, daß ich ihnen die Vorzüge mitteile, die dem Ausdruck, das heißt mit anderen Worten dem Vergnügen des Zuschauers, aus dem Respekt vor den Rechten der Sänger erwuchsen, die dieses Namens würdig sind.

Die menschlichen Stimmen sind ebenso verschieden wie die

Physiognomien. Diese Unterschiede, die es auch beim *Sprechen* gibt, wirken sich beim Singen noch hundertmal stärker aus.

Hat der Leser je auf den Klang der Stimme von Mademoiselle Mars geachtet? Wo ist eine Singstimme zu finden, die einen nur ein Hundertstel der Wunder erleben läßt, die diese Stimme verspricht, wenn sie ein zärtliches Wort von Marivaux zu uns sagt?

Die Rührung, das Erstaunen, das Erschrecken rufen verschiedene Veränderungen in den Stimmen der drei Frauen hervor, mit denen wir über Musik reden; und durch die *Rührung* zum Beispiel entsteht bei einer der Stimmen, die beim Reden nichts besonders Bemerkenswertes hat, ein herrlicher Ton, der in einem Augenblick durch einen lebhaften elektrischen Effekt ein ganzes Auditorium melancholisch stimmt. Bei Rossinis System tritt diese Vielfalt, diese besondere Nuance nie zutage. Alle Stimmen singen mehr oder weniger gut dieselbe Musik; das ist aber auch schon alles. Die Kunst ist also *ärmer* geworden.[3]

Alle Stimmen entsprechen in ihrem natürlichen Klang (ihrem *metallo*) mehr oder weniger offenbar dem einen oder anderen Gefühl. Ich verstehe unter dem *metallo* das *Timbre* einer Stimme, ihre angeborene Qualität, die vollkommen unabhängig ist von dem Talent, das der Sänger entweder hat oder auch nicht.

Eine glockenreine oder belegte, schwache oder starke, volle oder dünne, schrille oder gedämpfte Stimme[4] hat verschiedene natürliche Ausdrucksmöglichkeiten, die selbst mehr oder weniger angenehm klingen.

Vorausgesetzt, jemand singt richtig und kann den Ton halten, läßt sich die Behauptung aufstellen, daß man früher oder später herausfinden wird, wie die Stimme zumindest einige Augenblicke lang angenehm zu gestalten ist. Der Komponist muß sich nur Mühe geben und eine Kantilene in dem Umfang finden, wo die Stimme ihren *stärksten Ausdruck* hat. Dazu muß die vom Dichter vorgegebene *Situation* zunächst so beschaffen sein, daß sie nicht im Gegensatz zur angeborenen Qualität dieser Stimme steht; wenn die Stimme sanft, zärtlich, rührend ist und die Situation gebieterisch und stark wie in der

Elisabetta von Rossini, dann wird die Stimme, von der wir reden, nie die Möglichkeit haben, zu glänzen und Vergnügen zu bereiten. Alles Talent, alle mögliche Sensibilität eines Sängers ändern nichts am *metallo* seiner Stimme. Wunder gibt es in dieser Kunst nur unter der Bedingung, daß eine durch lange Übung beweglich gemachte Stimme auf eine Situation trifft, in der genau das *metallo* (die angeborene Nuance im Ausdruck, das Timbre) verlangt ist, das sie hat. Da all diese Umstände – die so schwer zu vereinen sind, daß es eigentlich nie vorhersehbar ist – zu seinem Glück zusammenkamen, hat das Publikum der Scala Pacchiarotti dieselbe Arie *fünfmal hintereinander* wiederholen lassen.[5]

Ausgehend von der Originalität der Stimmen kommt auf die Komponisten die Aufgabe zu, die angeborenen Qualitäten jeder Stimme gut zu nutzen, also auch ihre negativen Seiten nicht zum Zuge kommen zu lassen. Welcher Maestro wäre auch so ungeschickt, Madame Fodor ein leidenschaftliches Rezitativ oder Madame Pasta eine mit kleinen, schnellen und brillanten Verzierungen befrachtete Arie anzuvertrauen? Daher kommt der in Italien so verbreitete Brauch, daß die zweitklassigen Sänger[6] mit Arien reisen, die sie *di baule* nennen (was soviel heißt wie Handgepäck). Welche Musik ein Maestro auch immer komponiert und diesen zweitklassigen Sängern zu singen gibt, sie finden immer Mittel und Wege, um ihre *arie di baule* ganz oder teilweise an den Mann zu bringen, was in allen Theatern Italiens ewig zu Scherzen Anlaß gibt.

Durch diese Praxis erreichen diese nicht sonderlich gewandten Sänger jedenfalls das große Ziel aller Künste: *sie bereiten Vergnügen.* Sehen Sie den himmelweiten Unterschied zu unserem Orchester im Louvois und zum momentanen System der Musik in diesem Saal?

Durch einen einfachen Tempowechsel kann die Hauptphrase einer Arie einen ganz anderen Sinn bekommen. Eine Phrase, die die Wut schilderte, drückt nur noch Verachtung aus, und trotz dieses veränderten Ausdrucks kann die Stimme des armen Sängers, der an diese Phrase gewöhnt ist, sie dennoch immer sehr gut singen, so daß sie viel Vergnügen bereitet, und zwar weil diese Hauptphrase besser als alle anderen:

1. zu den *angeborenen* Qualitäten der Stimme des Sängers paßt, 2. zu der Art von Sensibilität, die er von Natur aus hat, und schließlich 3. zum Grad der Gewandtheit, den er in den Konservatorien hat erwerben können. Durch dieses System kommt nie ein *stentato* (gezwungener) Gesang auf; das ist der große Mangel des Gesangs bei Feydeau, der immerhin noch um vierzig Jahre weniger barbarisch ist als der der großen Opéra.

Wie man sieht, ist es möglich, ein erstklassiger Sänger zu sein und keine Noten lesen zu können. Das Talent zu lesen ist ein ganz anderes,[7] man braucht dazu nur Geduld und einen methodisch-rationalen Charakter.

Mit einer einzigen Oper kann in Italien ein mittelmäßiger Sänger sein Glück machen, manchmal auch nur mit einer einzigen Arie. Das Repertoire eines erstklassigen Sängers umfaßte vor Rossini allerhöchstens zehn bis zwölf Arien. Die Gesangskunst ist so schwierig, das Vergnügen hängt an einem seidenen Faden, so daß ein Sänger nur dann echten Erfolg haben wird, wenn er in einer Arie all die Bedingungen vereint, die wir schon mehrfach angeführt haben. Nichts zielt also besser auf das Vergnügen der Zuschauer als die Arien *di baule*. Man kann die Wahrheit dieses Prinzips bis hin zur Kunst des Theaterspielens verfolgen; mit wie vielen Rollen haben Mademoiselle Mars und Talma ihren Ruf begründet? Das System der Arien *di baule* ist eine sehr gute Erfindung, nicht nur wegen der natürlichen Mittelmäßigkeit der Talente in einer so schwierigen Kunst, sondern auch wegen der außerordentlichen Mittelmäßigkeit der Finanzen vieler italienischer Kleinstädte, die trotz ihres kleinen Budgets nicht davon Abstand nehmen, jedes Jahr zwei bis drei sehr passable Opernaufführungen zustande zu bringen, und zwar mit den Arien *di baule* von zwei bis drei mittelmäßigen Sängern, die jeweils ein bis zwei Arien sehr gut singen.[8]

Sobald der Maestro nicht auf das *metallo* der Stimmen seiner Sänger (auf die angeborenen Qualitäten ihrer Stimmen), auf die Art von Sensibilität, die sie in ihren Rollen verkörpern, auf das Ausmaß an Fähigkeiten, das sie als Sänger erworben haben (auf die *bravura),* Rücksicht nimmt, riskiert er es ziemlich sicher, daß nach all seinen Bemühungen zwar eine korrekt gesungene Oper zustande kommt, die aber niemandem Spaß macht.

Nehmen wir an, ein Sänger kann die *volate, arpeggi, salti* nur unter Mühen *(stentato)* singen, wenn der Komponist diese melodischen Mittel nicht streng meidet, können seine Gesänge in der Ausführung so lächerlich wirken, daß sie das Gegenteil von dem ausdrücken, was er sagen wollte. Wenn man mir ein wenig Schlichtheit im Ausdruck und sogar in den Vorstellungen gestattet, kann ich meinen Gedanken verdeutlichen. Um dem inneren Auge das schnelle und ununterbrochene Herabregnen des Wassers vom Himmel oder den Befehl eines orientalischen Despoten, einer seiner Sklaven solle sofort verschwinden, darzustellen, schmückt der Maestro seine Kantilene mit einer *volata discendente* aus; die steht dann auch in der Partitur. Der große Tag der Uraufführung ist da, und statt uns die Vorstellung von einem allmächtigen König zu präsentieren, der Befehle erteilt, die befolgt werden, läßt der ungeschickte Sänger mit einem Mal an den lächerlichen Wutanfall eines alten stotternden Staatsanwalts in seiner Kanzlei denken. Wenn er nicht ganz so lächerlich wirkt, dann ist zumindest seine *volata* schlecht ausgeführt, dem Hörer wird also nicht die Vorstellung von *Eile* dargeboten, so daß der schreckliche Befehl des Despoten, der will, daß man sich auf der Stelle davonmacht, nur mehr eine sehr gemäßigte Aufforderung ist, den Hof zu verlassen, wann es der verbannten Person paßt. Ich bitte Sie festzuhalten, daß sich über jede Verzierung von Velluti ähnliche Überlegungen anstellen lassen. Außerhalb Italiens sagt Rossinis Musik fast das Gegenteil von dem, was er ausdrücken will, und zwar, weil er mit seiner Partitur den Sänger auf diese oder jene Verzierung verpflichtet, zu der er mit seiner Stimme gar nicht fähig ist. Deswegen höre ich eine bestimmte Kantilene von Rossini, die ich im Ohr habe, nur zur Hälfte oder zu drei Vierteln. Man merkt, daß das System der alten Musik nicht die Möglichkeit eines solchen Nachteils beinhaltete. Nach dem leicht zu vermeidenden Hindernis einiger sehr hoher Töne (es stammt daher, daß der Künstler, für den der Komponist geschrieben hatte, eine außergewöhnliche Stimme besaß) hatten die Künstler alle Freiheit, nur die Verzierungen zu verwenden, über deren Wirkung sie sich sicher waren; und nichts hinderte sie, die individuellen Schönheiten ihrer Stimme und ihres Talents der Bewunderung des Zuschauers darzubieten.

Ein gebildeter *dilettante,* der sich den Spaß gemacht hat, die Stimmen der Sänger zu studieren, die in den neun Opern aufgetreten sind, die Rossini in Neapel geschrieben hat, wird den Einwand vorbringen, daß der Meister nicht alle Vorzüge genutzt hat, die die jeweils besonderen Stimmen zu bieten hatten. Ich sage dazu gar nichts, außer daß der Komponist offenkundig in seine Primadonna verliebt war und nicht wollte, daß sie übertrumpft wurde.

Abgesehen von dieser Ausnahme sind Rossinis Gesangspartien in den neapolitanischen Opern nicht nur die Biographie der Stimme von Mademoiselle Colbrand, sondern auch die der Stimmen von Nozzari, Davide, Madame Pisaroni usw. Man sieht an diesen Partituren, daß alle Verzierungen, die die Sänger früher *ad libitum* machen konnten, ein konstitutiver, notwendiger, *unabdingbarer* Bestandteil von Rossinis Gesangsstücken geworden sind: Wie soll man sie also wiedergeben können, wenn der Sänger in seiner Stimme nicht die gleiche Art von Leichtigkeit hat wie Nozzari oder Davide?

Die Opern von Rossinis zweiter Stilart sind nie langweilig wie eine *leere* Oper von Mayr zum Beispiel; aber sie wirken nur dann so bezaubernd wie in Neapel, wenn sie zufällig von einem Sänger gesungen werden, der *die gleiche Art von Verzierungen und Leichtigkeit* beherrscht wie der Künstler, für den die Rolle geschrieben wurde. So kann eine Oper, die in Neapel einen triumphalen Erfolg hatte, im Louvois sehr langweilig wirken. Hier wie dort hat das Publikum recht; und man muß den Grund für diese einfache Wirkung nicht weit entfernt in metaphysischen Ursachen suchen. Der Fehler liegt ganz bei den Direktoren. Gibt es zum Beispiel etwas Unverschämteres als die letzte Wiederaufnahme der *Horatier*? In Italien hätte man nach den Theaterdirektoren verlangt, und sie wären auf der Bühne erschienen, um sich auspfeifen zu lassen.[9]

Welches System Rossini auch immer angewandt hat, mit seinem Genie, seiner Phantasie und seiner *Schnelligkeit* bürgt er dafür, daß es nie langweilig wird. Stellen Sie sich aber den einzigartigen Effekt vor, den die Musik seiner Nachahmer erzeugt, wenn sie an einem anderen Theater gespielt wird als dem, für das sie gearbeitet haben! So wie die Musik von Rossini ist sie ziemlich fest verwoben mit den Agréments, die die Sänger gut ausführen, für die sie geschrieben haben und aus denen letztere Motive gemacht haben. Wenn diese Motive schlecht gesungen werden, gelangt man zu jenem Grad von Mittelmäßigkeit, der in den schönen Künsten unerträglich ist und in der Musik noch mehr als auf allen anderen Gebieten.

Es versteht sich von selbst, daß all diese Kritiken an Rossinis System mitnichten für die glücklichen Zeiten gelten, als er so schöne Arien schrieb wie:

Ecco pietosa!...
Di tanti palpiti ...
Pien di contento il seno ...
Non è ver mio ben, ch'io mora ...
Se tu m'ami, o mia regina ...

Schrecklich ist es, sich vorzustellen, daß ihm noch Besseres gelungen wäre als in diesen erhebenden Arien, wenn er denselben Weg weitergegangen wäre. Er hat einen kleinen Abstecher zurück in seine Jugendzeit gemacht und ein paar Arien der *Donna del lago* nachempfunden; darin war er echt *ossianisch*. Aber diese Oper ist eher episch als dramatisch.

Muß ich noch einmal sagen, daß Velluti, der heutige Sängerfürst, nicht nur die erstaunlichsten Schwierigkeiten meistert, sondern dabei oft auch seine Möglichkeiten dahingehend mißbraucht, daß er die Gesänge des Maestro erstickt und sie fast bis zur Unkenntlichkeit verziert? Nie hat man bei Velluti das Vergnügen, eine einfache Melodie zu hören. Er singt fast nie Rossini-Arien. Velluti möchte vor allem Begeisterungsstürme im Saal entfachen; er ist daran gewöhnt. Allerdings kann er zum Beispiel die *scale in su* (die aufsteigende Tonleiter) nicht, eine Verzierung, die Mademoiselle Colbrand so leicht fällt und die sie reichlich ausführen darf. Daraus folgt, daß alle für Mademoiselle Colbrand geschriebenen Stücke entweder von Velluti nicht gesungen werden können oder daß sie, wenn doch, nur mittelmäßig wirken und nur zu einem Achtungserfolg führen würden.

34. Kapitel

Eigenschaften der Stimme

Ein Jagdhorn hört man in den schottischen Bergen sehr viel weiter als die menschliche Stimme. Die *Stärke des Tons* ist der einzige Punkt, in dem es der Kunst gelungen ist, die Natur zu übertreffen. In bezug auf die viel wichtigeren Aspekte der Akzentuierung und des Agréments ist die menschliche Stimme noch allen Instrumenten überlegen, und man kann sogar sagen, daß die Instrumente nur in dem Maße gefallen, wie sie der menschlichen Stimme nahekommen.

Wenn wir in einem Augenblick nachdenklicher Ruhe und süßer Melancholie unsere Seele befragten, worin der Reiz der menschlichen Stimme besteht, so glaube ich, daß wir folgende Antwort erhielten:

1. Die leidenschaftliche Färbung, die eine Stimme unweigerlich in das legt, was sie singt, selbst die Stimmen der kühlsten Sängerinnen wie Madame Camporesi, Fodor, Festa usw. bringen mangels eines anderen Gefühls immer noch eine gewisse vage Freude zum Ausdruck. Ich führe gar nicht erst Madame Catalani an, denn ihre wunderbare Stimme erweckt denselben Eindruck, den die Seele beim Anblick eines Wunders empfindet. Vor lauter Aufregung nimmt unser Herz zunächst gar nicht die schöne und edle Unnahbarkeit dieser einzigartigen Sängerin wahr. Zum Spaß kann man sich ausmalen, was wäre, wenn Madame Catalanis Stimme mit der leidenschaftlichen Seele und dem dramatischen Talent von Madame Pasta vereint wäre. Wenn man sich einen Augenblick dieser Vorstellung hingibt, bekommt man Sehnsucht, aber dafür bleibt man auch der Überzeugung, daß die Musik diejenige der schönen Künste ist, die am mächtigsten wirkt.[1]

2. Der zweite Vorzug der menschlichen Stimme ist das Wort; es zeigt der Phantasie der Hörer, welche Art von Bildern sie sich vorstellen soll.

Wenn die menschliche Stimme verglichen mit den Instrumenten auch weniger Kraft hat, so besitzt sie doch in sehr viel größerer Vollendung die Fähigkeit, die Töne abzustufen.

Diese Vielfalt an kleinen Veränderungen – die menschliche Stimme kann unmöglich *ohne Leidenschaft* sein – ist in meinen Augen ein bedeutenderer Vorteil als das Wort.

Die schlechten Verse, aus denen eine italienische Arie besteht, hört man zunächst wegen des Wiederholungseffekts gar nicht als Verse; was ans Ohr des Zuschauers dringt, ist Prosa.[2] Sodann sind es nicht die stärksten Worte, wie zum Beispiel: *Ich hasse Sie auf den Tod* oder *Ich liebe Sie bis zum Wahnsinn*, die die Schönheit eines Verses ausmachen; es sind die *Nuancen* entweder in der Wortstellung oder in den Worten selbst, die für die Echtheit der Leidenschaft *einstehen* und unsere Sympathie erwecken. Nun kann es aus Platzgründen in den fünfzig bis sechzig Worten einer italienischen Arie nicht um Nuancen gehen; also kann der Text immer nur ein einfaches *Gerüst* sein; die Musik hat die Aufgabe, es mit brillanten Farben auszuschmücken.

Verlangen Sie noch einen Beweis dafür, daß der Text in der Musik nur sehr untergeordnete Funktionen erfüllt, daß er gewissermaßen nur als *Etikett des Gefühls* firmiert? Hören Sie sich eine Arie an, wie sie von Madame Belloc oder Madame Pisaroni leidenschaftlich interpretiert wird, und dieselbe Arie, wenn sie kurz danach von einer gebildeten Sängerin aus dem Norden ohne Ausdruck gesungen wird. Die gefühllose Sängerin singt dieselben Worte: *io fremo, mio ben, morir mi sento,* allerdings ohne das Eis zu schmelzen, das auf unseren Herzen lastet.

Sobald wir zwei oder drei Worte verstanden haben und ihnen entnehmen, daß der Held entweder verzweifelt oder überglücklich ist, kommt es nicht so sehr darauf an, daß wir den restlichen Text genau verstehen; wichtig ist es vor allem, daß die Worte leidenschaftlich gesungen werden. Daher kommt es, daß man mit spürbarem Vergnügen einer Oper beiwohnen kann, obwohl der Text in einer Fremdsprache ist; es genügt, wenn eine Person in der Loge einem das *Stichwort* der wichtigsten Arien gibt. So kann man sich freuen, einen ausgezeichneten tragischen Schauspieler in einer Sprache spielen zu sehen, von der man nicht mehr als ein paar Worte versteht. Ich schließe aus diesen Beobachtungen, daß der *Tonfall* in der Musik sehr viel wichtiger ist als die Worte selbst.

Ausdruck ist die hervorragendste Qualität eines Sängers.

Alle Erfolge, die man in der Gesangskunst ohne diese Qualität oder mit nur wenig Ausdruck erzielen kann, sind entweder von kurzer Dauer oder beruhen auf der zufälligen Parteilichkeit der Zuschauer, die eine kunstfremde Ursache hat: die Schönheit einer Schauspielerin, ihre anständigen politischen Gefühle usw.

Man zitiert in Italien eigenartige Prophezeiungen, die sich pünktlich erfüllt haben. Ein Musikliebhaber aus Neapel, der über zwei Sängerinnen sprach, von denen die eine vom Publikum in den Himmel gehoben, die andere kaum geduldet wurde, rief inmitten des Parketts von San Carlo in einem jener Momente leidenschaftlicher Empörung und Begeisterung, die in diesem Lande alles andere als selten sind: »Drei Jahre noch, und ihr werdet verachten, was ihr jetzt beklatscht; drei Jahre noch, und ihr hebt in den Himmel, was ihr jetzt nicht beachtet.« Kaum waren anderthalb Jahre vergangen, da hatte sich die Prophezeiung schon erfüllt; die Sängerin, die mit Ausdruck sang, hatte sich vollkommen gegen die andere durchgesetzt, die von der Natur mit einer viel schöneren Stimme ausgestattet war. Das ist ungefähr so wie ein sehr schöner und ein unendlich geistreicher Mann in der Gesellschaft. Die gleiche Revolution hätte sich im Geschmack des neapolitanischen Publikums, wenn auch weniger schnell, vollzogen, wenn die Sängerin ohne Ausdruck keine wunderschöne Stimme (ein kostenloses Geschenk des Zufalls) gehabt, sondern *di bravura* (virtuos) gesungen hätte.

35. Kapitel

Madame Pasta

Ich habe der Versuchung nachgegeben, ein musikalisches Porträt von Madame Pasta zu zeichnen. Ein schwierigeres Unterfangen hat es nie gegeben. Die Sprache ist in Sachen Musik ein undankbares und ungewohntes Mittel; jeden Moment fehlen mir die Worte; und wenn ich das Glück haben sollte, welche zu finden, die meinen Gedanken ausdrücken, bleibt ihre Bedeutung für den Leser ziemlich unklar. Im übrigen gibt es wahrscheinlich keinen einzigen *dilettante,* der kein fertiges Urteil über Madame Pasta hat und nicht unzufrieden ist, es hier nicht wiederzufinden. Angesichts der berechtigten Bewunderung, mit der diese Sängerin das Publikum erfüllt, wird selbst der wohlwollendste Leser finden, daß ihr Porträt farblos ist und hinter seinen Erwartungen zurückbleibt.

Rossini hat nie für Madame Pasta geschrieben. Durch Zufall traf er die liebenswürdige und anmutige Marcolini, und er schrieb die *Pietra del paragone;* er traf die prachtvolle Colbrand, und er komponierte die *Elisabetta;* er traf den leidenschaftlichen und schrecklichen Galli, und wir hatten Personen wie den Fernando in der *Gazza ladra* und den Mohammed im *Maometto secondo* zu bewundern.

Hätte Rossini durch Zufall eine junge, schöne, seelenvolle und intelligente Schauspielerin kennengelernt, die in ihren Gesten immer von der wahrsten und sanftesten Schlichtheit bleibt und dennoch immer den Formen des reinsten *Ideals des Schönen* treu ist; hätte Rossini nicht nur diese hervorragenden Talente für das Theater, sondern auch eine Stimme entdeckt, die uns jeden Augenblick genauso in Entzücken versetzt wie die Sänger aus der guten alten Schule, eine Stimme, die mit dem schlichtesten Wort eines Rezitativs rühren kann, deren gewaltige Töne die widerspenstigsten Herzen dazu bringen, sich von der Gemütsbewegung ergreifen zu lassen, die in einer großen Arie zum Ausdruck kommt, so hätte er zweifelsohne unter diesen Umständen wie durch ein Wunder seine Faulheit überwunden, ehrlich die Stimme von Madame Pasta studiert und versucht, etwas für sie zu schreiben. Von den erhabenen Talenten seiner Primadonna inspiriert, fände Rossini wieder zu dem Feuer zurück, von dem er am Beginn seiner Laufbahn beseelt war, und zu den herrlich schlichten Gesängen, die am Anfang seines Ruhms standen. Welche Meisterwerke würden wir dann erst im Louvois zu hören bekommen? Und wie schnell würde Paris dann in der europäischen öffentlichen Meinung den Rang einnehmen, den heutzutage in der Musik nur das Publikum von Neapel und Mailand innehat?

Würde er das Gebet von Romeo und Julia hören, eine entscheidende Prüfung für das Talent einer jungen Sängerin; würde er feststellen, wie gut Madame Pasta *Portamento* singen kann, wie sie die Töne gleitend ansingt, wie sie eine lange Gesangspassage akzentuieren, verbinden und gleichmäßig halten kann, zweifle ich überhaupt nicht, daß Rossini bereit wäre, ihr einen Teil seines Systems zu opfern und den Wald voller kleiner Noten, der seine Kantilenen überfrachtet, ein wenig auszudünnen.

Voll und ganz überzeugt von der Weisheit und dem guten Geschmack, die Madame Pasta bei den *fioriture* ihres Gesangs an den Tag legt, und in dem Wissen, wieviel sicherer die Agréments wirken, wenn sie aus dem Gefühl und der *spontanen* Erfindung des Sängers hervorgehen, würde Rossini sich bei den Verzierungen zweifelsohne auf die Inspiration dieser großen Sängerin verlassen.

Die echten *dilettanti*, die nicht im Louvois erscheinen, weil dieses Theater in Mode ist, sondern weil sie dort die tiefen Empfindungen erleben, und die, wie ich glaube, begründet annehmen zu dürfen, für alle Arten von Schönheit wie für alle Arten von Ruhm aufgeschlossen sind, würden über das, was sie empfinden, nachdenken, wenn man ihnen statt der vorformulierten Reden auf der Tribüne der Nation, an die sie schon lange gewöhnt sind, plötzlich einen Mirabeau oder einen General Foy böte, die mit der totalen Hingabe des Genies improvisieren. Nun ja! Der Unterschied ist mindestens genauso augenfällig zwischen einer Sängerin, die, so gut sie kann, eine Arie singt, die für eine andere geschrieben wurde und ihr keinerlei Freiheit läßt, und derselben Sängerin, wenn sie Kantilenen singt, die für ihre Stimme komponiert sind, das heißt nicht nur für deren Umfang, sondern passend zur Färbung und zum allgemeinen Charakter ihres Talents.

Von allen Opern, in denen Madame Pasta Rollen gespielt hat, seit sie in Paris ist, passen meines Erachtens nur der zweite und dritte Akt von *Romeo* in etwa zu ihrer Stimme und zur Art ihrer Stimmführung. Wenn ich in allen anderen Werken suche, die sie hier gesungen hat, fällt es mir schwer, drei Stücke zu nennen, die diese notwendigen Bedingungen genau erfüllen; und dennoch bezaubert Madame Pasta alle Herzen mit dieser Musik, die ihrer Stimme andauernd zuwiderläuft und ihr besondere Kraftanstrengungen abverlangt![1] Wahrscheinlich hat es nie eine Sängerin gegeben, die unter solchen Bedingungen verdientermaßen zu Ruhm gelangt ist. Stellen Sie sich jetzt vor, Sie, die Sie fähig sind, den echten Zauber der Musik zu lieben, was es erst gäbe, wenn Rossini *bewußt* für ein solches Talent komponiert hätte!

Dann erst wüßte man um alle Möglichkeiten von Madame Pasta. Es täte ihrer Eigenliebe gut, wenn sie auf den verschiedenen Bühnen Italiens auftreten könnte, jetzt, da Paris sie in ganz Europa bekanntgemacht hat. Wenn sie vier- bis fünfmal im Jahr neue Opern sänge, die *ausdrücklich für ihre Stimme* komponiert wurden, zweifle ich nicht, daß sie binnen zwei oder drei Jahren doppelt so viel könnte wie heute. Bei dem Ansehen, das sie jetzt schon genießt, kann man sich ausmalen, wie sehr die Maestri sich bemühen würden, ihr zu gefallen, damit sie ihre Opern singe und ihnen dadurch zu Ruhm verhelfe, und die Natur ihrer Stimme und die gewohnte Art ihrer Stimmführung zu studieren, um sich beim Komponieren daran zu halten.[2]

Ich bitte jetzt den Leser, noch mehr Geduld aufzubringen; ich werde mich meinerseits noch mehr anstrengen, einen klaren Kopf zu behalten; und im übrigen verspreche ich, mich kurz zu fassen.

Die Stimme von Madame Pasta hat einen beträchtlichen Umfang. Volltönend singt sie das tiefe a und kommt bis zum hohen Cis und sogar bis zum hohen d. Madame Pasta hat den seltenen Vorzug, daß sie sowohl die Partien für Alt als auch die für Sopran singen kann.[3] Obwohl ich nicht sehr gelehrt bin, wage ich zu behaupten, daß ihre Stimme ein echter Mezzosopran ist. Der Maestro, der für sie schreibt, müßte die Komposition für sie vorwiegend im Bereich des Mezzosopran ansiedeln und sich aller anderen Töne dieser so umfangreichen Stimme nur nebenbei und bei Gelegenheit bedienen. Viele dieser Töne sind nicht nur sehr schön, sondern kommen mit einer gewissen sonoren und magnetischen Schwingung, die sich, glaube ich, durch eine Mischung von bislang nicht erklärten physikalischen Effekten blitzschnell der Seele des Zuschauers bemächtigt.

Wir kommen nun zu einer ganz eigenartigen Besonderheit der Stimme von Madame Pasta; sie hat nicht nur ein *metallo*, wie man in Italien sagen würde (ein Timbre), und diese Differenz in den Tönen ein und derselben Stimme ist eines der wirksamsten Ausdrucksmittel, derer sich diese große Sängerin in ihrer Gewandtheit bedienen kann.

Die Italiener sagen von einer solchen Stimme, sie habe mehrere *Register*[4], das heißt *verschiedene Charaktere*, je nachdem in welchem Abschnitt der Tonleiter sie singt. Wenn man sich dieser verschiedenen Register nicht sehr kunstvoll und äußerst feinfühlig bedient, dann klingen sie wie Unebenheiten der Stimme und sind ein abstoßender Fehler, der durch seine Härte jedes musikalische Vergnügen verdirbt. Todi, Pacchiarotti und viele andere erstklassige Sänger haben früher schon gezeigt, wie man offenkundige Nachteile in Schönheiten verwandeln und damit verführerisch originelle Wirkungen erzielen kann. Die Musikgeschichte möchte uns sogar glauben machen, daß der wirklich leidenschaftliche Gesang nicht mit einer gleichmäßig silberhellen und in ihrem ganzen Umfang unveränderlichen Stimme zu erzielen ist. Eine Stimme mit einem vollkommen unveränderlichen Timbre könnte nie jene belegten und in gewisser Hinsicht fast erstickten Töne hervorbringen, durch die sich gewisse Momente tiefer Erregung und leidenschaftlicher Angst mit so viel Kraft und Wahrheit darstellen lassen.

Sehr gebildete *dilettanti* aus Triest, die so liebenswürdig waren, mich in ihre Gesellschaft einzuladen, haben mir mehrfach versichert, daß die Stimme und die Fähigkeiten der Todi, einer der letzten Sängerinnen des großen achtzehnten Jahrhunderts[5], denen von Madame Pasta sehr ähnlich waren.

Die Todi hatte mit einem Wunder der Kunst und der Natur zu kämpfen; die Mara hatte nicht nur eine wunderschöne Stimme und sang *con molta bravura* (sehr virtuos), sondern zeichnete sich auch noch dadurch aus, daß sie hervorragend geschult war und sehr viel Ausdruck hatte. Aufgrund des Urteils derjenigen Leute, die für die Kunst geschaffen sind und das Publikum binnen ein oder zwei Jahren immer dazu bringen, ihre Ansichten zu teilen, setzte sich die Todi jedenfalls gegen ihre Rivalin durch; ihr Gesang hatte ihnen öfter aus der Seele gesprochen.

Madame Pasta geht erstaunlich geschickt von der Kopfstimme zur Bruststimme über; sie beherrscht die hohe Kunst, durch die Verbindung dieser beiden Stimmen sehr viele angenehme und amüsante Effekte zu erzielen. Um das Kolorit der Phrase einer Melodie aufzufrischen oder um deren Nuance von einem Augenblick zum andern zu ändern, benutzt sie das Falsett bis in die mittleren Lagen ihres Stimmumfangs hinein, oder sie singt abwechselnd eine Note im Falsett, die andere mit der Bruststimme. Sie benutzt diesen Trick sowohl bei den mittleren als auch bei den höchsten Tönen ihrer Bruststimme, in beiden Fällen gelingt ihr der Übergang leicht und unauffällig.

Die Kopfstimme der Madame Pasta klingt fast gegensätzlich zu ihrer Bruststimme; sie ist brillant, schnell, glockenrein, kommt mühelos und ist von einer bewundernswerten Leichtigkeit. Wenn sie hinuntergeht, kann die Sängerin mit dieser Stimme den Gesang dämpfen *(smorzare il canto)*, und zwar so weit, daß es zweifelhaft erscheint, ob sie noch singt.

Madame Pasta brauchte eine so rührende Seele und so gewaltige Mittel, um im Ausdruck die Kraft zu erlangen, die wir an ihr kennen, ein Ausdruck, der immer wahr ist und trotz seiner Mäßigung durch die Regeln des *Ideals des Schönen*[6] immer voll der glühenden Energie und der außerordentlichen Kraft ist, die ein ganzes Theater elektrisieren. Wieviel Kunstfertigkeit brauchte diese liebenswürdige Sängerin, wie lange Studien waren nötig, um diese erhebenden Effekte mit ihren zwei so gegensätzlichen Stimmen zu erzielen!

Diese Kunst wird immerzu perfekter; die Effekte, die sie

erzielt, werden mit jedem Tag erstaunlicher, und die Macht dieses großen Talents über die Zuschauer kann nur noch größer werden; denn lange schon hat Madame Pasta mit ihrer Stimme alle physischen Hindernisse überwunden, die dem musikalischen Vergnügen im Wege stehen könnten. Heutzutage bezaubert sie ihre glücklichen Zuhörer über das Gehör, so wie sie es versteht, ihre Seele zu elektrisieren. Sie verdanken ihr bei jeder Oper lebhaftere Emotionen oder neue Variationen desselben Vergnügens. Sie beherrscht die Kunst, dem Anschein nach ziemlich unbedeutenden Rollen, wie zum Beispiel derjenigen der Elcia im *Mosè*[7] ein neues *musikalisches* Kolorit zu verleihen, nicht durch den Tonfall, der die Worte wiedergibt und auch nicht als große Tragödin, sondern *als Sängerin.*

Wie für alle menschlichen Stimmen gibt es auch für die Stimme der Madame Pasta von Zeit zu Zeit bestimmte unbequeme *Lagen,* deren Schwierigkeit sie nicht meistern kann oder in denen sie zumindest die sonst so gewohnte Fähigkeit verliert, musikalisches Vergnügen zu bereiten und die Herzen über die Freuden des Hörens mitzureißen. Bei diesen sehr seltenen Anlässen wünscht man sich noch sehnlicher, sie zumindest einmal in einer Oper zu hören, die für ihre Stimme geschrieben ist.

Ich erachte es für beinahe unmöglich, eine Verzierung anzugeben, die Madame Pasta gebraucht und die nicht von der Anmut der alten Schule wäre und nicht als Vorbild dienen könnte. Sie verwendet die *fioriture* nicht besonders oft, und wenn, dann nur, um die Ausdruckskraft zu steigern; ihre *fioriture* dauern im übrigen nur so lange, wie sie nützlich sind. Ich habe bei ihrem Gesang noch nie eine jener langen Verzierungen gehört, die ein wenig an die Unaufmerksamkeit großer Redner erinnern, bei denen der Sänger sich zu vergessen oder auf andere Gedanken zu kommen scheint. Ich überlasse es dem Publikum, die Namen der angesehenen Sänger zu nennen, denen dieser amüsant zu beobachtende Fehler ziemlich oft unterläuft. Ich will den Halbgebildeten, die diese Agréments mit Begeisterungsstürmen feiern, nicht das Vergnügen verderben. Oft fängt ein *gorgheggio* leicht, schnell und ganz im Buffo-Stil an und endet bald danach tragisch, todernst und in heftigster Erregung; oder der Sänger fängt so ernsthaft und gravitätisch wie nur möglich an, weiß aber auf halbem Weg nicht mehr, wie er weitermachen soll, und stürzt sich auf den leichten des Buffo-Stil. Es ist derselbe *Mangel an Feinfühligkeit,* der den Sänger diesen Fehler machen läßt und den Zuschauer daran hindert, ihn zu bemerken. Dies ist eine der besten Proben, die ich kenne, auf die man die Musikliebhaber mit *angelerntem* Geschmack stellen kann. Wenn ich sehe, wie man diesen *gorgheggi* in der *Gazza ladra* oder im *Tancredi* Beifall klatscht, fällt mir immer die Anekdote über einen sehr bekannten Herrn ein, der für einen bedeutenden König arbeitete. Er las ihm eine Stunde einen langen Bericht über seine Aufgabenbereiche vor; der König schien an dieser dem Anschein nach nicht besonders amüsanten Lektüre großes Vergnügen zu finden. Das lag daran, daß besagter Herr das Papier verkehrt herum hielt und in Wirklichkeit gar nicht lesen konnte. So kommt mir ein *dilettante* vor, der begeistert ein Agrément mit zwei entgegengesetzten Bedeutungen beklatscht (. . .). Die Figur auf der Bühne ist entweder traurig oder fröhlich, und in beiden Fällen ist der Beifall gleichermaßen absurd.

Ich bräuchte ganz neue Begriffe, um die himmlischen Einfälle, die Madame Pasta in ihrem Gesang offenbart, und die erhebenden oder einzigartigen Aspekte der Leidenschaft zu beschreiben, die sie uns vor Augen zu führen vermag – erhabene Geheimnisse, weit jenseits dessen, was die Poesie und Canovas Meißel oder Correggios Pinsel uns über die Tiefen des menschlichen Herzens zu offenbaren vermögen. Kann man sich, ohne zu zittern, an den Augenblick erinnern, in dem Medea mit dem Dolch in der Hand ihre Kinder zu sich lockt und sie dann wie von Gewissensbissen geplagt wieder wegdrängt? Welch unaussprechliche Nuance, die, wie mir scheint, den größten Schriftsteller zur Verzweiflung bringen würde!

Soll ich noch an die Versöhnung Enricos mit seinem Freund Vanoldo in dem berühmten Duett:

È deserto il bosco intorno[8]

erinnern und an die Art und Weise, wie das Gefühl entsteht, das Enrico verzeihen läßt:

Ah! Chi può mirarla in volto
E non ardere d'amor!

Ich müßte bei jeder Rolle von Madame Pasta zehn Passagen anmerken. Die zwölf Takte, die sie im *Tancredi* singt, wenn sie nach dem Tod von Orbassan auf dem Wagen erscheint, taugen musikalisch wenig, und dennoch welch bewundernswerte Stimmung! Wie sehr unterscheidet sich dieser Gesang von jedem anderen! Wie gut kommt darin die *traurige Ruhe* nach dem Sieg zum Ausdruck, der Tancredi nicht glücklich macht, weil Amenaides Unschuld nicht bewiesen ist! Wie sehr spürt man, daß der junge Krieger nicht mehr die Kraft hat, von der er vor dem Kampf beseelt war, als er noch überzeugt war von der Notwendigkeit zu siegen, um Amenaides Leben zu retten, und als der kleine Zweifel an seinem Sieg ihn das Grauenhafte seines Loses zu sehen hinderte!

Für Madame Pasta ist ein und dieselbe Note in zwei verschiedenen Seelenlagen sozusagen nicht derselbe Klang.

Darin besteht ganz einfach das Erhabene der Gesangskunst. Ich habe dreißig Vorstellungen des *Tancredi* gesehen, und diese Sängerin richtet sich in ihrem Gesang *ganz* nach den *momentanen Einfällen* ihres Herzens, so daß ich zum Beispiel über das *tremar Tancredi* sagen kann, daß Madame Pasta es manchmal leicht ironisch, an anderen Tagen hingegen im Tonfall des tapferen Mannes gesungen hat, der versichert, es sei nichts zu befürchten, und der sich bemüht, die von Ängsten geplagte Person in Sicherheit zu wiegen. Manchmal ist es eine unangenehme, von Groll erfüllte Überraschung, aber Tancredi träumt, Amenaide spreche, so daß der Zorn dem versöhnenden Lächeln weicht.

Da ich nicht die richtigen Worte finde, um die Nuancen im Gesang wiederzugeben, versuche ich, ihre Existenz mit den Nuancen im Spiel zu belegen. Ich streiche sieben bis acht Seiten, die ich gebraucht habe, um auf drei Nuancen des Gesangs aufmerksam zu machen, die bei jeder *Tancredi*-Vorstellung verschieden sind. Diejenigen, die genug Geduld gehabt hätten, um diese acht Seiten zu lesen, können diese Nuancen und viele andere, die mir entgangen sind, selbst unterscheiden. Damit hat diese Broschüre einige Übertreibungen weniger in den Augen des *prosaischen* Teils der Gesellschaft. Diese Nuancen, die bei Madame Pasta in jeder Vorstellung des *Tancredi* anders sind, sind *so winzig klein*, daß kein Maestro sie niederschreiben könnte. Und wenn er es trotzdem versuchte, wie Rossini dies seit seiner Ankunft in Neapel im Jahre 1815 gemacht hat, würde offenkundig, daß dieses *mordente*, ein an sich sehr gutes Agrément, nicht dem Zustand entspricht, in dem sich Stimme und Seele der Schauspielerin am 30. September befinden. Und schon ist es vollkommen ausgeschlossen, daß sie beim Publikum die Begeisterungsstürme[9] entfacht, wenn sie dieses Agrément bei der Vorstellung an besagtem Tag bringt.

Der gewöhnliche Musikliebhaber wünscht das Agrément, das er an dieser Stelle gewohnt ist, und er applaudiert, unabhängig davon, wie es ausgeführt wurde. Ich rede weder von diesen Leuten noch wende ich mich an sie.[10] Ich bin überzeugt, daß es auch außerhalb Italiens in den Ländern, wo man in der Masse falsch singt, *dilettanti* gibt, für die ein zartfühlender Geist, wenn ich so sagen darf, wie ein Mikroskop ist, das sie klar und deutlich die geringsten Nuancen des Gesangs erkennen läßt.

Bei solchen Leuten muß ich mich für meinen Enthusiasmus nicht entschuldigen. Ich müßte viele Seiten schreiben, um all die *Kreationen* von Madame Pasta zu notieren. *Kreationen* nenne ich bestimmte Ausdrucksmittel dieser großen Sängerin, an die der Maestro, der die Noten zu ihren Rollen schrieb, höchstwahrscheinlich nie gedacht hat.

Als erstes Beispiel zitiere ich den Nachdruck auf dem Vers

Avrò contento il cor,

in der Arie *ombra adorata aspetta* von Romeo und das schnellere Tempo[11], das sie der Kantilene gegeben hat. Eine schöne Kreation ist auch die leicht veränderte Intonation der vorangehenden Verse in derselben Szene:

Io ti sento, mi chiami
A seguirti fra l'ombre ...

Alle *dilettanti* des Louvois werden sich an den Abend erinnern, an dem Madame Pasta das erste Mal diese neuen Ausdrucksmittel des Gesangs verwendete, und an die Ergriffenheit, die sie im Publikum erzeugten, welche sehr viel schmeichelhafter ist als der Applaus.[12] Und doch hätten die Zuschauer bei jeder der zwanzig bis dreißig Vorstellungen vorher geschworen, daß diese charmante Sängerin in dieser Rolle den Gipfel der Vollendung erreicht hat.

Am selben Abend, in dem Augenblick, als Madame Pasta den Trick mit ihren zwei gegensätzlichen Stimmen aufs glücklichste anwandte, sagte mir ein Neapolitaner, der sowohl für seine Liebe zur Musik als auch für seine Erfolge berühmt ist, mit einer solchen Begeisterung, daß ich alles auf der Welt gäbe, wenn es mir gelänge, sie hier wiederzugeben: »Die Veränderungen im Klang dieser erhabenen Stimme erinnern mich an das Gefühl zärtlichen Glücks, das ich manchmal in den klaren Nächten unseres unglückseligen Vaterlandes empfunden habe, wenn die funkelnden Sterne sich so deutlich vom dunkelblauen Himmel abheben; wenn der Mond die bezaubernde Landschaft erhellt, die man vom Mergelina-Ufer erblickt, das ich nie wiedersehen werde. In der Ferne zeichnet sich die Insel Capri ab inmitten der silbernen Fluten des von der erfrischenden Mitternachtsbrise leicht bewegten Meeres. Unmerklich umhüllt eine leichte Wolke das Nachtgestirn, und sein Licht leuchtet einige Augenblicke lang noch lieblicher und zarter; der Anblick der Natur wird dadurch rührender, die Seele aufmerksamer. Bald schon zeigt sich der Mond wieder klarer und glänzender als je zuvor und taucht unsere Ufer in sein lebhaftes, klares Licht; und dadurch erscheint die Landschaft auch im vollen Glanz ihrer lebendigen Schönheit. Nun! Madame Pastas Stimme gibt mir bei diesem Übergang von einer Stimme zur anderen das Gefühl dieses so überaus rührenden und zärtlichen Lichts, das sich einen Augenblick verhüllt, um alsbald tausendmal glänzender wiederzuerscheinen.[13]

Wenn die Sonne hinter dem Posillipo untergeht, scheint unser Herz ganz natürlich einer süßen Melancholie zuzuneigen; irgend etwas Ernstes nimmt uns gefangen, unsere Seele scheint sich auf den Abend und seine ruhige Traurigkeit einzustimmen. Dieses Gefühl, das ich allerdings wie im Zeitraffer empfunden habe, als Madame Pasta:

Ultimo pianto!

sang, gleicht demjenigen, das mich, wenn auch nachhaltiger, an den ersten kalten Septembertagen überkommt, wenn ein leichter Nebel die Bäume einhüllt, der das Nahen des Winters und den Tod der Schönheiten der Natur ankündigt.«

Nach einer Vorstellung, in der Madame Pasta uns zu Begeisterungsstürmen hingerissen hat, kann man an nichts anderes denken als an die äußerste, tiefe Rührung, die uns überwältigt hat. Vergebens sucht man, sich genauer Rechenschaft abzulegen über ein so tiefes und außergewöhnliches Gefühl. Man weiß nicht, wo man mit der Bewunderung ansetzen soll. Weder hat diese Stimme ein außergewöhnliches Timbre *(metallo)* noch verdankt sie ihre Effekte einer besonderen Wandlungsfähigkeit; es ist auch nicht ein ungewöhnlich großer Stimmumfang; es ist einzig und schlicht der Gesang, der von Herzen kommt,

Il canto che nell'anima si sente,

und der mit zwei Takten alle Zuschauer bezaubert und mitreißt, die in ihrem Leben schon einmal wegen etwas anderem als Geld oder Auszeichnungen geweint haben.

Ich könnte all die Schwierigkeiten aufzählen, die die Natur Madame Pasta in den Weg gelegt hat und die sie überwinden mußte, damit ihre Seele *mittels des Gesangs* den Zuschauer elektrisieren konnte. Wir sehen, wie sie jeden Tag neue Triumphe feiert und der Vollendung immer näherkommt; jeder dieser Schritte beinhaltet eine der kleinen Kreationen, von denen zuvor die Rede war. Ich hatte mir von einem gelehrten Musiker eine Liste diktieren lassen, die ich jetzt wieder streiche, weil man *in der Technik Bescheid wissen* müßte, um sie zu verstehen. Ich will aber nicht als Anatom, sondern, soweit ich kann, als Maler von der Schönheit sprechen, und bei meiner Unwissenheit liegt es mir fern, den Gelehrten etwas beibringen zu wollen.

Man hat die Freunde von Madame Pasta gefragt, wer sie das Schauspielen gelehrt hat. Sie hatte aber nie einen anderen

Lehrer als ihr eigenes Herz, das die kleinsten Schattierungen der Leidenschaft lebhaft zu empfinden vermag, und eine leidenschaftliche, bis ins Lächerliche gehende Bewunderung für das *Ideal des Schönen.* In Triest bricht sie am Hafen, wo sie mit einigen Freunden spazierengeht, angesichts eines armen, kleinen dreijährigen Kindes, das sie um ein Almosen für seine blinde Mutter bittet, in Tränen aus; sie gibt ihm alles, was sie hat. Die Freunde, die sie begleiten, sprechen über Wohltätigkeit, loben die Güte ihres Herzens usw. Als sie ihre Tränen getrocknet hat, sagt sie: »Ich kann eure Lobeshymnen nicht akzeptieren. Dieses Kind hat mich auf so erhabene Weise um ein Almosen gebeten. Sofort stand mir das ganze Leid seiner Mutter vor Augen, das ärmliche Haus, der Kleidermangel, die Kälte, unter der sie wohl oft leiden. Ich wäre eine große Schauspielerin, wenn ich bei einer solchen Gelegenheit eine Geste fände, die dieses tiefe Leid ebenso wahr ausdrückt.«

Es sind, glaube ich, Tausende von Beobachtungen dieser Art, derer Madame Pasta sich schon mit sechs Jahren bewußt war, an die sie sich sehr genau erinnert und derer sie sich bei Bedarf auf der Bühne bedient. (. . .) Ich habe gehört, wie Madame Pasta sagte, sie sei vor allem de' Marini, einem der besten Schauspieler Italiens, und der erhabenen Pallerini sehr verpflichtet, einer Schauspielerin, die Viganò ausgebildet hat, damit sie in seinen Balletten die Rollen der Myrrha, Desdemona und der Vestalin spielte.

Als Sängerin ist Madame Pasta zu jung, sie kann die Todi, Pacchiarotti, Marchesi oder Crescentini nicht auf der Bühne erlebt haben; sie hat, wie mir scheint, nicht einmal die Chance gehabt, sie am Klavier zu hören; und doch sind sich die *dilettanti,* die diese großen Künstler gehört haben, darin einig, daß sie ihre Schülerin sein könnte. Was den Gesang anbelangt, ist sie nur Madame Grassini verpflichtet, mit der sie in Brescia eine Saison lang gesungen hat.[14]

36. Kapitel

La donna del lago

Man kann behaupten, daß die Stücke, die Rossini nach der *Elisabetta* schrieb, in Neapel nur durch die Macht seines Genies Erfolg hatten. Sein größter Vorzug war es, daß sein Stil sich von dem Mayrs und anderer gelehrter, aber einfallsloser Komponisten vor ihm unterschied. In das langweilige Genre der *Opera seria* brachte er ungewohnt viel Leben. Ohne die öffentliche Mißstimmung gegen Barbaja und alles, was mit seinem Unternehmen zusammenhing, würde Rossini seine Kunst vielleicht vernachlässigt haben. Ich habe gesehen, wie ihm wegen der Pfiffe sehr unwohl war, was bei einem, wie es scheint, so gleichgültigen Menschen, der übrigens seines Verdiensts so sicher ist, in der Tat viel sagen will. Es war bei der Uraufführung der *Donna del lago,* einer Oper nach einem schlechten Gedicht von Walter Scott.

An diesem Tag war der erste Eindruck ein erfreulicher. Das erste Bühnenbild stellte einen einsamen, unberührten See im Norden Schottlands dar, auf dem die Lady of the Lake, ihrem Namen gemäß, allein ein Boot über den See lenkt. Diese Dekoration war ein Meisterwerk. Die Zuschauer waren mit ihrer Phantasie in Schottland und für ossianische Abenteuer offen. Mademoiselle Colbrand sang ihre erste Arie, während sie anmutig in ihrem Boot über den See fuhr; sie sang sie sehr gut. Das Publikum hätte nur zu gern gepfiffen, aber es war kein Grund vorhanden. Das folgende Duett mit Davide wurde kunstvoll gesungen. Endlich erschien Nozzari; er betrat die Bühne im Hintergrund, der an diesem Abend wirklich ungemein weit von der Rampe entfernt war. Seine Partie begann mit einem *Portamento.* Mit seiner wundervollen Stimme sang er aus vollem Halse, so kraftvoll, daß man ihn von weit her hören konnte. Da er selbst aber im Bühnenhintergrund das Orchester nicht hörte, sang er sein *Portamento* vielleicht einen Viertelton zu tief. Ich erinnere mich noch an das plötzliche Geschrei, das im Parkett ausbrach, und an die Freude, mit der man diesen Vorwand zum Pfeifen ergriff – eine Menagerie brüllender Löwen, deren Käfig man öffnet. Äolus, der die tobenden Winde entfesselt, könnte nur eine unvollkommene Vorstellung von der Raserei des neapolitanischen Publikums geben, das, durch einen falschen Ton aufgebracht, einen Grund fand, sich für eine alte Schmach zu rächen.

Nach der Arie von Nozzari erschien eine große Anzahl von Barden, die das in den Kampf marschierende schottische Heer anfeuern. Rossini wollte etwas komponieren, das sich mit den drei Orchestern in der Ballszene im *Don Giovanni* messen könnte. Er hatte seine Harmonie in zwei Teile geteilt, in den Chor der Barden und den Kriegsmarsch mit Trompetenbegleitung, die erst einzeln, dann aber zusammen gehört werden.[1] Der 4. Oktober 1819 war ein Festtag; das Theater war festlich beleuchtet, der Hof nicht anwesend. Nichts konnte die äußerste Fröhlichkeit der jungen Offiziere zurückhalten, die das Privileg hatten, die ersten fünf Reihen des Parketts zu besetzen, und die als loyale und treue Untertanen auf das Wohl des Königs getrunken hatten. Einer dieser Herren begann beim ersten Trompetenton, das Geräusch eines galoppierenden Pferdes mit dem Stock nachzumachen. Das Publikum griff diesen Einfall auf, und im Nu bestand das Parkett aus fünfzehnhundert Schülern, die mit Leibeskräften im Takt das Geräusch eines galoppierenden Pferdes nachahmten. Die Ohren des armen Komponisten konnten einen solchen Lärm nicht ertragen, es wurde ihm schlecht.

Noch in derselben Nacht mußte er wegen eines Engagements, das er einige Zeit zuvor eingegangen war, die Kutsche besteigen und in aller Eile nach Mailand reisen. Zwei Wochen später erfuhren wir, daß er bei seiner Ankunft in Mailand und schon vorher auf dem ganzen Weg das Gerücht verbreitet hatte, man habe die *Donna del lago* in den Himmel gehoben. Er glaubte zu lügen, und ihm gebühren auch alle Ehren für seine Lüge – und doch sagte er die Wahrheit. Schon am 5. Oktober hatte das aufgeklärte Publikum von Neapel eingesehen, wie entsetzlich ungerecht es gewesen war; es klatschte der Oper so viel Beifall, wie sie verdiente, sie wurde also mit Begeisterungsstürmen gefeiert. Man hatte die Zahl der Trompeten, die den Bardenchor begleiteten und am ersten Abend wirklich ohrenbetäubend waren, um die Hälfte vermindert.

Ich erinnere mich noch, wie wir Leute aus dem Publikum am 5. Oktober bei der Soirée der Prinzessin Belmonte sagten: »Wenn der arme Rossini wenigstens auf dem Weg von seinem Erfolg erfahren könnte, wäre er getröstet! Wie traurig wird die Reise für ihn sein!« Wir hatten vergessen, daß er so gern aufschneidet.

Wenn ich mich nicht schon dafür schämen würde, wie übermäßig dick diese Broschüre geworden ist, würde ich eine fortlaufende Analyse der *Donna del lago* wagen. Sie ist ein eher episches als dramatisches Werk. Die Musik hat ein ossianisches Kolorit und eine gewisse wilde, sehr anziehende Kraft. Nachdem die Oper am ersten Abend durchgefallen war, wurde man nicht müde, der Kavatine und dem Duett

O mattutini albori

Beifall zu spenden, das Davide und Mademoiselle Colbrand sangen. Es ist von einer Frische und einer *Ehrlichkeit* des Gefühls geprägt, die wunderbar wirken.

Der Chor der Frauen

D'Inibaca donzella

das kleine Duett

Le mie barbare vicende

zwischen Davide und Mademoiselle Colbrand, die Arie

O quante lagrime!

von Mademoiselle Pisaroni sind allesamt Meisterwerke.

Das Finale ist äußerst bemerkenswert und wirklich originell.

Man bewunderte im zweiten Akt das Terzett

Alla ragion deh' ceda!

und die Arie

Ah si pera

von Mademoiselle Pisaroni, der diese Oper den Rang einer erstklassigen Sängerin eintrug.

Die Leidenschaften sind in dieser Oper weniger lebhaft als

im *Otello,* aber die Kantilenen scheinen mir schöner zu sein. Der Gesang ist im allgemeinen eher *spianato* und schlicht, zum Beispiel in der herrlichen und so zärtlichen Arie:

Ma dov'è colei che accende?

Die neapolitanischen *dilettanti* urteilten, Rossini habe mit der *Donna del lago* einen Schritt zurück zum Stil seiner frühen Jugend getan, zum Stil, in dem der *Inganno felice* und der *Demetrio* geschrieben sind. Ich möchte darauf hinweisen, daß *Demetrio e Polibio* und vor allem *Tancredi* in dem Stil geschrieben sind, der meines Erachtens der schönste und eine für die Wirkung besonders günstige, ausgewogene Mischung aus Melodie und Harmonie ist, was keineswegs heißen soll, daß der *Tancredi* die bestmöglichen Einfälle hat oder daß er die beste Oper von Rossini ist. Der Komponist hat seither an Tiefe und Kraft gewonnen, aber seine Einfälle werden durch die Wirkungen eines falschen Systems leicht entstellt.

37. Kapitel

Über acht Opern von Rossini

Es gibt eine ganze Reihe von Rossini-Opern, über die ich nur sehr wenig sagen werde; ich habe sie nämlich nie gesehen, oder sie sind in Paris unbekannt.

Der Gesang

O crude stelle!

aus der 1818 in Rom uraufgeführten Oper *Adelaide di Borgogna* ist insofern bewundernswert, als er viel Vergnügen bereitet und ganz richtig die Verzweiflung einer Sechzehnjährigen schildert (der Miss Ashton von Walter Scott). – Welchen Sinn kann ein solcher Satz für den Leser haben, der den Namen *Adelaide di Borgogna* vielleicht zum ersten Mal liest?

Die *Armida* wurde in Neapel im Herbst 1817 gegeben. Nozzari spielte den Rinaldo und Mademoiselle Colbrand die Armida. Die Oper wurde ein glänzender Erfolg; sie enthält eines der schönsten Duette von Rossini, vielleicht das berühmteste von allen:

Amor, possente nome.

Die höchste Wollust, die oft auf Kosten des Gefühls den schönsten Arien Rossinis zugrunde liegt, ist in dem Duett der Armida derart auffallend, daß ich eines Sonntagmorgens – es war im Casino von Bologna wahrhaft erhaben ausgeführt worden – die Frauen in Verlegenheit gesehen habe, es zu rühmen. Man könnte meinen, dieses Duett stamme von einem Anfänger, denn es hat einige Längen gegen Ende des ersten Teils. Trotz ihres großen Erfolgs in Neapel scheint diese Oper auf anderen Bühnen nicht gegeben worden zu sein. Der Autor des Librettos läßt das Interesse erlahmen, und er macht die schöne Erzählung von Tasso auf bedauernswerte Weise zunichte. Daneben gibt es schöne Chöre.

Ricciardo e Zoraide (Herbst 1818). Davide, Nozzari und Mademoiselle Colbrand. Das Libretto hat der verstorbene Marquis Berio geschrieben, einer der liebenswürdigsten Menschen von Neapel; es ist ein Stück des Gedichts von Ricciardetto; nur die Namen sind geändert. Ich habe diese Oper kaum gesehen, ich erinnere mich nur, daß sie sehr viel Erfolg hatte. Im ersten Akt wurde das Duett zwischen Mademoiselle Colbrand und Pisaroni,

Invan tu fingi, ingrata!

mit viel Beifall bedacht, desgleichen das Terzett der beiden Sängerinnen mit Nozzari,

Cruda sorte,

die Kavatine von Davide,

Frena, o ciel!

und im zweiten Akt das Duett

Ricciardo che vega?

Der Stil ist prächtig, orientalisch, leidenschaftlich; diese Oper hat keine Ouvertüre.[1] Diese Art von Arbeit verdrießt Rossini nicht, mit schönen Begründungen beweist er, daß Ouvertüren überflüssig sind.

Die *Ermione* (1819) war nur teilweise erfolgreich; man beklatschte nur einige Stücke. Es war ein Versuch, Rossini hatte etwas im Stil der französischen Oper schreiben wollen.

Maometto secondo (1820). Ich habe diese Oper nicht gesehen. Man schrieb mir damals, sie sei erfolgreich. Es gibt darin sehr bemerkenswerte Ensemblestücke. Das Libretto stammt, wie mir scheint, von Herrn Herzog von Ventignano, der in Neapel als der beste Tragödienschreiber des Königreichs gilt. Galli war in der Rolle des Maometto wundervoll.

Matilde di Shabran. Rom 1821. Im Apollo-Theater war die hübsche Liparini die Primadonna. Abscheuliches Libretto und nette Musik. So lautete das Urteil des Publikums.

Zelmira, 1822 in Neapel uraufgeführt, machte in Wien genauso Furore wie in Neapel. In dieser Oper hat sich Rossini am weitesten vom Stil des *Tancredi* und des *Aureliano in Palmira* entfernt, so wie Mozart sich in der *Clemenza di Tito* vom Stil des *Don Giovanni* entfernt hat. Diese beiden Genies sind entgegengesetzte Wege gegangen. Mozart hätte sich letztendlich ganz italianisiert. Rossini wird am Ende vielleicht noch deutscher sein als Beethoven. Ich habe *Zelmira* zur Klavierbegleitung singen hören; aber da ich diese Oper nicht auf der Bühne gesehen habe, wage ich nicht, sie zu beurteilen.

Der Germanismus der *Zelmira* ist dagegen noch gar nichts im Vergleich zur Oper *Semiramide,* die Rossini 1823 in Venedig gegeben hat. Man meint, Rossini habe sich in der Geographie vertan. Diese Oper, die in Venedig nur deswegen nicht ausgepfiffen wurde, weil Rossini einen großen Namen hat, hätte in Königsberg oder Berlin vielleicht erhaben gewirkt; ich tröste mich leicht darüber hinweg, daß ich sie nicht auf der Bühne gesehen habe; was ich davon am Klavier gehört habe, hat mir keinerlei Vergnügen gemacht.[2]

Die *Donna del lago, Ricciardo e Zoraide, Zelmira, Semiramide* und einige andere Opern Rossinis können in Paris nicht aufgeführt werden, weil es dort keine Altstimme gibt, die in der Lage wäre, die für Mademoiselle Pisaroni geschriebene Musik zu singen.[3]

Ich würde nicht raten, diese Opern im Louvois aufzuführen. Die schönsten Stücke hat man in andere Opern eingefügt, zum Beispiel die Arie aus der *Donna del lago,*

Oh! quante lagrime,

die Madame Pasta im *Otello* singt; vielleicht würde diese Musik nach dem *Otello* und dem *Mosè* auch nicht mehr besonders wirken.

Eilends füge ich hinzu, daß das keineswegs für die *Donna del lago* gilt, eine originelle und prächtige Partitur, in der Rossini vielleicht zum ersten Mal in seinem Leben vom Libretto inspiriert worden ist. Diese Oper würde alle Hindernisse überwinden, aber sie braucht Bühnenbilder, die von Malern gemacht sind, die aus Italien kommen. Die lächerlichen Bühnenbilder, die wir gerade bei der Reprise der Horatier gesehen haben, würden dafür sorgen, daß die *Donna del lago* ganz durchfällt, denn sie bedarf der Illusion fürs Auge. Im übrigen braucht man ein großes Theater wegen der Truppenbewegungen und der Bardenchöre. Bis auf den geistigen Gehalt ist diese Oper wie *Les Bardes* von Herrn Lesueur.

Wir hörten in Neapel, ich glaube im Jahre 1819, eine von

Rossini komponierte Messe; er brauchte drei Tage, um seinen schönsten Motiven den Anschein von Kirchengesang zu verleihen. Es war ein herrliches Schauspiel; vor uns passierten nacheinander alle erhabenen Arien dieses großen Komponisten Revue, und zwar in *leicht veränderter Form,* was das Wiedererkennen amüsant gestaltete. Einer der Priester rief ernsthaft: »Rossini, wenn du mit dieser Messe am Tor des Paradieses anklopfst, kann Petrus trotz deiner Sünden nicht umhin, dir zu öffnen.« Dieser Ausspruch klingt auf neapolitanisch herrlich, weil er so voller grotesker Kraft ist.

38. Kapitel

Bianca e Faliero

Wir haben gesehen, wie Rossini am 4. Oktober 1819 in der Nacht Neapel unter Pfiffen verlassen hat. Am 26. Dezember desselben Jahres ließ er in Mailand *Bianca e Faliero* uraufführen. Es handelt sich in etwa um den Stoff des *Grafen Carmagnola,* einer Tragödie von Herrn Manzoni.[1] Die Geschichte spielt in Venedig. Der Rat der Zehn verurteilt einen jungen General zum Tode; er mißtraut ihm, weil er siegreich war; aber *Faliero* wird von *Bianca,* der Tochter des Dogen, geliebt. Madame Camporesi sang die Rolle der Bianca ausgezeichnet; die des Faliero spielte Madame Carolina Bassi, die einzige Sängerin, die an Madame Pasta überhaupt herankommt. Das Bühnenbild stellte den Rat der Zehn dar, es war vollendet wirklichkeitsnah. Man zitterte inmitten des Prunks dieses riesigen, düsteren Saales, der mit violettem Samt bespannt und nur von einigen wenigen Kerzen in goldenen Leuchtern erhellt war. Man stand einem allmächtigen und unerbittlichen Despotismus gegenüber. Unser gefühlloser, armer Verstand kann sagen, was er will, schöne Bühnenbilder sind der beste Kommentar zur dramatischen Musik; sie lenken die Phantasie bei den ersten Schritten ins Land der Illusionen. Nichts macht einen besser dazu aufgelegt, sich von der Musik rühren zu lassen, als das leichte Zittern vor Vergnügen, das man in der Scala verspürt, wenn der Vorhang hochgeht und man eine prachtvolle Dekoration zum ersten Mal sieht.

Diejenige, die den Saal des Rats der Zehn in *Bianca e Faliero* darstellte, war ein Meisterwerk von Herrn Sanquirico. Was Rossinis Partitur anbelangt, sie war eine einzige Reminiszenz; man klatschte ihm nicht Beifall, fast hätte man ihn ausgepfiffen. Das Publikum zeigte sich streng; nicht einmal eine sehr schwere und von Madame Camporesi mit kalter Perfektion gesungene Arie stimmte es gnädiger. Diese Arie nannte man die *Girlanden-Arie,* weil Bianca sie mit einer Girlande in der Hand singt. In *Bianca e Faliero* gibt es nur ein neues Stück, das Quartett; aber dieses Stück und vor allem die Klarinettenpassage gehören zu den schönsten Einfällen der ganzen Musikgeschichte. Ich behaupte das kühn, und selbst wenn es nicht stimmen sollte, so bin ich doch voll und ganz der Überzeugung, daß es im *Otello* oder in der *Gazza ladra* nichts gibt, was mit diesem Quartett vergleichbar wäre; es ist ein genialer Augenblick, der zehn Minuten dauert. Es gleicht an Zartheit dem Mozartschen Gesang und hat doch nicht dessen tiefe Trauer. Ich setze dieses Quartett den schönsten Stücken aus dem *Tancredi* oder der *Sigillara* gleich.

Kaum war dieses Stück uraufgeführt, so wurde es schon in eine Ballettmusik eingearbeitet, die am selben Theater gespielt wurde. Dasselbe Publikum hörte es so sechs Monate lang jeden Abend, ohne je seiner überdrüssig zu werden; immer wenn dieses Stück begann, trat Ruhe ein.

Wenn ich befürchte, mich in vorliegendem Buch über die Musik zu einigen Übertreibungen verleitet haben zu lassen, dann brauche ich mir nur die Kantilene dieses Quartetts vorzusingen, und schon fühle ich mich ganz mutig; eine innere Stimme sagt mir: Um so schlimmer für diejenigen, die nicht so fühlen. Warum nehmen sie auch ein Buch zur Hand, das nicht für sie geschrieben ist?

39. Kapitel

Odoardo e Cristina

Im Jahr vor der Aufführung von *Bianca e Faliero* hatte Rossini einem Impresario aus Venedig übel mitgespielt; das Mailänder Publikum kannte die Geschichte, und der Verdacht, es könnte alte Musik sein, der man Beifall spendet, spielte eine große Rolle bei der frostigen Aufnahme von *Bianca.* Im Frühjahr 1819 hatte der Impresario des Theaters *San Benedetto* in Venedig Rossini gegen Bezahlung von vier- bis fünfhundert Zechinen engagiert, einen sehr hohen Preis für Italien. Das Libretto, das der Impresario nach Neapel schickte, trug den Titel *Odoardo e Cristina.*

Rossini, der damals bis über beide Ohren in Mademoiselle Chomel verliebt war, entschloß sich, erst vierzehn Tage vor der Eröffnung des Theaters in Venedig aus Neapel abzureisen. Um den Impresario zu beruhigen, hatte er ihm von Zeit zu Zeit eine Anzahl schöner Musikstücke gesandt. In Wirklichkeit entsprach der Text nicht ganz dem, den man ihm aus Venedig geschickt hatte; aber wer achtet schon auf den Text einer *Opera seria?* Es geht immer um *felicità, felice ognora, crude stelle* usw., und in Venedig liest niemand ein solches Libretto, ich glaube, nicht einmal der Impresario, der es bezahlt. Erst neun Tage vor der Uraufführung erschien Rossini endlich in Venedig. Die Oper fängt an, sie wird begeistert beklatscht; aber unglücklicherweise sitzt im Parkett ein neapolitanischer Händler, der das Motiv eines jeden Stücks schon vor den Schauspielern singt. Großes Erstaunen bei seinen Nachbarn. Man fragt ihn, wo er die neue Musik gehört habe. »Nun, was man euch vorspielt«, antwortet er ihnen, »das sind die Opern *Ricciardo e Zoraide* und *Ermione,* die wir in Neapel vor einem halben Jahr beklatscht haben; ich frage mich nur, warum ihr den Titel geändert habt. Aus der schönsten Phrase des Duetts von *Ricciardo*

Ah! nati in ver noi siamo,

hat Rossini die Kavatine eurer neuen Oper gemacht; er hat nicht einmal den Text verändert.«

In der Pause und während des Balletts breitet sich diese verhängnisvolle Neuigkeit wie ein Lauffeuer im Café aus, wo die hervorragendsten *dilettanti* aus Venetien gerade damit beschäftigt waren, ihre Bewunderung zu begründen. In Mailand wäre die nationale Eitelkeit wütend geworden; in Venedig lachte man darüber. Der reizende Ancillo (ein berühmter Poet) dichtete auf der Stelle ein Sonett über Venedigs Unglück und Mademoiselle Chomels Glück. Der Impresario, den dieses verhängnisvolle Gerücht in den Ruin zu treiben drohte, ist dennoch wütend und sucht Rossini; als er ihn findet, antwortet dieser ihm sehr gelassen: »Was habe ich dir versprochen? Musik, die Beifall findet. Diese hier war erfolgreich, *e tanto basta.* Im übrigen hättest du mit etwas gesundem Menschenverstand an den vergilbten Rändern der Notenhefte merken können, daß ich dir keine neue Musik aus Neapel geschickt habe. Geh deiner Wege, für einen Impresario, der ein ausgemachter Spitzbub sein muß, bist du zu einfältig.«

Jeder andere würde mit einem Dolchstoß reagiert haben; aber der Impresario liebte die Musik. Entzückt von der, die er gerade eben zum ersten Mal gehört hatte, verzieh er einem Genie die Schwächen der Liebe.[1]

Dieser rasch zum Ziel führende Einfall, den Rossini für Venedig hatte, ist eigentlich nur die *auf die Spitze getriebene* normale Arbeitsweise Rossinis. Ihm kommt es seit ein paar Jahren vor allem darauf an, daß seine Opern an verschiedenen Orten aufgeführt werden; dann fügt er ein bis zwei wirklich neue Stücke ein; der übrige Teil besteht nur aus alten Einfällen, denen er eine neue Form gibt. So fehlt dem gebildeten *dilettante* oft das für das *musikalisch Schöne* so wesentliche Gefühl des Neuen, wenn er diese ansonsten so amüsante und lebhafte Musik hört.

Daher ist es besonders schwer zu bestimmen, welches die schönste Oper Rossinis ist.

Ich lasse die Frage beiseite, ob die Schlichtheit im Stil des *Tancredi* den üppigen und zu *Motiven* ausgebauten Rouladen in *Ricciardo e Zoraide* vorzuziehen sei.

In der Ouvertüre des *Barbier* gibt es eine sehr angenehme Passage. Nun ja! Dieses Motiv gibt es schon im *Tancredi*, und Rossini hat es später in der *Elisabetta* wieder aufgenommen. Hier hat er ein Duett daraus gemacht, und dieser Versuch ist der geglückteste von allen dreien. Man muß also das Glück haben, diesen reizenden Einfall erstmals in Form eines *Duetts* zu hören; dazu muß der Zufall aber einem schon sehr wohlgesonnen sein. Wenn Sie ihn schon im *Barbier* oder im *Tancredi* gehört haben, kann es durchaus sein, daß Sie bei dem Duett ungeduldig werden. Stünde mir ein Klavier zur Verfügung sowie jemand, der gut spielt, würde ich Ihnen dreißig Beispiele für solche Umgestaltungen bei Rossini vorführen.

Man könnte es sich zur Aufgabe machen, eine Liste aller *wirklich verschiedenen* Musikstücke in den Opern von Rossini zu erstellen, und anschließend die Liste der Stücke, die auf demselben Grundgedanken *fußen* mit Angabe des Duetts oder der Arie, wo dieser am glücklichsten dargeboten wird.

In Neapel habe ich im Kreis meiner Bekannten zwanzig junge Menschen getroffen, die in der Lage wären, diese Aufgabe binnen zwei Tagen zu erledigen, und zwar genauso leicht wie man in London eine Kritik am elften Gesang des *Don Juan* oder in Paris einen langen, tiefsinnigen Artikel über den öffentlichen Kredit oder eine lustige Schmähschrift über die Streiche des Ministers gegen einen Ratspräsidenten schreiben würde. In Neapel gibt es hundert junge Menschen, die auf allen Gesellschaften anzutreffen sind und nach Bedarf eine komische Oper wie *Ser Marc Antonio* oder den *Baron von Dolsheim* schreiben würden, und das in sechs Wochen. Der Unterschied zu den Maestri, die eine ordnungsgemäße Ausbildung am Konservatorium genossen haben, ist rein zeitlicher Natur, letztere bräuchten dafür nur zwei Wochen.

Meine Freunde in Neapel sagten, nichts sei leichter auf der Welt, als fünfzig Meisterwerke von Paisiello oder Cimarosa wiederaufleben zu lassen. Man muß zunächst nur abwarten, bis sie vollkommen vergessen sind; das dürfte um das Jahr 1825 geschehen sein. Von allen Opern von Paisiello wird in Neapel nur noch die *Scuffiara* gespielt. Dann bedarf es nur noch irgendeiner eleganten und geistreichen Machenschaft, irgendeines Maestro im Ruhestand, der aus Gesundheitsgründen nicht arbeiten kann. Herr Pavesi zum Beispiel nimmt sich den *Pirro* von Paisiello vor, streicht die Rezitative, verstärkt die Begleitung und fügt Finales hinzu. Die größte Arbeit besteht darin, das originellste Stück in jedem Akt in ein Finale umzuwandeln. Vielleicht stößt man bei dieser Arbeit auch wieder auf die berühmtesten Melodien unserer zeitgenössischen großen Meister. Wie schade für mich, wenn man das schöne Quartett aus *Bianca e Faliero* ausgraben würde!

Rossini scheint jetzt ein sehr dringendes Bedürfnis nach ein paar recht pikanten und demütigenden Mißerfolgen zu haben. Leider kenne ich außer Neapel und Mailand kaum eine Stadt, die würdig wäre, ihn auszupfeifen; an allen anderen Orten wäre es der pure Haß und kein begründetes Urteil. Er hat das Jahr 1822 in Wien verbracht; London wird ihn, so sagt man, im Jahre 1824 für sich haben. In London wird es Rossini, fernab von der gewohnten Bühne seines Erfolgs, nur noch leichter fallen, alte Musik als neue auszugeben; seine natürliche Schwäche wird noch stärker zutage treten.

Um ihn bei der Ehre zu packen, müßte der Londoner Impresario ihm den Vorschlag machen, die Libretti des *Don Giovanni* oder der *Heimlichen Hochzeit* neu zu vertonen.

40. Kapitel

Über Rossinis Stil

Bevor ich zum Schluß komme, muß ich etwas über die Besonderheiten von Rossinis Stil sagen. Es ist schon wahnsinnig schwer, in einem Buch über Malerei zu reden und Gemälde zu loben; aber die Gemälde hinterlassen zumindest bestimmte Erinnerungen, selbst bei Dummköpfen. Wie schwer ist es dann erst, über Musik zu reden! Zu welchen einzigartigen und lächerlichen Sätzen führt das? Der Leser weiß sicher, daß er die Beispiele hierfür nicht lange zu suchen braucht.

Gute Musik ist nichts weiter als unsere *Gemütsbewegung*. Es scheint, als bereite die Musik uns dadurch Vergnügen, daß sie unsere Einbildungskraft in die Notwendigkeit versetzt, sich augenblicklich nur von Illusionen einer bestimmten Art zu nähren. Diese Illusionen sind nicht ruhig und erhaben wie diejenigen der Bildhauerkunst oder zärtlich und träumerisch wie diejenigen beim Anblick der Gemälde von Correggio.

Das erste Merkmal von Rossinis Musik ist eine gewisse Schnelligkeit, die alle düsteren Gemütsbewegungen aus unserer Seele vertreibt, die Mozarts langsame Noten so gewaltig aus der Tiefe unseres Gemüts heraufbeschwören. Ich entdekke darüber hinaus in ihr eine Frische, die bei jedem Takt vor Wohlgefallen lächeln läßt. Deswegen erscheinen alle Partituren neben denen von Rossini schwerfällig und langweilig. Wenn Mozart heute aufträte, würden wir dieses Urteil über seine Musik fällen. Damit seine Musik uns gefiele, müßten wir sie vierzehn Tage lang hintereinander hören; aber man würde ihn schon am ersten Tag auspfeifen. Daß Mozart Rossini standhält, daß wir ihn oft vorziehen, liegt daran, daß wir ihm schon lange große Bewunderung entgegenbringen und uns an die vergnügten Stunden erinnern, die er uns verschafft hat.

Im allgemeinen ziehen diejenigen, die sich überhaupt nicht davor fürchten, lächerlich zu wirken, Mozart klar und deutlich vor. Die gewöhnlichen Musikliebhaber sprechen von ihm wie die gewöhnlichen Literaten von Fénelon. Sie loben ihn, wären aber verzweifelt, wenn sie so schreiben müßten wie er.

Zwar ist die Musik von Rossini nie schwerfällig, aber man ist ihrer doch ziemlich schnell überdrüssig. Die hervorragendsten Musikliebhaber Italiens, die ihn seit nunmehr zwölf Jahren hören, verlangen seit einiger Zeit etwas Neues. Was wird erst in zwanzig Jahren sein, wenn der *Barbier von Sevilla* genauso alt sein wird wie *Il matrimonio segreto* oder der *Don Giovanni*?

Rossini ist selten traurig, und doch: Was ist die Musik ohne eine Nuance gedankenverlorener Traurigkeit?

I am never merry when I hear sweet music[1] (Der Kaufmann von Venedig) hat der moderne Dichter gesagt, der das Geheimnis der menschlichen Leidenschaften am besten gekannt hat, der Autor des *Cymbelin* und *Othello*.

In unserem geschäftigen Jahrhundert hat Rossini einen Vorteil; er kommt ohne viel Aufmerksamkeit aus.

In einem Drama, in dem die Musik die Nuance oder den Grad der Empfindung auszudrücken sucht, den die Worte anzeigen, muß man einigermaßen aufmerksam sein, um ergriffen zu sein, das heißt, um Vergnügen zu empfinden. Es gibt sogar noch eine strengere Voraussetzung, man muß eine Seele haben, um ergriffen sein zu können. In einer Partitur von Rossini hingegen, wo jede Arie bzw. jedes Duett allzuoft nur ein brillantes Konzertstück[2] ist, bedarf es nur eines sehr geringen Grades von Aufmerksamkeit, um Vergnügen empfinden zu können; und, was noch vorteilhafter ist, die meiste Zeit ist das, was romantische Leute ›Seele‹ nennen, nicht einmal notwendig.

Ich merke wohl, daß ich eine so gewagte Behauptung unbedingt begründen muß. Erinnern Sie sich im *Matrimonio segreto*[3] daran, wie Carolina in der ersten Szene des ersten Akts mit ihrem Geliebten glücklich ist? Sie stellt eine zärtliche Überlegung an über das Glück, dessen sie sich erfreuen könnten:

Se amor si gode in pace.

Diese so schlichten Worte haben eine der schönsten musikalischen Phrasen hervorgebracht, die es auf der Welt gibt. Im

Barbier von Sevilla entdeckt Rosina, daß ihr Geliebter treu ist, nachdem sie ihn im wahrsten Sinne des Wortes für ein Ungeheuer an Undankbarkeit und Gemeinheit gehalten hatte, für einen Mann, der sie an den Grafen Almaviva verkaufen will. In diesem Augenblick des Glücks, einem der entzükkendsten, den die Menschenseele je erleben kann, singt die undankbare Rosina uns nur *fioriture* vor, offenkundig diejenigen, die Madame Giorgi, die erste Rosina, anmutig auszuführen verstand. Diese *fioriture,* die zu einem hübschen Konzert passen würden, wirken auf niemanden erhebend, aber Rossini wollte allen Leuten damit gefallen, und das ist ihm auch gelungen. Es gibt keine Entschuldigung für ihn; das Glück, von dem ich spreche, ist zu groß, um nichts als Freude zu sein. Das ist der Hauptfehler seiner zweiten Manier; er stellt seine Partituren so zusammen, daß er die Agréments niederschreibt, die die Sänger gewöhnlich *ad libitum* zu den Gesängen der anderen Meister dazusangen. Aus dem, was nur ein mehr oder minder angenehmes Beiwerk war, macht er oft die Hauptsache, so zum Beispiel bei den so häufigen Battements in den Rollen von Galli (*Italiana in Algeri, Sigillara, Turco in Italia, Gazza ladra, Maometto* usw.). Man muß zugeben, daß diese Agréments von seltener Eleganz sind, sehr schnell und oft verführerisch frisch ausfallen und daß es ihnen gelingt, ein Terzett oder eine Arie, die das Kolorit dieses oder jenes Gefühls haben sollten, in ein sehr hübsches und sehr brillantes Konzertstück zu verwandeln. Sind Sie neugierig, auf anderem Wege zu derselben Wahrheit zu gelangen? Wie alle anderen Meister hat Rossini seine Opern im Vertrauen darauf geschrieben, daß die beiden Akte durch anderthalb Stunden Ballett oder Pause getrennt sind. In Frankreich, wo das *Natürliche* nicht das ist, was bei der Suche nach Vergnügen glänzt, würde man glauben, man brächte nicht genug Leidenschaft für Rossini auf, wenn man sich seine Musik nicht drei Stunden hintereinander ohne Unterbrechung anhört. Dieser musikalische Exzeß, der dem ungeduldigsten und mit den besten Tänzern ausgestatteten Publikum Europas so geistreich präsentiert wird, ist unerträglich, wenn man den *Don Giovanni* oder ein anderes *leidenschaftliches* Werk aufführt. Es gibt niemanden, der nach den vier Akten der *Hoch-*

zeit des Figaro nicht Kopfweh hat und todmüde ist; man glaubt, für die nächsten acht Tage von der Musik genug zu haben. Dagegen ist man meilenweit von solch schlechter Laune entfernt, wenn man gerade die zwei Akte von *Tancredi* oder der *Elisabetta* hintereinander gehört hat. Die Musik von Rossini, die sich jeden Augenblick dazu herabläßt, reine Konzertmusik zu sein, paßt sehr gut zu der schönen Einrichtung des Pariser Theaters und besteht diese Prüfung glänzend. In jeder möglichen Bedeutung dieses Worts ist es Musik, die ausdrücklich für Frankreich geschaffen ist, aber sie arbeitet jeden Tag daraufhin, daß wir leidenschaftlicherer Töne würdig werden.

41. Kapitel

Meinungen Rossinis über einige zeitgenössische große Meister – Sein Charakter

Rossini vergöttert Cimarosa; wenn er von ihm spricht, hat er Tränen in den Augen.

Der Mann, den er als gelehrten Komponisten am meisten achtet, ist Herr Cherubini aus Paris. Was hätte dieser große Meister nicht alles geschaffen, wenn seine Seele nicht vor lauter Aufgeschlossenheit für die deutsche Harmonie die Liebe zur oder vielmehr die Empfänglichkeit für die Melodie seiner Heimat verloren hätte!

Wenn Mayr noch komponieren würde, so hätte Rossini Angst vor ihm. Mayr vergilt diese Hochachtung dadurch, daß er seinen jungen Rivalen herzlich und mit der ganzen Treuherzigkeit eines bayerischen Herzens liebt.

Rossini hat eine sehr hohe Meinung von Herrn Pavesi, der erstklassige Stücke geschrieben hat; er beklagt das Los dieses jungen Künstlers, der wegen seiner schlechten Gesundheit zur Untätigkeit verdammt ist. Ich habe den Verfasser des *Barbier von Sevilla* sagen hören, nach Fioravanti könne man in dem Buffo-Stil, den man *nota e parola* nennt, nichts mehr machen. Er fügte hinzu, er könne sich nichts Absurderes auf der Welt vorstellen als den Anspruch, Buffo-Musik schreiben zu wollen nach dem Grad von Vollendung, zu dem Paisiello, Cimarosa und Guglielmi diese Gattung geführt haben.

Nach diesem Bekenntnis ist offenkundig, daß er kein neues *Ideal des Schönen* sieht. Die Menschen haben sich seit Guglielmi zu wenig verändert, fährt Rossini fort, als daß es möglich wäre, ihnen ein neues *Ideal des Schönen* vorzustellen; warten wir, bis in fünfzig Jahren ein neues Publikum neue Forderungen stellt, dann werden wir ihm, jeder nach dem eigenen Genie, das geben, was es wünscht. Ich gebe die Überlegungen von Rossini ein wenig verkürzt wieder, habe die allgemeine Bedeutung aber nicht verändert. Ich habe eines Tages erlebt, wie er bei diesem Thema wütend eine These gegen einen Berliner Pedanten vertrat, der den *Empfindungen* eines genialen Mannes Kantsche Sätze entgegensetzte. Ich würde es begrüßen, wenn die Kritiker aus dem Norden ein wenig in sich gehen und ein Urteil über ihre Fröhlichkeit und ihre musikalischen Fähigkeiten fällen würden. Sie finden einige Musikstücke Rossinis zu lustig (so der *Miroir* vom Dezember 1821 über das *cra-cra*-Finale der *Italiana in Algeri*, obwohl der Stil dieser Oper *di mezzo carattere* ist). Welches Armutszeugnis hätten sich diese armen Literaten aus dem Norden erst ausgestellt, wenn sie auf echte Buffo-Musik gestoßen wären, so zum Beispiel auf die Arie *Signor sì, lo genio è bello!*[1] des Pedanten in der *Scuffiara* von Paisiello oder die Arie *Amicone del mio core* von Cimarosa usw.! Wenn man für die Wunder einer Arie so wenig empfänglich ist, wäre es da nicht vorsichtiger und philosophischer zu schweigen?

Wenn sich der Norden mit Bibelgesellschaften und den Ideen der Nützlichkeit bzw. des Geldes befaßt, wenn ein millionenschwerer, englischer Pair einen Tag damit verbringt, ernsthaft mit seinem Geschäftsführer über eine fünfundzwanzigprozentige Kürzung der Abgaben für seine zahlreichen Bauern zu diskutieren, dann weiß der arme Italiener, was er von so viel Tugend zu halten hat,[2] denn unter dem Einfluß so humaner und frommer Leute werden seine Ketten nur noch enger, und die Tyrannei, die er zu ertragen hat, lastet doppelt so schwer auf ihm. Er genießt die Künste, er versteht es, das *Schöne* in all den Formen zu genießen, mit denen ihn zu umgeben der Natur gefällt, und er betrachtet den traurigen Mann aus dem Norden eher mit Mitleid als mit Haß. *Was wollen Sie? Diese traurigen und frommen Menschen haben das Kommando über achthunderttausend Barbaren, die unser Klima ihrem Schnee vorziehen*, sagte eines Tages der liebenswürdigste der armen Bewohner von Venedig mit gesenktem Kopf zu mir; *unsere einzige Rache ist, daß sie vor Langeweile sterben.*

Der Mächtige möge nur wegen seines vornehmen Dünkels und seines Luxus einen mitleidigen Blick auf den armen Rossini herabwerfen, der in dreizehn Jahren ununterbrochener Arbeit, ohne sich je irgend etwas Unnützes zu leisten, nur sechzig- bis achtzigtausend Francs für seine alten Tage beiseite legen konnte. Ich antworte ihm: Armut ist für diesen großen Mann kein Unglück; ein Klavier oder ein Dummkopf genügen, um ihn zu amüsieren. Wo er sich in Italien auch zeigt, ob im schäbigsten Wirtshaus oder im Salon eines Prinzen, sein Name genügt, damit alle Augen auf ihn gerichtet sind; man überläßt ihm immer den besten Platz, oder derjenige, auf dem er sitzt, wird der erste; man begegnet ihm mit einer Begeisterung und Rücksichtnahme, die von Herzen kommen – so wird heute in Italien der bedeutendste Herr nur empfangen, wenn er lachend hunderttausend Francs im Jahr ausgibt. Rossini, der durch seinen Ruhm alle Vorteile des großen Reichtums genießt, wird seiner Armut nur gewahr, wenn er an die Anzahl der Goldstücke denkt, die er besitzt. Wegen des einzigartigen Rangs, den er in Italien einnimmt, war es ein schlechter Rat, ihm zu empfehlen, er solle nach Paris kommen, wo er nach sechs Wochen Neugier für seine Person bald einen Rang hinter den fünfhundert Staatsräten, Gesandten, Generälen usw., lauter Personen, die viel wichtiger sind als er, eingenommen hätte. In Italien sind alle Ränge nur Maskeraden in den Augen einer Gesellschaft, die einzig das Geld, das sie einbringen, zu schätzen weiß.

Vor seiner Heirat mit Mademoiselle Colbrand (1821), die ihm zwanzigtausend Pfund Einkünfte aus Kapitalvermögen eingebracht hat, kaufte Rossini sich nur zwei Fracks pro Jahr; im übrigen hatte er das Glück, nie Vorsicht walten lassen zu müssen. Denn was ist Vorsicht für einen wenig begüterten Menschen anderes als *die Angst zu versagen?* Sollen doch die Leute, die sich vernünftig nennen, dieses angenehme Gefühl der Angst genießen. Seines Genies gewiß lebte Rossini in den Tag hinein, ohne an morgen zu denken. Er kann im Norden modern werden, aber so richtig von Herzen wird er Leuten, die so ganz anders sind, nicht gefallen. Es kann allerdings passieren, daß eine neue, weniger affektierte Generation heranwächst, die sich weniger vor der *Vornehmheit* des Stils verneigt und sich nicht so sehr über das *cra cra* im Finale der *Italiana in Algeri* empört. Dann wird man auch in Frankreich 1. das italienische *Glück* und 2. das italienische *Genie* verstehen.

Rossini und alle anderen Italiener schätzen Mozart, aber nicht so sehr wie wir, sondern eher als einen unvergleichlichen Komponisten für Instrumentalmusik denn als Opernkomponisten. Sie sprechen stets von ihm als von einem der größten Männer, die es je gegeben hat; aber selbst im *Don Giovanni* finden sie die Fehler der deutschen Schule, das heißt keinen *Gesang für die menschliche Stimme*, sondern Gesang für die Klarinetten, den Baß, aber nichts oder fast nichts für das bewundernswerte Instrument *menschliche Stimme.*

Ich habe Rossini ernsthaft – und das will bei ihm viel heißen – von dem einzigen Talent reden hören, das seinen Ruf beeinträchtigen und sich einen ebenso guten Ruf hätte schaffen können: Orgitano. Dieser liebenswürdige junge Mann war schon als Nachfolger von Cimarosa bekannt, als er in der Blüte seiner Jugend (1803) dahingerafft wurde, ein weiteres Beispiel für die Gefahren, die dem Genie drohen. Es bedarf einer ganz besonderen Verfassung, der ganzen Verrücktheit und des Feuers starker Leidenschaften, und doch dürfen diese Leidenschaften nicht schon beim Eintritt ins Leben zerstörend wirken. Ich schäme mich für diesen Satz, der auf italienisch ganz einfach wäre.

Von Paisiello spricht Rossini als von einem unnachahmlichen Mann. Er war das Genie des einfachen Genres und der naiven Anmut, und er hat dafür gesorgt, daß sein Stil für immer unerreichbar bleibt. Paisiello hat die erstaunlichsten Effekte mit der größtmöglichen Einfachheit der Melodie, Harmonie und Begleitung hervorgebracht. Man kann keine einfache Melodie mehr erfinden, sagte Rossini; denkt man nur eine Viertelstunde darüber nach, so kommt man wieder auf Paisiello zurück und kopiert ihn, ehe man es weiß. Rossini kann über die Werke aller Meister gelehrt sprechen; er braucht eine Partitur nur einmal auf dem Klavier gespielt zu haben, um sie auswendig zu können und sie nicht wieder zu vergessen. So kennt er auch alles, was vor ihm geschrieben worden ist; und doch liegt in seinem Zimmer immer nur unbeschriebenes Notenpapier herum.

Wie das Urteil der Nachwelt über Rossini auch ausfallen mag, sie wird nicht umhin können festzustellen, daß er, was die Leichtigkeit der Arbeit anbelangt, das ist, was Paisiello in bezug auf die Schlichtheit der Melodien war.

42. Kapitel
Anekdoten

Wenn ich sicher sein könnte, daß meine Leser sich daran erinnern, daß dieses Werk eine einfache Biographie ist und diese Gattung es erlaubt, daß man sich auf die schlichtesten Einzelheiten einläßt, würde ich eine Geschichte über Rossinis Faulheit erzählen. An einem sehr kalten Wintertag des Jahres 1813 befand er sich in einem schlechten Zimmer in einem Gasthaus in Venedig und komponierte im Bett, um kein Feuer anzumachen. Nachdem er sein Duett komponiert hat (er schrieb gerade die Partitur des *Figlio per azzardo*), fällt ihm das Blatt Papier aus der Hand und flattert auf den Boden; Rossini sucht es vergebens, es war unter das Bett gefallen. Er streckt den Arm aus dem Bett und bückt sich, um es zu fassen; schließlich wird ihm kalt, er hüllt sich wieder in seine Decke ein und sagt sich: Ich werde das Duett noch einmal schreiben, nichts leichter als das; ich werde mich schon wieder daran erinnern. Ihm fällt aber nichts wieder ein; länger als eine Viertelstunde überlegt er ungeduldig hin und her; er kann sich nicht an eine einzige Note mehr erinnern. Schließlich schreit er lachend: »Ich bin ein Narr; ich werde das Duett neu schreiben. Sollen die reichen Komponisten doch einen Kamin in ihren Zimmern haben, ich gebe mir nicht einmal die Mühe, die heruntergefallenen Duette aufzusammeln; im übrigen bringt das Unglück.«

Als er das zweite Duett gerade vollendet hat, besucht ihn ein Freund, zu dem er sagt: Könnten Sie mir nicht zu dem Duett verhelfen, das unter meinem Bett liegt? Der Freund erreicht es mit seinem Stock und gibt es Rossini. »Jetzt«, sagt Rossini, »werde ich Ihnen die beiden Duette vorsingen, sagen Sie mir, welches Ihnen am besten gefällt.« Der Freund des jungen Komponisten fand das erste besser; das zweite war zu schnell und zu lebhaft für die Situation. Rossini machte daraus sogleich ein Terzett für dieselbe Oper. Die Person, von der ich die Geschichte habe, versichert mir, daß die beiden Duette sich überhaupt nicht ähnlich waren. Nachdem er das

Terzett fertiggeschrieben hat, zieht Rossini sich eilends an, flucht auf die Kälte, geht mit seinem Freund aus, um sich im Casino aufzuwärmen und eine Tasse Kaffee zu trinken, und er schickt den Dienstboten des Casinos mit dem Duett und dem Terzett zum Kopisten des Theaters *San Mosè,* für das er damals arbeitete.

Für italienische Verhältnisse gibt es nichts Liebenswürdigeres als Rossinis Konversation, und nichts ist damit vergleichbar; er ist ein feuriger Geist, der alle Gegenstände nur streift und hier und da einen angenehmen, wahren oder grotesken Gedanken aufnimmt. Kaum hat man diesen Gedanken begriffen, folgt auch schon der nächste. Eine solche Leichtigkeit wäre eher erstaunlich als angenehm, wenn diese Flut von neuen Ideen nicht von reizenden Erzählungen unterbrochen wäre, die erholsam wirken. Seine ewigen Reisen, die zwölf Jahre über immer nur aus Ankünften und Abfahrten bestanden, wie er selbst sagt, wenn er von seinem Leben spricht, seine Beziehungen zu anderen Künstlern, den verrücktesten Menschen, und dem fröhlichsten und glücklichsten Teil der vornehmen Gesellschaft haben ihm die sonderbaren Anekdoten über das arme Menschengeschlecht in Hülle und Fülle geliefert. »Ich wäre ein großer Dummkopf, wenn ich etwas erfinden oder lügen würde«, sagt Rossini[1], wenn ein übelgelaunter oder neidischer Mensch eine Gesellschaft um ihr Vergnügen bringt, indem er die Wahrheit seiner Erzählungen bestreitet. »Von Berufs wegen habe ich es immer mit Sängern und Sängerinnen zu tun gehabt; ihre Launen sind bekannt, und je berühmter ich wurde, um so merkwürdigere Launen mußte ich über mich ergehen lassen. In Padua hat man mich genötigt, jeden Morgen um drei Uhr auf der Straße *eine Katze nachzumachen,* um in einem Haus empfangen zu werden, zu dem ich mir sehr gerne Zutritt verschaffen wollte; und da ich ein Komponist bin, der auf seine schönen Noten stolz ist, verlangte man von mir, daß mein Miau falsch klingen müsse. In meinem Zimmer – ich würde sagen Vorzimmer, wenn ich eins gehabt hätte – habe ich den größten Teil der reichsten Musikliebhaber Italiens gesehen, die immer aus Liebe zu irgendeiner Primadonna Theaterunternehmer werden. Schließlich sagt man, ich hätte einige Erfolge bei Frauen gehabt, und ich bitte Sie zu glauben, daß ich mir nicht die dümmsten ausgesucht habe. Ich mußte merkwürdige Rivalitäten ertragen; ich habe mein ganzes Leben lang dreimal im Jahr die Stadt und die Freunde gewechselt; und dank meines Namens wurde ich achtundvierzig Stunden nach meiner Ankunft allen vorgestellt, die kennenzulernen es sich lohnte, usw. usf.«

Rossini respektiert unglücklicherweise nur das Genie; er verschont nichts, er versagt sich bei seinen Witzen keinen Spaß – um so schlimmer für den, der lächerlich ist –, aber er ist keineswegs boshaft; erst lacht er wie ein Verrückter über die eigenen Witze, und dann vergißt er sie gleich wieder. Man lädt ihn ein, in Rom bei einem Kardinal zu singen, ein *Schleppenträger* geht auf ihn zu und bittet ihn, so wenig Liebeslieder wie möglich zu singen; daraufhin singt er auf *bolognese* lauter unanständige Lieder, die keiner versteht; er lacht darüber und denkt im nächsten Augenblick an etwas anderes. Ohne diese Fruchtbarkeit und Schnelligkeit des Geistes hätte er seine Werke gar nicht zustande gebracht. Man muß wissen, daß er sich dabei köstlich amüsiert hat, daß er als armer Mann bei seinen Partituren alles allein machen mußte und doch vor seinem zweiunddreißigsten Geburtstag schon fünfundvierzig Opern und Kantaten vollendet hat.

Rossini hat ein unglaubliches Talent, die Menschen seiner Umgebung treffend nachzuahmen. Selbst in den Gesten und dem Aussehen derjenigen Freunde, die sich durch besonders schlichte Manieren auszeichnen, findet er immer etwas, wodurch er die Umstehenden schallend zum Lachen bringt. Vestris, der beste komische Schauspieler Italiens und vielleicht der ganzen Welt[2], sagte ihm, er habe ein entschiedenes Talent zum Schauspieler. Rossini parodiert ganz ausgezeichnet De' Marini, einen emphatischen und manchmal erhaben wirkenden Schauspieler, der als der beste Mann Italiens gilt. Wenn Rossini De' Marini nachahmt, lacht man anfangs über die Ähnlichkeit, und am Schluß ist man ergriffen. Ich rede über Leute, die für die französische, singende Deklamation empfänglich sind. So wie sich Alfieri streng an Racine und Voltaire gehalten und damit Frankreich beleidigt hat, so singen die italienischen Schauspieler Verse wie die französischen Schauspieler, die Mademoiselle Raucourt um das Jahr 1808 mit kaiserlichem Privileg nach Italien geführt hat. Ebenso wie die französischen Schauspieler sind sie nur in komischen Rollen gut, wo die Schnelligkeit des Wortflusses bis zu einem gewissen Punkt am *Singen* hindert. Nur Vestris ist nicht affektiert und zweifelsohne eines europäischen Rufs würdig. Ich habe diese zwei bis drei Ideen hier nur deswegen aufgeschrieben, weil sie oft Gegenstand von Debatten zwischen Rossini und einem seiner Bewunderer waren; als *patriotischer Italiener* behauptet er, daß in Italien alles vollkommen ist (mit Ausnahme gewisser Personen) und wir nur mißtrauische Neider sind, wenn wir nicht mit ihm übereinstimmen. Kein großer Unterschied also zum *Constitutionnel* und *Miroir*, wenn von Musik und der *Ehre der Nation* die Rede ist. Angeregt durch die Diskussionen der romantischen Partei, die in Italien vertritt, daß man keine gereimten Verse singen soll, beschloß Rossini 1820, eine Rolle in einer bürgerlichen Komödie in Neapel zu übernehmen, in der sehr vornehme junge Leute auftreten. De' Marini befand sich unter den Zuschauern und war mit uns allen der Meinung, Rossini spiele erstaunlich gut. »Es fehlt ihm nur die Übung«, sagte er, »ansonsten kann man die Rolle nicht wirklichkeitsgetreuer spielen, und es gibt in ganz Italien keine zwei Schauspieler, die ihn in einer von ihm ausgesuchten Rolle an die Wand spielen könnten.«

Rossini macht regen Gebrauch von der Reimkunst, solange man es von seinen Opern erwartet, und oft mildert er die Emphase der *libretti seri*, die man ihm gibt, etwas ab. Er ist der erste, der sich darüber lustig macht; wenn er eine Arie zu Ende gesungen hat, deklamiert er vor seinen Freunden, die um das Klavier herumstehen, und hebt dabei das Lächerliche, die seltsamen Worte hervor, mit denen er seine Musik zum Erfolg geführt hat. Wenn er zu lachen aufgehört hat, sagt er: *E però, in due anni questo si canterà da Barcelona a Pietroburgo* (und doch wird man das in zwei Jahren von Barcelona bis Petersburg singen): *gran trionfo della musica!* Rossini hat von Natur aus einen guten Geschmack, was in seinem Land selten ist, und ist deswegen ein geborener Feind der Emphase. Dazu muß man wissen, daß die Emphase in Italien dasselbe ist wie die Prätention, die Affektiertheit, die Schöngeisterei und die manierierte Kälte bei uns. Alles verweist darauf, daß die Natur der Musik mit Rossini ein hervorragendes Genie für das Genre *di mezzo carattere* geschenkt hat. Das Unglück hat es gewollt, daß in Neapel Mademoiselle Colbrand die Königin des Theaters war; ein noch größeres Unglück wollte es, daß er sich in sie verliebte; wenn er an ihrer Stelle eine Buffo-Schauspielerin getroffen hätte, zum Beispiel die Marcolini oder die Gafforini in der Blüte ihrer Jugend, hätte er, statt uns die ägyptischen Plagen zuzumuten, weiter Opern wie die *Pietra del paragone* oder die *Italiana in Algeri* geschrieben. Um der großen Männer nicht unwürdig zu werden, sollten wir aber lernen, ein großes Genie trotz der Notwendigkeit lieben zu lernen, die seine Leidenschaften, seine Stellung oder der schlechte Geschmack seiner Zeitgenossen seinem Talent auferlegt haben. Lieben wir Correggio etwa nicht so sehr, weil der mehr oder weniger barocke Geschmack der Domherren seiner Zeit ihn dazu zwang, Kuppeln zu bemalen und große Figuren in erstaunlichen Verkürzungen, *di sotto in sù* darzustellen?

Ein letztes Wort

Lebhaft, leicht, amüsant, nie langweilig, selten erhaben, so scheint Rossini wie geschaffen zu sein, um mittelmäßige Menschen in Ekstase zu versetzen. Obwohl Mozart ihn im zärtlichen und melancholischen Genre bei weitem übertrifft und Cimarosa im komischen und leidenschaftlichen Stil, ist er doch der beste Mann in Sachen Schnelligkeit, Amüsement und allen Effekten, die damit zusammenhängen. Keine *Opera buffa* ist so geschrieben wie die *Pietra del paragone,* keine *Opera seria* wie der *Otello* oder die *Donna del lago.* Der *Otello* ähnelt den *Horatiern* ebensowenig wie dem *Don Giovanni;* er ist ein Werk für sich. Rossini hat hundertmal die Freuden der glücklichen Liebe geschildert und im Duett der Armida auf bisher unerhörte Weise; manchmal war er absurd, aber nie ohne Geist, nicht einmal in der fröhlichen Arie am Schluß der *Gazza ladra.* Gleichermaßen außerstande, bisher ohne Sinnfehler oder auch nur zwanzig Takte zu schreiben, ohne sein Genie zu verraten, ist Rossini seit dem Tod von

Canova der größte lebende Künstler. Welchen Rang ihm die Nachwelt einräumen wird, weiß ich nicht.

Ganz im Vertrauen aber würde ich sagen, daß Rossinis Stil ein wenig wie der Franzose aus Paris ist; eitel und eher lebhaft als fröhlich, nie leidenschaftlich, immer geistreich, selten langweilig, noch seltener erhaben.

Chronologische Liste[1] der Werke von Gioacchino Rossini

Im August des Jahres 1808 komponierte Rossini am Lyzeum von Bologna eine Symphonie und eine Kantate mit dem Titel *Il pianto d'armonia.*

1. Demetrio e Polibio ist das erste Werk von Rossini; er schrieb es, so sagt man, im Frühjahr 1809, aufgeführt wurde diese Oper aber erst 1812 im Teatro *Valle* in Rom. Gesungen wurde sie von dem Tenor Mombelli, dessen beiden Töchtern Marianne und Esther und dem Baß Olivieri. Es läßt sich nicht beweisen, ob Rossini die Musik 1812 aus Eitelkeit ein wenig verbessert hat. Herr Mombelli ist sein Verwandter. Das Libretto schrieb Madame Viganò Mombelli, die Mutter von Marianne Mombelli, heute Madame Lambertini, und von Mademoiselle Esther Mombelli, die heute noch singt, und zwar sehr gut (1817).
2. La cambiale di matrimonio, 1810 in Venedig für die *stagione dell' autunno*[2] geschriebene *farsa* (*farsa* heißt soviel wie Oper in einem Akt). Diese Oper war das erste Werk von Rossini, das auf der Bühne aufgeführt wurde; in *San Mosè* wurde sie von Rosa Morandi, Luigi Raffanelli, Nicola de Grecis, Tommaso Ricci gesungen.
3. L'equivoco stravagante, Herbst 1811. Geschrieben in Bologna für das Theater *del Corso*. Sänger: Marietta Marcolini, Domenico Vaccani, Paolo Rosich.
4. L'inganno felice, 1812. Karneval, Venedig, Theater *San Mosè*. Sänger: Teresa Belloc, Raffaele Monelli, Luigi Raffanelli, Filippo Galli. Galli hatte den größten Erfolg in der Rolle des Bauern Tarabotto. Es ist das erste Werk von Rossini, das einen festen Platz im Spielplan fand. Es enthält ein berühmtes Terzett, das für Madame Belloc[3], Galli und den Tenor Monelli geschrieben wurde.
5. Ciro in Babilonia, Oratorium, 1812. In Ferrara geschrieben für die Fastenzeit. Dieses Oratorium wurde im *Teatro Comunale* gesungen von Mta Marcolini, Elisabetta Manfredini, Eliodoro Bianchi.

6. La scala di seta, *farsa*, Frühjahr 1812, Venedig. Am Theater *San Mosè* ausgeführt von Maria Cantarelli, dem Tenor Raffaele Monelli, Tacci und dem *buffo cantante* de Grecis, der jetzt, 1823, noch am Theater ist.
7. La pietra del paragone, Herbst 1812, Mailand. An der *Scala* gesungen von der Primadonna M[ta] Marcolini, dem Tenor Claudio Bonoldi und Filippo Galli.
8. L'occasione fa il ladro, *farsa,* Herbst 1812, Venedig. Gesungen am Theater *San Mosè* von der hübschen Graciata Canonici, die dem *Teatro dei Fiorentini* in Neapel, wo Pellegrini ihr Unterricht erteilte, zu einer Glanzzeit verholfen hat, sowie von dem ausgezeichneten Buffo Luigi Paccini und Tommaso Berti.
9. Il figlio per azzardo, *farsa,* 1813, Venedig, Karneval, im Theater *San Mosè.* Die Ausführenden waren Teodolinda Pontiggia, Tommaso Berti, Luigi Raffanelli und de Grecis. Die letzten beiden Buffo-Sänger sind hervorragend.
10. Tancredi, 1813, Venedig, Karneval, im großen *Teatro della Fenice. Opera seria,* die erste, die Rossini in dieser Art geschrieben hat (mit Ausnahme der Oper *Demetrio e Polibio,* die erst 1812 gespielt wurde), gesungen von der Malanotti, Elisabetta Manfredini und von Pietro Todran.
11. L'Italiana in Algeri, Sommer 1813, Venedig, gesungen im Theater *San Benedetto* von M[ta] Marcolini, dem Tenor Serafino Gentili und Filippo Galli, der so lustig war in der schönen Szene mit dem Eid im zweiten Akt, die aus Neid, mit Prüderie untermauert, in Paris gestrichen wurde.
12. Aureliano in Palmira, 1814, Mailand, Karneval. Gesungen in der *Scala* von Velluti, Lorenza Corea, dem Tenor Luigi Mari, Giuseppe Fabris, Eliodoro Bianchi, Filippo Galli. Der erste Akt ist für eine sehr viel höhere Stimme geschrieben als der zweite, und zwar, weil er für Davide komponiert wurde, der dann aber Masern bekam und nicht singen konnte; der zweite Akt wurde für Luigi Mari geschrieben, der die für Davide bestimmte Tenor-Rolle sang. Diese Truppe ist eine der bemerkenswertesten, die es in den letzten zwanzig Jahren gegeben hat. Velluti ist erfolgreich, die Oper fällt durch, schwer getroffen macht sich Rossini daran, seinen Stil zu ändern.

13. Il Turco in Italia, Herbst 1814, Mailand, *Scala,* ein halber Erfolg. Gesungen von Madame Festa Maffei, Davide, Galli und Luigi Paccini.

14. Sigismondo, 1814, Venedig, *Teatro della Fenice*. Ich habe mir sehr viel Mühe gegeben, etwas über diese *Opera seria* in Erfahrung zu bringen, leider umsonst. Die hier vorliegende Liste hat mich ohnehin schon mehr als hundert Briefe gekostet. Als zu *Sigismondo* gehörig hat man mir Musikstücke geschickt, die des Herrn Puccita (des Komponisten, der für Madame Catalani schreibt) würdig wären.

15. Elisabetta, Herbst 1815, Neapel. Gesungen im *San Carlo* von Mademoiselle Colbrand, Mademoiselle Dardanelli, Nozzari und Garcia. Rossinis Debüt in Neapel.

16. Torvaldo e Dorliska, 1816, Rom, Karneval. Gesungen im Theater *Valle* von Adelaide Sala, dem Tenor Donizelli und den beiden ausgezeichneten Baßstimmen Galli und Rainiero Remorini. Italien hat im Jahre 1823 vier ausgezeichnete Baßstimmen: La Blache, Galli, Zuchelli, Remorini und in zweiter Linie Ambrosi.

17. Il barbiere di Siviglia, 1816, Rom, Karneval. Gesungen im Theater *Argentina* von Madame Giorgi Righetti und von Garcia, B. Botticelli und dem ausgezeichneten Buffo Luigi Zamboni, der die Rolle des Figaro gültig interpretierte.

18. La gazzetta, Sommer 1816, Neapel, halber Erfolg. Gesungen im *Teatro dei Fiorentini* von zwei erstklassigen Buffos: Felice Pellegrini und Carlo Casacci le Brunet aus Neapel und der hübschen Margherita Chabran, der Schülerin von Pellegrini.

19. Otello, Winter 1816, Neapel. Gesungen im *Teatro del Fondo* (einem hübschen, runden Theater, der Zweigniederlassung von *San Carlo*) von Mademoiselle Colbrand, Nozzari, Davide und dem Baß Benedetti.

20. La Cenerentola, 1817, Rom, Karneval. Gesungen im Theater *Valle* von Gertrude Righetti, Caterina Rossi, Giuseppe de' Begnis und Giacomo Guglielmi.

21. La gazza ladra, Frühjahr 1817, Mailand. Gesungen an der *Scala* von Teresa Belloc, Savino Monelli, V. Botticelli,

Filippo Galli, Antonio Ambrosi und Mademoiselle Galianis.

22. ARMIDA, Herbst 1817, Neapel. Gesungen im Theater *San Carlo* von Mademoiselle Colbrand, Nozzari und Benedetti. Berühmtes Duett.

23. ADELAIDE DI BORGOGNA, 1818, Rom, Karneval. Gesungen im Theater *Argentina* von Elisabetta Pinotti, Elisabetta Manfredini, dem Tenor Savino Monelli und Gioacchino Pelletti.

24. ADINA O SIA IL CALIFO DI BAGDAD. Rossini schickte diese Oper nach Lissabon, wo sie 1818 im Theater *San Carlo* uraufgeführt wurde.

25. MOSÈ IN EGITTO, Neapel 1818. Während der Fastenzeit gesungen im Theater *San Carlo* von Mademoiselle Colbrand, Nozzari und Matteo Porto, der mit seiner wundervollen Stimme in der Rolle des Pharao sehr erfolgreich war. Wir machen einen schweren Fehler, wenn wir Porto nicht ans Théâtre Louvois engagieren.

26. RICCIARDO E ZORAIDE, Herbst 1818, Neapel, *San Carlo*. Gesungen von Mademoiselle Colbrand, Nozzari, Davide, Benedetti.

27. ERMIONE, 1819, Neapel. Während der Fastenzeit im Theater *San Carlo* gesungen von Mademoiselle Colbrand, Mademoiselle Rosmunda, Pisaroni, Nozzari und Davide. Das Libretto ist eine Kopie der *Andromaque*. Rossini hatte sich dem Stil von Gluck angenähert; die Personen brachten kaum ein anderes Gefühl zum Ausdruck als Wut; halber Mißerfolg.

28. ODOARDO E CRISTINA, Frühjahr 1819, Venedig. Gesungen im Theater *San Benedetto* von Rosa Morandi, Carolina Cortesi, einer der hübschesten Schauspielerinnen, die in der letzten Zeit auf der Bühne erschienen sind, sowie von Eliodoro Bianchi und Luciano Bianchi.

29. LA DONNA DEL LAGO, 4. Oktober 1819, Neapel. Gesungen im Theater *San Carlo* von Mademoiselle Pisaroni, einem der am wenigsten hübschen Gesichter, denen man begegnen kann, und von Mademoiselle Colbrand, Nozzari, Davide und Benedetti.

30. BIANCA E FALIERO, 1820, Mailand, Karneval. Gesungen an

der *Scala* von Carolina Bassi, der einzigen Sängerin, die an Madame Pastas großes Talent etwas herankommt, Violante Camporesi, Claudio Bonoldi, Alessandro de' Angelis.

31. MAOMETTO SECONDO, 1820, Neapel, Karneval, im Theater *San Carlo*. Ich konnte die Namen der Sänger nicht ausfindig machen. Man hat mir geschrieben, daß Galli die Rolle des Mohammed und zugleich die des *Fernando* in der *Gazza ladra* gespielt haben soll.

32. MATILDE DI SHABRAN, 1821, Rom, Karneval, im Theater *Apollo,* dem einzigen passablen Theater dieser großen Stadt, das unter den Franzosen erbaut wurde. Diese Oper wurde von der hübschen Caterina Liparini, Anetta Parlamagni, Giuseppe Fusconi, Giuseppe Fioravanti, Carlo Moncada, Antonio Ambrosi, Antonio Parlamagni gesungen.

33. ZELMIRA, Winter 1822, Neapel, gesungen im *San Carlo* von Mademoiselle Colbrand, Nozzari, Davide, Ambrosi, Benedetti und Mademoiselle Cecconi.

34. SEMIRAMIDE, 1823, Venedig, Karneval, im *Teatro della Fenice,* Oper im deutschen Stil, gesungen von Madame Colbrand-Rossini, Rosa Mariani, einer ausgezeichneten Altstimme, dem englischen Tenor Sinclair, Filippo Galli und Luciano Mariani.

Rossini hat mehrere Kantaten komponiert; ich kenne die folgenden neun:

1. IL PIANTO D'ARMONIA, 1808, aufgeführt am Lyzeum von Bologna. Rossinis Debüt, der Stil ähnelt den schwachen Passagen von *L'inganno felice*.
2. DIDONE ABBANDONATA, geschrieben für Mademoiselle Esther Mombelli im Jahre 1811.
3. EGLE E IRENE, 1814, geschrieben in Mailand für die Prinzessin Belgiojoso, eine der liebenswürdigsten Gönnerinnen von Rossini.
4. TETI E PELEO, 1816, geschrieben für die Hochzeit Ihrer Königlichen Hoheit der Herzogin von Berri, gesungen im *Teatro del Fondo* in Neapel von Mademoiselle Colbrand, Girolama Dardanelli, Margherita Chabran sowie von Nozzari und Davide.

5. IGEA, 1819, Kantate für eine Stimme[4] zu Ehren Sr. Majestät des Königs von Neapel, gesungen von Mademoiselle Colbrand am 20. Februar 1819 im *San Carlo.*
6. PARTENOPE, Kantate am 9. Mai 1819 aufgeführt in Anwesenheit Seiner Majestät Franz I., des Kaisers von Österreich, als dieser das erste Mal im *San Carlo* erschien. Diese Kantate wurde von Mademoiselle Colbrand, Davide und Giovanni-Battista Rubini gesungen.
7. LA RICONOSCENZA, 1821, Pastorale für vier Stimmen, am 27. Dezember 1821 aufgeführt im *San Carlo* bei einer Benefizveranstaltung für Rossini, gesungen von Mademoiselle Dardanelli und Comelli (Chomel) sowie von Rubini und Benedetti. Rossini verließ am Tag danach Neapel und reiste nach Bologna, wo er die Colbrand heiratete.
8. IL VERO OMAGGIO, 1823, Kantate, aufgeführt in Verona während des Kongresses zu Ehren Seiner Majestät des Kaisers von Österreich. Diese Kantate wurde im *Teatro dei Filarmonici* von Mademoiselle Tosi, einer jungen, schönen Sängerin, der Tochter eines berühmten Mailänder Rechtsanwalts, und von Velluti, Crivelli, Galli und Campitelli gesungen.
9. Eine patriotische Hymne in Neapel 1820.
   Eine weitere Hymne dieser Art 1815 in Bologna. Wegen einer ähnlichen Sünde landete Cimarosa einst im Gefängnis.

Falls dieses Buch eine zweite Auflage erleben sollte, streiche ich den Großteil der Analysen von *Otello,* der *Gazza ladra,* der *Elisabetta* usw. und füge statt dessen eine knappe Skizze des Talents aller lebenden Komponisten, Sänger und Sängerinnen ein, die in Italien einiges Ansehen genießen.

Dann würde dieser Band eine vollständige Skizze des derzeitigen Zustands der Musik in Italien bieten. Ich werde ausführliche Anmerkungen machen über Saverio Mercadante, den Verfasser von *Elisa e Claudio* und der *Apotheose des Herkules;* über Hern Caraffa, den Autor der *Gabriella von Vergy;* über Paccini, der im *Baron von Dolsheim* ein sublimes Duett geschrieben hat; über die Herren Meyerbeer, Pavesi, Morlacchi, die Autoren der *Isolina* und des *Coradino* usw. usf. Leider ahmen diese Herren bislang alle Rossini nach.

43. Kapitel[1]

Utopie des Italienischen Theaters in Paris

Wahrscheinlich wird einer der jungen Männer von sechsundzwanzig Jahren, die dieses Kapitel lesen, in fünfzehn Jahren Minister des Königlichen Hofstaats oder Verwalter der Opern sein.

Ein Minister denkt an den Kurs der Rente und daran, seinen Platz zu behalten. Es ist also vollkommen unnütz, Seiner Exzellenz mit kritischen Anmerkungen zu kommen, aber ein junger Mann kann, wenn er nach dem Besuch von sieben oder acht bedrückenden Salons nach Hause kommt, wo er war, um seiner künftigen Größe den Weg zu bereiten, durchaus eine Broschüre öffnen, um die Zeit totzuschlagen; und wenn eine der vielen Broschüren das Glück hat, in diesem Augenblick aufgeschlagen zu werden, müßte sie schon sehr sinnlos sein, um nicht durch den Kontrast zu gewinnen.

Nehmen wir also an, ein gescheiter Mann sei Minister des Königlichen Hofstaats; es folgen nun die Fakten und Überlegungen, die der gescheite Mann in seiner Jugend zur Kenntnis genommen haben sollte.

Die gegenwärtige Verwaltung der *Opéra bouffe* macht aus der Höhe ihrer Einnahmen ein Staatsgeheimnis. Man weiß nur, daß sie auf der Zivilliste ein Recht auf eine Subvention von 120 000 Francs hat. Was wird aus dieser Summe? In wessen Tasche verschwindet sie? Indiskrete Fragen. Ich habe keinerlei Beziehungen zur Verwaltung der *Opéra bouffe;* alle Zahlen, die ich im folgenden angebe, beruhen also auf Überlegungen und Annahmen meinerseits. Wenn die Verwaltung meine Rechnungen bestreitet, dann weiß sie sicher, daß die einzig unwiderlegliche Art, sie zu widerlegen, die Veröffentlichung der richtigen Zahlen ist.

Die gewöhnlichen Einnahmen am Eingang des Theaters schwanken zwischen 1 800 und 900 Francs. Ich schätze sie auf 1 200 Francs pro Aufführungstag. Davon gibt es pro Woche drei; das macht aufs Jahr berechnet 122 000 Fr.

Die Vermietung der Logen (seit zwei Jahren werden sie für das ganze Jahr vermietet) bringt ungefähr 2 400 Francs pro Aufführungstag ein, das macht aufs Jahr berechnet 345 600 Fr.

Gesamtsumme der geschätzten Einnahmen 468 400 Fr.

Überschlagsberechnung der Ausgaben der Opéra bouffe[2]

Gehälter

Mme	Pasta	35 000 Fr.
	(und ein Gewinn von 15 000 Fr.)	
Mlles	Buonsignori	20 000 Fr.
	Cinti	15 000 Fr.
	Mori	10 000 Fr.
	De Meri	7 000 Fr.
	Rossi	5 000 Fr.
	Goria	4 000 Fr.
MM.	Garcia	30 000 Fr.
	Zuchelli	24 000 Fr.
	Pellegrini	21 000 Fr.
	Bordogni	20 000 Fr.
	Bonoldi	18 000 Fr.
	Levasseur	12 000 Fr.
	Lodovico Bonoldi	6 000 Fr.
	Graziani	8 000 Fr.
	Proffetti	6 000 Fr.
	Auletta	4 000 Fr.
	Barilli, Regieassistent	8 000 Fr.
	Gehälter der Sänger insgesamt	253 000 Fr.

Chöre und Orchester	80 000 Fr.
Kostüme und Bühnenbilder	55 000 Fr.
	135 000 Fr.
Verwaltungskosten, Heizung (sehr viel Mißbrauch), Beleuchtung, Feuerwehrleute, Wache usw. usf.	60 000 Fr.

Kostenüberschlag	448 000 Fr.
Einnahmen	468 000 Fr.
Gewinn	20 000 Fr.

Wenn wir annehmen, daß diese Rechnung stimmt – und sie muß der Wahrheit ziemlich nahekommen –, gibt es einen Gewinn von 20 000 Francs. *Was wird aus diesem Gewinn?*[3] Was wird aus der Subvention von 120 000 Francs, die Seine Majestät für das Italienische Theater, das vor der Revolution das Theater von MONSIEUR war, bewilligt? Auf diese Fragen gibt es, so wette ich, keine befriedigende Antwort.

Am dringendsten muß die Italienische Oper aus den Fängen ihrer Todfeinde befreit werden, einer Verwaltung, die aus französischen Musikern zusammengesetzt ist.

Man muß das Unternehmen Italienische Oper an den Meistbietenden verkaufen.

Man muß ein Leistungsverzeichnis erstellen, ähnlich dem des *Teatro alla Scala* in Mailand, das unter Napoleon von 1805 bis 1814 sehr gut funktionierte.

Der Unternehmer müßte sich zur Erfüllung der Aufgaben verpflichten. Herr Chevalier Petrachi, der ehemalige Referent im Finanzministerium des Königreichs Italien, dem das Unternehmen *Teatro alla Scala* in Mailand mehrere Jahre unterstand, war 1822 einer der Direktoren des Italienischen Theaters in London. Er kennt sich in dieser Art von Verwaltung sehr gut aus und könnte konsultiert werden, um das gute Altbewährte zu übernehmen. Wahrscheinlich würde er eine Anstellung am Théâtre Louvois annehmen. Herr Benelli könnte auch sehr nützlich sein.

Der erste Paragraph des Leistungsverzeichnisses müßte die Bedingung enthalten, daß jedes Jahr zehn Opern gegeben werden müssen, die für Paris neu sind, davon acht von zeitgenössischen Autoren, und von den acht müssen zwei *ausdrücklich* für das Pariser Theater geschrieben sein.

Wir haben im Louvois nämlich noch keine Oper gehabt, die ausdrücklich für die Stimme von Madame Pasta geschrieben worden ist.

Die zweite Bedingung wären jedes Jahr vierzig neue Bühnenbilder, die von einem Maler gestaltet werden müßten, der mindestens zwei Jahre für die *Scala*, das *San Carlo*, das Theater von Turin oder für *La Fenice* in Venedig gearbeitet hat. Nach anderthalb Jahren müßte eine Dekoration unbedingt verkauft oder vernichtet werden. (An der *Scala* kostet ein von Sanquirico oder Tranquillo gemaltes Bühnenbild 400 Francs. In Paris kostet es 3000 Francs.)

Die Summe, die Ihre Majestät für das Vergnügen der *dilettanti* ihrer Hauptstadt und von Europa[4] zu bewilligen geruht, würde in monatlichen Raten von einem Zwölftel der Gesamtsumme an den Unternehmer des Italienischen Theaters ausbezahlt werden. Aber nun kommt, wie; es geschähe aufgrund einer *Zahlungsbewilligung* durch eine Kommission, die zunächst aus neun Musikliebhabern bestünde, die von den Leuten nominiert würden, die im Augenblick Logen im Italienischen Theater gemietet haben.[5]

Diese Kommission würde auf zwölf erweitert mittels zweier Mitglieder des Instituts und eines vom Minister ernannten Rechtsanwalts. Die ganze Kommission würde jedes Jahr neu besetzt, wobei der Minister die Möglichkeit hätte, dieselben Personen wie im Vorjahr zu ernennen. Die Mieter der Logen könnten desgleichen dieselben Delegierten ernennen.

Am 20. Dezember jeden Jahres (zu Beginn der Saison) fände eine Versammlung statt, auf der die Delegierten allen Logenmietern vom Zustand der Verwaltung Rechenschaft ablegen würden.

Der Unternehmer könnte auch französische Sänger engagieren, aber er dürfte nicht mehr als einen in jeder Oper singen lassen. Denn man braucht uns nicht Vorstellungen vorzusetzen wie die der *Nozze di Figaro* vom 13. September 1823, wo wir das Vergnügen hatten, vier französische Sängerinnen auf einmal singen zu hören. Mademoiselle Demeri, Cinti, Buffardin und . . ., und einen französischen Sänger Herrn Levasseur, der eine sehr schöne Stimme hat, für die Rolle des Grafen Almaviva aber zu schüchtern ist. Eine weitere Bedingung: Der Unternehmer kann französische Sänger engagieren, er darf ihnen aber nicht mehr bezahlen als sechstausend Francs pro Jahr.

Am 24. jeden Monats würde die Zensurkommission zusammentreten und dem Unternehmer nur dann die Zahlungsbewilligung erteilen, wenn er nachweisen kann, daß er seine Verpflichtungen im vergangenen Monat ehrlich und fleißig erfüllt hat. Der Zensurkommission würde ein Überblick über den Stand der Einnahmen von jeder Vorstellung vorgelegt, sie wäre darüber hinaus berechtigt, einen gesonderten Bericht über die Stimme und den Fleiß eines jeden Sängers anzufordern. Der Unternehmer wäre gehalten, der Zensurkommission alle Auskünfte zu erteilen, die sie verlangt.

Diese Einrichtung wäre perfekt, wenn es zweimal im Monat eine italienische Oper im Saal der großen Opéra gäbe. Die Schauspieler, die bei diesen Vorstellungen singen, würden unter dem Namen *feux* eine Sonderzuwendung erhalten.

Der große Nachteil des Arrangements, das ich gerade eben grob skizziert habe, läge darin, daß man zwanzig Jahre nach seiner Einführung im Italienischen Theater die französische Opéra schließen und im Saal an der Rue Le Peletier zwei Akte einer italienischen Oper geben würde, mit einem Ballett in der Pause wie in Neapel.

Wenn ein Minister Vorschriften erläßt, geschieht dies gewöhnlich in einem Anfall von Eigenliebe. Man möchte, daß sie gut und gerecht sind; und wenn es nicht so viel Ignoranz gäbe, gelänge dies auch. Bei den despotischen Verwaltungen steckt der Teufel im Detail. Alle privaten Entscheidungen bezüglich der Opernhäuser werden leichtfertig unterschrieben, und sie fallen aufgrund sehr geschickter und nachdrücklich verfolgter Intrigen. Daß die Geliebte eines Verwalters falsch singt, daß sie sogar manchmal ausgepfiffen wird, genügt, damit dieser Verwalter das Konkurrenztheater zu ruinieren sucht, wo besser gesungen wird, als ihm lieb ist.

Wenn das Theater in Form eines Unternehmens geführt wird, hat die Verwaltung ein Interesse an der *Verhinderung von Mißbräuchen,* statt am Begehen derselben. Der Grund für diese Veränderung zum Guten ist der, daß der süße Lohn der Mißbräuche ganz dem Unternehmer zufällt. Das strenge Regime der Verwaltung beschränkt sich also darauf, ihm Hindernisse in den Weg zu legen. Es ist klar, daß eine Zensurkommission, gewählt aus dem Kreis der Logenmieter, die öffentliche Meinung bei der Verwaltung der *Opéra bouffe* ein Wörtchen mitreden läßt. Bei der Auswahl eines Schauspielers, der Inszenierung einer Oper wird man sich fragen, ob sie von der Kommission gutgeheißen werden; ich sehe in deren Mitgliedern zwölf Anwälte, die die getroffenen Maßnahmen vor dem Publikum zu rechtfertigen beauftragt sind. Man wird sagen, das sei im Grunde genommen ein republikanischer Vorschlag. Ich antworte folgendes auf diesen Einwand: In etwa gibt es dieses System schon lange in einem ziemlich despotisch regierten Land, wo allerdings die leidenschaftliche Liebe zur Musik viel zählt: in der Stadt Wien in Österreich.

44. Kapitel

Von der Ausstattung der Theater in Italien

Es gibt in Italien zwei große Theater: die Scala in Mailand und das San Carlo in Neapel. Sie sind fast gleich groß, die Scala ist nur ein paar Fuß kleiner als das San Carlo; beide sind hufeisenförmig. Da die erste Bedingung, um beim Anhören der Musik Vergnügen zu empfinden, die ist, daß man nicht an die Rolle denkt, die man gerade spielt, bzw. die Figur, die man gerade macht, und die zweite Bedingung die, daß man sich rundum wohlfühlt, war es eine geniale Erfindung, die italienischen Theater mit separaten und voneinander absolut unabhängigen Logen auszustatten. Die scheinheiligen Reisenden wie Eustace und Konsorten haben natürlich erzählt, es gebe besondere Gründe für diesen allgemeinen Brauch, sich während des Schauspiels nicht zu zeigen. Diese spröden Seelen waren außerstande zu begreifen, daß man innerlich gesammelt sein muß, um den Reiz der Musik spüren zu können. Eine Frau ist in ihrer Loge immer von fünf bis sechs Leuten umgeben; die Loge ist ein Salon, in dem sie einen Empfang gibt, wo ihre Freunde sich einfinden, sobald sie sie mit ihrem Geliebten eintreffen sehen.

Das Theater der Scala bietet dreitausendfünfhundert Zuschauern sehr bequem Platz; es hat, soweit ich mich daran erinnere, zweihundertzwanzig Logen[1], in denen man vorne zu dritt sitzen kann; aber außer bei Erstaufführungen sieht man in der vorderen Reihe immer nur zwei Personen, den *cavaliere servente* und die Dame, die er ausführt; der Rest der Loge oder der kleine Salon kann neun bis zehn Personen aufnehmen, die den ganzen Abend ständig wechseln. Bei den Uraufführungen herrscht Ruhe, und bei den nächsten Vorstellungen nur vor den schönen Stücken. Die Leute, die sich die ganze Oper anhören wollen, nehmen im geräumigen Parkett Platz, das mit ausgezeichneten Bänken mit Rückenlehne ausgestattet ist, auf denen man so bequem sitzt, daß die englischen Reisenden auf den Skandal von zwanzig bis dreißig schlafenden Personen aufmerksam machen, die jeweils zwei

Sitzplätze auf den Bänken einnehmen. Gewöhnlich hat man ein Abonnement. Der Eintritt und ein Platz im Parkett kosten ungefähr 50 Centimes pro Abend. Die Logen sind in Privatbesitz und werden getrennt vermietet. Heutzutage kostet eine bequeme Loge in der Scala 60 Louis pro Jahr; in den Jahren, als das Königreich Italien florierte, kosteten sie 200 Louis. Eine Loge wird für 18 bis 20 000 Francs verkauft, je nachdem, auf welchem Rang sie sich befindet. Die im zweiten Rang sind die bequemsten und teuersten.

Das Theater San Carlo in Neapel wurde im Jahre 1817 von Herrn Barbaja prachtvoll wiederaufgebaut. Die Logen haben vorne vier Plätze und keine Vorhänge; sie gelten als weniger bequem als die in der Scala; weil es keine Vorhänge gibt, müssen sich die Damen mit ihrer Toilette sehr viel Mühe geben. Gesellschaftlich gesehen kann San Carlo nicht als allabendlicher allgemeiner Treffpunkt für alle Geschäftsleute dienen wie die Scala[2], weil es nur dreimal die Woche offen ist; dafür hört man dort besser auf die Musik.

Diese beiden Theater gelten als die besten Aushängeschilder (sie sind *di cartello,* wie man auf italienisch sagt), das heißt, wer dort aufgetreten ist, gilt als Sänger von Rang.

Das römische Publikum hat eine sehr hohe Meinung von seinem Verstand und ist ziemlich selbstgefällig, trotzdem sind die Theater dort klein, häßlich, unbequem und meistens aus Holz gebaut; ein einziges ist passabel, es ist zur Zeit der französischen Besatzung[3] gebaut worden. Seit der Restauration des Papstes sind die Sänger in Rom fast alle sehr schwach. Der Kardinal Consalvi, ein Mann von Geist und einer der größten *dilettanti* Italiens[4], hat unendlich viel Geschick gebraucht, um dem verstorbenen Papst die Zustimmung zur Öffnung der Theater abzuringen. Pius VII. sagte unter Tränen: Das ist der einzige Gegenstand, über den sich der Kardinal täuscht. Die Theater *Argentina, Alberti* und *Tordinona* gelten nur noch in der Karnevalsaison als Aushängeschilder, aber die Namen *Alberti* und *Argentina* sind berühmt, weil im Zeitalter der Fröhlichkeit (1760), als die Fürsten noch keine Angst hatten, ihre Stellung einzubüßen, und nur ans Vergnügen dachten, die Meisterwerke von Pergolesi, Cimarosa[5] und Paisiello für diese Theater geschrieben wurden.

Was den Ruf und das *cartello* anbelangt, so stellen die Sänger das Teatro La Fenice (von Phoenix) in Venedig noch vor die römischen Theater. Dieses Theater, das ungefähr so groß ist wie das Odéon, hat eine sehr originelle Fassade, die auf einen großen Kanal blickt; man kommt dort also in Gondeln an und fährt darin auch wieder ab; und da alle Gondeln die gleiche Farbe haben, ist es ein verhängnisvoller Ort für Eifersüchtige. Dieses Theater war wunderbar zu Zeiten der San Marco-Regierung, wie die Venezianer sagen. Napoleon ließ es für ein paar Tage in seinem alten Glanz auferstehen; jetzt ist es im Niedergang begriffen und verfällt wie der Rest von Venedig. Diese einzigartige Stadt, die fröhlichste von Europa, wird in dreißig Jahren nur noch ein ungesundes Dorf sein, wenn Italien nicht erwacht und einen König wählt; in diesem Fall stimme ich dafür, daß die uneinnehmbare Stadt Venedig Hauptstadt wird.

Die Venezianer, die sorglosesten, fröhlichsten und, wie mir scheint, philosophischsten Menschen, rächen sich bei ihren Herren für ihr Unglück mit ausgezeichneten Epigrammen. Ich habe Moralisten gekannt, die sich über ihre Fröhlichkeit empörten; ich antworte diesen griesgrämigen Menschen mit den Worten des lustigen Dieners aus der »Camilla«: *Signor, la vita è corta!* Seitdem Italien alles verloren hat durch die Niederlage des Mannes, der aus ihm einen geeinten despotischen Staat gemacht hätte, sorgen die Venezianer weiterhin mit Geist und Fröhlichkeit für den Ruhm ihres Teatro La Fenice. Hier hat, so glaube ich, im Jahre 1819 die Karriere von Madame Fodor begonnen, als sie in der *Elisabetta* von Herrn Caraffa sang. Die Venezianer ließen ihr eine Medaille prägen. Im Jahre 1821 haben sie den Ruf von *Crivelli* im *Arminio* von Pavesi neu begründet.[6] Mir kommt es so vor, als sei dieser ganze Enthusiasmus zunächst von dem Wunsch getragen zu beweisen, daß man noch lebt. In Paris liefert die Politik die Neuigkeit des Tages; in Venedig ist es die letzte Satire von Herrn Buratti, seit vielen Jahren der einzige große Satiriker Italiens. Ich rate Ihnen, lesen Sie den *Omo*, die *Streffeide*, die *Elefanteide;* die Stärke des Poeten liegt in der Schilderung des grotesken Äußeren seiner Helden. In einem Land, wo es nur zwei bis drei schlechte, zensierte Zeitungen gibt, wo es als

Zeichen von Carboneria[7] gilt, wenn man diese zu aufmerksam liest, und wo man vor träger Gleichgültigkeit stirbt, macht so etwas Schlagzeilen. Sie werden verstehen, daß die Ankunft der ersten Sängerin, die im La Fenice auftreten soll, und des Maestro, der kommt, um die Oper zu *schreiben*, noch viel bedeutendere Nachrichten sind. Deshalb gilt das Urteil von Venedig in der Musikwelt mehr als das von Paris. In Paris haben wir alle Arten von Vergnügungen; in Italien gibt es nur die Liebe und die schönen Künste, die nur eine andere Art von Liebeserklärung sind. Nach La Fenice in Venedig kommt das Hoftheater von Turin. Es gehört zum Palast des Königs und liegt an der wundervollen Piazza Castello, einem der schönsten Plätze Europas. Man geht durch Säulenvorhallen ins Theater; aber da es sich im königlichen Palast befindet, verstößt es gegen die gebotene Hochachtung vor dem König, im Winter dort im Mantel zu erscheinen. Ebenso ist es dort verboten zu lachen und zu applaudieren, bevor die Königin applaudiert hat. Weil Madame Pasta anwesend war, mußte der Kammerherr vom Dienst diese schöne Hausordnung im Jahre 1821 drei- oder viermal anschlagen lassen. Dieses ziemlich große Theater, in dem einen allerdings die Soldaten ständig ärgern, weil sie einen wegen *mangelndem Respekt* ermahnen, gilt als das viertbeste von Italien und immer als *di cartello*. Gespielt wird dort im Karneval und manchmal während der Fastenzeit.[8]

In Florenz, Bologna, Genua, Siena gibt es auch ziemlich häßliche kleine Theater, die in manchen Saisons *di cartello* sind. Manchmal ist die Karnevalsaison, manchmal die Herbstsaison gut. Das prachtvolle Theater von Bergamo ist während der Messe *di cartello*. Dasselbe gilt für das Theater von Reggio während der regionalen Messe und für das schöne neue Theater von Livorno zur Sommerzeit. All das stimmte vor zehn Jahren sehr genau, ändert sich jetzt aber nach und nach. Die meisten dieser Theater wurden von den Herrschern protegiert und unterhalten, wenn diese die Muße hatten, sich zu amüsieren. Heute, da sie die Mehrheit ihrer Untertanen mit den Priestern und einigen Adeligen an der Spitze in eine Richtung marschieren lassen wollen, die nicht modern ist, haben sie Angst[9], statt geliebt zu werden, und sie haben kein

Geld mehr für die Musik; statt schöner Opern werden Hinrichtungen durch Hängen gegeben. In Mailand und Turin spart ein Großteil des Adels sehr in Aussicht auf schlechte Zeiten. Im Jahre 1796 schickte in Cremona, einer kleinen Stadt der Lombardei, die man von dem Vers von Regnard,

Savez-vous bien, monsieur, que j'étais dans Crémone!

her kennt, die Familie, die sich für die vornehmste hielt, der Primadonna am Abend ihrer Benefizvorstellung noch zweihundert Louis.

Die Fürsten geben den Theatern schon noch ein wenig Geld, weil es sich so gehört und man alles tun muß, was man früher getan hat, aber sie geben es ungern und widerwillig. Der Kaiser von Österreich bewilligt der Scala zweihunderttausend Francs, der König von Neapel dem San Carlo ungefähr dreihundertfünfzigtausend Francs; der König von Sardinien läßt sein Theater sparsamerweise gleich von seinem Kammerherrn verwalten. Ich glaube, der einzige Herrscher, der seinem italienischen Theater gern Geld gibt, ist Seine Majestät der König von Bayern. Wenn die Hochachtung dies gestattete, würde ich sagen, er ist ein fröhlicher und glücklicher Mensch. Deswegen hat er auch immer die besten Sänger, obwohl er nur sehr wenig Geld ausgeben kann; er ist nämlich höflich und liebenswürdig zu ihnen. Letztes Jahr waren in München die reizende Schiassetti, Zuchelli, dessen Baßstimme zu Herzen geht, und der herrliche Ronconi, dieses einzigartige, wertvolle Überbleibsel aus dem schönen Jahrhundert der Vokalmusik und – ich wage es zu sagen – ein Genie unter den Sängern.

Die öffentlichen *Spiele* haben zur Pracht und Herrrlichkeit der Scala und des San Carlo nicht unwesentlich beigetragen. In vierzig Sälen, die mit dem Theater verbunden waren, standen Tische für Pharaon und Trente-et-quarante. Da der Italiener von Natur aus ein Spieler ist, machten die Bankiers sehr gute Geschäfte und zahlten große Summen an die Theaterkasse.[10] Unbedingt erforderlich waren die Spiele vor allem in der Scala, die in dem feuchten Winterklima zum allgemeinen Treffpunkt der Gesellschaft geworden ist. Ein gut beheizter und beleuchteter Raum, wo man sicher sein kann, jeden

Abend jedermann anzutreffen, ist eine sehr bequeme Einrichtung. Die österreichische Regierung hat die *Spiele* in der Scala untersagt; die kurzlebige Revolution in Neapel hat die Spielsäle geschlossen, und König Ferdinand öffnete sie nicht wieder. Mit diesen beiden Theatern wird es bald zu Ende gehen und damit mit der Musik. Nur wegen der Spiele konnte Viganò in Mailand (1805–1821) seine wundervollen Ballette geben; es war eine neue Kunst, die mit diesem großen Mann zugrunde gegangen ist.[11]

Alle Theater Italiens werden am 26. Dezember jeden Jahres feierlich eröffnet. Es ist der Beginn der Karnevalsaison, die gewöhnlich die glanzvollste ist. Seitdem die Religion wieder zu ihrem Recht gelangt ist, singt man im Advent (der heiligen Zeit vor Weihnachten, die um den 1. Dezember beginnt) nicht mehr, so daß der Entzug dieses vorrangigen Lebensbedürfnisses zusammen mit dem Warten auf das Neue dafür sorgen, daß am 26. Dezember, so glaube ich, nicht einmal die Nachricht von Napoleons Auferstehung irgend jemanden daran hindern würde, sich ausschließlich der Musik zu widmen. Die Damen gehen an diesem Abend in großer Toilette zum Schauspiel; und wenn es ein Erfolg ist, werden die Logen, die noch nicht für das ganze Jahr vermietet waren, doppelt so teuer. Der Versuch, dem Leser eine Vorstellung von der rasenden Begeisterung an diesem ersten Abend zu vermitteln, ist zum Scheitern verurteilt.

In Italien spielt man eine erfolgreiche Oper ungefähr dreißigmal hintereinander, das ist in etwa die Zahl von Vorstellungen, die man eine gute Oper[12] mit Vergnügen anhören kann. Gespielt wird an allen Tagen außer am Freitag, dem Todestag des Erlösers, und in den Gegenden unter österreichischer Herrschaft auch nicht an den siebzehn Geburts- und Todestagen der letzten drei Kaiser bzw. Kaiserinnen. In der Regel leitet der Maestro, der die Oper geschrieben hat, während der ersten drei Vorstellungen die Aufführung seiner Musik vom Klavier aus; welch eine Schmach, wenn die Oper durchfällt! Eine Oper muß aber abscheulich sein, wenn sie nicht mindestens dreimal gegeben wird; das ist nämlich das Recht des Maestro. Ich würde es befürworten, wenn dieser Brauch in Frankreich Fuß fassen würde, denn er erscheint mir vernünftig. Ich habe erlebt, wie mehrere Opern sich erst bei der dritten Vorstellung durchgesetzt haben. Die Gegenspieler wissen bei der Uraufführung, daß ihre Anstrengungen nutzlos sind, und halten sich deswegen sehr zurück.

In jeder Saison, die zwischen achtzig und hundert Vorstellungen umfaßt, werden gewöhnlich drei Opern gegeben – davon sind zwei neu und *a posta* (ausdrücklich) für das jeweilige Theater geschrieben – sowie vier Ballette, das heißt: zwei große tragische Ballette und zwei komische.

In Italien hat jede Stadt ein Theater, und die meisten Theater in den großen Städten wie Turin, Genua, Venedig, Bologna, Mailand, Neapel, Rom, Florenz, Livorno usw. haben in ihrer Verfassung die Bestimmung, daß dort zu genau vorgegebenen Zeiten neue Opern gegeben werden müssen, die ausdrücklich für diese Theater komponiert sind. Einzig wegen dieses Brauchs ist die Musik in Italien noch eine *lebendige* Kunst. Hätte der Zufall nicht dafür gesorgt, hätten die Pedanten mit ihrem Lob der alten Meister das Auftreten der neuen verhindert. Ohne diese Sitte wäre die Musik in Italien ebenso tot wie die Malerei. Der talentierte Maler muß dort auf Knien darum bitten, daß man ihn anstellt, während für den Musiker die Rollen vertauscht sind; der dicke Finanzier, der zahlt, bittet den berühmten Künstler, für das Theater zu arbeiten, das er leitet. Neue Musik in Auftrag zu geben, ist für die italienischen Städte etwas, worauf sie stolz sind, und Städte wie Saint-Cloud geben zwei- bis dreimal im Jahr Musik in Auftrag. Wenn Colbert Ludwig XVI. hätte beschließen lassen, daß den *Franzosen* alljährlich am 26. Dezember, 20. Februar und 25. August eine neue Tragödie gegeben werden soll, dann wäre die Kunst der Tragödie in Frankreich noch lebendig. Durch den *Existenz*zwang hätten die Dichter einsehen müssen, daß sie nur *erfolgreich sein* können, wenn sie sich den geistigen Fortschritten in der Nation anschließen.

Will man in Frankreich nicht etwa mit der Ausbildung von Komponisten beginnen – das wäre kein Anfang mit dem Anfang, wie Diderot sagte[13] –, sondern damit, zunächst ein Publikum herauszubilden, dann muß man bestimmen, daß jedes Jahr zu *eindeutig festgelegten Zeiten* drei neue Opern im

Louvois aufgeführt werden, die ausdrücklich für dieses Haus komponiert sind. Das Publikum hat dann das Vergnügen, sein Urteil zu fällen. Man sagt, Rossini kommt im Dezember 1823 auf dem Weg nach London, wo er eine neue Oper schreiben wird, in Paris vorbei; es wäre schön, wenn man ihn auf der Durchreise eine Zeitlang dabehalten könnte.[14]

Ich führe Ihnen ein Beispiel für einen Schauspielabend in Italien vor. Die folgende Information stammt von einem bekannten Reisenden. Am 1. Februar 1818 begann die Vorstellung in der Scala um sieben Uhr, im Sommer fängt sie um Viertel vor neun an. Am 1. Februar 1818 bestand sie aus dem ersten Akt der *Gazza ladra,* der von sieben bis Viertel nach acht dauerte; aus dem Ballett von der *Vestalin* von Viganò – es tanzten Mademoiselle Pallerini und Molinari –, das von halb neun bis zehn Uhr dauerte; und aus dem zweiten Akt der *Gazza ladra* von Viertel nach zehn bis Viertel nach elf; am Ende gab es noch die *Calzolaia* (die Schuhmacherin), ein kleines komisches Ballett von Viganò, welches das Publikum am ersten Tag ausgepfiffen hatte, das es dann aber doch mit Freuden wieder ansah, weil es neue Elemente hatte. (Im komischen Genre wird das *Neue* von einem Publikum, das auf sich hält, immer ausgepfiffen.) Mit dem kleinen Ballett endete der Abend zwischen Mitternacht und ein Uhr. Alle acht Tage wurde dem kleinen Ballett ein neuer Schritt hinzugefügt.

Für jede Opern- und Ballettszene gibt es an der Scala ein neues Bühnenbild, und die Anzahl der Szenen ist immer ganz beträchtlich, denn um des Erfolgs willen rechnet der Autor mit dem Vergnügen der Zuschauer an neuen, brillanten Dekorationen. Nie wird ein Bühnenbild *(scena)* für zwei Stücke verwendet. Wenn die Oper oder das Ballett durchfällt, wird das oftmals bewundernswerte Bühnenbild, das nur einmal zu sehen war, nichtsdestotrotz am nächsten Tag erbarmungslos übermalt; man benutzt nämlich lange Zeit dieselbe Leinwand. Diese Bühnenbilder sind mit Leimfarbe gemalt. Sie werden nach einer völlig anderen Technik hergestellt als derjenigen, die man im Jahre 1823 in Paris anwendet. In Paris glänzt alles, ist alles voll kleiner, geistreicher Details und sorgfältig gearbeitet. In Mailand ist hingegen alles auf die Masse und den Effekt abgestimmt. Es ist, als hätte David mit seinem Genie die Bühnenbilder gemalt. Daher kommt es, daß selbst die fröhlichen Dekorationen etwas Imposantes an sich haben, das die Empfindung für das Schöne weckt und hervorbringt. Man stelle sich den Prunk der Paläste vor, die Innenräume von Kirchen, Bergszenen usw. Da es aber nichts dergleichen außerhalb Italiens gibt, ist es unmöglich, diese Dekorationen *(scene)* mit Worten zu beschreiben. Ich könnte höchstens sagen, daß der Anblick der Kathedralen von Canterbury und Chartres im Diorama oder in London Herrn Bakers erhabene Ansichten von Bern und Lausanne mich an die vollendeten Bühnenbilder der Herren Perego, Sanquirico und Tranquillo für die Scala erinnert haben, allerdings mit dem Unterschied, daß die Ansichten und Dioramen nichts weiter sein wollen als naturgetreue Abbildungen, während die Dekorationen Porträts berühmter Orte sind, die durch die kühnsten Züge des *Ideals des Schönen* geadelt sind. Die Reisenden, die diese Meisterwerke der Kunst bewundert haben – ich könnte auch sagen, die *ihre Macht verspürt* haben, denn diese *scene* lassen die Musik und das Ballett doppelt so stark wirken –, werden sicher kaum glauben können, daß die großen Maler Perego, Sanquirico und Tranquillo dafür nur vierhundert Francs bekommen.[15] Es stimmt, daß die Verwaltung der Scala hundertzwanzig bis hundertvierzig neue Bühnenbilder pro Jahr malen läßt. Was soll man dem, der diese Meisterwerke gesehen hat, noch sagen? Und, was noch schwerer ist, wie soll man dem davon erzählen, der sie nicht gesehen hat, ohne sich dem Vorwurf der Übertreibung auszusetzen? Diese Dekorationen sind wie die Ballette von Viganò der ewig heikle Punkt für den, der über Reisen in Italien berichtet. Mit dem einzigen Unterschied, daß bei den Bühnenbildern der Scala Sanquirick Perego nach dessen Tod würdig vertreten hat und Tranquillo, der Schüler von Sanquirick[16], so gut ist wie sein Meister, während Viganò sein Geheimnis mit ins Grab genommen hat.

45. Kapitel

Über San Carlo und den moralischen Zustand von Neapel, der Heimat der Musik

Diejenigen Leute, die Italien bereist haben und deren Seele sich über das *Nützliche* und *Bequeme* erheben und das *Schöne* genießen kann, werden mich nach dem Grund für meine dauernde Vorliebe für die Scala fragen, von der ich öfter spreche als vom San Carlo; scheinbar gibt es nichts Ungerechteres als das, denn Neapel ist der Geburtsort der schönen Gesänge. Mailand ist schon verdorben durch die Nähe der vorgeblich vernünftigen Ideen aus dem Norden.[1] Die dreißig besten Komponisten der Welt sind in der Nachbarschaft des Vesuvs geboren, kein einziger stammt aus der Lombardei. Das Orchester von San Carlo ist dem der Scala ziemlich überlegen, letzteres verfolgt in der Musik nämlich genau dasselbe Prinzip, das den Gemälden der gegenwärtigen französischen Schule ein so glänzendes Kolorit verleiht. Weil es Angst davor hat, *lächerlich* zu wirken, betont dieses Orchester rein gar nichts; das ist wie mit den Ärzten, die aus Angst davor, als *Sangrado* zu erscheinen, lieber einen Kranken ohne Erste Hilfe sterben lassen.

Aus Angst, nicht *sanft* und harmonisch zu klingen, das heißt im Grunde genommen aus der Angst, *lächerlich* zu wirken, die bei den ultrazivilisierten Völkern leicht mit jeder Kraftanstrengung und jedem *originellen Zug* verbunden ist, haben die französischen Koloristen am Schluß alles Grau in Grau gemalt, selbst das schönste Grün. Genauso würde sich das Orchester der Scala verloren wähnen, wenn es lauter als *piano* spielen würde. Es ist der absolut gegenteilige Fehler zu dem des Orchesters im Louvois, das seinen ganzen Ehrgeiz darein legt, immer *forte* zu spielen und sich überhaupt nicht um die Sänger zu kümmern. Das Orchester der Scala ist vielmehr deren sehr ergebener Diener.

Bis hierher spricht alles für Neapel; aber die absolute Monarchie des Hauses Österreich ist eine oligarchische Monarchie, das heißt, sie ist vernünftig, sparsam, berechnend. Die hohen Herren von Österreich lieben die Musik und kennen sich aus. Die österreichischen Fürsten sind ihrem Charakter nach gütig und kenntnisreich; sie hüten sich davor, irgend etwas zu unternehmen, ohne vorher des langen und breiten eine Ratsversammlung von alten Männern zu konsultieren, die zwar keine guten, neuen Ideen haben, aber dafür sehr vorsichtig sind. Der neapolitanische Despotismus war in bezug auf San Carlo und Herrn Barbaja ganz im Gegenteil eine sehr amüsante Günstlingswirtschaft mit all deren Absurditäten. In Neapel ist es unter Herrn Barbaja vorgekommen, daß das San Carlo manchmal eine ganze Woche lang geschlossen blieb. Statt eines großen Balletts und einer Oper mit zwei Akten hat sich Barbaja dazu hinreißen lassen, nur noch einen Akt einer Oper und ein Ballett zu geben, um die manchmal zufällig unpäßliche Stimme von Mademoiselle Colbrand zu schonen. Fremde sind nach Neapel gekommen und haben dort drei Monate verbracht, ohne jemals den zweiten Akt der *Medea* oder der *Cora* zu hören. Ich hätte mich in diesem Fall schnell getröstet, diese Fremden aber waren Deutsche, die an der Musik von Mayr hingen. Im übrigen waren die *Medea* und die *Cora* in Mode. Zwei Monate lang wurde immer der erste Akt der *Medea* gegeben, zwei Monate lang der zweite, je nach dem Zustand der Stimme von Mademoiselle Colbrand.

In Neapel ist es (schrecklich zu sagen!) so weit gekommen, daß es Tage ohne ein musikalisches Schauspiel gab. Das wäre 1785, vor der Kriegserklärung des Dritten Standes an die Aristokratie, nicht so schlimm gewesen; fünfzig liebenswerte Salons wären einem offengestanden; aber seither ist folgende kleine Veränderung eingetreten: Seit den Massakern von Königin Karoline und Admiral Nelson ist die Atmosphäre so haßerfüllt und vergiftet, daß die erste Abmachung, die *Liebende* in Neapel miteinander treffen, die ist, nicht über Politik zu reden; wenn einer der beiden auf den Gedanken kommt, über das zu reden, was, wenn nicht gerade eine verdächtige Person anwesend ist, die einzig interessante Unterhaltung auf der Welt ist, gilt das als offenkundiges Zeichen dafür, daß er der Beziehung ein Ende setzen will. Da ich in Rußland den jungen R... kennengelernt hatte, wurde ich in die reizende Familie des Marquis N... freundlich aufgenommen, der zwei Söhne und eine Tochter hat. Der ältere Sohn ist ein Carbonaro, der andere der jetzigen Regierung treu ergeben; der Vater ist ein Parteigänger von König Murat und der französischen Neuerungen; die Mutter gehört der frömmelnden Partei an, und die Tochter setzt sich leidenschaftlich für die gemäßigten Carbonari ein, die die französische Verfassung mit den Kammern wollen; ich glaube, daß der Mann, den sie liebt, sich im Exil in London befindet. Daher kommt es, daß in dieser sehr wohlerzogenen Familie, die sich ansonsten sehr gut versteht, bei Tisch fast immer tödliches Schweigen herrscht, oder man beschränkt sich darauf, über das Wetter, den letzten Ausbruch des Vesuvs oder die Novene des heiligen Gennaro zu reden. Selbst das Theater und Rossini sind nämlich inzwischen zu Parteifragen geworden, über die man sich ausschweigt, um nicht wütend zu werden; außerdem kommt die Gewalt einen in Neapel tausendmal teurer zu stehen als in unserem vernunftbetonten Klima. Eine schöne Oper, der *Mosè* ! sagt der jüngere Sohn, der Parteigänger des Königs. – Ja, sagt der ältere, und hübsch gesungen! Gestern abend sang die Colbrand nur einen Halbton zu tief *(non calava).* Daraufhin herrscht vollkommenes Schweigen. Denn schlecht von der Colbrand reden, das heißt schlecht vom König reden, und die beiden Brüder sind übereingekommen, sich nicht zu überwerfen. »Alles hat die Revolution erstickt«, sagte der Carbonaro-Sohn zu mir, »bis hin zum Vergnügen der Liebe. Diese verdammten Franzosen haben uns ihre Eitelkeit und ihre geregelten Sitten gebracht; all unsere jungen Frauen bleiben schön brav zu Hause. Danach wundern Sie sich noch, daß wir, die unglücklichen jungen Männer, um uns zu zerstreuen, wenigstens ein Unterhaus mit stürmischen Debatten haben wollen, vor allem, da wir so gute Schauspieler haben wie Poerio, Dragonetti usw.[2] Es gibt in Neapel überhaupt nur noch die Ballette, nach Paris die besten von der Welt, und das Ufer der Mergelina.« Ich gebe die Worte meines neapolitanischen Freundes genauso wieder, wie er sie gesagt hat. Die des Herrn Gardel würdigen Ballette von Neapel haben nichts gemein mit den Balletten von Viganò, einer romantischen Neuschöpfung, die im San Carlo ausgepfiffen wurde. Die Bühnenbilder oder das Vergnügen fürs Auge sind in Neapel zwanzigmal besser als in Paris; da man aber leider auf dem Weg nach Neapel über Mailand fährt, erscheinen einem die Dekorationen von San Carlo gewöhnlich und oft auch schockierend.

Für die Musik erhoffe ich mir noch etwas von Kalabrien, den östlichen Provinzen, von Tarent und ganz allgemein von allem, was südlich von Neapel liegt. Der Grund, den ich dafür habe, ist schwer zu sagen, denn er läuft sowohl dem gesunden Menschenverstand als auch dem Anstand zuwider.[3] Dennoch werde ich ihn zu erläutern versuchen. Bei einem Volk sind die Künste das Ergebnis seines physischen Zustands und seiner ganzen Kultur, das heißt von *mehreren hundert* Gebräuchen. Nun lebte die Musik schon hundert Jahre lang in der schönen Stadt Parthenope und klang zum Himmel empor, als die Franzosen die Stadt Neapel zu schikanieren begannen, dort liberale Sitten, Bücher und Ideen einführten und vor allem die Liebschaften unterdrückten; die Sitten haben sich in den weitläufigen Regionen südlich von Neapel aber nicht geändert. Immer noch wird in jeder Familie der älteste Sohn Priester, verheiratet einen seiner jüngeren Brüder, damit der Name nicht ausstirbt und hat ein gutes Verhältnis zu seiner Schwägerin. Das einzige Vergnügen der Familie, die sich sehr gut versteht, ist es, Musik zu machen. Aber wissen Sie, was man inmitten dieses sanften, kleinen Lebens befürchtet? Daß irgendein böser Nachbar den bösen Blick hat und ihnen Unheil bringt.

Die *jettatura* (der böse Blick) ist das Schreckgespenst des Königreichs Neapel. Wenn Sie von einer *jettatura* getroffen werden, geht alles bei Ihnen zugrunde. Gegen die *jettatura* trägt jedes Familienmitglied ein Dutzend Reliquien und *Agnus dei*, und jeder Mann hat ein *Horn* aus Koralle an seiner Uhrkette; manch einer trägt ein acht bis zehn Daumen langes Horn um den Hals wie das Porträt einer Geliebten, man trägt es mehr oder weniger in den Westenfalten versteckt. Als ich von Palermo nach Neapel zurückkam, mußte ich, da die großen Hörner in Palermo sehr billig sind, zwölf bis fünfzehn drei Fuß lange Rinderhörner nach Neapel mitbringen, wo sie merkwürdigerweise in Gold gefaßt wurden und ich sie bald in den Schlafzimmern oder Salons zu sehen bekam. Als ich von

Palermo nach Neapel zurückfuhr, hatte unsere *speronara* ein sehr stürmisches Wetter durchzustehen. Um nicht seekrank zu werden, sang ich vor mich hin; daraufhin fingen die Schiffer an zu fluchen, ich würde Gott versuchen und flüsterten sich zu, ich könnte sehr wohl ein *jettatore*[4] sein. Ich zeigte ihnen die Vielzahl von Hörnern, die ich bei mir hatte, daraufhin beruhigten sie sich; um die Versöhnung zu besiegeln, ging ich auf eine kleine Statue der heiligen Rosalia zu, vor der eine Kerze brannte (. . .).

In Kalabrien, inmitten dieser Lebensweise, sind Paisiello, Pergolesi, Cimarosa und hundert andere aufgewachsen. Sicher hätten amerikanische Matrosen mich nicht für den Mann mit dem bösen Blick gehalten; nur, was hat das vernünftige Amerika auf dem Gebiet der Kunst hervorgebracht? Ein moderner Schriftsteller, ich glaube, es war der liebenswürdige Vauvenargues, hat einmal gesagt: »Das Erhabene ist der Widerhall einer großen Seele.« Es ist noch zutreffender, wenn man sagt: Die Künste sind das Produkt der gesamten Kultur eines Volkes und all seiner Bräuche, selbst der banalsten und lächerlichsten. So wollte in Italien um das Jahr 1300, als alle Welt an die Lehre vom Fegefeuer glaubte, jedermann eine Kapelle bauen und darin das Gemälde seines Schutzpatrons anbringen, um im Falle, daß er ins Fegefeuer komme, von ihm beschützt zu werden; und wir verdanken Raffael und Correggio zweifelsohne einer so barocken Idee.

Genauso haben die Tyrannei und das Spitzelwesen von Cosimo dem Großen in Florenz, der Farnese in Parma usw. die Italiener daran gehindert, sich mit Vergnügen zu unterhalten. So entstand die Einsamkeit; und die Einsamkeit kann in diesem schönen Klima nicht lange ohne Liebe existieren. Die Liebe ist hier düster, eifersüchtig, leidenschaftlich; mit einem Wort, die wahre Liebe.[4] Diese Liebe fand um das Jahr 1500 in der Kirche (die Priester nehmen in diesem Land alle Sinne in Beschlag, um die Seelen des Sünders zu erschrecken und sie zu freigebigen Spenden zu animieren)[5] die Musik vor, sah darin ihr Mittel, das einzige, das es auf der Welt geben kann, um all die flüchtigen Nuancen von Liebesglück und -leid auszudrücken.

Das alte *miserere* des Vatikan, das Allegri um das Jahr 1400 komponiert hat, liegt – und daran zweifle ich überhaupt nicht – auch dem so weltlichen Duett:

Io ti lascio perchè uniti

aus dem ersten Akt des *Matrimonio segreto* zugrunde sowie der erhabenen Arie des *Romeo*:

Ombra adorata, aspetta.

Hier nun eine wahre Geschichte, die sehr ausführlich erzählt wird in alten, staubigen Handschriften, die in Bologna noch erhalten sind, an die man aber nur schwer herankommt.[6] Im Jahre 1273 verliebte sich Bonifazio Jeremei, der verbissen an seiner *Guelfen*-Familie hing, leidenschaftlich in Isnelda, die Tochter des berühmten Orlando Lambertazzi, eines der Oberhäupter der Partei der Ghibellinen; die Scherze, die die jungen Leute der Guelfen-Partei über die weithin bekannte Schönheit von Isnelda machten, hatten zweifelsohne dazu beigetragen, daß Jeremei sich in sie verliebte. Sie trafen sich in einem Kloster, trotz des Parteienhasses, der ihrer beider Familien entzweite; daß sie einander nicht einmal ansehen durften, wenn sie sich an religiösen Feiertagen in der Kirche trafen, fachte ihre Leidenschaft noch mehr an. Schließlich willigte Isnelda ein, ihren Geliebten in ihrem Zimmer zu empfangen. Einer der Spitzel, die ihre Brüder jeden Abend um den Palast herum aufstellten, benachrichtigte sie, ein junger, offensichtlich gut bewaffneter Mann habe gerade das Zimmer betreten. Die Lambertazzi verschaffen sich gewaltsam Zugang zum Zimmer ihrer Schwester; und während sie wegläuft, sticht einer von ihnen Bonifazio in die Brust mit einem jener vergifteten Dolche, die die Sarazenen in Italien eingeführt hatten. Genau zur selben Zeit bewaffnete der von den Fürsten des Abendlandes so gefürchtete *Alte vom Berge* jene jungen Fanatiker mit solchen Dolchen, die seither unter dem Namen *assassins* so berühmt geworden sind. Bonifazio fällt sofort zu Boden; die Lambertazzi tragen ihn in einen verlassenen Hof ihres Palastes und verstecken ihn unter Trümmern. Kaum haben sie sich zurückgezogen, da gelangt Isnelda, die den Blutspuren auf den Treppen und Geheimgängen im Palast ihres Vaters gefolgt ist, schließlich in den verlassenen, mit hohen

Gräsern bewachsenen Hof, in dem man den Körper ihres Geliebten versteckt hat. Einem alten Volksglauben zufolge kann, wenn sich jemand findet, der sein eigenes Leben zu opfern bereit sei, der Verwundete gerettet werden, wenn man die von den vergifteten, orientalischen Dolchen geschlagene Wunde aussaugt. Isnelda kennt die Dolche ihrer Brüder, sie wirft sich ihrem Geliebten auf die Brust und saugt vergiftetes Blut aus; dabei stirbt sie aber, ohne daß es ihr gelingt, ihn zum Leben zu erwecken. Nach ein paar Stunden finden sie ihre Dienerinnen, die über ihre Abwesenheit besorgt waren, leblos neben dem Leichnam ihres Geliebten.

Das ist die Liebe, die die schönen Künste zu inspirieren würdig ist.

Verglichen mit Mailand und abgesehen vom Klima hat Neapel nur den bewundernswerten Casaciello[7] für sich aufzuweisen und seine Art, eine alte Oper von Paisiello aufzuführen, mit der *Nina* zusammen meines Wissens die einzige, die heute noch gespielt wird. Wenn Sie noch nie in Ihrem Leben gelacht haben, würde ich zu jenem dicken englischen *squire* sagen, der sich in Räsonnements über die Nützlichkeit von Bibelgesellschaften oder über die Unmoral der Franzosen ergeht, dann fahren Sie nach Neapel und schauen sich Casacia in der *Scuffiara o sia la modista raggiratrice* an.

Mehrere Ursachen verstärken die natürliche Veranlagung der Italiener für die Musik. Wie soll man auch lesen in einem Land, wo die Polizei drei Viertel der Bücher abfängt und anschließend all die Unvorsichtigen in ein rotes Buch einträgt, die das restliche Viertel lesen? In Italien liest man also nicht; jede echte Diskussion ist verboten; und die jungen Leute sind Bücher so wenig gewöhnt, daß sie ihnen als eine Last gelten, so daß sie bereits vor deren Erscheinen zittern. Nun hat ein Buch, selbst das schlechteste Pamphlet, aber die Wirkung, daß es den Menschen von seinen Gedanken ablenkt und sozusagen nach und nach die Sensibilität erstickt, wie sie die Ereignisse des Lebens bewirken, und noch bevor sie sich zum Strom der Leidenschaft auswächst. Die durch Zerstreuungen lahmgelegte Sensibilität kommt also auf keinen Fall dazu, sich zu übersteigern.

Durch den erzwungenen Mangel an jeglicher Lektüre hat

der junge Mann in einem von der doppelten Tyrannei der Priester und Regierungen unterdrückten Land mit Spitzeln an jeder Straßenecke als einzige Möglichkeit der Zerstreuung seine Stimme und sein schlecht gestimmtes Cembalo; er muß also sehr viel an die Eindrücke seiner Seele denken; das ist das einzig Neue, was ihm zur Verfügung steht.

Da der junge Italiener seine Gefühle von allen Seiten betrachtet, beobachtet und fühlt er insbesondere Nuancen, die ihm entgangen wären, wenn er wie sein englischer Zeitgenosse auf dem Tisch zur Zerstreuung eine Seite *Quentin Durward* gefunden hätte oder einen Artikel aus dem *Morning Chronicle*; denn es ist bei weitem nicht so, daß es zunächst immer angenehm ist, an die Gefühle zu denken, die uns bewegen. Man vergrößert seine Schmerzen, wenn man sie analysiert, und man vermindert das Vergnügen. Aber in Neapel sehe ich nur eine einzige nicht verbotene Zerstreuung für die Leidenschaften, die das Klima in die Herzen legt; es ist die Musik, und diese Zerstreuung ist noch dazu nur ein anderer Ausdruck derselben Leidenschaften und zielt darauf, ihre bohrende Kraft zu verstärken.

46. Kapitel

Von den Menschen aus dem Norden und ihrem Verhältnis zur Musik

Die Vorsicht ist der Tod der Musik; je leidenschaftlicher ein Volk ist, desto weniger ist es gewohnt, zu überlegen und zu begründen, um so mehr liebt es die Musik.

Der Franzose ist locker und lebhaft, aber sehr beschäftigt; alle Karrieren stehen seinem Ehrgeiz offen; im übrigen spielt auch der reichste Mann. Der Franzose ist auf dem Schlachtfeld ebenso ruhmreich wie in der Literatur; der Name Marengo ist in Europa ebenso berühmt wie der Voltaires; in der Welt, das heißt, sobald man zu dritt ist, denkt der Franzose an seine Eitelkeit, entweder um ihr zu Erfolgen zu verhelfen oder um Mißerfolge zu vermeiden. Er verbringt seine Zeit ganz und gar ernsthaft damit, an den wahrscheinlichen Erfolg eines Kalauers zu denken; Überlegung und Vorsicht lassen ihn nie im Stich. Selbst in der ausgelassensten und fröhlichsten Stimmung gibt er sich nie mit gesenktem Kopf ganz der Macht des Augenblicks und dem Risiko hin, daß ihm alles Mögliche passieren kann. Er ist in Gesellschaft sehr liebenswürdig, aber die *Gesellschaft* ist für ihn zur vorwiegenden Beschäftigung geworden.[1] Die Franzosen sind das geistreichste, das angenehmste und bislang unmusikalischste Volk des Universums.

Die leidenschaftlichen Italiener und die durch ihre umherschweifende Phantasie mitgerissenen Deutschen, die *durch die Vorstellung leidenschaftlich* werden, sind hingegen Völker, die ausdrücklich geschaffen sind für die Illusionen, die ein Duett von Rossini oder eine Arie von Paisiello hervorrufen. Zwischen der Musik dieser beiden Länder gibt es den Unterschied, daß die der Deutschen lauter ist, weil die Kälte sie mit derberen Organen ausgestattet hat. Wegen dieser Kälte, die die Wälder Germaniens zu Eis erstarren läßt, und weil es keinen Wein gibt, hat der Deutsche keine Stimme. Seine väterlich feudale Regierung hat ihn zu grenzenloser Geduld erzogen, deswegen verlangt er die Emotionen von den Instrumenten.[2] Der Italiener glaubt an Gott, wenn er Angst hat, und er denkt immer an irgendwelche Täuschungsmanöver, weil er sein ganzes Leben lang von den peinlichst genau agierenden, unversöhnlichsten Tyranneien unterdrückt wird. Der Deutsche täuscht hingegen nie jemanden und glaubt alles; und je mehr er nachdenkt, um so gläubiger wird er. Herr von G**n, der beste Jurist Deutschlands, hat in seinem Schloß Gespenster gesehen. Von den Germanen des Tacitus hat der Deutsche eine unglaubliche Treuherzigkeit geerbt; so macht jeder Deutsche seiner Frau, bevor er sie heiratet, drei bis vier Jahre lang *öffentlich* den Hof. In Frankreich käme es so nie zu einer Heirat; in Deutschland ist es selten, daß sie nicht zustande kommt. Ein Mädchen aus vornehmen Kreisen ist seinem Liebhaber gegenüber beleidigt und ernsthaft böse, wenn sie ihn dabei ertappt, daß er nicht an die *Freikugeln* im *Freischütz*[3] glaubt; der Herr Graf von W***, ein junger, sehr vornehmer Diplomat und gut aussehender Mann, erzählte in meinem Beisein, er und seine Brüder hätten im Alter von siebzehn Jahren jedes Jahr in der Nacht des 9. November gefastet und seien am nächsten Morgen in ein bestimmtes Tal des Harzes gegangen, um dort mit efeuumkränztem Kopf und allen anderen traditionellen Zeremonien Freikugeln zu gießen. Anschließend seien sie ganz erstaunt gewesen, wenn sie aus sechshundert Fuß Entfernung auf ein Wildschwein geschossen und es nicht getroffen hätten. Und dabei bin ich nicht dümmer als die anderen, fügte der liebenswürdige Graf W*** lächelnd hinzu.

Der Engländer ist traurig gestimmt durch seine Bibel; seine Bischöfe und Lords verbieten ihm seit Locke, sich mit Logik zu beschäftigen. Sobald man ihm von irgendeiner interessanten Entdeckung oder von irgendeiner großen Theorie erzählt, antwortet er einem mit der Gegenfrage: Wozu nutzt mir das *hier und heute?* Er verlangt nach einer *sofortigen, praktischen* Nützlichkeit. Eingeschnürt in die Notwendigkeit, unablässig zu arbeiten, um nicht *Hungers zu sterben und ohne Kleider dazustehen,* haben die Menschen der Klasse, die mit Geist begabt ist, keine Minute Zeit, um sich mit den Künsten zu beschäftigen; das sind große Nachteile. In Italien und Deutschland frönen die jungen Leute hingegen ihre ganze Jugend der

Liebe, und selbst diejenigen, die am meisten arbeiten, werden dadurch kaum behindert, wenn man ihre leichten Tätigkeiten, die immer schon längst vor dem Essen zu Ende sind, mit der harten und barbarischen Arbeit vergleicht, die dank der Aristokratie und dank Herrn Pitt zwölf Stunden am Tag die armen Engländer verrichten müssen.[4] Aber der Engländer ist überaus schüchtern; aus dieser traurigen Eigenschaft, der Tochter des Aristokratie und des Puritanismus, entspringt meines Erachtens großenteils die Liebe des Engländers zur Musik. Die Angst, sich lächerlich zu machen *(to expose oneself)*, sorgt dafür, daß ein junger Engländer nie über seine Gefühle spricht. Diese von wohlverstandener Eigenliebe geprägte Diskretion kommt der Musik zugute; er macht sie zu seiner Vertrauten und oft zum Ausdruck seiner intimsten Gefühle.

Es genügt, die *Beggar's Opera* oder Miss Stephens oder den berühmten Thomas Moore singen zu hören, um zu wissen, daß der Engländer für die Musik sehr empfänglich ist und sie sehr liebt. Diese Veranlagung ist, wie mir scheint, in Schottland noch ausgeprägter; der Schotte hat nämlich sehr viel mehr Phantasie; und zwar deswegen, weil er in seinem Land an den langen Winterabenden untätig sein muß.

So sind wir nun endlich wieder bei der erzwungenen Muße des armen Italiens angelangt; für die Musik bedarf es immer der *erzwungenen Muße, die von der Phantasie ausgefüllt wird.* Als ich das erste Mal in Schottland ankam, ging ich in Inverness von Bord; durch Zufall bekam ich sogleich die Begräbniszeremonien der Bewohner von den Highlands zu sehen und die Seufzer der rundum versammelten alten Frauen zu hören:

> *Dieses bißchen Erde hat der himmlische Hauch*
> *gerade aufgehört zu beseelen.*[5]

Ich sagte mir: Dieses Volk muß musikalisch sein. Als ich am darauffolgenden Tag durch die Dörfer wanderte, erscholl von überallher die Musik; das war zwar keine italienische Musik, aber eben eine schottische; es war eine eigenständige Musik dieses Landes. Wenn Schottland, statt arm zu sein, ein reiches Land wäre; wenn Edinburgh wie Petersburg durch Zufall die

Residenz eines mächtigen Königs und der Treffpunkt eines *müßigen* und sehr reichen Adels geworden wäre, dann wäre die natürliche Quelle der Musik, die zwischen den bemoosten Felsen des alten Kaledoniens hervorsprudelt, gefaßt, gereinigt und ins Ideal gesteigert worden, und man hätte eines Tages von der *schottischen Musik* gesprochen, so wie man heute von der deutschen Musik spricht. Das Land, das die düsteren und anziehenden Bilder von Ossian und von den *Tales of my landlord* hervorgebracht hat, das Land, das stolz ist auf Robert Burns, kann Europa zweifelsohne einen Haydn oder Mozart schenken. Burns war mehr als zur Hälfte Musiker. Aber denken Sie einen Augenblick an Haydns Jugend und sehen Sie sich dann an, wie Burns an der Armut und am Schnaps zugrunde ging, den er trank, um sein Elend zu vergessen. Wenn Haydn nicht schon in seiner Kindheit drei bis vier reiche Gönner und eine mächtige Institution (das Internat der Chorknaben von St. Stephan in Wien) getroffen hätte, wäre der größte Harmoniker Deutschlands ein mittelmäßiger Wagenbauer in Rohran in Ungarn geworden. Fürst Esterhazy hört Haydn und holt ihn in sein Orchester; ein ungarischer Fürst ist eben ein ganz anderer Mensch als ein dicker, vernünftiger Pair aus der Umgebung von London. Verfolgen Sie die Beziehungen des Fürsten Esterhazy zu Haydn[6], dann wundern Sie sich überhaupt nicht mehr über die Unterschiede im Schicksal von Haydn und Burns, nicht einmal über die prunkvolle Statue, die man Burns gerade errichtet hat.

Seit zwanzig Jahren sind die Sitten der beiden kultiviertesten Völker der Welt von der schmutzigsten Heuchelei wie von der Lepra befallen. Bei uns hält sich vom Unterpräfekten bis zum Minister jeder für verpflichtet, seinen Untergebenen ein wenig Komödie vorzuspielen, und macht sich zugleich über die Taschenspielertricks seiner Vorgesetzten lustig.[7] Ein Mann mit einer Pension von tausend Talern bewundert die Lithographie an der nächsten Ecke nur, solange der Künstler die richtige Einstellung hat. Wenn er ein *falsches Urteil* in der vergänglichsten der schönen Künste abgibt, wird der Freund des Hauses, der kleine Berichte mit Rechtschreibfehlern über den öffentlichen Geist verfaßt, bei der erstbesten Säuberung dafür sorgen, daß diesem Mann die Pension gestrichen wird.

Das ist eine weitere *Anstandsregel*, die der Heuchelei, die das Natürliche und die Fröhlichkeit aus Frankreich verbannt hat. Was England anbelangt, so werde ich einen Satz seines größten Dichters abschreiben:

The cant which is the crying sin of this double-dealing and false-speaking time of selfish spoilers.[8]

Die französische Heuchelei hat schon die Malerei zunichte gemacht; wird es ihr gelingen, die Musik in ihren verschlungenen Pfaden zu umklammern?

In der Heuchelei der Italiener gibt es nichts Freiwilliges. Die Gefahr ist so nah, daß die Heuchelei nur mehr Vorsicht und deswegen kaum noch erniedrigend ist.

Ich bitte den Leser um die Erlaubnis, ihm hier als Entschuldigung und Korrektiv der *Übertreibungen*, derer ich mich in diesem Werk schuldig gemacht habe, einen Brief von Mademoiselle Lespinasse vorlegen zu dürfen, der in der vor ein paar Jahren gedruckten Korrespondenz dieser berühmten Frau nicht zu lesen war:

VERTEIDIGUNGSSCHRIFT

zugunsten dessen, was meine Freunde meine Übertreibungen, Schwärmereien, Widersprüche, Ungereimtheiten, meine usw. usf. nennen

Dienstag, den 31. Januar 1775

»Nun stellen Sie mir schon wieder eine Falle! Gestern sagten Sie mir in aller Güte: Sie gehen morgen in die *Fausse Magie*; ich bitte Sie aus Freundschaft darum, mir ausrichten zu lassen, was Sie davon halten. Aber Sie wissen sehr wohl, antwortete ich, daß ich nicht denke und nie urteile. Macht nichts, sagten Sie; ich mag Ihre Eindrücke, zunächst weil sie echt sind und dann, weil sie *übertrieben* sind und es mir Spaß macht, sie zu bestreiten. Diese Beobachtung, die Sie für so wohlbegründet halten, müßte mich also abhalten; ich müßte *mir* danach eine recht gemäßigte, recht vernünftige Meinung *bilden*. Es fehlte ihr sicher an Geschmack und an der Kenntnis der Dinge, von denen ich reden würde; aber zumindest würde ich die Menschen von Geist nicht aufbringen, sie sind nämlich nachsichtig, und die Dummen würden mich schätzen, weil sie die *Fliegenschnäpper* mögen. Das läßt sie ruhig schlafen, während die lebhaften Eindrücke, die starken Seelenregungen sie verletzen, beunruhigen, ohne ihnen je Aufklärung zu bringen oder sie zu erregen. Ich werde mich gehen lassen. Ich werde weder auf die Dummen noch auf die Menschen von Geist Rücksicht nehmen; ich werde nicht einmal Ihr Urteil fürchten, ich liefere mich ihm aus. Ich werde töricht oder absurd sein, wie es Ihnen gefällt; ich werde ich sein.

Ich habe mich bei dieser Probe vergnügt, ja, sehr vergnügt, und ich wette, daß alle Kenner mir nicht das Gegenteil beweisen können. Ich habe Grétrys Talent bewundert; ich habe zwanzigmal begeistert gesagt: Nie zuvor war man in der Musik geistreicher, zarter, feiner und geschmackvoller; sie hat das Unterhaltende, die Anmut der Konversation eines Manns von Geist, der immer fesselnd und nie ermüdend wirkt, der immer nur soviel Wärme und Kraft in eine Sache legt, wie ihr gebührt, und der um so reicher wirkt, weil er immer das Maß hält, das der gute Geschmack ihm vorschreibt. Schließlich sagte ich, wenn mir der Autor dieser Musik unbekannt wäre, würde ich das Unmögliche unternehmen, um ihn hier und heute kennenzulernen. Ich war immer vergnügt, die Freude ließ nicht nach; das Orchester schien zu sprechen, und ich rief ununterbrochen aus: *Oh! wie entzückend ist das*! Ja, ich sage es noch einmal, es ist entzückend, zwei Stunden mit sanften, echten, sich laufend ändernden Empfindungen zu verbringen. Das Libretto kam mir reizend vor; ich glaube, der Dichter war von Anfang bis Ende bemüht, den Musiker zur Geltung zu bringen. Die Arien sind sehr intelligent und geschmackvoll verteilt; er hat das Mittel gefunden, die alten Männer ebenso komisch, ebenso amüsant zu gestalten wie Molière. Grétry hat aus dieser Szene ein Duo gemacht, das deren Komik und Fröhlichkeit ebenso belebt wie originell zum Ausdruck bringt. Endlich, was soll ich Ihnen sagen? Ich war entzückt, bezaubert, und ich kann nur lieben und loben und überhaupt nicht kritisieren, was mir so viel Vergnügen bereitet hat.

Ich sehe Sie vor mir, ich höre Sie, und Sie hoffen, daß ich Grétry für besser halte als Gluck, weil der augenblickliche Eindruck, auch wenn er schwächer ausfällt, den vergangenen auslöschen muß. Nun, das wird er nicht, und ich werde Sie zu der Bemerkung veranlassen, daß ich mit meinen Übertreibungen kein Recht auf Ausschließlichkeit habe; und wissen Sie warum? Weil es meine Seele ist, die das Lob ausspricht, weil ich boshafte Kritik hasse, und weil ich im übrigen das Glück habe, die scheinbar gegensätzlichsten Dinge wahnsinnig zu lieben; so sehr, daß ich das Talent von Herrn Grétry liebe, zärtlich liebe und das von Herrn Gluck schätze und bewundere. Da ich aber weder so verständig und kenntnisreich noch dumm genug bin, um den Talenten Plätze oder Ränge zuzuweisen, sage ich nicht, welcher der beiden besser ist, noch vergleiche ich, was gar nicht ähnlich werden sollte. Ich weiß nicht, wie weit die beiden Künstler von Natur aus voneinander entfernt sind; aber ich weiß, daß sie bei gleichem Talent dasselbe verschieden benutzt haben müssen, schließlich ist die komische Oper keine Tragödie. Der Eindruck, den ich von der Musik des *Orphée* hatte, hat nichts gemein mit dem, den ich heute morgen empfangen habe. Er war so tief, so herzzerreißend, daß es mir absolut unmöglich war, über meine Gefühle zu sprechen. Ich empfand die Erregung einer Leidenschaft, ich mußte mich sammeln; und wer meine Gefühle nicht teilte, hätte mich für dumm halten können. Diese Musik entsprach meiner Seele, meiner Stimmung so sehr, daß ich mich zwanzigmal wieder in mich zurückgezogen habe, um den Eindruck noch einmal zu genießen, den ich empfangen hatte; kurzum, diese Musik, diese Töne machten den Schmerz reizvoll, und ich fühlte mich verfolgt durch diese durchdringend und mitfühlend gesungenen Worte: *J'ai perdu mon Eurydice*. Und wie soll ich danach die *Fausse Magie* damit vergleichen können? Wie soll ich das, was nur gefällt und fesselt, mit dem vergleichen, was die Seele erfüllt, was sie durchdringt, was sie völlig verwirrt? Wie den Geist mit der Leidenschaft vergleichen? Wie ein lebhaftes und reges Vergnügen mit der sanften Melancholie, die aus dem Schmerz fast einen Genuß macht? Oh nein! Ich vergleiche nichts, und ich genieße alles. Und wenn Sie die Widersprüche in meinem

Geschmack, Ungereimtheiten in meinen Ansichten nennen, dann tun Sie das eben; ich will nicht so konsequent sein wie die Vernunft; aber ich will das ganze Vergnügen der Sensibilität und aller Arten von Sensibilität genießen. Analysieren wir weniger und genießen wir mehr; traktieren wir die Gegenstände des Gefallens und des reinen Amüsements nicht mit dem Geist der Kritik; seien wir zumindest nachgiebig zu dem, was uns gerade Vergnügen bereitet hat, davon wird unser Geschmack weder schlechter noch unangemessener.

Ich werde also lieben, was mir ganz verschieden, ja, was mir gegensätzlich erscheint; ich werde den friedfertigen, sanften Gessner lieben, er bringt meiner Seele Ruhe; und ich werde die *Clarissa* lieben und bewundern und vor ihr auf die Knie fallen, weil ich sie für eines der schönsten, größten und stärksten Produkte des menschlichen Geistes halte; ich werde entzückt, begeistert sein von allen Arten von Schönheit, an denen dieses Werk so reich ist. Die Wahrheit, die Schlichtheit dieses Romans wirken auf meine Phantasie so anregend, daß ich überzeugt bin, ich hätte mit allen *Harlowes* gelebt. Sie wecken alle Leidenschaften, die meine Seele empfinden kann; und wenn ich *Clarissa* bewundere, verachte ich deswegen noch lange nicht die *Marianne*; ich finde in ihr nämlich, wenn nicht die Wahrheit über die Leidenschaften, so doch die über die Eigenliebe der verschiedenen Stände in der Gesellschaft. Ich liebe es, wie alle Schattierungen der Eitelkeit wiedergegeben und mit Finesse und Geist zur Wirkung gebracht werden. Ich bewundere an der *Clarissa* die vornehme Schlichtheit von Richardson; und bei Marivaux liebe ich sogar seinen Stil und seine Affektiertheit, die oft originell und amüsant und immer geistreich ist. Ja, ich liebe an allen Genres, was gegensätzlich erscheint, was aber vielleicht nur für die Leute gegensätzlich ist, die immer urteilen wollen, und so unglücklich sind, weil sie nichts fühlen.

Die Natur hat sie zwar reich entschädigt; sie sind mit ihrer Vernunft, ihrer Mäßigung und der Folgerichtigkeit in all dem, was ihnen gefällt, immer zufrieden; ihr Geist ist hölzern, sie halten ihn für korrekt; ihre Seele ist aus Blei, sie halten sie für ruhig; schließlich haben sie die Befriedigung der Selbstgefälligkeit und ich die Verwirrung der Leidenschaft. Zwar spüren diese vernünftigen Leute kaum, daß sie existieren, und ich leide und genieße ohne Unterlaß; sie langweilen sich, ich bin berauscht; aber um ihnen und mir Gerechtigkeit widerfahren zu lassen, muß ich zugeben, daß sie zwar manchmal langweilig sind, ich aber oft ermüdend. Die kühlen Menschen können etwas übersteigern; aber die regen Menschen sind immerzu maßlos und können gar nicht umhin zu übertreiben. Beide schießen übers Ziel hinaus; aber die einen haben sich da erst mühsam hineingesteigert, während die anderen dorthin katapultiert, mitgerissen wurden. Schließlich finde ich, daß es noch folgenden Unterschied zwischen den Übersteigerten und den outrierten Menschen gibt; daß man die ersten meidet und die zweiten nur unter der Bedingung verläßt, daß man am nächsten Tag wiederkommt; denn geliebt zu werden, liebt man über alles, und das ist der Vorzug, den man mit leidenschaftlichen Menschen genießt. Zweifelsohne bringen sie andere auf, schockieren oft, wirken ermüdend; aber wenn man sie kritisiert, verdammt, ja, sogar haßt, wirken sie anziehend, und man sucht ihre Gesellschaft. Sie werden mir sagen, daß ich mir ganz schön viel herausnehme und mich so selbst lobe, daß ich alle meine Richter gegen mich aufbringe, weil ich gegen den guten Geschmack und das Gebot der Zurückhaltung verstoße. Aber ich spreche schließlich zu Ihnen, und Sie sind zunächst mein Freund und dann erst mein Richter; im übrigen muß ich Ihnen, um diesen teuflischen Stolz zu entschuldigen, den ich gerade an den Tag gelegt habe, sagen, daß ich mich gerade verteidige, und in diesem Fall ist es gestattet, so von sich zu reden, als rede man über jemand anderen. Es kann also nicht darum gehen, bescheiden zu sein; es geht darum, wahrhaftig zu sein.

Ich komme wieder auf meine Beweise zurück, und ich füge hinzu, daß ich Racine leidenschaftlich liebe und es bei Shakespeare Stücke gibt, die mich begeistert haben; dabei sind diese beiden Männer absolut gegensätzlich. Man wird angezogen von Racines Geschmack, seiner Eleganz, seiner Sensibilität und dem Reiz seiner Sprache; Shakespeare hingegen wirkt abstoßend durch seinen barbarischen Geschmack; aber man ist auch überrascht, erstaunt über seine Kraft, seine Originalität und seine Erhabenheit an manchen Stellen. Gestatten Sie mir doch, den einen wie den anderen zu lieben! Ich liebe die Naivität, die Schlichtheit von La Fontaine, und ich liebe auch den scharfsinnigen, einfalls- und geistreichen Lamotte. Schließlich fände ich kein Ende, wenn ich alle Gattungen durchgehen würde; ich würde nämlich sagen, daß ich für den guten Plutarch schwärme und den strengen La Rochefoucauld schätze; daß ich Montaignes Konfusion ebenso liebe wie Fénelons Ordnung und Vernunft.

Ich höre Sie schon ausrufen: Aber Sie hätten mich gar nicht mit so vielen Details über Ihren Geschmack zu erschlagen brauchen! Sagten Sie nicht plötzlich einmal, ich liebe alles, was gut ist? Aber denken Sie doch daran, daß ich Ihnen das schon hundertmal gesagt und ich Sie trotzdem ganz gewiß nicht überzeugt habe; denn Sie werden nicht müde, mir zu erzählen, daß ich zuviel Lob spende, daß ich übertrieben, outriert, maßlos bin; ich mußte Ihnen also beweisen, daß ich berechtigt liebe und bewundere; und man genießt bekanntlich nicht so sehr mit dem Geist, sondern mit der Seele. Dulden Sie es also, wenn ich Ihnen einmal und wiederholt sage, daß ich nicht beurteile, sondern alles fühle; und deswegen hören Sie mich nie sagen: *Das ist gut, das ist schlecht*; ich sage vielmehr tausendmal am Tag: Ich liebe. Ja, ich liebe, und ich werde solange zu lieben belieben, wie ich atmen werde, und ich werde über alles sagen, was eine Frau von Geist über ihre Neffen sagte: *Ich mag meinen ältesten Neffen, weil er Geist hat, ich mag meinen jüngsten Neffen, weil er dumm ist.* Ja, sie hatte recht, und ich sage wie sie: Ich liebe den Senf, weil er kräftig schmeckt, und ich mag den Mandelpudding, weil er süß ist. Aber bei meiner Gefräßigkeit, bei meinen Vorlieben und Geschmäckern werden Sie glauben, daß es weder bei den Dingen noch bei den Menschen etwas gibt, was mir mißfallen, mich abstoßen könnte. O mein Gott! Ich würde kein Ende finden, wenn ich da auf alle Einzelheiten einginge; aber ich begnüge mich nur damit, Ihnen anzugeben, was mir unsympathisch ist. Zum ersten die Verse, die sich nur dadurch auszeichnen, daß sie gut geschmiedet sind, aber gedanken- und gefühllos sind wie die von Herrn De. . . .; die Komödien, die uninteressant und geistlos sind wie diejenigen von M. . . .; die Tragödien nach einem leidenschaftlich erregenden, starken und schrecklichen Stoff, aber mit schwachem, plattem oder manchmal barbarischem Stil wie die von M. ... Schließlich sage ich Ihnen noch, weil ich zum Schluß kommen muß, daß das *Manierierte* und sogar das *Scharfsinnige* und vor allem das *Fade* für mich wie das Manna oder der Kräutertee sind, ich also eine tödliche Abneigung gegen sie hege, aber doch mit dem Unterschied, daß das Manna und der Kräutertee mir einmal nicht mehr zuwider sein könnten, wenn ich sie bräuchte, der Rest mir hingegen verhaßt ist und es in alle Zeiten bleiben wird. Was meine Anziehung oder Abneigung Personen gegenüber angeht, so verhält es sich damit genauso wie mit meinen Vorlieben und Aversionen gegenüber den Sachen. Ich mag lieber ein Tier als einen Dummkopf; ich mag lieber einen sensiblen als einen geistreichen Menschen; ich mag lieber eine zärtliche als eine vernünftige Frau; ich ziehe die bäuerliche Einfachheit der Affektiertheit vor; ich mag lieber Härte als Schmeichelei; die Schlichtheit und die Güte mag ich lieber, vor allem, über alles, und davon wiederum vor allem die Güte. Das ist die Tugend, die alles beseelen müßte, was über Macht und Reichtum verfügt. Sie ist auch die Tugend, die den Schwachen und Unglückseligen geziemt; schließlich wiegt die Güte alles andere auf; und wenn es zuviel davon gäbe und ich darunter leiden müßte, würde ich immer noch nicht zögern, wenn ich die Wahl hätte zwischen der Güte der Madame Geoffrin und der Schönheit der Madame de Brionne. Ich würde sagen: Geben Sie mir die Güte, und ich werde geliebt; das ist das höchste Gut, und ich könnte mich sogar dazu hinreißen lassen zu sagen, das einzige, das ich will. Wenn ich mich nicht irre, gibt es aber noch ein höheres, zu lieben; aber die Güte ist schon eine Gemütsregung der Seele, und mit dieser Tugend liebt man alles, was leidet, alles, was unglücklich ist. Oh! man möge also lange lieben! Oh! man soll für immer lieben! Und mit jenem Maß an Güte, das ich gutheiße, das ich beneidenswert finde, könnte man das Vergnügen der Leidenschaften entbehren. Die Seele wäre dauernd in Aktion, und wäre das nicht das Reizvollste am Leben?

Aber sagen Sie mir, muß ich nicht gerade Ihnen diese Leidenschaft bis zum Exzeß wünschen? Wieviel Güte brauchen wir, um diese lange, kühle und ermüdende Verteidigungsschrift zu lesen! Sie haben also für immer davon abgelassen, mich anzuklagen; meine Übertreibung ist noch erträglicher als meine Rechtfertigung. Aber man hat mich dazu gedrängt; alle meine lieben Freunde liegen mir damit in den Ohren; ich wollte ihnen einmal mit Gründen beweisen, daß das, was sie meine Verrücktheit und meine Ungereimtheiten nennen, nichts anderes ist als die Vernunft oder das Gefühl oder die Leidenschaft. Was folgt also aus alledem? Welches ist das Ergebnis? Soll ich's Ihnen ins Ohr flüstern? ... Aber nein, Sie würden mir nicht glauben, obwohl ich Ihnen das Geheimnis meiner Seele offenbaren würde. Leben Sie wohl, verdammen Sie mich, kritisieren Sie mich, aber lieben Sie mich; ich werde Ihre Güte zu schätzen wissen und mich nur noch dieser Empfindung hingeben.«[9]

Anmerkungen

Die Anmerkungen stammen vorwiegend von Stendhal selbst, einige wenige vom Herausgeber der französischen historisch-kritischen Ausgabe. Wenn letzteres der Fall ist, so wird es angemerkt. Kürzungen sind gleichfalls angegeben. Rossinis Operntitel sind in der italienischen Originalform und Schreibweise wiedergegeben.

Einleitung

1 So sind die erhabenen Gesänge, großenteils Klagelieder, entstanden, die seit einigen Jahrhunderten im Königreich Neapel gesungen werden. Als Beispiele nenne ich für diejenigen, die dieses schöne Land kennen, die Nationalhymne *la Cavaejola* und den für die Abruzzen typischen *Pestagallo*.

Ein Bewohner von L'Aquila, der sie mir vorsang, sagte zu mir: La musica è il lamento dell'amore o la preghiera agli dei. 12. Mai 1819.

2 Im Jahre 1795 war Herr Toni, ein damals noch sehr junger Mann mit sehr viel Geist, inzwischen ein berühmter Drucker, bei der venezianischen Regierung in Verona angestellt; er lebte dort glücklich und zufrieden von seinem kleinen Gehalt von achtzehnhundert Francs und machte der Prinzessin P*** den Hof. Plötzlich wurde er unter Androhung einer Gefängnisstrafe seines Postens enthoben. Er reiste sofort nach Venedig; nach drei Monaten Spitzfindigkeiten und dringender Ansuchen gelang es ihm endlich, zwischen Tür und Angel ein Mitglied des Rats der Zehn zu sprechen. Es sagte zu ihm: »Warum zum Teufel nur haben Sie sich einen *blauen Frack* nähen lassen? Wir haben Sie für einen Jakobiner gehalten.« Im Jahre 1822 sind in Mailand ähnliche Geschichten passiert. Dante zu lieben, der um 1300 geschrieben hat, gilt in der Lombardei als ein Indiz für die Mitgliedschaft bei den Carbonari, und die *liberalen* Freunde eines Mannes, der Dante zu sehr liebt, hören langsam, aber sicher auf, ihn allzu häufig zu besuchen.

3 Vgl. die furchtbaren Beschimpfungen, mit denen ein Mensch namens Philpott den berühmten Jeffrey, den Direktor der besten Zeitung, die es gibt, der *Review of Edinburgh*, versehen hat.

4 Vgl. die Korrespondenz von Napoleon aus dem Jahre 1796 über den öffentlichen Geist von Mailand und Brescia. Vierundzwanzig

Schurken im roten Rock hatten in der Stadt die Polizeigewalt inne, sie waren die ganze Armee von Mailand. Vgl. auch die Bulletins über die Armee von Spanien, aus denen hervorgeht, was Napoleon aus diesem Volk gemacht hat.

5 Ich muß nicht daran erinnern, daß Dr. Burney eine ausgezeichnete Musikgeschichte geschrieben hat. Ich finde, daß sich dieses Buch leider durch eine gewisse Unklarheit auszeichnet. Vielleicht rührt sie daher, daß er uns nicht klar gesagt hat, welches sein Credo in der Musik ist. Vielleicht hätte er Beispiele von dem geben sollen, was er schön, erhaben, mittelmäßig usw. findet.

6 Geschichtlicher Überblick, Basel 1823.

7 Vgl. die berühmte deutsche Tragödie *Die Schuld* von Adolf Müllner. Ich möchte aus dem Helden Hugo, Graf von Eridur, keinen Gefreiten machen müssen.

8 Anfossi, Coccia, Federici, Fioravanti, Generali, Guglielmo Vater und Sohn, Manfroce, Martini, Mosca, Nazolini, Nicolini, Orgitano, Orlandi, Pavesi, Portogallo, Salieri, Sarti, Tarchi, Trento, Weigl, Winter, Zingarelli usw. usf.

9 Mozart, der 1756 in Salzburg geboren und 1796* in Wien gestorben ist, war vierzehn Jahre alt, als er den *Mitridate* schrieb. (*Mozart starb 1791. Anm. d. Hrsg.)

10 Dieser gemeine Gesang erscheint mir, ich muß es zu meiner Schande gestehen, weniger oberflächlich als die berühmten Romanzen von M. R. und vielen anderen. Er hat zumindest einen Rhythmus, der zur Lebhaftigkeit des Nationalcharakters paßt.

Erster Teil

1. Kapitel

1 Sein Vater hieß Giuseppe Rossini; seine Mutter, Anna Guidarini, war eine der hübschesten Frauen der Romagna.

2 Potter, *Histoire de l'Eglise*, Kirchenstaat 1781. Giannone, *Histoire de Naples*. Eine Ausnahme bildet die ausgezeichnete Regierung, die Florenz zur Zeit (1823) hat. Aber wie lange wird sie sich halten? Im übrigen nützt sie der Kunst nichts; die Begeisterung ist in der Toscana schon seit Jahren ausgestorben.

3 Cimarosa, der in Venedig hochverehrt wird und mit dem die meisten Musikliebhaber persönlich befreundet waren, war dort nur wenige Jahre zuvor – 1801 – verstorben.

4 Vgl. die sechs Temperamente in dem unsterblichen Werk von Cabanis *Des rapports du physique et du moral de l'homme.*

2. Kapitel

1 Hier gibt es einen erstaunlichen Berührungspunkt zwischen der Bildhauerei und der Musik. Vgl. zur Entwicklung dieses nicht ganz leichten Gedankens die *Histoire de la Peinture en Italie*, Bd. II, S. 133.

2 *Introduktion* nennt man all das, was vom Ende der Ouvertüre bis zum ersten Rezitativ gesungen wird.

3 Madame Pasta hat sie kürzlich im ersten Akt der *Rosa bianca* gesungen; die Situationen sind ähnlich.

4 Herr Prunières stellt fest, daß in diesem Rezitativ in Wirklichkeit die Klarinette die Hauptrolle spielt. (Anm. d. Hrsg.)

5 Man könnte sagen, daß die Flöte eine gewisse Analogie zu den großen Draperien *in überseeischem Blau* aufweist, mit denen einige berühmte Maler nicht gegeizt haben, unter anderen Carlo Dolce bei den zärtlichen und ernsthaften Sujets; aber eine solche Bemerkung, die man in Bayreuth oder Königsberg für genial hielte, gilt in Paris nicht als Phantasterei. Glücklich das Land, wo man hoffen kann, einen erhabenen Eindruck zu machen, sobald man sich vage und dunkel ausdrückt!

6 Die Begleitungen verhalten sich zum *Gesang* wie in einer respektvollen Unterhaltung, sie schweigen still, wenn der Gesang etwas zu sagen zu haben scheint; in der deutschen Musik verhalten sich die Begleitungen dagegen anmaßend.

7 Vgl. die *Tactique* des Herrn de Guibert. Bayard wollte nie Oberbefehlshaber werden.

8 Vergils Worte zu Dante im dritten Gesang der Hölle.

3. Kapitel

1 Der venezianische Charakter wird so anmutig und effektvoll wie möglich geschildert in einem Roman von Schiller mit dem Titel *Der Geisterseher – Aus den Papieren des Grafen von O***. Das ist ein der Aufmerksamkeit aller Philosophen würdiges moralisches Problem. Das fröhlichste, natürlichste, glücklichste Land Europas war dasjenige mit den schrecklichsten Gesetzen. Vgl. die Statuten der staatlichen Inquisition in der *Histoire de Venise* von Herrn Daru. Das am wenigsten fröhliche Land ist zweifelsohne Boston, ausgerechnet dasjenige, wo die Regierung beinahe vollkommen ist. Sollte das Schlüsselwort *Religion* heißen?

2 Vgl. den analogen Effekt, den Metastasio im ernsten Drama erzielen wollte. *Vies de Haydn, de Mozart et de Métastase*, S. 374.

3 So wie Kanonensalven macht mein Kopf bum bum.

Taddeo: Ich bin wie eine gerupfte Krähe, die kra kra macht. – Man braucht mindestens so viel Geist, um diese Worte zu kritisieren, wie um sie zu erfinden.

4 Armer Jacques, denk' nicht mehr an die Frauen und studiere Mathematik. (*Bekenntnisse*)

5 Denk' ans Vaterland, sei unerschrocken, erfülle deine Pflicht; denk' daran, daß es in Italien viele erhabene Vorbilder an Kühnheit und Tapferkeit gegeben hat.

4. Kapitel

1 Die *scrittura* ist eine kleine, gewöhnlich gedruckte Vereinbarung von zwei Seiten, die die wechselseitigen Verpflichtungen des Maestro bzw. Sängers und des Impresario enthält, der sie engagiert. (Ein Engagement erfolgt durch eine *scrittura*. Anm. d. Übers.) Um die *scritture* der hervorragendsten Talente gibt es viele interessante Intrigen; ich rate dem Reisenden, sich diese Art von Diplomatie aus der Nähe anzusehen; sie fällt manchmal geistreicher aus als die andere. Hier vermischen sich wie in der Malerei die Gebräuche des Landes, in dem die Kunst geboren ist, mit der Theorie dieser Kunst; diese Bräuche erklären in einigen Fällen, warum sie so verfährt. Rossinis Genius wurde fast immer von der *scrittura* beeinflußt, die er unterschrieben hatte. Wenn ihm ein Fürst eine Pension von dreitausend Francs ausgesetzt hätte, dann wäre er in der Lage gewesen, das Komponieren so lange aufzuschieben, bis er einen guten Einfall gehabt hätte. Durch dieses einfache Mittel hätte er den Produkten seines Genius einen neuen Stempel aufgedrückt. Unsere französischen Komponisten, die Herren Auber, Boïeldieu, Berton usw. schreiben jedes Jahr eine Oper und leben davon sehr gut. Rossinis Lebenswandel in der Jugend erinnert an die schönen Tage der Malerei; wie Guide malte, so schrieb er vier oder fünf Opern im Jahr, um seinen Wirt und seine Wäscherin zu bezahlen. Ich schäme mich, so gewöhnliche Einzelheiten zu erzählen; ich bitte den Leser um Entschuldigung, aber schließlich schreibe ich eine Biographie, und die Wahrheit sieht nun einmal so aus. Die Schwierigkeit liegt bei allen Genres darin, mit den Widrigkeiten des Alltags fertigzuwerden, die etwas Niedriges und Gewöhnliches an sich haben und so lähmend auf die Phantasie wirken. Inmitten solcher Umstände hat Rossini die Frische seines Genies bewahrt; zwar sind die Sitten des heutigen Italien nur eine Folge und Konsequenz der mittelalterlichen Republiken, Armut ist dort nicht entwürdigend und erniedrigend

wie in Frankreich, einer Monarchie, wo man vor allem *den Schein wahren* muß. (...)
Als Wunder gilt in Italien ein Impresario, der nicht bankrott macht und seine Sänger und seinen Maestro regelmäßig bezahlt. Wenn man aus der Nähe sieht, was für arme Teufel diese Impresari sind, dann hat man wirklich Mitleid mit dem armen Maestro, der, um zu leben, gezwungen ist, auf das Geld zu warten, das ihm diese schlecht gekleideten Leute zahlen müssen. Was einem als erstes einfällt, wenn man einen italienischen Impresario sieht, ist, wenn er zwanzig Zechinen auf einmal sieht, kauft er sich einen Frack und ergreift mit dem Geld die Flucht.

2 Die Herren Jouy, La Mennais, Etienne, der Vicomte de Chateaubriand, Benjamin Constant, de Bonald, de Pracht, der Graf de Marcellus, Mignet, Buchon, Fiévée usw.

3 Echo, liebenswürdige Nymphe, unglücklich so wie ich, du bist die einzige, die die Güte hat, mich in meinem Schmerz zu trösten.

4 Ich mache eine vollkommene Zeitung, die überall nachgefragt wird; Sie wollen mich dabei stören? – So kann der gesunde Menschenverstand zumindest für ein paar Augenblicke Atem holen.

5 Bulletins der Armee Spaniens, die Generäle Bertoletti, Suchi, Schiassetti usw., der Graf Prina, Minister; der Maler Appiani, der Dichter Monti usw.

6 Don Macrobio: Nun lassen Sie mich nur machen, ich werde Ihnen mit meiner Zeitung zu Ruhm verhelfen.
Giocondo: Unsterbliche Götter! ein weiterer Grund, dich unverzüglich ins Jenseits zu befördern.

5. Kapitel

1 Ich hege ernsthafte Befürchtungen, daß einige übel Gesonnene meine tiefe Hochachtung vor allen französischen Komponisten im allgemeinen, den alten wie den modernen, und vor Herrn Berton im besonderen anzweifeln. Ich halte es deshalb für einen Akt der Gerechtigkeit Herrn Berton gegenüber, wenn ich hier die seltsamen Briefe wiedergebe, auf die ich im Text angespielt habe. Ich fürchte mich vor allem davor, als *schlechter Franzose* zu gelten; es wäre in der Tat schrecklich für mich, wenn ich wegen einer simplen Broschüre über die Musik auf immer meinen guten Ruf als Patriot verlieren würde.

Brief von Herrn Berton

Abeille vom 4. August 1821

»Herr Rossini hat eine brillante Phantasie, Verve, Originalität und ist sehr produktiv, aber er weiß selbst, daß er sich nicht immer an die Regeln hält und korrekt verfährt; was auch immer gewisse Leute sagen, die Reinheit des Stils ist nicht zu verachten, auch lassen sich Syntax-Fehler in der Sprache, in der man schreibt, nicht entschuldigen. Herr Rossini weiß all das, und deswegen erlaube ich mir, es hier zu sagen. Da die Journalisten unserer Tageszeitung sich mir gegenüber in bezug auf *Montano, le Délire, Aline* usw. gewisse Freiheiten herausgenommen haben, glaube ich im übrigen, das Recht zu haben, *ex professo* meine Meinung zu sagen. Ich sage sie aufrichtig und unterschreibe sie mit meinem Namen, was gewisse Leute nicht immer machen, die sich inkognito bemühen, Rufe zu schaffen und zu demontieren. Auf all diese Gedanken bin ich aus Liebe zur Kunst gekommen und im Interesse von Herrn Rossini. Dieser Komponist ist zweifellos das glänzendste Talent, das Italien seit Cimarosa hervorgebracht hat; aber man kann auch berühmt werden, ohne ein Mozart zu sein.«

(Dieser erste Abschnitt des Briefs von M. Berton möge dem deutschen Leser als Kostprobe genügen. Im französischen Original folgen noch 6½ kleingedruckte Seiten mit Antworten Stendhals auf Bertons Kritik. Ein auf die Auseinandersetzung Berton–Stendhal spezialisierter Forscher wird zweifelsohne das Original heranziehen. Anm. d. Übers.)

6. Kapitel

1 Unter einem *tenore* versteht man eine in den hohen Tönen kräftige Bruststimme. Davide glänzt in der Kopfstimme, dem Falsett. Die *Opera buffa* und die *Opera di mezzo carattere* werden im allgemeinen für normale Tenorstimmen geschrieben, die nach den Opern, in denen sie singen, *tenori di mezzo carattere* genannt werden. Die echten Tenöre glänzten in der *Opera seria*.

2 Tu regere imperio populos, Romane, memento. *Vergil.*

3 Sonett von ... in Reggio. Vision von Prina, Mailand 1816. Gedichte von Burratti in Venedig.

4 Meine Bürger *fischen* in dem, was Sie sagen, nach Ideen. Dieser Vorwurf ist historisch belegt, 1819.

5 Alle Uraufführungen im Louvois sind kühl.

7. Kapitel

1 Komponist der erhabenen und in den Annalen der alten Musik so berühmten Arie *Misero pargoletto* von Demophon.
2 Vgl. den *Artaxerce* von Metastasio, das Meisterwerk von Vinci.
3 Im pathetischen Genre bleibt die Arie *Se cerca, se dice* aus der *Olympiade* unübertroffen. *Die Dienerin als Herrin* ist eine bewundernswerte *Opera buffa*; man müßte nur Begleitungen dazuschreiben und die Rezitative daraus entfernen, und schon wäre ganz Paris auf den Beinen. Es ist ein großer Vorteil für die fremden Nationen, daß die Gesänge von Pergolesi für sie nicht das Lächerliche von *Dingen* haben, *die aus der Mode gekommen sind.*
Die Porträts unserer Großväter mit ihren bestickten Gewändern à la Ludwig XV. sind lächerlich; die Halskrausen und Rüstungen auf den großen Porträts, von denen uns unsere Ahnen aus der Zeit von Franz I. so streng ansehen, finden wir hingegen ehrwürdig.
4 Ganz wie in der Literatur kann auch in der Musik ein Werk einen sehr guten *Stil* und recht gewöhnliche Ideen haben oder umgekehrt. Ich ziehe den *Stil* von Rossini vor, finde aber, daß Cimarosa genialer ist. Das Finale des *Matrimonio segreto* ist sowohl im Stil als auch in den *Ideen* vollendet.
5 *Geschmack haben*, das heißt auch in der Literatur immer, seine Ideen nach der letzten Mode, nach dem letzten Schrei der vornehmsten Gesellschaft einkleiden. Der Herr Abbé Delille hatte 1786 einen vollendeten Geschmack.
6 Oft sind und bleiben die ersten Opern eines Maestro die besten. Das musikalische Genie entwickelt sich sehr früh; aber man muß der öffentlichen Meinung vier bis fünf Jahre zugestehen, bis ein Komponist auch wirklich seinen talentierten Vorgänger in Vergessenheit geraten läßt. Ich glaube, daß die berühmten Komponisten, die ich hier aufzähle, im Alter von fünfundzwanzig Jahren groß in Mode gekommen sind.
7 Hier die genauen Daten von einigen großen Meistern: Allesandro Scarlatti, 1650 in Messina geboren, 1730 gestorben. Er ist der Begründer der modernen Musik. – Bach, 1685–1750. – Porpora, 1685–1767. – Durante, 1663–1755. – Leo, 1694–1745. – Galuppi, 1703–1785. – Pergolesi, 1704–1737. – Händel, 1684–1759. – Vinci, 1705–1732. – Hasse, 1705–1783. – Jomelli, 1714–1774. – Benda, 1714 gestorben. – Guglielmi, 1727–1804. – Piccini, 1728–1800. – Sacchini, 1735–1786. – Sarti, 1730–1802. – Paisiello, 1741–1815. – Anfossi, 1736–1775. – Traetta, 1738–1779. – Zingarelli, 1752 geboren. – Mayr, 1760 geboren. – Cimarosa,

1754–1801. – Mozart, 1756–1791. – Rossini, 1791 geboren. – Beethoven, 1772 geboren. – Paër, 1774 geboren. – Pavesi, 1785 geboren. – Mosca, 1778 geboren. – Generali, 1786 geboren. – Morlachi, 1788 geboren. – Pacini, 1800 geboren. – Kreutzer aus Wien, 1800 geboren, die Hoffnung der deutschen Schule.

8 Ich behalte mir keineswegs alle Mittel und Wege gegen die Kritik vor.

9 Die *Opera buffa* von Paris müßte in der Tat etwas vernünftiger organisiert sein. 1823 hat es den Anschein, als würde insgeheim der Zweck verfolgt, sie ganz zu schließen. Man will, daß wir des *Otello*, des *Romeo* und des *Tancredi* überdrüssig werden; uns fehlt eine Madame Fodor und ein Tenor.

8. Kapitel

1 Vgl. die *Abeille* aus dem Jahre 1821 und die *Pandore* vom 23. Juli und 12. August 1823.

2 Bacon würde auch über die Musik sagen: *Humano ingenio non plumae addendae, sed potius plumbum et pondera.*

3 Vgl. die asketischen Überlegungen von Sokrates in Herrn Cousins Platon, Bd. I, S. 200.

4 Das ist die Geschichte der jungen Deutschen. Mit ihren treuherzigen Seelen begeistern sie sich für die Liebe zur Tugend; man nutzt diesen Moment der Begeisterung, um sie zur Übernahme einer unbewiesenen und von daher lächerlichen Logik zu bewegen.

5 Begebt euch zur rechten Zeit auf den angenehmsten Weg, vergnügt euch; werdet dann aber nicht dogmatisch.

6 The blunt minded.

7 In zwanzig Jahren wird das Pariser Publikum immense Fortschritte in der Musik gemacht und alle Manieriertheit abgelegt haben; alles, was ich gerade gesagt habe, wird überholt sein, und man wird sich viel weiter vorwagen. Herr Massimino wird einer der wichtigsten Urheber dieser Revolution sein. Seine Art des Unterrichts verdient alles erdenkliche Lob. Vgl. die Broschüre des Herrn Imbinbo.

8 Ich weiß sehr wohl, daß ich mich der Kritik, ich sei *böswillig*, aussetze, indem ich so allgemeine Urteile fälle wie in diesem Kapitel. Ich weigere mich aber, an dieser Stelle weitere fünfzig Seiten mit Erklärungen einzufügen (. . .), denn dieses Kapitel ist auch so schon ziemlich langweilig. Mit echt römischer Tugend opfere ich mich für das Wohl meines Lesers.

9. Kapitel

1 Unterschied der Schweizer Landschaften zu denen des schönen Italien. Vgl. die reizende Beschreibung von Varese im *Journal des Débats* vom 29. Juli 1823.

2 Die Begleitungen bei Moses' Ankunft in der gleichnamigen Oper.

10. Kapitel

1 Wo soll ich eine Zigeunerin finden, die mich über mein Schicksal aufklären kann? Mit der Zeit und mit Geduld gelingt es mir, meine Frau von ihrer Verrücktheit zu heilen.
Aber leider ist die Zigeunerin, die ich suche, unmöglich zu finden.

2 Bei Stendhal war versehentlich von einem Duett die Rede gewesen. Herr Prunières macht uns auf diesen Fehler aufmerksam. (Anm. d. Hrsg.)

3 Sie sind ein Türke, ich kann Ihnen nicht glauben; Sie haben hundert Frauen in Ihren Serails, Sie kaufen sie, Sie verkaufen sie, wenn sie Ihnen nicht mehr gefallen.

4 Wenn du mich noch mehr ärgerst, wenn du noch eine Silbe sagst, mache ich diesen Ort hier zum Friedhof.

5 Die Herren Geoffroy, Hoffmann, die Autoren der *Pandore* usw. Herr Geoffroy, der geistreichste von allen diesen Herren, nannte Mozart *einen Veranstalter von oft barbarischen Spektakeln*. Seine Nachfolger sind Mozart gegenüber noch viel strenger; sie erklären und sie loben ihn. Vgl. die *Abeille*, Bd. II, S. 267; *la Renommée, le Miroir* usw.

6 Ein langweiliger, zweifelhafter und indiskreter Mensch fragt Herrn T*** unter politisch ziemlich schwierigen Umständen: »Nun, mein Herr, wie gehen die Geschäfte? – Wie Sie sehen, sehr schlecht.«
Lassen Sie diese Antwort singen, dann ist sie genauso amüsant wie das verworrene Gerede der *Pandore* über die Musik.

7 Stendhal schrieb an dieser Stelle Davide, ein Fehler, der dank Herrn Prunières korrigiert werden konnte. (Anm. d. Hrsg.)

8 Haben Sie Mitleid mit mir Unglücklichem, sagt der arme Ehemann, dem auf dem Maskenball alle Dominos gleich erscheinen. Ich kann meine Frau nicht mehr erkennen.

12. Kapitel

1 Bei diesem unvorhergesehenen Schlag, den das Schicksal für die Hinterhältigen aufgespart hat, läßt die Todesangst sie erbleichen.

13. Kapitel

1 Il celere obbedir.
Diese Ode auf Napoleons Tod aus der Feder von Herrn Manzoni enthält meines Wissens die einzigen dieses Gegenstands würdigen Verse. (Es folgt im Original der Abdruck dieser Ode auf italienisch. Anm. d. Übers.)

2 Alfieri, *Vita*, Gestalt Ludwigs XV.

3 Edle und großzügige Seelen, kommt zu mir; lebt, seid hinfort glücklich; genießt ein Glück, dessen Quelle ich sein werde.

14. Kapitel

1 Ich bitte die Deutschen um Entschuldigung, daß ich mit so wenig Respekt von ihrer Opernmusik spreche; ich bin aber ehrlich. Im übrigen ist meine Wertschätzung für das Volk, das Luther hervorgebracht hat, über jeden Zweifel erhaben. Die Deutschen können außerdem sehen, daß ich auf die Gefahr hin, als schlechter Staatsbürger zu gelten, auch die Musik meines eigenen Landes von Kritik nicht verschone.

16. Kapitel

1 Der Krieg des Gendarmen gegen den Gedanken findet überall unter burlesken Umständen statt. Im Jahre 1823 will man Talma die Aufführung des *Tibère*, einer Tragödie des zehn Jahre zuvor verstorbenen Chénier aus Angst vor Anspielungen nicht gestatten. Anspielungen auf wen? Und dazu von einem Dichter, der 1812 gestorben ist und Napoleon verabscheut hat. In Wien hat man gerade die Aufführungen des *Abufar* suspendiert, einer reizenden Oper des Herrn Caraffa, weil sie die Völker zu unstatthafter Liebe anstacheln könne. Dabei kommt gar keine verbrecherische Liebe vor, Farhan ist nämlich gar nicht Salemas Bruder; außerdem sollte es gottgefällig sein, daß sich die hübschen Wienerinnen nur durch das Gefühl in die Irre führen lassen! Nicht die Liebe, gleichgültig welcher Art, ist für die Tugend verhängnisvoll, sondern die Stola.

2 In Wirklichkeit am 20. Februar 1816. (Anm. d. Hrsg.)

3 Wie in der *Il Gesù*-Kirche in Rom am 31. Dezember und 1. Januar jeden Jahres.

4 *Moeurs et Coutumes des nations indiennes*, ein Werk von Jean Heckewelder, aus dem Englischen übersetzt von Herrn de Ponceau, Paris 1822.

5 Der Deutsche, der aus allem Doktrinen macht, behandelt die Musik gelehrt; der sinnenfrohe Italiener sucht in ihr lebhafte und vergängliche Freuden; dem eher eitlen als sensiblen Franzosen gelingt es, geistreich von ihr zu reden; der Engländer bezahlt sie und kümmert sich nicht weiter darum. (*Raison, Folie*, Bd. I, S. 230)

6 Uraufführung des *Matrimonio segreto* 1793 in Wien. Auf Wunsch von Kaiser Joseph wurde diese Oper noch am selben Abend ein zweites Mal aufgeführt.

7 Vgl. die Skizze der Liebschaften in der Zitella Borghese in den Briefen des Président de Brosses über Italien, Bd. II, S. 250.

Et sequitur levitur
Filia matris iter.

8 Burckhardt, *Mémoires de la cour du pape*, dessen Majordomus er war; von Potter, *Histoire de l'Eglise*; Gorani.

9 Vielleicht können es die einen aus Liebe und Treuherzigkeit; und die anderen können es nicht aus Eitelkeit und weil sie ständig *auf die anderen achten*.

10 In den Kirchenstaaten ist die Religion das einzige lebendige Gesetz. Vergleichen Sie Velletri oder Rimini mit dem erstbesten protestantischen Land, das Sie durchqueren. Der fühllose Geist des Protestantismus macht die Künste zunichte, wie z. B. in Genf und der Schweiz. Aber die Künste sind nur der Luxus im Leben; die Ehrbarkeit, die Vernunft, die Gerechtigkeit sind der notwendige Bestandteil.

11 Vgl. die Memoiren von Carlo Gozzi und dessen ewigen Streit mit Herrn Grataról; nichts ist gegensätzlicher zu Jacopo Ortis. Vgl. die Werke von Madame Albrizzi.

12 Vgl. die sehr vergnügliche Broschüre eines Herrn Majer aus Venedig, der uns lehrt, daß Herr Morlachi aus Perugia der große Meister der Epoche ist. Ein geistreicher Mensch aus Paris, der, seit Rossinis Ablehnung der *Athéniennes* einen sehr guten Ruf hat, versichert uns seinerseits, daß Herr Spontini der große Meister dieser Epoche ist. Was wird wohl Herr Berton vom Institut sagen?

17. Kapitel

1 Wenn ein Mann nicht verheiratet ist, ißt er dreihundertmal im Jahr im Restaurant; im Jahre 1780 wäre er nur zweimal im Monat dort erschienen. Ein junger Mann brachte sich damals in Verruf, wenn er ins Café ging. Ein Viertel des Lebens spielte sich beim Souper ab, und man soupiert heute nicht mehr.

2 Memoiren von Marmontel, von Morellet. Briefe von Madame Du Deffand und von Mademoiselle Lespinasse.

3 Jetzt, im Jahre 1823, bezeichnen wir ihn als *gekünstelt* und *unecht*, aber im Jahre 1780 wirkte er sehr natürlich und echt. Alles, was man sagen kann, ist, daß das in jedem Menschen *mögliche* Quantum an *Emotion* (die das Reich der Kunst ausmacht) sehr beschränkt war.

4 Vgl. die Memoiren von Bezenval, Schlacht von Fillinghausen. Schlachten der Prinzen von Clermont und Soubise. Memoiren von Lauzun, Einzelheiten über seinen Feldzug in Amerika.

5 Memoiren von Madame du Hausset, der Kammerzofe von Madame de Pompadour. Memoiren von Madame Campam, in dem von vorsichtigen Verlegern nicht veröffentlichten Teil.

6 »Als Sulla diese Maßnahme ergriff, kannte er sehr wohl deren Schwäche und Stärke«, schrieb Montesquieu, *Grandeur des Romains*. Nie hätte Marmontel den Mut gehabt, so etwas zu schreiben; die Literaten der alten Schule würden es noch nicht einmal heute wagen. Vgl. die Streitigkeiten, die Herr Courier wegen seines bewundernswerten *Hérodote* hatte. Die Gelehrten fürchten um Herodot.

7 Memoiren von Madame d'Epinay: Detail aus den Vormittagsstunden von Monsieur d'Epinay.

8 Vgl. *Racine et Shakespeare*, 1823.

9 Zürich. *Einsamkeit* und *Kirchengesang* sind die Quellen des Geschmacks an der *Opera buffa*.

10 *Tableau des Etats-Unis* von Volney, S. 490.

11 Die sich dafür rächen. Vgl. die *Annales littéraires* (...) und die *Débats*. (Es folgt eine Wiederholung der nunmehr bekannten Vorwürfe an die Pariser Theater und das dortige Publikum. Anm. d. Übers.)

12 Wenn jemals bei der italienischen Oper im Louvois ein Ballett zwischen den zwei Akten eingeführt werden sollte und damit dem Kopfweh und der Nervosität im zweiten Akt vorgebeugt wäre, würde man sich im Louvois genauso amüsieren, wie man es interessant findet, und das Feydeau wäre verloren. Wie schade für die Ehre der Nation!

13 *Le Spleen*, Erzählung von de Bezenval über die Sitten von Besançon.

14 Ich erfahre gerade, daß viele Städtchen so unglückselig waren, die ironischen Lobeshymnen auf die *Caroléide* und die *Ipsiboé* für bare Münze zu nehmen.

15 Ohne diese von Berufs wegen so strengen Kunstrichter würde sich die Revolution in den Künsten besser und schneller vollzie-

hen; da wir aber dazu verdammt sind, eine Académie française zu haben, schätzen wir sie so ein, wie sie es verdient. Versuchen wir, uns nicht irritieren zu lassen durch einen schulmeisterlichen Einspruch *von oben herab* (...); und wenn unsere Gegner zufällig ein wenig pedantisch sind, versuchen wir, selbst nicht zu übertreiben.

18. Kapitel

1 Der Abbé Girard, ein scharfsinniger Beobachter, schrieb im Jahre 1746: »Derselbe Brauch, der den verheirateten Frauen die Galanterie gestattet, verbietet ihnen die Leidenschaft; sie wäre bei ihnen lächerlich.« (*Synonymes*, Artikel *Amour*)

2 *Cento novelle* von G. B. Giraldi Cinthio, 1. Teil, 3. Dekade, 7. Novelle, S. 313–321, Ausgabe von Venedig, 1608.

3 *Pallida morte futura.*

4 Die Gemälde von Paolo Veronese, zum Beispiel *Das triumphierende Venedig*, sind zugleich Meisterwerke im *prächtigen Stil*; dieser Stil wird von einer sehr viel breiteren Öffentlichkeit gutgeheißen als der von Raffael; aber schließlich muß man sich um des richtigen Ausdrucks der Leidenschaften willen in die Gemächer des Vatikans zurückbegeben.

5 Diese Arie stammt aus der *Gabrielle de Vergy*, einem der Meisterwerke von Herrn Caraffa. Es ist das Duett

Oh istante felice.

6 Vgl. die bewundernswerte Art und Weise, wie Herr Kean diesen letzten Akt spielt, und die zärtliche Begeisterung, mit der er *Amen! amen! With all my soul!* ruft, als er Desdemonas Gebet hört. Meines Erachtens hat England in bezug auf die Deklamation und die Gärten Unvergleichliches zu bieten.

19. Kapitel

1 Sehr lebhafter Nationaltanz aus dem Friaul; der zweite Teil ist melancholisch. Viganò ist ein genialer Mann, der nur in der Lombardei berühmt ist, wo er 1821 verstarb, nachdem er die Ballette *Otello, Myrrha, Die Vestalin*, den *Prometheus* usw. gegeben hatte.

2 »Jeder andere Anblick ist für mich verhängnisvoll; alles ist mir eine Last, alles mir verhaßt.« Es liegt bewundernswert viel Feuer und *gezügelte Kraft* in der Art und Weise, wie Madame Pasta das Wort *detesto* in einer sehr tiefen Lage ihrer Stimme sagt. Dieser Ton hallt in allen Herzen wider.

3 *...Tenet nunc*
Partenope. (Vergil)

4 Es braucht nur irgend etwas mit der Gesundheit dieses liebenswürdigen Künstlers nicht in Ordnung zu sein, und schon sind all diese Lobeshymnen vollkommen fehl am Platze. Ich spreche vom Davide der Jahre 1816 und 1817. Ich bitte den Leser, sich diese Einschränkung zu all den Urteilen hinzuzudenken, die im Laufe dieser Biographie über die Stimmen von Sängern gefällt werden.

5 Geh, Unglückliche! Ich verfluche dich.

6 Die Gelehrten sagen, das Trio im Finale des ersten Akts von *Otello* erinnere an eines aus dem *Don Giovanni*; die Klarinettenbegleitung ist die gleiche. Die Orchesterbegleitung, während Othello das verhängnisvolle Briefchen liest, das Jago ihm gegeben hat (Duett im zweiten Akt), ist, wie man versichert, Teil einer Symphonie in Es von Haydn.

7 Herr Giovanola aus Lodi. Er hat mich ein wenig an den unnachahmlichen Bocci erinnert, der im Ballett von Viganò den Jago spielte.

8 Es gibt keinen größeren Schmerz, als sich mitten im Elend an glückliche Zeiten zu erinnern.

9 In Neapel, wo man an die *jettatura* glaubt, war er sehr effektvoll.

10 Gesang der Statue im *Don Giovanni*; Verzweiflung der Donna Anna, als sie den Leichnam ihres Vaters entdeckt.

11 *O! Mit seinen Feuern führt der Himmel mir ihr Verbrechen deutlich vor Augen!* Das heißt, der Blitz läßt ihn sehen, daß Desdemona eingeschlafen ist und daß sie die Worte *caro ben* (du, den ich liebe) im Traum zu dem Mann spricht, den sie liebt, und nicht zu Othello, der gerade zu ihr geht und den sie nicht kommen sehen kann, weil sie schläft.

12 Vgl. die Memoiren von Benvenuto und die ausgezeichnete *Storia della Toscana* von Pignotti, 1814. Dies ist ein aufrichtiges Buch, weitaus besser als das von Herrn Sismondi, der die Sitten und den Charakter eines Jahrhunderts nicht darzustellen vermag.

13 Etwas ganz Ähnliches ereignete sich in Chambéry im Juli 1823.

14 Anekdote meines Freundes aus Bergamo, der sich aufgrund von Gerüchten gezwungen sah, auf der Straße mit dem Gewehr einen Schergen zu erschießen, der ihn schief angesehen hatte (1782). Er ist mit einem sechswöchigen Aufenthalt in der Schweiz davongekommen.

Zweiter Teil

20. Kapitel

1 Die Bildhauerei verhält sich zur Malerei wie ein Brief an eine geistreiche Frau, in die man ein wenig verliebt ist, zu einer einfachen Unterhaltung. In beiden Genres besteht die Schwierigkeit darin, das nicht zu stark zu betonen, was nicht erwähnenswert ist.

2 Erinnern wir uns an die Kavatine des *Otello*; der Gesang triumphiert, und die Begleitung sagt zu Othello: Du wirst sterben.

3 *Le Faux Pourceaugnac, le Comédien d'Etampes*, die *Mémoires d'un colonel de hussards* usw., der *Deceiver deceived* von Drury Lane usw. Das *Highlife* lebt in ganz Europa nur von der Eitelkeit. Deswegen hat diese Klasse – außerhalb Italiens die einzige, die die Musik pflegt – vielleicht ein so antimusikalisches Herz und findet dafür so viel Geschmack an französischen Büchern.
Die *Contes moraux* von Marmontel sind für einen reichen, vornehmen Herrn in Petersburg der Gipfel an Esprit und Feinsinnigkeit. (*De la Russie* von Passovant und Clarke.)

4 Wenn ich mich erkühne, vor dem schwierigsten Publikum Europas einen schlechten Vers aus einem italienischen Libretto zu zitieren, muß man wissen, daß ich damit einzig an die Kantilene und die Begleitung erinnern will, die Rossini zu diesem Vers geschrieben hat. Wie soll man das aber von einem Leser verlangen, der im letzten halben Jahr nicht in den *Bouffes* war? Hier ist also jeder Leser fehl am Platze, der in den sechs Monaten vor der Lektüre dieser Anmerkung nicht mindestens zehnmal im Louvois war und in den letzten zwei Jahren kein ernsthaftes Buch über die Debatte über die Prinzipien der schönen Künste gelesen hat, zum Beispiel das Werk des Abbé Dubos über *la poésie et la peinture* oder *The Principles of Taste* von Paine Knight oder *Treatise on the Beauty* von Addison oder eine deutsche Abhandlung über das, was unsere Nachbarn die Ästhetik nennen.

5 So wurde der ehrenwerte Ganganelli vergiftet, der an einem sonnenbeschienenen Fenster seines Palastes in Montecavallo saß und sich damit amüsierte, die Passanten mit dem Widerschein des Lichts in einem Spiegel zu blenden. Einzigartiger Effekt des jesuitischen Gifts!

6 Diese Sitten sind in den sechzehn Komödien von Gherardo de' Rossi sehr schön und einzigartig unbefangen geschildert. Mit Ausnahme der großen Verbrechen wie der Brandstiftung aus Rache, der Vergiftung und anderer für die Komödie zu starker Er-

eignisse, die in den Staaten Seiner Heiligkeit als möglich zu schildern das ruhige Leben des Herrn de' Rossi, der Bankier in Rom ist, gefährdet hätte, kommt darin alles vor. Diese Komödien und die *Bekenntnisse* von Carlo Gozzi sind Beweismittel für all das, was ich hier über dieses einzigartige Land behauptet habe, das inmitten der modernen *Dürre* noch Menschen wie Canova, Viganò, Rossini hervorbringt, während wir bis auf einige Ausnahmen nur Scharlatane haben, die mehr oder weniger geschickt Pensionen nachjagen.

7 »Sorgt weiter für die fröhliche Stimmung des Königs, ich gehe in den Keller.« – Über jemanden, der ganz leise redet, sagt man in Italien: *Canta in cantina.*

8 »Ich sehe schon vor mir, wie einer meiner Nachbarn mich beiseite nimmt und mir in einer Ecke sagt: Herr Baron, würden Sie diese Bittschrift Ihrer königlichen Tochter geben? *Sie kann dann eine Schokolade trinken*; und im selben Augenblick drückt man mir eine Dublone in die Hand. Ich antworte: Mir fehlt es nicht an Kredit, aber hat eure Dublone auch genügend Gewicht?«
Solche Sitten herrschen im unglücklichen Rom, solche Späße werden dort nicht ausgepfiffen! So sind die Geschäftsgepflogenheiten in den Staaten des Papstes! In Paris sind wir feinfühliger. Zwei junge Männer, die mit dem *** – Minister gute Geschäfte von beachtlichem Umfang machten, glaubten, sie könnten die Zahl der fiktiven Aufstellungen verdoppeln, die sie jeden Monat zur Unterschrift vorlegten, wenn es ihnen gelänge, dem Bürger Minister ein hübsches Geschenk zu machen. Nachdem sie eine Zeitlang die Umgebung von Paris abgesucht hatten, fanden sie endlich ein sehr hübsches Schloß inmitten eines hübschen Grundstücks, nicht weit von Mon. . . . Die jungen Männer kauften das Land und ließen das Schloß so elegant wie möglich nach der neuesten Mode herrichten. Als alle Reparaturen beendet, das Parkett gebohnert, die Uhren aufgehängt waren, sagte einer der Lieferanten zu seinem Freund: Machen wir es uns acht Tage in diesem Schloß gemütlich, bevor wir es dem Minister schenken. Aufgrund dieser glänzenden Idee waren zwanzig hübsche Frauen und deren Freunde da, jeden Tag gab es ein großes Diner und jeden Abend einen Ball. Schließlich nahte leider das Ende der Veranstaltung; einer der Freunde nahm traurig die Schlüssel des Schlosses und übergab sie dem Minister. »Das Schloß wird feucht sein«, sagte der Minister beim Empfang des Geschenks. – »Unmöglich, Bürger Minister, wir waren so sorgsam, es acht Tage zu bewohnen, bevor wir es Ihnen geschenkt haben.« – »Und mit welchen Leuten haben Sie es bewohnt?« – »Aber gewiß mit sehr liebenswürdi-

gen Gästen, mit unseren Freunden.« – »Das heißt«, fuhr der Minister stirnrunzelnd fort, »Sie haben es gewagt, zweifelhafte Damen in mein Schloß einzuladen; ich finde, daß Sie von einer seltenen Unverschämtheit sind. Gehen Sie, Bürger, und haben Sie in Zukunft mehr Achtung vor einem Minister.« Bei diesen Worten machte sich der Lieferant aus dem Staub, und der Bürger Minister ließ seine Pferde holen, um auf sein Gut zu fahren.

9 »Sei sie im Busen Jupiters verborgen.« Wie man sieht, spielt die Mythologie in Italien wie in Frankreich die Rolle der Vorsehung für die schlechten Dichter.

10 Wir haben unsere besten komischen Schauspieler Samson und Monrose auf die Rolle von Geschichtenerzählern beschränkt, die uns gute Geschichten erzählen, *die wir schon kennen.* In unserer kleinlichen Prüderie wollen wir nichts Unvorhergesehenes. Allein Potier hat vielleicht das Privileg, uns *harmlos* zum Lachen zu bringen. Das liegt daran, daß wir sein Genre nach Belieben verachten können.

11 Ich rechne damit, daß die französischen Literaten, wenn sie diese Seite lesen, wütend ausrufen: Aber wir lachen doch viel! In Europa kann überhaupt nur der Franzose lachen!

12 Der Großherzog von Darmstadt erinnert an die schönen Tage von Kaiser Karl VI., der in seinen Staaten als der Meister des Kontrapunktes galt. Dieser kunstliebende Großherzog versäumt keine Probe seiner Oper und schlägt in der Loge den Takt mit; er hat allen Musikern seines ausgezeichneten Orchesters seinen Orden verliehen.

13 Eine der hundert Opern von Giuseppe Mosca.

21. Kapitel

1 Im September 1823 singt Velluti in Livorno die Oper *Tebaldo e Isolina*, aus der die berühmte Romanze stammt.

22. Kapitel

1 Diese *stagione* beginnt am 10. April, die Karnevalsaison am 26. Dezember, dem zweiten Weihnachtsfeiertag, und die Herbstsaison am 15. August.

2 Vgl. die 1819 in Berlin über diese Ouvertüre gedruckten Abhandlungen.

3 Der Beginn des ersten Aktes ähnelt den Gedichten von Crabbe, manchmal hat er die Kraft der Balladen von Burns.

4 Es ist dasselbe Prinzip wie bei den Gemälden von Correggio und bei den alten Marmorsäulen. Es gibt eine Beschreibung des *Schönen*, die auf alle Künste zutrifft, vom Buffo-Duett bis zur Innenarchitektur eines Gefängnisses. Griechische Säulen in einem Gefängnis sind ein tröstlicher Anblick.

5 Wenn man einen Takt der ersten Phrase, die Ninetta singt, wegläßt, merkt man, daß etwas fehlt; das gibt es bei Rossini fast nur bei den Walzertempi, zumindest in den Opern im zweiten Stil.

6 Oper, die vor zwanzig Jahren in Frankreich berühmt war; es handelt sich um die schöne Geschichte eines Mädchens, das ein Kind bekommt und von dem Geliebten verlassen wird. Vergleichen Sie die Rossini-Arie mit der *Famille suisse de Weigell*, einem Meisterwerk in der deutschen Schlichtheit, das das Mailänder Publikum für zu einfach befand.

7 Meines Erachtens sind die polnischen Juden wie die anderen Diebe aus *Fondi* im Königreich Neapel; der Fehler liegt einzig bei den Regierungen, deren mangelnde Fürsorge solche Wesen *schafft*. Seit Napoleon sind die französischen Juden wie die anderen Bürger, nur ein wenig geiziger.

8 Unglücklicher! ruft der Hauptmann, und er stürzt sich schon mit dem Schwert in der Hand auf mich.

9 *Magis sine vitiis quam cum virtutibus*. Madame Barilli war ein Talent, das wie geschaffen war für das Pariser Publikum des Jahres 1810. Das Publikum im Louvois hat seitdem sehr große Fortschritte gemacht, was nicht heißen soll, daß die ausgezeichnete Barilli nicht auch heute noch sehr erfolgreich wäre. Vier- bis fünfhundert Pariser haben ein geschultes Gehör und sind genauso kompetente Kunstrichter wie die zehntausend Zuschauer, die das San Carlo und die Scala besuchen.

10 Eher pompös als rührend. Im Stil von Paolo Veronese oder Buffon. Dieser Stil gilt fühllosen Herzen als das *Erhabene*. In der Provinz ist er sehr wirkungsvoll.

Die Harmonie am Anfang dieses Duetts erinnert an die Introduktion des *Barbier*. Derselbe Vorwurf wird einigen Teilen des Finales des ersten Aktes gemacht. Es gibt Ähnlichkeiten zwischen der Arie *Mi manca la voce* aus dem *Mosè* und dem Quintett

Un padre, una figlia.

Man sagt, das Stück nach der Verurteilung von Ninetta erinnere an einen Chor aus der »Vestalin«: *Détachez ces bandeaux*.

11 Man sollte einen französischen Soldaten *in Worten* nicht so zittern lassen. Der Verfasser des Libretto hat die Eitelkeit des Landes, in dem er die Szene seines Werks spielen läßt, nicht bedacht;

er hat wahrheitsgetreu einen Unglücklichen geschildert. Das ist die Derbheit, die französische Kenner den Gestalten von Guerchin vorwerfen.

12 »Endlich sind wir allein: Liebe facht mein Feuer an und meine Wünsche. Schöne Ninetta, wenn Sie keine Barbarin sind, gewähren Sie mir bitte einen Platz in Ihrem Herzen.«

13 Vgl. die bewundernswerten Memoiren von Mistress Hutchinson und die Prozesse von Sidney u. a. m. Bezüglich einiger Einzelheiten in Strafprozessen vgl. Voltaire ...

14 Il Podestà: Ora è mia, son contento,
Ah! sei giunto, felice momento,
Lo spavento piegar la farà.

15 Falls man die Grundlagen meiner Argumentation angreifen will, könnte ich ein paar Anekdoten veröffentlichen, von denen ich jetzt nur die Moral von der Geschichte erzählt habe; all das geschah unter der gemäßigten Regierung des Herrn Kardinal Consalvi. Vgl. Laorens: *Tableau de Rome*; Sismondi, Gorani.

16 Der Charakter des Bürgermeisters wurde geistreich und kraftvoll geschildert von Duclos in dem Roman von der *Baronne de Lux*. Bei Duclos heißt der liederliche Richter Thuring; der Richter in der *Gazza ladra* muß derb komisch gespielt werden, das wagt aber kein italienischer Sänger vor einem strengen und stolzen Publikum, das keinen Spaß versteht. Man muß das Spöttische herausstreichen.

23. Kapitel

1 Das Vergnügen an der *Dramatik* findet sich nur noch beim Volk im Theater an der Porte Saint-Martin, in der Gaieté usw.

2 Erstaunliches Beispiel für Rossinis Fehler in seinem zweiten Stil; er schreibt eine Arie mit den Agréments, die sein Sänger mit Leichtigkeit ausführt.

3 Häufiger Kunstgriff bei Rossini; trotz großer Überladenheit übertönt die Begleitung die Stimme nicht. Mozart ist es an tausend Stellen nicht gelungen, diese Schwierigkeit zu meistern, zum Beispiel in der Arie *Batti, batti, o bel Mazetto* aus dem *Don Giovanni*.

4 Die gewöhnlichen Menschen sind für diese Leidenschaft empfänglich, vgl. die Sätze von Bossuet. 1520 gab es auf einen Menschen, dem Raffael gefiel, hundert, denen Michelangelo Angst einjagte. Canova hätte 1520 überhaupt keinen Erfolg gehabt.

5 »Schlagt mir den Kopf ab, ich bin euer Gefangener; aber besudelt euch nicht mit dem Blut eines armen jungen Mädchens, das sich nicht einmal verteidigen kann.«
Schöne Worte, zweifelsohne; aber statt dessen müßte er sagen: Ich habe meiner Tochter Tafelsilber zum Verkaufen gegeben; laßt dieses Silber suchen usw. Man wird sagen, daß ich als echter französischer Literat ein armes italienisches Libretto angreife. Denn diese Herren kritisieren die Worte eines Libretto; vgl. die wütenden Angriffe des *Miroir* auf das *crà, crà* von Taddeo in der *Italiana in Algeri*. Ich kritisiere meinerseits unechte *Situationen*; die Worte eines Libretto halte ich immer für sehr gut, ich überhöre sie nämlich. Ich habe das Libretto der *Gazza* zum ersten Mal gelesen, als ich diese Anmerkung schrieb, wobei ich mich leider an Rossinis Gesänge nur mit ihren Worten erinnern kann. Man hätte es lächerlich gefunden, wenn ich, um eine Arie zu zitieren, statt der Worte eine Notenzeile als Anmerkung ans Ende der Seite geschrieben hätte.
Ab der Mitte des ersten Akts der *Gazza* ist alles Traurigkeit und Verzweiflung; und zur Abwechslung kommt *Schrecken* hinzu; im Gefängnis macht der Bürgermeister Ninetta unzweideutige Angebote. Bei einem recht ähnlichen Sujet *(Le déserteur)* vermied Sedaine all die düsteren Empfindungen durch die hübsche Erfindung der Gestalt von Montauciel, das Schwierigste, was man in Frankreich je in der Kunst des Dramas gewagt hat. Rossini hätte einen Sedaine verdient. Wenn dieser Maurer mit zweihundert Louis Rente geboren wäre, hätte die französische Literatur ein weiteres Genie.
Die Protektion eines Ministers konnte den zufällig eingetretenen Schaden wiedergutmachen; man hätte Sedaine für jede seiner Opern sechstausend Francs zahlen müssen. Dagegen hatte er große Mühe, in die Académie française aufgenommen zu werden. Für die Künste ist nichts unnützer als die Gönnerschaft reicher Dummköpfe und die Gründung von Akademien; Marmontel und La Harpe waren die herausragenden Persönlichkeiten der Académie, die Sedaine fast nicht aufgenommen hätte; beurteilen Sie danach die anderen.

6 Das ist das Geheimnis der Abneigung der Romantiker gegen den Alexandriner in der Tragödie; Racines Vers entstellt immerzu ein wenig die *schlichte* und *einfache* Wahrheit der Worte eines leidenschaftlichen Menschen. Hundertfünfzig Jahre philosophischer Studien haben uns gelehrt, worin diese bestehen. Racine entstellt um der Zierde willen; die Sitten des Jahres 1670 verlangten ihm diese Probe seines Talents ab, die des Jahres 1823 haben dagegen eine Abneigung. Wir wollen sehr viel wirklichkeitsnahere Bilder.

Die Prosa-Übersetzung des *Wilhelm Tell* bereitet uns viel mehr Vergnügen als die *Iphigenie in Aulis.*

7 »Führt den einen ab ins Gefängnis, den anderen zur Hinrich-

8 Gefängnisstrafe für den Historiker Giannone.

9 In dreißig Jahren wird man von den Bühnenbildnern verlangen, daß sie die vielen kleinen, geistreichen Details weglassen, mit denen sie heutzutage ihre Bilder überfrachten. Vielleicht werden wir dann viel Eitelkeit gegen ein bißchen Stolz eingetauscht haben. Wir trinken Kaffee, ohne uns zu schämen, obwohl er nicht in Frankreich wächst; warum sollten wir uns nicht die Herren Sanquirico, Tranquillo oder deren Nachfolger aus Mailand holen?

10 Man sagt, das Motiv der Arie von der Glocke stamme aus dem *Otello.*

24. Kapitel

1 Die *Ehre der Nation!* ein bedeutendes musikalisches Argument des *Miroir* von heute wie der Feinde Rousseaus im Jahre 1765; das ist ganz einfach die Kunst, an die *Leidenschaften* der Leute zu appellieren, die zu *beschäftigt* sind, um sich eine Meinung zu bilden.

2 Vor einiger Zeit spielte das Orchester des Louvois im *Tancredi* mühelos und nur auf den Wink des Dirigenten hin das Duett *Ah! se de' mali miei* einen Ton höher als in der Partitur geschrieben steht; es ist in C, man sang es in D. Im Jahre 1765 hätte der Präsident der Oper noch geschrien: *Meine Herren, Achtung auf den Lagenwechsel der linken Hand!*

3 Am Tag nach dem 18. Brumaire lobten ihn zweitausend reiche Leute.

4 Die unteren Klassen der Gesellschaft und die Neuankömmlinge aus der Provinz, die geborenen Bewunderer von allem, was *sehr teuer ist,* sitzen auf den Bänken der großen Opéra. In den Logen noch ein paar Engländer, die von ihren Ländereien kommen, und auf den Rängen einige Spaßvögel, die die Tänzerinnen bewundern; sie sind es, die zusammen mit den sechshunderttausend Francs von der Regierung die Oper unterhalten. Der erste Minister mit gesundem Menschenverstand wird die Italienische Oper um das Jahr 1830 in die Rue Le Peletier verlegen.

5 *Wir hätten kein Publikum, wenn wir unser Theater vergrößern würden;* das beteuert einem jedermann, wenn man sagt, daß man sich in den Logen beengt fühlt und daß man, da die beiden Nachbarhäuser der Verwaltung gehören, die jetzigen Gänge in Logen *à*

l'italienne verwandeln und daneben neue Seitenkorridore bauen lassen könnte.

6 Vgl. *la Renommée* aus den ersten Septembertagen des Jahres 1819, sofern ich mich recht entsinne, und die anderen Zeitungen.

26. Kapitel

1 Vgl. weiter unten die Kapitel über den *Gesang* im Jahre 1770 und heute; die Ideen zu diesen Kapiteln stammen aus den Unterhaltungen, von denen ich gerade sprach.

2 Aus Ehrfurcht vor der Bibel hat man in London nicht gewagt, den *Mosè* im Theater des Königs (der Italienischen Oper) zu geben. Aus der Musik des *Mosè* hat man 1823 die Oper *Peter, der Einsiedler* gemacht. Dieser Versuch gefällt mir; ich hoffe, man wird für vier bis fünf Opern von Rossini, deren Situationen so absurd sind, daß sie auf die Phantasie abstoßend wirken, annehmbare Libretti schreiben. In dreißig literarischen Zeitschriften Englands findet man kaum je eine Seite, die nicht durch irgendeine Anspielung auf die Bibel geheiligt ist. Was werde ich erst über Herrn Irving sagen? Ein solches Wesen wäre in Frankreich unmöglich, nicht einmal in Toulouse.

3 Ideenreichtum durch die sechsundzwanzigmalige Wiederholung desselben Gesangs! Ausgezeichnete Kritik.

4 Wir sind es gewohnt, daß die Berge am Himmel *Schatten werfen;* erste Szene des *Don Giovanni* bei der Wiederaufnahme im September 1823.

5 So muß diese Oper aufgeführt werden; das Wunder muß sich während des Gebets vollziehen, auf ein Zeichen von Moses hin, der sich dem Meer zuwendet.

6 Die gewöhnlichen Lieb- und Leidenschaften, die jedes Jahr Hunderte neuer Romane füllen, sind der Stoff, den die Musik braucht; sie setzt sich die Aufgabe, sie erhaben zu gestalten. Die wundervolle Geschichte von *Hiob, dem Leviten Ephraims,* die Episode von *Ruth* lassen sich leicht als *Opera seria* arrangieren. Aus Ehrfurcht vor Jesus' Tod spreche ich nicht von einem der schönsten Stoffe, die man den modernen Völkern vorführen kann. Der Autor hat den Versuch unternommen, eine Tragödie *Das Leiden Jesu* zu schreiben.

7 Aus dem so rührend-vornehmen Klarinettensolo der Ouvertüre des *Otello* hat Rossini eine Arie für *Osiride* gemacht.

8 Ich bitte den Leser um Entschuldigung, daß ich mehrere italienische Wörter beibehalten habe; jede Übersetzung wäre sehr ungenau.

27. Kapitel

1 Ich gebe der Versuchung nach, hier einige Abschnitte der für mich so interessanten Unterhaltungen wiederzugeben, die ich in Neapel manchmal führte. Wenn in den folgenden Kapiteln ein paar angenehme oder nützliche Ideen zu finden sind, dann stammen sie vom Ritter von Micheroux, ehemals Minister in Dresden. Dieser aufgeklärte Musikliebhaber hat gütigerweise Anmerkungen zu mehreren Fehlern gemacht, die mir in den anderen Teilen dieser Biographie unterlaufen waren. Die Musik hinterläßt in Italien keine Spuren; die Zeitungsartikel sind entweder Lobeshymnen oder Philippiken und enthalten im übrigen nur selten etwas Positives. Da das vorliegende Werk aus einer Vielzahl von Fakten besteht, muß es eine ganze Reihe von Irrtümern enthalten. Manch ein Datum einer Uraufführung hat mich zwanzig Briefe gekostet, und immer bin ich mir des gewählten Datums noch nicht sicher.

2 Die Leute, die achtzig Vorstellungen nacheinander bei den Unverschämtheiten Sullas gegenüber den Römern, das heißt der Verachtung Napoleons für das französische Volk, Beifall klatschen.

3 Davide d. Ä., der ein genauso berühmter Sänger war wie sein Sohn, macht diesem lebhafte Vorwürfe, er lege nicht genügend *Sanftheit* in seinen Gesang und opfere zu vieles der Beweglichkeit; eines Tages wollte er ihn deswegen sogar schlagen. Ich habe Davide d. Ä. 1820 im Theater von Lodi singen hören; man sagte, er sei siebzig Jahre alt. Er wohnt in Bergamo, genauso wie der gute Mayr, der Komponist der *Ginevra di Scozia.*

4 Die Völker zwischen Mosel und Loire haben wenig Gefühl für die Musik; bereits in der Gegend von Toulouse und in der Umgebung von Köln lebt das Gefühl für diese Kunst wieder auf.

5 Durch das *Tempo* erweckt die Musik die zartesten Gefühle, und es gelingt ihr, sie selbst für derbe Charaktere spürbar zu machen. Wenn ein dicker Millionär ergriffen ist, fühlt er einen Augenblick wie ein geistreicher Mensch.

Durch die *Unbeweglichkeit* erzeugt die Skulptur dasselbe zarte Gefühl. Eines Abends, als er zartfühlend gestimmt war, versprach Rossini, den Eindruck, den die erhabene Gruppe ›Venus und Adonis‹ vermittelt, die wir im Fackellicht bewunderten, in einem schönen Duett zu vertonen. Ich erinnere mich, daß der Marquis Berio ihn dies bei den Manen von Pergolesi schwören ließ.

Eines Tages werde ich mich vielleicht trauen, eine Abhandlung über das Ideal des Schönen in allen Künsten zu veröffentlichen. Es wäre ein Werk von zweihundert recht unverständlichen Seiten, bei dem wie beim vorliegenden Kapitel vor allem die Übergänge fehlen würden.

28. Kapitel

1 Vgl. die einzigartigen Überlegungen des *Journal des Débats* vom 18. September 1823. Ein Mensch, der kein Gefühl für die schönen Künste hat, kann durch Überlegungen höchstens bis zur Theorie des Rezitativs gelangen; der *Gesang* entgeht ihm; eine spröde Seele fühlt ihn nicht, und das Denken kann nicht dahin führen.

2 Die ausgepfiffenen Komponisten sind die gefährlichsten Feinde der Musik. Die echten Kunstrichter sind in Frankreich insbesondere die jungen Frauen von fünfundzwanzig.

3 *Mémorial de Sainte-Hélène* des Herrn Grafen Las Cases, Bd. IV; Aufstände und Begeisterung in Brescia, Bergamo, Verona usw.; auf das Ganze folgte 1799, dreizehn Monate später, eine grausame Reaktion. Seltsame Abenteuer der an die Mündung des *Cattaro* deportierten Patrioten, beschrieben von Herrn Apostoli aus Padua in dessen *Lettere Sirmiensi*, 1809.

4 *Natum pati et agere fortia*, ein für den heiligen Ignatius von Loyola gedichteter Vers.

5 Später hat Madame Catalani die Variationen von Rode gesungen; es stimmt, daß der Himmel es versäumt hat, ihr neben ihrer erhabenen Stimme auch ein Herz zu verleihen.

6 In diesem ganzen Abschnitt denkt Stendhal in italienischer Sprache, *biscroma* heißt Zweiunddreißigstel-Note. (Anm. d. Hrsg.)

7 Lieblingsinstrument von Rossini. (Es ist die Oktavflöte. Anm. d. Hrsg.)

29. Kapitel

1 Hinzu kommen die ersten Versuche von Rossini: *La cambiale di matrimonio, L'equivoco stravagante, Ciro in Babilonia, La scala di seta, L'occasione fa il ladro, Il figlio per azzardo.*

2 Er war damals einundzwanzig Jahre alt.

3 Die Oper selbst war nicht erfolgreich. Velluti hatte eine Auseinandersetzung mit dem berühmten Alessandro Rolla gehabt, dem Orchesterleiter der Scala, und er schmollte während aller Vorstellungen des *Aureliano* wie ein Kind; von seinem Charakter her ist er in der Tat ein Kind, das von einem Kammerdiener angeleitet wird.

4 So angenehm es ist, den Versuch zu machen, Regungen des Herzens und geistige Vorgänge auf französisch zu analysieren, so schwer fällt es, über die Kunst des Gesangs zu schreiben. Da ich keine *französischen Wörter* weiß, um die verschiedenen Arten von Rouladen oder Verzierungen klar und deutlich zu bezeichnen,

bitte ich um die Erlaubnis, manchmal italienische Wörter benutzen zu dürfen. Ich muß dies um der Genauigkeit und Klarheit willen tun.

5 Rossini hat für Neapel von 1815 bis 1822 neun seiner bedeutendsten Opern geschrieben: *Elisabetta, Otello, Armida, Mosè, Riccardo e Zoraide, Ermione, la Donna del lago, Maometto secondo* und *Zelmira.*

6 Die Arie *di tanti palpiti* habe ich selbst in drei verschiedenen *Tonhöhen* singen hören.

30. Kapitel

1 Marchesi änderte jeden Abend alle *fioriture* seiner Rollen (Mailand 1794).

31. Kapitel

1 Warum? Dieses Problem lege ich dem gelehrten Doktor Edwards vor.

2 Abgestimmt auf unsere *momentanen* Bedürfnisse; diese Musik ist eminent *romantisch.*

3 Die Gabrielli sang nur gut, wenn ihr Geliebter im Saal war. In Italien erzählt man sich hundert Geschichten über diese Art von Kapricen. Sie war Römerin.

32. Kapitel

1 Die großen Sänger änderten nichts am Motiv der Arien, sie sangen es recht schlicht und fingen dann erst mit den Verzierungen an. Am Ende jeder Arie hatten sie zwanzig Takte für die *gorgheggi* und andere leichte Agréments, und schließlich die Bravourarie wie *pria che spunti* in der *Heimlichen Hochzeit.* Rossini hätte die Agréments zu dieser Arie aufgeschrieben. Sie gehört zu der Art, die man in Neapel *aria di narrazione* nennt.

2 Ich finde es beinahe unmöglich, auf französisch über den Gesang zu sprechen. Daher gebe ich die folgende kurze Passage auch auf italienisch wieder: »Le ombreggiature per le messe di voce, il cantar di portamento, l'arte di fermare la voce per farla fluire eguale nel canto legato, l'arte di prender fiato in modo insensibile e senza troncare il lungo periodo vocale delle arie antiche.«

3 Paganini, der beste Geiger Italiens und vielleicht von der ganzen Welt, ist im Augenblick ein junger Mann von fünfunddreißig Jah-

ren mit schwarzen, durchdringenden Augen und dichtem Haar. Diese glühende Seele hat ihre wunderbare Fähigkeit nicht durch acht Jahre langes Üben am Konservatorium erworben, sondern er war unglücklich verliebt und wurde, wie man sagt, für lange Zeit ins Gefängnis geworfen. Einsam und verlassen blieb ihm, der in Ketten lag, nur die Geige. Er lernte, seine Seele *mittels der Töne* auszudrücken; und die langen Abende seiner Gefangenschaft hatte er Zeit genug, sich in dieser Sprache zu vervollkommnen. Man sollte Paganini nicht hören, wenn er mit den Geigern aus dem Norden zu wetteifern sucht, sondern wenn er an einem Abend, an dem er in Schwung ist, auf der Geige seine Capricci spielt. Ich füge noch schnell hinzu, daß diese Capricci *schwerer* sind als alle Konzertstücke.

4 Velluti bereitet für dieselbe Passage drei Arten von Agréments vor; wenn er singt, wählt er dann dasjenige, das ihm am leichtesten fällt; aufgrund dieser Vorbereitung klingen seine Verzierungen nie *stentati* (gezwungen).

33. Kapitel

1 Ich habe gerade einen zweiundzwanzig Jahre alten Franzosen getroffen, der eine Tragödie geschrieben hat, die bei den Franzosen ankam; als er mit mir sprach, legte er sehr viel Wert darauf, sich über das tragische System lustig zu machen, nach dem er gearbeitet hat.

2 Mir scheint, in Genf macht man wenig Aufhebens um Rousseau; hingegen scheint sich der Ruf dieses so lockeren, spottlustigen, antireligiösen und anti-Genfer Voltaire jeden Tag weiter zu verbreiten; schließlich hatte Voltaire, als er starb, auch achtzigtausend Pfund Rente.

3 Es geht nicht um die spezielle Stimme, für die Rossini alle Agréments niedergeschrieben hat. Mademoiselle Colbrand schuldet Rossini einen Teil ihres Ruhms.

4 Auf italienisch würde man sagen: *Una voce pura o velata, debole o forte, piena o sottile, stridula o smorzata.*

5 Pacchiarotti selbst hat mir gerne von sich erzählt, als er mir 1817 in der Nähe des *Prato della Valle* in Padua seinen hübschen englischen Garten und die Schachfigur des Kardinal Bembo zeigte. Vgl. meinen Reisebericht mit dem Titel *Rome, Naples et Florence en 1817.*

6 Und recht oft auch die erstklassigen; Crivelli und Velluti gehen nur noch mit der *Isolina* von Morlachi auf Tournee; überall führen sie diese Oper auf.

7 In Italien nennt man die Sänger, die nur schlecht Noten lesen können, die *orecchianti;* die gegenteilige Eigenschaft wird mit dem Wort *professore* ausgedrückt. In Florenz wird man ihnen sagen; *Zuchelli è un professore;* und das heißt keineswegs, daß Zuchelli Stunden gibt, sondern daß er sehr gut Noten lesen kann.

8 Im Oktober 1822 habe ich eine reizende Opernaufführung gesehen in Varese, einer lombardischen Stadt, so groß wie Saint-Cloud, deren Bewohner dafür bekannt sind, daß sie Fremde äußerst zuvorkommend behandeln.

9 Ein Unternehmer würde es nie wagen, die *Horatier* mit den Stimmen zu geben, die wir zu hören bekamen. Man muß das Louvois in ein Unternehmen verwandeln, wie die Scala eines ist.

34. Kapitel

1 Welch entzückendes Vergnügen würde uns Romberg mit seinem Cello bereiten, wenn er die Seele Werthers hätte statt der unschuldigen und ehrlichen Seele eines guten deutschen Bürgers! Fräulein von *Schauroth,* mit ihren neun Jahren schon eine berühmte Pianistin, hat schon etwas von der schönen Unvernunft des Genies.

2 Man schreibe die Worte der berühmten Arie *Quelle pupille tenere* in der Partitur der *Horatier* so nieder, wie sie gesungen werden.

35. Kapitel

1 Das ist eine Tour de force, die die *dilettanti* jedesmal in Erstaunen versetzt, daß dieselbe Stimme an einem Abend den Tancredi und drei Tage später die Desdemona singt.

2 Ich glaube, Madame Pasta ist dazu bestimmt, das Glück des Komponisten auszumachen, der Rossinis Stern erblassen läßt. Sie ist hervorragend im *schlichten Genre,* und darüber muß dem Komponisten der *Zelmira* sein Ruhm streitig gemacht werden.

3 Das hat sie unter Beweis gestellt, indem sie den Tancredi und die Rolle des Kuriatiers in den *Horatiern* von Cimarosa sang, den Romeo und die Medea.

4 Die Klarinette hat zum Beispiel zwei *Register.* Die tiefen Töne klingen ganz anders als die hohen. Ich möchte an dieser Stelle auf eine naturgeschichtliche Beobachtung aufmerksam machen, die dieses Jahr in London gemacht wurde: Die hohen Töne der Klarinette und des Klaviers bringen die wilden Tiere, den Löwen, den Tiger usw., überhaupt nicht aus der Ruhe, während die tiefen Töne sie auf der Stelle in Rage versetzen. Es scheint, als reagiere

der Mensch genau umgekehrt. Vielleicht ähneln die tiefen Töne dem Gebrüll der Tiere. Vgl. die Experimente, die 1802 im Jardin des Plantes veranstaltet wurden; man gab ein Konzert für die Elefanten. Ich weiß nicht, ob die Naturforscher verständig genug waren, um über die Ergebnisse dieses Versuchs in aller *Schlichtheit* zu berichten und um eine so gute Gelegenheit, ihre Beredsamkeit unter Beweis zu stellen, nicht verstreichen zu lassen.

5 Madame Todi sang 1795 oder 1796 in Venedig und 1799 in Paris. Wie Sie wissen, gibt es Menschen, die behaupten, die neueste Musik sei immer die beste, Menschen also, mit denen man sich über die Vortrefflichkeit der Musik der verschiedenen Epochen des letzten Jahrhunderts also nicht einig werden kann. Im Gegensatz dazu denkt jedermann, der Gesang habe von 1730 bis 1780 den höchsten Grad der Vollendung erreicht; am Ende des 18. Jahrhunderts existierte diese wunderbare Kunst nur noch bei sehr alten Leuten. Heute gibt es einige schöne Stimmen und fünf bis sechs gute Sänger: Velluti, Madame Pasta, Davide, Mademoiselle Pisaroni, Madame Belloc usw. Ihr Geschmack ist weiser und reiner, und sie sind vielleicht gewandter als die Soprane, die um 1770 ihre Glanzzeit hatten.

6 Diese *pacatezza* in den Gesten und im Gesang unterscheidet Madame Pasta von allen großen Schauspielerinnen, die ich gesehen habe.

7 Der Gesangslehrer von Madame Pasta, Herr Scapa aus Mailand, ist gerade in London, wo er mit seiner Methode äußerst erfolgreich ist.

8 Abend des 2. Oktober 1823; vielleicht hatte Madame Pasta nie zuvor bei ihrem Gesang erhebendere Einfälle; ich habe in der *Rosa bianca* einige Agréments aus dem Gebet der Desdemona wiedererkannt.

9 Wenn man leidenschaftlich liebt, spricht man oft eine Sprache, die man selbst nicht versteht; eine Seele gibt sich der anderen unabhängig von den gesprochenen Worten zu erkennen. Ich vermute, daß es beim Gesang einen ähnlichen Effekt gibt; da aber wie in der Liebe das *Natürliche* unbedingt dazugehört, muß die Stimme etwas singen, was *für sie geschrieben* ist, was ihr keinerlei Schwierigkeit bereitet und was der Sänger in dem Augenblick, da er es singt, von ganzem Herzen herrlich findet.

10 Vgl. den *Corsaire* vom 3. Oktober 1823.

11 Solchen Kunstgriffen des Gesangs gegenüber verhält sich das steife Louvois-Orchester grausam. Bei einem solchen Orchester, das aus Leuten besteht, die hundertmal geschickter sind als die italienischen Orchestermusiker des Jahres 1780, wären Pacchia-

rotti und Marchesi gar nicht erst möglich gewesen. Es arbeitet gegen alle guten Sänger, die wir in Paris haben könnten; und sofern sich diese von der allzu großen Gelehrsamkeit unserer Orchestermusiker einschüchtern lassen, werden wir den Teil des schönen Gesangs, der Improvisation heißt, nie zu hören bekommen.

12 Die Dummen klatschen Beifall, wenn die Mehrheit es tut; um vor Bewunderung begeistert zu sein, muß man aber eine Seele haben, was selten vorkommt.

13 Das *Ideal des Schönen* hat in allen Gattungen nur ein *vernünftiges* Maß, den Grad unserer Emotion.

14 Vgl. im *Mémorial de Sainte-Hélène*, Bd. IV, eine interessante Passage über Madame Grassini. Gestern habe ich zwölf sehr leidenschaftliche Liebesbriefe gelesen; sie stammen aus Napoleons Feder und sind an Joséphine gerichtet; einen hat er vor der Hochzeit geschrieben. Zum plötzlichen Tod eines Herrn Chauvel, eines engen Freundes Napoleons, macht dieser eine Platons oder Werthers würdige scherzhafte Bemerkung über die Unsterblichkeit der Seele, den Tod usw. Einige dieser leidenschaftlichen Briefe sind auf offiziellem Briefpapier geschrieben, mit *Liberté, égalité* als Briefkopf. Napoleon verachtet die Siege und sorgt sich nur um seine Rivalen bezüglich der Gunst von Joséphine. »Liebe sie, wenn Du willst,« schreibt er ihr, »Du wirst nie einen finden, der dich so vergöttert wie ich.« Dann fügt er hinzu: »Gestern und heute haben wir uns geschlagen; mit Beaulieu bin ich zufriedener als mit den anderen, aber ich werde ihm eine vernichtende Niederlage bereiten.« Es steht zu befürchten, daß die zwölf Briefe nach dem Tode des Herrn Grafen B*** an den nächstbesten Krämer verkauft werden.

36. Kapitel

1 Ich finde, Mozart hat mehr Schwierigkeiten gemeistert, die Wirkung ist bei Rossini aber deutlicher und hübscher.

37. Kapitel

1 Irrtum, sagt Herr Prunières. Diese Oper hat eine Ouvertüre. (Anm. d. Hrsg.)

2 Derjenige meiner Nachbarn, der den *Mosè* dem *Tancredi* vorzieht, wird auch die *Semiramide e sempre bene* lieber mögen; wenn wir ehrlich sind, haben wir beide recht.

3 Es gibt zweifelsohne Altstimmen in Frankreich; aber sobald ein junges Mädchen nicht bis zum G oder A hochkommt, sagt man hierzulande, sie habe keine Stimme. Vgl. einen sehr guten Artikel von M*** in den *Débats* vom Juli 1823.

38. Kapitel

1 Von Herrn Fauriel, dem Schriftsteller mit dem besten Geschmack, der außerdem ein geistreicher Mann ist, haben wir den *Comte de Carmagnola* (1823) in einer ausgezeichneten Übersetzung. Was würden die Liebhaber nur dafür geben, wenn sie einen in diesem Stil übersetzten *Shakespeare* hätten! Im *Comte de Carmagnola* findet sich die schönste Ode, die, zumindest meiner Meinung nach, im 19. Jahrhundert verfaßt worden ist:

I fratelli hanno ucciso i fratelli!

39. Kapitel

1 Man schreibt mir aus Turin, daß Madame Pasta dort (1822) mit größtem Erfolg in der Oper *Odoardo e Cristina* aufgetreten ist. Man hat die schönsten Stücke aus den in Turin unbekannten Rossini-Opern in den *Odoardo* eingearbeitet.

40. Kapitel

1 »Ich bin lustig, wenn ich liebliche Melodien höre.«

2 Vor allem in den in Neapel für Mademoiselle Colbrand geschriebenen Opern.

3 Ich zitiere oft die *Heimliche Hochzeit* als Beispiel, weil sie zu den drei bis vier Opern gehört, die die vier- bis fünfhundert *dilettanti*, an die ich mich wende, sehr gut kennen.

41. Kapitel

1 Auf neapolitanisch sagt der Pedant zur Modehändlerin: Da hast du aber eine gute Idee, mich zu lieben! Du kannst auf der ganzen Welt danach suchen, was könntest du finden, das mit mir vergleichbar wäre? Nicht einmal in Asien oder in Amerika usw.

2 Reise von Sharp und Eustace, Proklamation von Lord Bentinck an die Genueser; die Admirale Nelson und Caracciolo (...).

42. Kapitel

1 Wenn es Herrn Rossini jemals zweckmäßig erscheint, irgendeinen Satz aus diesen Kapiteln zu bestreiten, so widerrufe ich ihn im voraus; ich wäre verzweifelt, wenn es mir an Zartgefühl mangeln würde gegenüber einem Menschen, für den ich die größte Hochachtung empfinde. Ich kenne nur eine Art von *Adel*, den des Talents, dann noch den großer Tugend; die Menschen, die Großes geleistet haben oder sehr reich sind, kommen danach.

2 Das Komische besteht in Italien darin, daß man sich über den Weg des Glücks täuscht, nach dem man mit heißem Verlangen strebt, und dieses Glück liegt nicht immer und einzig in der Nachahmung der Sitten der vornehmen Gesellschaft.

Chronologie der Werke

1 Die Musik hinterläßt in Italien keine Denkmäler; oft mußte ich zwanzig Briefe schreiben, um genau in Erfahrung zu bringen, wann eine Oper komponiert wurde, und oft waren drei bis vier gleichermaßen wahrscheinliche Daten angegeben. Ich habe Briefe, in denen steht, daß die Rossini-Oper *Ciro* in zwei verschiedenen Städten in drei verschiedenen Jahren uraufgeführt worden ist. Hiermit bitte ich den Leser um Entschuldigung für eventuelle Fehler in Details; es würde sehr viel mehr Zeit und Geduld erfordern, als ich habe, um eine echte Rossini-Biographie vorzulegen, die in allen Punkten hieb- und stichfest ist. Ich kann nur hoffen, daß die verallgemeinernden Schlüsse, die der Autor aus den Fakten zieht, zeigen werden, daß er sie gemäß seiner Art zu sehen und zu fühlen richtig dargestellt hat.

2 Ich lasse den Theatersaisons die italienischen Namen; wir haben keine entsprechenden Bräuche, weshalb jede Übersetzung ungenau ausfallen müßte. Bekanntlich treten in jeder Saison neue Sängertruppen auf. Die *stagione del carnevale* beginnt am 26. Dezember, die *primavera* am 10. April und die *autunno* am 15. August. In manchen Städten sind die Herbst- und die Frühjahrssaison verschieden lang bzw. kurz. In Mailand gibt es manchmal einen *autunnino*. Der Karneval beginnt regelmäßig am zweiten Weihnachtsfeiertag.

3 Sie singt 1823 noch erfolgreich an der Scala; ihre Stimme ist genauso schön wie vor zehn Jahren. Madame Belloc, die Tochter eines aus seiner Heimat vertriebenen Offiziers von diesseits der Alpen, hat im Januar 1800 in Bourg en Bresse debütiert.

4 Für drei Stimmen laut Herrn Prunières. (Anm. d. Hrsg.)

43. Kapitel

1 Die mit Großbuchstaben bezeichneten Anmerkungen zu diesem Kapitel stammen von einem ehemaligen Theaterverwalter. (Diese Anmerkungen sind in der vorliegenden deutschen Übersetzung nicht enthalten; sie decken sich großenteils mit den Vorschlägen Stendhals. Wer den genauen Wortlaut der Anmerkungen des Baron de Mareste kennenlernen möchte, sei auf die Orginalausgabe verwiesen. Anm. d. Übers.)

2 Ich richte mich nach dem Budget des Königlichen Theaters (der Italienischen Oper) in London. Die gesamten Ausgaben betragen in London 1 200 000 Francs. Ich habe außerdem das Leistungsverzeichnis der Scala in Mailand zu Rate gezogen.

3 Ich insistiere auf dieser Summe von 20 000 Francs. Ich habe allen Grund zu der Annahme, daß die unteren Chargen der Verwaltung darüber *verzweifelt* sind, daß das Théâtre Louvois Gewinn macht.

4 Diese Summe müßte also an das Budget der Stadt Paris gehen, deren Bewohner das Vernügen haben, die Musik zu hören, und deren *Zoll* durch die Anwesenheit von zehntausend reichen Fremden Gewinn bringt.

5 Der Wahlmodus kann ganz einfach sein, bei der Theaterverwaltung wird ein Wählerverzeichnis hinterlegt.

44. Kapitel

1 Wenn in Paris ein Theater gebaut werden sollte – so weit müßte man in den kommenden dreißig Jahren wohl kommen –, dann finden sich die genauen Proportionen der Scala in einem 1819 von Herrn Landriani in Mailand veröffentlichten Werk. Die Fassade ist bei weitem nicht so schön wie die des San Carlo; die Gänge sind eng und unbelüftet, und das Parkett zu waagerecht; ansonsten ist es aber das beste Theater der Welt. Ein vollkommenes Theater wäre freistehend wie das Théâtre Favart und auf allen vier Seiten von Säulenvorhallen umgeben wie das Theater in der Rue Castiglione. Ich glaube, daß das Theater in Moskau, welche Stadt wir nur vierundzwanzig Stunden ansehen konnten, so gebaut war. Durch diese einfache Anordnung können hundert Kutschen auf einmal bestiegen werden.

Ich finde, der Platz gegenüber dem Boulevard de la Madeleine zwischen dem Faubourg Saint-Honoré und der Rue de Surène wäre genau der richtige für ein Theater, das der Hauptstadt von Europa und der Welt würdig wäre.

Wenn es darum geht, einen kleinen Saal zu bauen, der sich für die Musik bestens eignet, dann sollte man die Sala *Carcano* in Mailand nachbauen mit der Fassade des Theaters von Como. Herr Canonica, ein berühmter Architekt, der einige Theater in der Lombardei erbaut hat, sagte eines Tages in meiner Gegenwart, die Gesetze der Akustik seien noch wenig erforscht. Das Theater *Carcano* eignet sich hervorragend für die Musik, man hört dort viel besser als im Theater *Ré;* dennoch sind beide vom selben Architekten, Herrn Canonica, mit der gleichen Sorgfalt gebaut worden. Der Saal in der Rue Le Peletier hat eine gute Akustik; er ist aus Holz gebaut.

Wenn man einen größeren Saal haben möchte, dann kann man das reizende Theater von Brescia nachbauen; es ist ganz besonders hübsch. (Was für Italien das *Hübsche*, ist für Frankreich das *Prächtige;* was in Italien als *schön* gilt, kommt den Franzosen düster vor.) Wenn man einen winzigen Saal wünscht, dann kann man sich das Theater von Volterra oder das von Como zum Vorbild nehmen. In der Architektur ist das Plagiat erlaubt, zumindest solange unsere Architekten es uns nicht im Namen der Ehre der Nation verbieten. Herr Bianchi, ein Architekt aus Lugano, hat schöne Pläne für Theater; er hat 1817 das San Carlo neu erbaut.

2 Eine Einrichtung dieser Art fehlt in Paris noch. Man bräuchte eine Wandelhalle, die dreimal größer ist als der Saal in der Rue Le Peletier, und müßte die entsprechende Etage des Nachbarhauses dazumieten, um dort ein literarisches Kabinett, ein Café und Billardtische unterzubringen. Das Wichtigste wäre die Einrichtung von Abonnements. Im Interesse der Gesellschaft und nicht der *Privilegierten* schlage ich vor, ein Privileg einzurichten. Dieses Abonnement müßte ziemlich teuer sein und würde sich um ein Viertel reduzieren für die Leute, die tausend Francs Steuern zahlen, für die Mitglieder des Instituts, die Pariser Rechtsanwälte und andere bedeutende Persönlichkeiten der Gesellschaft. Das Wichtigste für einen öffentlichen Salon ist, die jungen Leute ohne Vermögen fernzuhalten, die am Ende einen derben Ton hereinbringen.

3 Rom verdankt die meisten Verschönerungen unter Napoleon dem Herrn Martial Daru, dem Verwalter der Krone, einem sehr aufgeklärten Kunstliebhaber und engen Freund von Canova, darunter die Arbeiten an der Trajanssäule.

4 Er kam 1806 selbst ins Theater, um den Sängern das richtige Tempo gewisser Stücke von Cimarosa zu zeigen. Er ist ein Mann von Geist, der aber von 1818 bis 1823 vor der Partei der *Ultras* Angst gehabt hat und vor allem Minister bleiben wollte.

5 Herr Kardinal Consalvi hat Canova beauftragt, eine Büste von Cimarosa zu machen; diese Büste wurde 1816 im Pantheon aufgestellt neben der Büste und dem Grab von Raffael. Da der Kardinal Consalvi aber der Partei der *Ultras* mehr und mehr Zugeständnisse – wegen seines Rufs muß man sagen leider – auch in wichtigeren Dingen machte, hat er zugestimmt, daß die Büste seines Freundes zusammen mit Hunderten antiker Skulpturen ins Kapitol ausquartiert wurde. Im Pantheon war sie ein Denkmal gewesen, das die Herzen der für die Künste geborenen Menschen rührte; im Kapitol ist sie nur noch eine Sehenswürdigkeit.

6 Schönes Libretto voller starker Situationen; die Musik hat durchaus geniale Züge.

7 Das Gefängnis für die Carbonari ist ganz in der Nähe auf einer Nachbarinsel von Venedig.

8 Wenn die Gottesfurcht es gestattet. Bekannte Antwort einer großen Persönlichkeit: *Non voglio abbrucciar le mie chiappe per voi.*

9 Kassel, Ende des Jahres 1823, verglichen mit Darmstadt, wo die neue Oper sehr viel Aufsehen erregt.

10 In Paris werden aus den Einnahmen aus den öffentlichen Spielen unter anderem die Pensionen für frömmelnde Schriftsteller bezahlt, die über Moral schreiben. Welch ein merkwürdiges Jahrhundert ist doch das unsere!

11 Die Aufführungen von Salvatore Viganò waren: *Coriolano,* 1804; *Tamiri, La vanarella,* 1805; die *Strelitz, Riccardo Cuordileone, Clotilde, Il noce di Benevento, L'alunno della giumenta,* 1812; *Prometeo, Samandria liberata,* 1813; die *Ussiti, Numa Pompilio, Myrrha oder die Rache der Venus, Psammi, König von Ägypten,* die *Drei Orangen,* 1815; *Dädalus, Otello* und die *Vestalin,* 1818. Von diesen Meisterwerken ist nur die von Viganò arrangierte Musik erhalten geblieben. Ich rate, sich bei Ricordi in Mailand die Noten des *Otello*, der *Vestalin* und der *Myrrha* zu besorgen.

12 Eine gut gesungene Oper ist jeden Tag anders, wegen der Nuancen im Gesang und der Verzierungen.

13 Ich hätte gern, daß man acht Oktavbände mit den zweitausend Briefen veröffentlicht, in denen Diderot seiner Geliebten von all dem berichtet, was sich zu seiner Zeit in Paris abgespielt hat. Das ist das Beste, was Diderot geschrieben hat.

14 Mit Ausnahme von Herrn Dragonetti und zwei bis drei weiteren Orchestermusikern verfügt das Londoner Theater nicht über große Talente; die Nation ist noch fühlloser; und doch ergeht es der Musik in London sehr viel besser als in Paris; weil es weder eine gegnerische Partei noch eine *Ehre* gibt.

15 Die manierierten Miniaturen, ohne Effekt und alles andere als großartig, die man uns im Louvois und in der Oper zumutet, kosten fünf bis sechsmal mehr. Man denke nur an die *Ansicht von Rom* bei der Wiederaufnahme der *Horatier* am 14. August 1823. Man sieht, daß David nicht mehr da ist; die Malerei liegt darnieder und macht im Galopp Rückschritte zum *nationalen* Genre von Boucher. Vgl. die Industrieausstellung des Jahres 1823.

16 Sanquirick ist die Mailänder Aussprache des italienischen Namens *Sanquirico.*

45. Kapitel

1 Nichts ist verhängnisvoller als eine Anwendung der Gelehrsamkeit am falschen Platz: Man bewegt sich dann mit einer recht lächerlich wirkenden überzeugten Steifheit in den Bahnen des Irrtums. Vgl. die Anwendung der Mathematik auf die Wahrscheinlichkeitsrechnung; vgl. die weiter oben zitierten Überlegungen eines französischen Philosophen über das Duett.

Leute, die ansonsten sehr gut dialektisch denken können, räsonnieren ganz folgerichtig über Fakten, die ihnen nicht zugänglich sind. Die Überlegung führt in der Musik nur immer zum *obligatorischen Rezitativ;* der Gesang, die *aria,* ist eine *neue Kunst,* für die man *ein Gespür braucht.* Dieses Gefühl ist in Frankreich nördlich der Loire aber sehr selten. Es ist sehr weit verbreitet in Toulouse und in den Pyrenäen. Erinnern Sie sich an die kleinen Lausejungen, die in Pierrefite (Route de Cauterets) unter unseren Fenstern sangen und die Ihr hochkommen ließt. Durch seine Gesänge, seine religiösen Vorstellungen, durch irgendeine düstere Färbung erinnert mich Toulouse immerzu an eine Stadt im Staat des Papstes. Nach 1823 rechtfertigt man dort noch immer die Verurteilung von Calas.

2 Sehr beredte Leute und dem Talent nach zumindest dem ebenbürtig, was wir in Frankreich oder England seit dem Tod von Sheridan oder Grattan haben.

3 Ich hoffe, daß fünf Sechstel der Leute, für die diese Broschüre nicht geschrieben ist, das Buch jetzt schon zugeschlagen haben. Ich erlaube mir hier einige Ideen, die ich auf den ersten Seiten gestrichen hätte. Können wir von der Vervollkommnungsfähigkeit des menschlichen Geistes erwarten, daß für das Publikum die Kunst erfunden wird, die Schriftsteller auszuwählen, die ihm gefallen, und für die Autoren die Kunst, sich ihr Publikum zu wählen? Haben Sie mit Freuden die Romane von Walter Scott und die

Broschüren von Herrn Courier gelesen? Für Sie schreibe ich. Haben Sie mit Vergnügen die *Histoire de Cromwell,* die *Mélanges* von Herrn Villemain und die Geschichten der Herren Lacretelle und Raoul Rochette gelesen? Dann klappen Sie vorliegendes Buch zu, es ist voller Hirngespinste, unschicklich und platt.

4 Es kann nicht um Eitelkeit oder um das Vergnügen gehen, sich in der Öffentlichkeit durch eine modische Frau hervorzutun, in einem Land, in dem die vordringlichste Notwendigkeit darin besteht, bei einem Dutzend ganz gemeiner Minister, die außerdem nichts zu tun haben, in Vergessenheit zu geraten. Wenn all das heute überholt sein sollte, dann stimmte es jedenfalls noch vor fünfzig Jahren, als man den Historiker Giannone im Gefängnis sterben ließ; die Gesetze brauchen nämlich hundert Jahre, bis sie in den Sitten verankert sind.

5 Der heilige Philipp Neri erfindet im 16. Jahrhundert das Oratorium. Vgl. die Szene mit dem Mönch in der *Mandragora,* einer ausgezeichneten Komödie von Machiavelli. Der Mönch beklagt sich, daß es am Abend keine Prozessionen mehr gibt.

6 Brief von Herrn Courier über den Tintenfleck, den Gelehrten Furia und den Kammerherrn Pulcini, 1812.

7 Die Casaciello sind wie die Vestris; derjenige, der das *Florentina* leitet, das Feydeau von Neapel, ist der dritte Träger des Namens.

46. Kapitel

1 Ein Dummkopf an meiner Seite begnügt sich mit dem schlechten Schauspiel, das man uns heute im *Gymnase* bietet, sagte Guasco zu mir; er hat den ganzen Tag über nichts so Amüsantes gesehen. Ich habe dagegen dank meiner verrückten Phantasie reizende Dinge gesehen und oft von engelsgleicher Schönheit. In einem Salon wirke ich in der Tat linkisch.

2 Der junge Kreutzer hat in Wien eine erhabene Kantate geschrieben; er ist eine der Hoffnungen für die Musik. Wenn die Eitelkeit oder der Geiz Delphine Shaurott nicht verderben und wenn sie nach Italien geht, wird sie der Paganini des Klaviers.

3 Die Gräfin von*** in der Nähe von Halberstadt. Der *Freischütz* beruht auf einer volkstümlichen Überlieferung, aus der Jean Paul einen ergreifenden Roman und Carl Maria von Weber eine laute Oper gemacht hat.

4 Man hat mir in Liverpool vierzehnjährige Kinder gezeigt, die sechzehn bis achtzehn Stunden am Tag arbeiten. Ich spazierte an diesem Tag zufällig mit achtzehnjährigen Dandies, die hundert-

tausend Francs Rente beziehen und keine einzige Idee im Kopf haben, nicht einmal die, den armen, unglücklichen Kindern einen Schilling hinzuwerfen. Der Italiener wird zwar tyrannisiert, hat aber seine ganze Zeit für sich; der *lazzarone* von Neapel folgt frei seinen Leidenschaften, wie ein Wildschwein tief im Walde; ich halte ihn für weniger unglücklich und vor allem für weniger stumpfsinnig als den Arbeiter in Birmingham. Die moralische Verrohung ist ein ansteckendes Übel; die Derbheit des Arbeiters bleibt nicht ohne Wirkung auf den Lord.

5 Mein Fremdenführer hat mir überraschenderweise ihre Rufe übersetzt.

6 *Vies de Haydn, de Mozart et de Métastase,* S. 56 (S. 49 der *Divan*-Ausgabe. Anm. d. Hrsg.).

7 Unter Napoleon läßt ein Präfekt einen Schüler von Herrn Professor Broussonet in Montpellier rufen und sagt in ernstem Ton zu ihm: *Monsieur, die These, die Sie gestern vertreten haben, ist nicht katholisch.* Diese These ging über eine Unterleibskrankheit, die traurig macht; es hätte heißen müssen, daß es die *Seele* ist, die krank macht.

8 Vorrede zu den letzten Gesängen von Lord Byrons *Don Juan.* Diese letzten Gesänge sind die schönste Poesie, die ich seit zwanzig Jahren gelesen habe. Der Angriff von Ismail hat mich die ganze Langeweile des Kain vergessen lassen.

9 Der Brief von Mademoiselle Lespinasse, mit dem die Originalausgabe der *Vie de Rossini* endet, wurde hier genauso wiedergegeben, wie Stendhal ihn geschrieben hat, und nicht durch die Fassung der kritischen Ausgabe ersetzt. (Anm. d. Hrsg.)

Lust an der Musik

Ein Lesebuch
Herausgegeben von Klaus Stadler.
436 Seiten. Serie Musik 8250

»Lust an der Musik« will dem Leser Beispiele für die »unendliche Vielfalt« der Musik geben, es will ihn anregen, auch die Musik abseits der ausgetretenen Pfade der Konzertprogramme kennenzulernen. In den Texten wird deutlich, welchem Wandel die Art, über Musik nachzudenken und zu schreiben, unterworfen ist. Vor allem aber zeigen die Texte, daß es möglich ist, Musik im Wort zum Klingen zu bringen.
In den Kapiteln »Musik und Zeit«, »Über Komponisten und Kompositionen«, »Komponisten in Selbstzeugnissen«, »Interpreten und Interpretation«, »Zum Musiktheater« und »Zur Musik unserer Zeit« kommen 47 Autoren (darunter die Komponisten Beethoven, Kelemen, Mahler, Mendelssohn-Bartholdy, Prokofjew, Schumann, Strauss, Wagner und Zillig) zu Wort.